Die Sexualstraftaten im polnischen Strafkodex im Vergleich zum deutschen Strafgesetzbuch

STUDIEN DES INSTITUTS FÜR OSTRECHT MÜNCHEN

IOR

Begründet von Professor Dr. Reinhart Maurach
Herausgegeben von Professor Dr. Friedrich-Christian Schroeder,
Dr. h.c. (Breslau), Regensburg

Band 73

PL ACADEMIC RESEARCH

Monika Lipińska

Die Sexualstraftaten im polnischen Strafkodex im Vergleich zum deutschen Strafgesetzbuch

PL ACADEMIC RESEARCH

Bibliografische Information der Deutschen Nationalbibliothek
Die Deutsche Nationalbibliothek verzeichnet diese Publikation in der Deutschen Nationalbibliografie; detaillierte bibliografische Daten sind im Internet über http://dnb.d-nb.de abrufbar.

Zugl.: Regensburg, Univ., Diss., 2011

D 355
ISSN 0073-8492
ISBN 978-3-631-62543-9

PL Academic Research ist ein Imprint der Peter Lang GmbH

www.peterlang.de

Für meine Eltern Ludwik und Stanisława

Danksagung

Die vorliegende Arbeit wurde im Dezember 2011 von der Juristischen Fakultät der Universität Regensburg als Dissertation angenommen.

Diese Dissertation entstand auf Anregung meines Doktorvaters Herrn Prof. Dr. Dr. h.c. Friedrich-Christian Schroeder, dem ich besonders für seine freundliche Betreuung meiner Arbeit und für die wertvollen Hinweise zum Thema danken möchte. Mein großer Dank gilt auch Herrn Prof. Dr. Müller, der die Dissertation als Zweitgutachter bewertet hat und sein Zweitgutachten in einem kurzen Zeitraum angefertigt hat.

Für die finanzielle Unterstützung während der Promotion möchte ich mich zuerst bei der Katholischen Hochschulgemeinde Regensburg für das bewilligte Wolfgangstipendium bedanken. Meine Aufenthalte an den polnischen Bibliotheken in Warszawa, Gdańsk und Toruń haben die Frauenbeauftragten der Universität Regensburg finanziert. Ihnen gilt mein großer Dank auch dafür, dass sie mich bei der Literaturbeschaffung finanziell unterstützt haben. Ein großer Dank gilt auch der Marion Dönhoff Stiftung, die meine Arbeit in der Endphase finanziell unterstützt hat.

Ich danke meinen Eltern Ludwik und Stanisława Lipińscy, die mich während des gesamten Studiums immer ermutigt haben. Ich danke euch aus tiefstem Herzen für eure grenzenlose Unterstützung und Liebe.

Ganz besonderen Dank gilt meinem Mann Elvan Keçelioğlu, der mir während des Entstehens dieser Arbeit immer geduldig und verständnisvoll zur Seite gestanden hat. Viele der skizzierten Gedanken sind aus Gesprächen mit ihm entstanden.

Inhaltsverzeichnis

Abkürzungsverzeichnis

a.F.	alte Fassung
Abs.	Absatz
AG	Amtsgericht
Aktz.	Aktenzeichen
Art.	Artikel
AT	Allgemeiner Teil
Aufl.	Auflage
Beschl.	Beschluss
BGB	Bürgerliches Gesetzbuch
BGBl.	Bundesgesetzblatt
BGH MDR/D	Bundesgerichtshof Monatsschrift für deutsches Recht
BGH	Bundesgerichtshof
BGHSt	Entscheidungen des Bundesgerichtshofs in Strafsachen
BR-DS	Bundesrat Drucksachen
BT-DS	Bundestag Drucksachen
BVerfG	Bundesverfassungsgerichtshof
Bzgl.	Bezüglich
Bzw.	Beziehungsweise
CPKiNP	Czasopismo Prawa Karnego i Nauk Penalnych
d.h.	das heißt
D.U.	Dziennik Ustaw
DS	Druk Sejmowy
dt. StGB	deutsches StGB
ff	fort-folgende
Fschr.	Festschrift
GA	Goltdammer`s Archiv für Strafrecht
Hrsgb.	Herausgeber
JR	Juristische Rundschau
JW	Juristische Wochenschrift
JZ	Juristische Zeitung
kk	kodeks karny
m.w.N	mit weiterem Nachweis/ mit weiteren Nachweisen
MSchKrim	Monatsschrift für Kriminologie und Strafrechtsreform
n.F.	neue Fassung
niepubl.	niepublikowany
NJW	Neue Juristische Wochenschrift
NP	Nowe Prawo

NStZ-RR	Neue Zeitschrift für Strafrecht, Rechtsprechungs - Report Strafrecht
OLG	Oberlandesgericht
OSN KW	Orzecznictwo Sądu Najwyższego KW
OSPiKA	Orzecznictwo Sądów Polskich i Komisji Arbitrażowych
P i Ż	Prawo i Życie
Pal.	Palestra
PiP	Państwo i Prawo
pol. StKx	polnischer Strafkodex
pos.	Position
Postan. SN	Postanowienie Sądu Najwyższego
Prok. i Pr.	Prokuratura i Prawo
RG	Reichsgericht
RGBl.	Reichsgesetzblatt
Rn.	Randnummer
SA	Sąd Apelacyjny
SchwZfStr	Schweizerische Zeitschrift für Strafrecht
SN	Sąd Najwyższy
Sog./ sog.	Sogenannte/r/s
St. Pr.	Studia Prawnicze
StGB	Strafgesetzbuch
StV	Strafverteidiger
SZfStr	Schweizeriche Zeitschrift für Strafrecht
u. a.	unter anderem/n
Uchw.	Uchwała
Vgl./ vgl.	vergleiche
z.B.	zum Beispiel
ZRP	Zeitschrift für Rechtspolitik
ZStW	Zeitschrift für die gesamte Strafrechtwissenschaft

Einleitung

Die Reformbestrebungen zum Sexualstrafrecht, die heutzutage sehr lebhaft sind, sind Zeichen für eine dauerhafte Revolution in diesem Bereich, die im 20. Jahrhundert stattgefunden hat. Die vorliegende Dissertation soll den oben genannten Prozess der Sexualstrafrechtsumwandlung am Beispiel Polens und Deutschlands erläutern, Gemeinsamkeiten und Unterschiede herausarbeiten, um die gegenwärtigen Entwicklungen unter dem gemeinsamen europäischen Dach bewerten zu können.

Damit eine allgemeine Darstellung der Grundlagen des jeweiligen Sexualstrafrechts und ein detaillierter Rechtsvergleichs der geltenden Vorschriften möglich sind, ohne sich in Einzelheiten zu verlieren, wurde in der Arbeit wegen der Tragweite des Themas der strafrechtliche Rechtsvergleich auf die Regelungen beschränkt, die nur in beiden Strafgesetzbüchern vorhanden sind. Zweckmäßig wird der Rechtsvergleich nach den Abschnitten der jeweiligen Strafgesetzbücher über sexuelle Straftaten durchgeführt.

Für eine wissenschaftliche Bearbeitung dieses Themas ist es zunächst erforderlich, die deutsche und die polnische Rechtslage darzulegen sowie auch die dogmatischen Grundlagen der beiden Rechtsordnungen zu erörtern. Deswegen wird im ersten Teil die geschichtliche Entwicklung des Sexualstrafrechts in Polen und Deutschland betrachtet. Im Zusammenhang damit sollte besonders die Entwicklung der Gesetzgebung und Rechtsprechung unter der besonderen Berücksichtigung der damals bestehenden gesellschaftlichen, wirtschaftlichen und politischen Verhältnisse erforscht werden, insbesondere die sozial-wirtschaftlichen Grundlagen der Reformbestrebungen. Die sozialen Entwicklungen in Polen im Laufe der neunziger Jahre stellen einen Prozess dar, in dem sich immer mehr eine individualistische Auffassung der Sexualität durchgesetzt hat. In diesem Teil soll analysiert werden, wie die gesellschaftspolitischen Diskurse in das Sexualstrafrecht Einfluss genommen haben und welche relevant waren. Das traditionelle Verständnis, dass Sexualität als solche unmoralisch ist, hat in Polen noch viele Anhänger. Die Ansicht, dass der Schutz des Strafrechts nunmehr der Freiheit des Individuums im sexuellen Bereich dienen soll, ist zwar nicht neu, aber selten vertreten. Im Gegensatz zum polnischen Strafrecht dient das deutsche Strafrecht nicht mehr dem Schutz einer bestimmten sittlichen Sexualordnung.

Schließlich folgt der Vergleich der gegenwärtigen Regelungen der beiden Länder (Teil II). Zu diesem Zweck werden „die Straftaten gegen die sexuelle Selbstbestimmung“ (Dreizehnter Abschnitt des deutschen StGB) und „die Straftaten gegen die Sittlichkeit und sexuelle Freiheit“ (Fünfundzwanzigster Abschnitt des polnischen Strafkodexes von 1997) in entsprechende thematische Gruppen aufgeteilt.

Auf dieser Grundlage werden dann folgende Fragen beantwortet werden können:

- Bestanden in Polen und Deutschland unterschiedliche gesellschaftliche Rahmenbedingungen für die Reformen?
- Wie hat sich das Sexualstrafrecht im Verlauf der Zeit in den beiden Ländern entwickelt - insbesondere welchem allgemeinen Rechtsgut hat das Strafrecht Schutz gewährleistet (sittliche Sexualordnung und individuelles Freiheitsrecht im Überblick)? In welchem Land war das Sexualstrafrecht moderner?
- Welche Unterschiede gibt es im geltenden Recht und welche Sexualstraftatbestände sind nur für Polen und welche nur für Deutschland typisch/ charakteristisch?

Für den ersten Teil, der die geschichtliche Entwicklung des Sexualstrafrechts betrachtet, wird die rechtsoziologische Methode vorgesehen. Inhaltlich integriert sind hierfür auch die Anlagen, in denen getrennt alle deutschen und polnischen Entwürfe mit Gesetzentwicklung gegenübergestellt worden sind. Bei der Bearbeitung der ersten polnischen Sexualstrafrechtsreform habe ich mich besonders auf die Berichte der großen Kodifikationskommission von 1919 gestützt. Manche Bände des großen Berichtes lagen in der Warschauer Bibliothek unberührt, bis ich sie zum Zweck dieser Dissertation zum ersten Lesen aufgemacht habe. Der schwierigste Teil der Bearbeitung war der Teil über die zweite polnische Sexualstrafrechtsreform von 1969. Es war für diese Periode beziehungsweise für den kommunistischen Gesetzgeber charakteristisch, dass von dem Gesetzgebungsverfahren keine offiziellen Berichte vorhanden waren. Das gilt auch für die Literatur, die wegen der allmächtigen Zensur bescheiden war. Die Bearbeitung der dritten polnischen Sexualstrafrechtsreform war dank umfangreicher Strafrechtsliteratur, die einfach zugänglich ist, ein Vergnügen. Zum großen Bedauern fertigte die Kodifikationskommission von 1994 wegen des Geldmangels keine Kodifikationsberichte an. Die Spuren der Auseinandersetzung der Kodifikationskommissionsmitglieder waren in der Entwurfsbegründung sowie in der Literatur zu finden.

Für den Rechtsvergleich der geltenden Vorschriften (Zweiter Teil) wurden hauptsächlich Kommentare und Rechtsprechung benutzt. Für diesen Teil wurde die normative Methode vorgesehen. Zur Forschung wurden mit den Originaltexten des deutschen und polnischen StGB gearbeitet.

Die Dissertation soll einen wichtigen Beitrag zur Schließung einer Forschungslücke über das Sexualstrafrecht leisten. Bis heute wurde im Rahmen des

Rechtsvergleichs über polnisches und deutsches Sexualstrafrecht keine Forschung durchgeführt.

TEIL I

Grundlagen und gesetzliche Entwicklung der Vorschriften über die sexuellen Straftaten ab dem 20. Jahrhundert

Kapitel 1
Die gesetzliche Entwicklung bis 1945

A. POLEN

1. Die gesellschaftlichen und politischen Hintergründe der ersten Sexualstrafrechtsreform

Der 1918 nach etwa 200 Jahren langer Abhängigkeit wiederentstandene polnische Staat, dessen Staatsform und Grenze noch nicht festgelegt waren, bildete sich aus drei Teilgebieten (dem russischen, preußischen und österreichischen) heraus und war ein Mosaik verschiedener, von den Eroberern eingeführter Rechtssysteme.

Józef Piłsudski, der in Warschau als „Vorläufiges Staatsoberhaupt“ die Macht übernommen hatte, berief einen verfassungsgebenden Sejm[1] ein, der eine demokratische Verfassung ausarbeiten und verabschieden sollte. Er wusste, dass die Schaffung eines einheitlichen polnischen Rechtssystems eine der grundlegenden Voraussetzungen für den neuen Staat war.

Bis ein neues Grundgesetz verabschiedet wurde, beschloss der Sejm am 20. Februar 1919 auf seiner konstituierenden Sitzung eine „Kleine Verfassung“. Pilsudski wurde die zivile und militärische Exekutive mit der Hoffnung übertragen, dass er einen Kompromiss mit dem Parlament erreicht[2]. Obwohl mit der Kleinen Verfassung eine gewisse Konsolidierung Polens eingeleitet wurde, verschlechterte sich das innenpolitische Klima, weil sich die Parteien weiterhin um die Inhalte der neuen Verfassung stritten[3].

Am 5./12. November 1922 wurden die demokratischen Parlamentswahlen[4] durchgeführt und am 19. November 1922 die Regierung gebildet. Die häufig

---

1 Die erste Kammer des polnischen Parlaments.

2 Hoensch, Geschichte Polens, S. 254.

3 Hoensch, Geschichte Polens, S. 259.

4 Die vereinigten Rechtsparteien (ZL-N: Nationaldemokraten, Christlich Nationale, Nationale Arbeiterpartei) bleiben mit 29% der Stimmen und 163 Mandaten die stärkste Gruppierung, während sich die PPS (Polnische Sozialistische Partei) mit 10,3% und 41 Mandaten sowie SL-Wyzwolenie mit 11% und 49 Mandaten behaupten konnten. Piast hatte 13,2% und 70 Mandate, der Minderheitenblock 16% und 87 Mandate gewonnen, so dass ihnen künftig die Rolle des Züngleins an der Waage zukam. Mehr in: Hoensch, Geschichte Polens, S. 260.

wechselnden Regierungen[5] Polens standen vor der Aufgabe, drei unterschiedliche Verwaltungs-, Rechts-, Verkehrs- und Bildungssysteme zusammenzuführen, die wirtschaftlichen und sozialen Unausgewogenheiten zu beseitigen und die ethnischen Minderheiten zu integrieren.

2. Die Kodifikationsarbeiten

2.1. Kodifikationskommission

Am 3. Juni 1919 hatte der Sejm die Kodifikationskommission berufen, die am 10. November 1919 mit ihrer Tätigkeit begann. Die Mitglieder hat der Staatschef Pilsudski nominiert. Die Kommission teilte sich in Straf- und Zivilabteilung. Sie verfügte über eine Autonomie und war eine apolitische, unabhängige Hilfskörperschaft für die Regierung. Die Arbeit in der Kommission war nicht vergütet; sie wurde neben den gewöhnlichen Berufspflichten ihrer Mitglieder geleistet. Dem Ausschuss gehörten hervorragende Juristen - Theoretiker und Praktiker - aus allen ehemaligen Teilgebieten und Staatsmänner mit großem Verantwortungsgefühl an. Die führende Rolle in der zwölf Personen[6] umfassenden Strafabteilung der Kommission spielten: Juliusz Makarewicz, Professor der Universität Lvov, sowie Wacław Makowski, ehemaliger und künftiger Justizminister, Rechtsanwalt und Professor der Warschauer Universität[7].

Wegen der unterschiedlichen Rechtssysteme stand die Kodifikationskommission vor einer schwierigen Aufgabe. Im Bereich des materiellen Strafrechts galten: das relativ moderne russische Gesetzbuch aus dem Jahre 1903 in Kongresspolen und den Ostgebieten, das deutsche Strafgesetzbuch von 1871 in Westpolen und Oberschlesien, das Allgemeine Strafgesetzbuch Österreichs von 1871 in Südpolen und auch das ungarische Recht in zwei kleinen Gemeinden am

---

5 Von 1922 bis 1926 gab es 13 Kabinette.

6 In der ersten Sitzung der Kommission haben ihre Teilnahme an der Strafabteilung der Kommission folgende Personen angemeldet: Rechtsanwälte Henryk Ettinger, Professoren: Edmund Krzymuski, Juliusz Makarewicz, Wacław Makowski, Zygmunt Marek (später auch Abgeordneter im Parlament, Sozialistische Partei), Walenty Miklaszewski, Aleksander Mogilnicki, Juliusz Nowotny, Richter des Höchsten Gerichts Franciszek Nowodworski und Abgeordneter und Leiter der Justizabteilung Zygmunt Seyda (Abgeordneter im Parlament, Nationaldemokratische Partei). Später wurde der Bestand der Kommission immer wieder geändert, so dass die Strafabteilung der Kommission schließlich 12 Personen zählte; unter diesen waren 4 Professoren, 3 Richter des Höchsten Gerichts, 3 Rechtsanwälte und 2 Juristen vertreten. Mehr in: Lityński, Wydział Karny Komisji Kodyfikacyjnej II Rzeczypospolitej, S. 37, 38 und 40.

7 Lityński, Wydział Karny Komisji Kodyfikacyjnej II Rzeczypospolitej, S. 151.

Nordrand der Hohen Tatra (Zips und Arwa)[8]. Dazu fehlte es noch an einer spezifischen polnischen Rechtsprechung und Rechtswissenschaft und demzufolge auch an einem ausgeprägten spezifisch polnischem Rechtsgefühl und Rechtsgedanken.

Die Strafabteilung der Kommission hatte drei mögliche Wege, um das Strafrecht zu vereinheitlichen: die Schaffung eines neuen Strafkodexes, die Geltung eines von den Eroberern bestimmten Strafkodexes auf ganz Polen zu verbreiten oder die Schaffung einer Kombination aus den drei bisherigen Strafkodexe. Aus praktischen Gründen und die schnelle Integration bezweckend wurde vorgeschlagen, die Geltung des ein von den Eroberern bestimmten Strafkodexes auf ganz Polen zu verbreiten. Dafür war der russische Strafkodex von 1903 angedacht. Die Konzeption einer provisorischen Vereinheitlichung wurde jedoch abgelehnt. Die Unterschiede von den drei übernommenen Strafrechtssystemen stellten keine großen Hindernisse für die Praxis dar und die Sanktionen, die damals unter der Schirmherrschaft von fremder Monarchie verhängt wurden, reichten dem Schutz des Eigentums aus. Deswegen hat sich die Kommission dazu entschlossen, einen neuen Strafkodex zu schaffen und in Ruhe zu arbeiten[9]. Die Wahl des Weges zur Rechtsreform beeinflusste tatsächlich das Tempo der Realisierung dieser Aufgabe. Die Vereinheitlichung des Rechts war ein wichtiges Element des nach der Teilung wiederentstandenen Staates. Damit wurde die Vereinheitlichung ebenfalls zum politischen Problem. Dabei kam es zu einem Zusammenstoß zwischen den Absichten der Theoretiker, die langsam und gründlich arbeiten wollten, und den Erwartungen der Öffentlichkeit, die schnelle Effekte verlangte[10].

Die Arbeiten wurden zuerst vor dem Forum der ganzen Strafabteilung der Kodifikationskommission geführt. Die Gliederung der Abteilung in zwei Sektionen - die des materiellen Strafrechts und die des Strafprozessrechts - erfolgte im Mai 1920. Die Abteilung und später die Sektion haben durch Abstimmung über die Annahme konkreter Grundsätze des Allgemeinen Teils des Gesetzbuches entschieden[11]. 1922 wurde der Entwurf des Allgemeinen Teils vorgelegt[12].

---

8 Geilke, Der polnische Strafkodex, Berlin 1970, S. 3.

9 Andrejew, Polskie prawo karne, Warszawa 1976, S. 56.

10 Lityński, Wydział Karny Komisji Kodyfikacyjnej II Rzeczypospolitej, S. 151.

11 Lityński, Wydział Karny Komisji Kodyfikacyjnej II Rzeczypospolitej, S. 152.

12 Mehr über den Entwurf des AT in: Glaser, Neue Richtungen im Strafrecht und die polnische Strafrechtsreform, MSchKrim 20/1929, S. 13 und ff.; derselbe Über das neue polnische Strafkodex, MSchKrim 24/1933, S.6 ff.; Wirschubski, Das polnische Strafkodex vom 11 Juli 1932 und kriminalpolitischen Forderungen der Gegenwart, MSchKrim 24/1993, S. 264 und ff.

Von 28. Mai 1923 bis 31. Mai 1923 bearbeitete die Strafabteilung Unzuchtsdelikte. Die Bearbeitungen liefen nach dem von Prof. Glaser vorbereiteten Fragebogen[13]. Zu den jeweiligen Diskussionspunkten hat Prof. Glaser ein ausführliches Referat gehalten. Seine Beiträge über Unzuchtsdelikte, in denen er von der geschichtlichen Entwicklung eines Deliktstyps ausgeht, stellten durch deren rechtsvergleichende Analyse (hierzu muss man stark betonen, dass als Grundlage zu solch einer Analyse Strafgesetzbücher ganz Europas berücksichtigt wurden) bis zu deren konkreten Vorschriftengestaltung eine gute Grundlage zur Diskussion dar[14].

Zum Schluss hat die Sektion die Professoren Makarewicz und Makowski mit der Vorbereitung eines Entwurfes des Besonderen Teils des Strafkodexes beauftragt. Im Jahr 1926 erschienen zwei Entwürfe des Besonderen Teils des Strafkodexes und damit gleich zwei Abschnittsentwürfe über Unzuchtsdelikte[15].

2.2. Makowskis Entwurf

Der Entwurf von Makowski [16] (weiter als MakE zitiert) fasste alle Unzuchtsdelikte unter dem Titel „Straftaten gegen geschlechtliche Sittlichkeit" zusammen. Der Abschnitt beinhaltete insgesamt zwölf Artikel[17]. Außerhalb des Abschnittes blieb die Doppelehe (Art.111 MakE) und die Erschleichung der Ehe (Art. 112 MakE), die im XVIII. Abschnitt unter dem Titel „Straftaten gegen familiären Beziehungen" eingegliedert wurden.

Vorangestellt war Unzucht gegen den Willen (Art. 99 MakE). Der Tatbestand umfasste neben den unzüchtigen Handlungen mit Personen gegen ihren Willen auch die unzüchtigen Handlungen mit bewusstlosen oder psychisch behinderten Personen. Hierfür hat der MakE noch eine Erfolgqualifikation vorge-

---

13 Fragebogen nummeriert von A bis X, beinhaltete bestimmte Verhaltensweisen, die als Grundlage zu den eventuellen Deliktstypen dienten. Punkt A- beinhaltete die Problematik der mehrfachen Ehe, B-Ehebruch, C –Notzucht, G- Unzucht mit Minderjährigen, IJKL-Unzucht mit Abhängigen, Ł- Entführung, M-Inzucht, N-Unzucht wider Natur, O-gewerbsmäßige Unzucht, P-Konkubinat, R- Kuppelei, S- Zuhälterei, T- Menschenhandel, UWX- Erregung von öffentlichem Ärgernis, Unzüchtige Schriften, Abbildungen und Sachen, die zu unzüchtigem Gebrauch dienen. Siehe in: KK RP, Sekcja Prawa Karnego, Tom II, S. 139 und ff.

14 Bestand der Sektion: Makarewicz (Vorsitzender), Miklaszewski, Mogilnicki, Kałużniacki, Rappaport, Referent- Glaser, Będkowski und den Vertretern des Justizministeriums - Acker, KK RP, Sekcja Prawa Karnego, Tom II, Sitzung vom 28 05 1923.

15 KK RP, Sekcja Prawa Karnego, Tom IV, Zeszyt 1, S. 32 und ff.

16 Siehe: Anhang 1.

17 KK RP, Sekcja Prawa Karnego, Tom IV, Zeszyt 1, S. 32-35.

schlagen, nämlich wenn der Täter beim Opfer die Defloration (Verlust der Jungfräulichkeit) oder eine andere Körperverletzung verursacht hatte.

An der zweiten Stelle hat Makowski Unzucht mit einem Minderjährigen unter 17 Jahren (Art.100 ME) gesetzt. Im Artikel 101 behandelte der Entwurf die Ausnutzung eines Abhängigkeitsverhältnisses zur Unzucht. Dem folgte die Verderbung von Minderjährigen (Art.102 MakE), die unzüchtigen Handlungen gegenüber einer minderjährigen Person unter 17 Jahren, sowie die Rede über unzüchtige Inhalte, oder das Verbreiten von Werken, Abbildungen solcher Art oder Gegenstände, die zum unzüchtigen Gebrauche bestimmt sind und stellte diese unter Strafe. An fünfter Stelle befindet sich der Inzest (Art. 103 MakE), der die Vollendung des Beischlafes mit einem Verwandten der geraden Linie oder mit Geschwistern umfasste.

Makowskis Entwurf strafte in Art. 104 den Täter, der zur mann-männlichen Unzucht den Vorschub leistete. Gewerbsmäßige mann-männliche Unzucht wurde höher bestraft. In Art. 105 erfasste Makowskis Entwurf die Verführung durch ein Eheversprechen, die darin bestand, dass eine Frau durch den Täter zur Gestattung des Beischlafs durch Versprechen einer Eheschließung bestimmt wird. In den nächsten vier folgenden Artikeln wurden die Straftaten im Zusammenhang mit der gewerbsmäßigen Unzucht geregelt. Es wurden folgende Handlungen unter Strafe gestellt: aus Gewinnsucht fremde Unzucht fördern (Kuppelei Art. 106 §1 MakE), aus fremder Unzucht Gewinn zu erzielen, der keine Zahlung für erlaubte Leistungen darstellte (Zuhälterei Art. 107 §1 MakE), die Veranlassung einer anderen Person zur gewerbsmäßigen Unzucht (Bestimmung zur gewerbsmäßigen Unzucht Art. 108 §1 MakE) und eine andere Person zwecks Ausübung der gewerbsmäßigen Unzucht aus dem Land zu führen (Bestimmung zur Unzucht im Ausland Art. 109 §1 MakE). Zu allen vier Tatbeständen enthielt dieser Entwurf einen Straferhöhungsgrund, der in gewerbsmäßiger Begehung der oben genannten Straftaten bestand.

Im letzten Artikel 110 MakE waren die Qualifikationen zu den Straftaten Art. 106-109 MakE geregelt, die bei Begehung der genannten Straftaten gegenüber Minderjährigen unter 17 Jahre vorlagen.

2.3. Der Makarewicz-Entwurf

Der Makarewicz-Entwurf[18] (MakarE) hat die Unzuchtsdelikte im XIII. Abschnitt unter dem Titel „Unzuchtsdelikte" mit 10 Artikeln zusammengestellt.

An die erste Stelle, ähnlich wie im Makowskis Entwurf, wurde Unzucht gegen den Willen (Art. 153 § 1 MakarE) gesetzt. Unter diesen Begriff fasste der

18 Siehe: Anhang Nr 1.

Entwurf von Makarewicz auch die Unzucht mit Personen, die eine verminderte Fähigkeit besaßen, die Bedeutung ihrer Handlung zu erkennen oder ihr Verhalten zu steuern, oder Unzucht mit Personen, bei denen eine solche Fähigkeit fehlte, sowie auch Unzucht mit Personen unter 17 Jahren. Hierzu hat er noch einen neuen Qualifikationstatbestand geschaffen, der darin bestand, dass der Täter, der beabsichtigte eine unzüchtige Handlung mit einer anderen Person vorzunehmen und er dabei die Vergewaltigung, die gefährliche Drohung oder die List nutzte.

An zweiter Stelle befand sich die Erschleichung des Beischlafes (Art. 154 MakarE), in der der Täter eine Frau zur Gestattung des Beischlafs dadurch verleitete, dass er eine Trauung vorspiegelt. Dem folgte in Art. 155 §1 MakarE die Ausnutzung eines Abhängigkeitsverhältnisses, der den Täter strafte, wenn er durch die Ausnutzung eines Abhängigkeitsverhältnisses eine andere Person dazu brachte, sich einer unzüchtigen Handlung hinzugeben oder eine solche Handlung vorzunehmen. Anders als Makowskis Entwurf fügte der Entwurf von Makarewicz einen neuen Straferhöhungsgrund ein. Demnach wurde ein Lehrer oder Betreuer, der mit einem zu seiner Erziehung oder seinem Unterricht anvertrauten Person, die Tat begeht, härter bestraft. Als nächste Straftat wurde der Inzest (Art. 156 MakarE) geregelt, der sich, genau wie im Makowskis Entwurf, nur auf einen Beischlaf mit Verwandten gerader Linie oder mit Geschwistern beschränkte. Nach diesen Delikten wurde die Qualifikation zu den Art. 153- 156 MakarE geregelt, die dann vorliegt, wenn eine unzüchtige Handlung gleichzeitig eine Defloration oder eine Körperverletzung verursachte. Der Entwurf von Makarewicz stellte in Art. 158 § 1 die mann-männliche Unzucht unter Strafe. Demnach wurde ein Mann bestraft, der sich aus Gewinnsucht einem anderen Mann zu einer unzüchtigen Handlung anbietet, oder eine solche Unzucht gewerbsmäßig treibt. Es wurde auch der Vorschub zur mann-männlichen Unzucht zu leisten bestraft.

In den nächsten drei aufeinander folgenden Artikeln bestimmte der Makarewicz-Entwurf die Straftaten im Zusammenhang mit der gewerbsmäßigen Unzucht. Es wurden folgende Handlungen unter Strafe gestellt: wer aus Gewinnsucht fremde Unzucht fördert (Kuppelei Art. 159 §1 MakarE); wer aus fremder Unzucht Gewinn erzielt, der keine Zahlung für erlaubte Leistungen darstellt (Zuhälterei Art. 160 MakarE), die Bestimmung zur gewerbsmäßigen Unzucht (Art.161 §1 MakarE) und eine andere Person zwecks Ausübung der gewerbsmäßigen Unzucht ins Ausland zu führen (§2 Art. 161 MakarE).

An letzter Stelle befindet sich in Art.162 §1 MakarE die Erregung des öffentlichen Ärgernisses, die eine Vornahme solcher unzüchtiger Handlungen unter Strafe stellte, die dazu dienen eine sexuelle Erregung zu erwecken, wie z.B. insbesondere Reden halten, Schriften oder Gegenstände verbreiteten. Laut § 2 wurde auch derjenige bestraft, wer eine unzüchtige Handlung gegenüber dem anwesenden Minderjährigen unter 17 Jahren vorgenommen hatte.

2.4. Kommissionsentwurf

Die Entwürfe von Makowski und Makarewicz haben sich voneinander nicht erheblich unterschieden, da sich beide auf die Entscheidungen der Sektion stützten. Einige wenige Unterschiede ergaben sich nur aus der systematischen Stellung der jeweiligen Delikte und der Kodifikationsmethode[19]. Der in der zweiten Lesung von der Sektion der Kodifikationskommission angenommene Entwurf[20] entspricht fast im Ganzen dem Entwurf von Makarewicz[21]. Nur drei Artikel des Makarewicz-Entwurfes wurden nicht berücksichtigt. Diese waren: Art. 154 Erschleichung des Beischlafs, Art. 155 § 2 Ausnutzung eines Abhängigkeitsverhältnisses durch Lehrer, Art. 158 § 2 Kuppelei für Unzucht zwischen Männern[22]. Die Kommission hat einige sexuelle Verhaltensweisen wie gewerbliche Unzucht, oder Ehebruch vermieden. Ihrer Meinung nach sollten sie nicht nur deshalb bestraft werden, weil sie von der Mehrheit der Gesellschaft nicht akzeptiert wurden. Dadurch reduzierte sie den Katalog der Sittlichkeitsstraftaten auf diejenige, die ihr sozialschädlich erschien.

Die Kodifikationskommission hat die endgültige Fassung des Entwurfs[23] in der dritten Lesung angenommen und danach zur öffentlichen Diskussion gestellt. Nach einigen Ergänzungen vom Justizminister im Jahre 1932 wurde ihr Entwurf durch den Ministerrat als Regierungsentwurf akzeptiert[24]. Der Ausschuss vom Justizministerium hat nur die ersten zwei Artikel (Art. 199 und Art. 200 des KKE[25]) gestrichen, und zwar die Notzucht gegen den Willen des Opfers und gegenüber Minderjährigen unter 17 Jahren. Die zwei letzten Artikel (Art. 211 und Art. 212 des KKE[26]) hat er in einem Artikel zusammengefasst und einen neuen Artikel über die Pornographie hinzufügt, der nach einer früheren Entscheidung der Kodifikationskommission außerhalb des Strafkodexes bleiben

19 KK RP, Sekcja Prawa Karnego, Tom IV, Zeszyt 1, S. 3 und ff.

20 Weiter als KKE (Kodifikationskommissionsentwurf).

21 Uzasadnienie projektu 1931, Komisja Kodyfikacyjna, Tom V, Z. 2, S. 136.

22 Uzupełnienie uzasadnienia do projektu z 1931, Komisja Kodyfikacyjna, Tom V, Z. 6, S. 25.

23 Komisja Kodyfikacyjna RP, Sekcja Prawa Karnego, Tom V, Zeszyt 5, Projekt KK w redakcji przyjętej w trzeciem czytaniu przez sekcje prawa karnego Komisji Kodyfikacyjnej R.P., Warszawa 1931, S.37. Siehe: Anhang Nr 1.

24 Buchała/Zoll, Polskie prawo karne, S. 32 und 33.

25 KK RP, Sekcja Prawa Karnego, Tom V, Zeszyt 5, S. 37.

26 KK RP, Sekcja Prawa Karnego, Tom V, Zeszyt 5, S. 38.

sollte. Der letzte Schritt im Gesetzgebungsverfahren war die Unterzeichnung des Entwurfes durch den Präsidenten der Republik Polen und dessen Verkündung als Verordnung mit Gesetzeskraft[27]. Das Gesetz trat am 1. September 1932 in Kraft.

3. „Unzuchtsdelikte" im Strafkodex von 1932

Das erste polnische Strafgesetzbuch von 1932 hatte alle Straftaten, die gegen das Sexualleben gerichtet waren, im XXXII. Abschnitt „Unzucht"[28] (poln. Nierząd) eingeordnet. Damals wurden unter Unzucht unfreiwillige und außereheliche Beziehungen verstanden[29]. Der XXXII. Abschnitt beinhaltete folgende Straftaten: Unzucht mit voll- oder teilweise unzurechnungsfähigen Personen oder mit Minderjährigen unter 15 Jahren (Art. 203 Strafkodex von 1932), Nötigung zur Unzucht (204 Strafkodex von 1932), Ausnutzung eines Abhängigkeitsverhältnisses (Art. 205 Strafkodex von 1932), Inzest (Art. 206 Strafkodex von 1932), homosexuelle gewerbsmäßige Unzucht (Art. 207 Strafkodex von 1932), Kuppelei (Art. 208 Strafkodex von 1932), Zuhälterei (Art. 209 Strafkodex von 1932), Bestimmung zur gewerbsmäßigen Unzucht (Art. 210 Strafkodex von 1932), Entführung ins Ausland zur Unzucht (Art. 211 Strafkodex von 1932), Qualifikationen (Art. 212 Strafkodex von 1932), die öffentliche Vornahme von sexuellen Handlungen oder die Vornahme in Gegenwart eines Jugendlichen (Art. 213 Strafkodex von 1932), Pornographieverbot (Art. 214 Strafkodex von 1932).

3.1. Unzucht mit voll- oder teilweise unzurechnungsfähigen Personen oder mit Minderjährigen unter 15 Jahren – Art. 203 Strafkodex

Zu Beginn des XXXII. Abschnittes über Unzucht hatte der Strafkodex von 1932 die Vollziehung einer unzüchtigen Handlung mit einer Person, die vollkommen oder teilweise unfähig ist, die Bedeutung ihrer Handlung zu erkennen oder ihr Verhalten zu steuern (Art. 203 Satz 2, mit sog. Benachteiligten), unter Strafe

---

27 Mit der Gesetzesnovelle vom 2.08.1926 über die Verfassungsänderung wurden dem Präsidenten viele Befugnisse und Rechte zugeordnet, auch das Recht, Verordnungen mit Gesetzeskraft zu erlassen. Die Gesetzesnovelle hing mit dem von Piłsudski durchgeführten Maiputsch zusammen und bezweckte die Verstärkung der exekutiven Macht, Śliwowski, Prawo karne, Warszawa 1975, S. 20.

28 Polnisches Strafrecht mit Einführungsbestimmungen in deutscher Übersetzung hrsg. Geschäftsstelle Polen der deutschen Sejm- und Senatsabgeordneten, Poznań, S. 36, siehe auch: Anhang Nr. 1.

29 Marek, Prawo karne, Auflage 7, S. 488.

gesetzt. Die Strafbarkeit beruhte auf dem rechtlichen Willensmangel des Opfers[30]. In Art. 203 Satz 1 wurde die Vollziehung einer unzüchtigen Handlung gegenüber einer Person unter 15 Jahren geregelt. Die Strafwürdigkeit der Unzucht mit dem Minderjährigen unter 15 Jahren wurde nicht nur wegen des rechtlichen Willensmangels, sondern auch wegen sittlicher und psychischer Verdorbenheit des Minderjährigen begründet[31]. Die unzüchtige Handlung in diesem Alter führe zur moralischen und psychischen Ausrottung[32].

3.2. Nötigung zur Unzucht – Art. 204 Strafkodex

Dem Art. 203 folgte in Art. 204 die so genannte Notzucht, die darin bestand, dass eine Person mit Gewalt, mittels widerrechtlicher Drohung oder Arglist dazu genötigt wurde, sich einer unzüchtigen Handlung hinzugeben oder eine solche Handlung vorzunehmen. Das Rechtsgut war nicht nur das Schamgefühl und die Ehre der Frau, sondern ihr Recht darauf, ihr Sexualleben frei zu bestimmen. Die Strafbarkeit wurde damit begründet, dass der Akt der Unzucht gegen den Willen des Opfers zustande gekommen ist[33]. Dies bedeutete auch, dass nach dieser Vorschrift die Vergewaltigung von Prostituierten strafbar war[34]. Das Opfer konnte jede Frau sein, unabhängig von ihrem gesellschaftlichen Status und ihrer Moral als auch ihrem Verhältnis zum Täter[35].

3.3. Missbrauch eines Abhängigkeitsverhältnisses - Art. 205 Strafkodex

In Art. 205 wurde die Ausnutzung eines Abhängigkeitsverhältnisses oder einer kritischen Lage einer anderen Person, um sie zur unzüchtigen Handlung zu veranlassen, geregelt. In beiden Fällen hat der Täter seine dominierende Lage gegen das Opfer ausgenutzt. Es war irrelevant, ob er ein solches Abhängigkeitsverhältnis selbst verursacht hatte[36]. Die Initiative zur unzüchtigen Handlung kam von dem Täter aus. Die Strafwürdigkeit wurde in der Begründung nicht erklärt.

---

30 Projekt KK z uzasadnieniem, drugie czytanie, Komisja Kodyfikacyjna Rzeczypospolitej Polskiej, Sekcja Prawa Karnego, Tom II, S. 135.

31 Projekt KK z uzasadnieniem, drugie czytanie, Komisja Kodyfikacyjna Rzeczypospolitej Polskiej, Sekcja Prawa Karnego, Tom II, S. 135.

32 Motywy Komisji Kodyfikacyjnej, t. V z.4, S. 134 und 135.

33 Projekt KK z uzasadnieniem, drugie czytanie, Komisja Kodyfikacyjna Rzeczypospolitej Polskiej, Sekcja Prawa Karnego, Tom II, S. 134.

34 Jamontt/Rappaport, Kodeks Karny 1932, Część Szczególna, S. 283.

35 Filar, Przestępstwo zgwałcenia w polskim prawie karnym, S. 64, mit dort zit. Rechtsprechung-besonders Urteil des Höchsten Gerichtes vom 19.08.1922.

36 Peiper, Komentarz do Kodeksu Karnego, 1933, S. 564.

Die Begründung weist ähnliche Regelungen wie im norwegischen Strafkodex auf, in dem mit Arglist gegen das Opfer zu handeln und der Missbrauch des Abhängigkeitsverhältnisses gleichgestellt wurden[37].

3.4. Inzest – Art. 206 Strafkodex

An vierter Stelle befindet sich der Inzest (Art. 206), der die Vollziehung des Beischlafs mit einem Verwandten der geraden Linie und auch mit Geschwistern umfasste. Das Gesetz hatte das Verbot, sich geschlechtlich zu verkehren nur zwischen den Blutsverwandten in gerader Linie und Geschwistern bestimmt. Als ratio legis waren Gattungsschutz und genetische Gründe angegeben[38]. Inzest wurde ausschließlich durch den coitus internus ausgeführt[39]. Hier ging es nur um den Beischlaf zwischen genannten Personen, demzufolge es zur Befruchtung kommen konnte. Das Rechtsgut war nicht die Sittlichkeit oder der Schutz der Reinhaltung in den familiären Beziehungen, sondern der Schutz der menschlichen Gattung vor Entartung[40].

3.5. Homosexuelle gewerbsmäßige Unzucht – Art. 207 Strafkodex

In Art. 207 wurde die homosexuelle Prostitution unter Strafe gestellt. Ursprünglich sah die Vorschrift (der Begründung der Kodifizierungskommission nach) vor, dass das Sich-Anbieten einer Person desselben Geschlechts nur Männer betreffen sollte, besonders das Sich-Anbieten von Jugendlichen. Später wurde die Vorschrift neutral formuliert[41]. Die Homosexualität als solche hatte der Gesetzgeber als Derivation empfunden, jedoch hatte er sie nicht unter Strafe gestellt. Unter Strafe hat er aber homosexuelle Prostitution gestellt mit folgender Begründung: „ Undenkbar wäre seiner Meinung nach zu favorisieren, Gewinne aus dem fremden Trieb zu bekommen. Keine Toleranz für das Leben ohne Arbeit. Das Leben, das von Ausnutzung des fremden Triebes finanziert werden sollte“[42].

---

37 Projekt KK z uzasadnieniem, drugie czytanie, Komisja Kodyfikacyjna Rzeczypospolitej Polskiej, Sekcja Prawa Karnego, Tom II, S. 136.

38 Motywy Komisji Kodyfikacyjnej, t. V z.4, S. 137.

39 Peiper, Komentarz do Kodeksu Karnego, 1933, S. 568.

40 Jamontt/Rappaport, Kodeks Karny 1932, Część Szczególna, S. 288.

41 Jamontt/Rappaport, Kodeks Karny 1932, Część Szczególna, S. 290.

42 Motywy Komisji Kodyfikacyjnej, t. V z.4, S. 139.

3.6. Kuppelei – Art. 208 Strafkodex

Der nächste Artikel 208, die sog. Erleichterung der Unzucht, besteht in der Erleichterung zur Ausübung der fremden Unzucht mit Gewinnerzielungsabsicht. Sie umfasste alle möglichen Formen der Unzuchtserleichterung wie Vermittlung, Bestimmung, Verschaffung des Treffens, Überlassung der Wohnung, unter der Bedingung, dass sie aus Gewinnsucht begangen wurde[43]. Zeitungsanzeigen oder Werbung mit Anschriftenangaben von Bordellen fielen unter den Tatbestand[44]. Jedoch wurde derjenige, der einer Prostituierten die alltäglichen oder normalen Leistungen als Gegenleistung leistete, z.B. Arzt, Friseur, Wohnungsvermietung usw. nicht bestraft[45]. Bloße Erleichterung der fremden Unzucht blieb straflos. Der Entwurf wollte die Erleichterung aus Gewinnsucht unter Strafe stellen, die sog. Erwerbsvermittlung pönalisieren, da die Gruppe der Kuppler künftige Verbrecher schafft[46].

3.7. Zuhälterei –Art. 209 Strafkodex

Der folgende Artikel 209 betrachtete die Zuhälterei (poln. Sutenerstwo) und bestand in der Gewinnerzielung aus fremder Unzucht. Es war ausreichend, wenn dies auch nur einmal erfolgte (z.B. Förderung des Gewinns durch Warnung vor der Polizei)[47]. Ein Zuhälter konnte ein Mann oder eine Frau sein. Das Geld, welches man von Prostituierten für erlaubte Leistungen wie Wohnungsvermietung bekommen hat, fiel nicht unter diesen Tatbestand[48]. In der Praxis war es der Zuhälter (poln. Alfons), der arbeitslos war und von dem Geld der Prostituierten gelebt hat[49].

---

43 Jamontt/Rappaport, Kodeks Karny 1932, Część Szczególna, S. 293.

44 Makarewicz, Kodeks karny z komentarzem, Lwów 1938, S. 497.

45 Makarewicz, Kodeks karny z komentarzem, Lwów 1938, S. 492.

46 Motywy Komisji Kodyfikacyjnej, t.V z. 4, S. 140.

47 Jamontt/Rappaport, Kodeks Karny 1932, Część Szczególna, S. 294. Die Geschichte der Zuhälterei hat ihre Wurzeln darin, dass die Prostituierten ihre Tätigkeiten außerhalb eines Bordells ausüben wollten und dafür gleichen Schutz brauchten. Der Zuhälter beschützte Prostituierte und war zugleich als „deren Geldeintreiber" angesehen. Anderseits zwang er sie in eigenem Interesse zur Ausübung der Prostitution, in: Motywy Komisji Kodyfikacyjnej, t. V z. 4, S.140, 141.

48 Peiper, Komentarz do Kodeksu Karnego, 1933, S. 573.

49 Makarewicz, Kodeks karny z komentarzem, Lwów 1938, S. 493.

3.8. Bestimmung zur gewerbsmäßigen Unzucht – Art. 210 Strafkodex

Artikel 210 beinhaltete die sog. Veranlassung zur gewerbsmäßigen Unzucht. Der Tatbestand wurde vom Frauenhandelstatbestand ausgeführt. In der Begründung wurde angenommen, dass die Frauen, die in den Rahmen des Frauenhandels zum Zwecke der Prostitutionsausübung geraten sind, im absoluten Abhängigkeitsverhältnis zu den Eigentümern der Bordellhäuser standen. Das Verhältnis war vergleichbar mit dem eines Sklaven und dessen Herrn und betraf nicht nur die Frauen, die sich in den ausländischen Bordellen befunden haben. Daher entstand ein breiter Begriff (im Vergleich zu Art. 211) wie die Veranlassung zur gewerbsmäßigen Unzucht, wobei anzunehmen war, dass solche gewerbsmäßige Unzucht zu einem solchen Abhängigkeitsverhältnis führte. Der Statistik nach stand die Prostitution der Kriminalität gleich und entwickelte sich aus dem gleichen psychologischen Hintergrund - d.h. Ekel zur Arbeit. Die Person, die von der Unzucht keinen Gewinn mehr erzielte, ging zu den gewerblichen Straftätern über. Deswegen war die Veranlassung zur Unzucht sozialschädlich[50].

3.9. Entführung zur Unzucht ins Ausland – Art. 211 Strafkodex

Der nächste Artikel, Art. 211 regelte den Menschenhandel, eine andere Person ins Ausland auszuführen, in der Absicht sie zur gewerbsmäßigen Ausübung der Unzucht zu zwingen. Die Begründung zum Entwurf erwähnte der Pariser Vertrag vom 4.05.1910, dessen Verabschiedungsgrund die Feststellung des unbedingten Abhängigkeitsverhältnisses einer Frau zum Inhaber eines Bordells war, das dem Sklavenverhältnis ähnelte[51]. Mit der Umschreibung „aus dem Land" wurde nicht nur Polen gemeint, sondern ein beliebiges Land, in dem sich das Opfer befand. Es ging um das Delikt juris gentium. Die geschlechtsneutrale Formulierung der Vorschrift wies einen Mann ebenfalls als Opfer aus[52].

3.10. Qualifizierungstatbestände der gewerblichen Unzucht – Art. 212 Strafkodex

Art. 212 beinhaltete die Qualifizierungstatbestände der gewerblichen Unzucht, Art. 208-211. Derjenige, der die genannten Straftaten gegenüber der eigenen Frau, dem eigenen Kind, dem Stiefkind, dem eigenen Enkel, also gegenüber ei-

---

50 Motywy Komisji Kodyfikacyjnej, t. V z. 4, S. 141, 142.

51 Motywy Komisji Kodyfikacyjnej, t. V z. 4, S. 137.

52 Peiper, Komentarz do Kodeksu Karnego, 1933, S. 575.

ner Person, die ihm zur Aufsicht, zur Vormundschaft oder zur Erziehung anvertraut war, oder gegenüber Minderjährigen unter 21 Jahren beging, wurde härter bestraft. Die strafverschärfenden Umstände waren die Familien- und Vertrauensverhältnisse zwischen dem Opfer und dem Täter und das Alter des Opfers[53]. Außer Betracht blieben Geschwister des Täters[54].

Die Strafbarkeit von Pornographiedelikten wurde in allen Fällen mit dem „parasitären Leben" begründet[55].

3.11. Die öffentliche Vornahme von sexuellen Handlungen oder in Anwesenheit eines Minderjährigen – Art. 213 Strafkodex

In Art. 213 Satz 1 wurde die Vollziehung einer unzüchtigen Handlung in Anwesenheit einer Person unter fünfzehn Jahren geregelt. Die unzüchtige Handlung in Gegenwart eines Jugendlichen richtete sich unmittelbar gegen Minderjährige und mittelbar gegen die menschliche Gattung[56]. Man zählte hierzu die Fälle, in denen der Jugendliche das Vorgehen genommen hat. Deswegen fielen unter diesen Tatbestand nicht solche Situationen, in denen der Beischlaf der Eltern dann erfolgte, wenn deren Kinder schliefen oder dieser in Gegenwart von Säuglingen erfolgte[57].

In Art. 213 Satz 2 (sog. öffentliche Unzucht) wurde der öffentliche Vollzug einer unzüchtigen Handlung geregelt. Es ging um Erregung öffentlichen Ärgernisses. Die Strafbarkeit wird mit dem Bedürfnis, das Schamgefühl der sittlichen Gesellschaft zu schützen begründet[58]. Hätte es keinen solchen strafrechtlichen Schutz gegeben, hätten wir es mit der Lynchjustiz zu tun gehabt. Die unzüchtige Handlung umfasste nicht nur unanständige Wörter oder Gespräche über unzüchtige Handlungen sondern auch solche unanständigen Handlungen, wie z.B. nackt baden oder nackt auf der Straße laufen[59].

---

53 Motywy Komisji Kodyfikacyjnej, t. V z. 4, S. 142.

54 Peiper, Komentarz do Kodeksu Karnego, 1933, S. 578.

55 Projekt KK z uzasadnieniem, drugie czytanie, Komisja Kodyfikacyjna Rzeczypospolitej Polskiej, Sekcja Prawa Karnego, Tom II, S. 139.

56 Projekt KK z uzasadnieniem, drugie czytanie, Komisja Kodyfikacyjna Rzeczypospolitej Polskiej, Sekcja Prawa Karnego, Tom II, S. 145.

57 Jamontt/Rappaport, Kodeks Karny 1932, Część Szczególna, S. 302.

58 Projekt KK z uzasadnieniem, drugie czytanie, Komisja Kodyfikacyjna Rzeczypospolitej Polskiej, Sekcja Prawa Karnego, Tom II, S.143.

59 Peiper, Komentarz do Kodeksu Karnego, 1933, S. 580.

3.12. Pornographieverbot – Art. 214 Strafkodex

Im letzten Artikel, Art. 214 (Pornographie), wurde sowohl die Verbreitung von Schriften, Drucksachen, Abbildungen und anderer Gegenstände, die pornographischen Charakter haben, als auch deren Anfertigung, Aufbewahrung, Lieferung, in der Absicht sie zu verbreiten, unter Strafe gestellt. Diese Vorschrift wurde, hinsichtlich der Möglichkeit des Hervorrufens einer sexuellen Erregung und hinsichtlich der Verletzung des Schamgefühls[60] von Ausschuss des Justizministeriums eingeführt. Die Verbreitung konnte auch kostenlos und mit Hilfe von Filmvorführungen oder auf eine andere Art und Weise erfolgen. Zu den anderen Gegenständen zählte man auch Kunstwerke[61].

B. DEUTSCHLAND

1. „Verbrechen und Vergehen wider die Sittlichkeit" im RStGB

Der 13. Abschnitt „Verbrechen und Vergehen wider die Sittlichkeit" (§§ 171 bis 184b) des RStrGBs vom 15. Mai 1871, das in seinen Grundlagen auf dem preußischen StGB von 1851 beruhte, und seit dessen Verabschiedung fast unberührt geblieben ist[62], wurde durch das ÄG vom 25. Juni 1900 sog. Lex Heinze erstmals wesentlich verändert. Das Gesetz stellte ein Gelegenheitsgesetz dar, was für die damalige Zeit vor dem ersten Weltkrieg charakteristisch war, weil die Novellen zum RStGB oft durch politische und wirtschaftliche Ereignisse und Krisen bedingt waren. Der direkte Grund hierfür war ein im Jahre 1891 vor dem Berliner Schwurgericht verhandelter Mordprozess gegen das Ehepaar Heinze[63]. Dies bedeutete gleichzeitig eine lang geplante Vorbereitung zur Gesetzgebung[64]. Lex Heinze verschärfte bzw. erweiterte die Vorschriften über Kuppelei (§ 180, §181) und Verbreitung unzüchtiger Schriften (§184) und fügte Zuhälterei (§181a) sowie die Überlassung schamloser Werke an Personen unter 16 Jahren

---

60 Peiper, Komentarz do Kodeksu Karnego, 1933, S. 581.

61 Peiper, Komentarz do Kodeksu Karnego, 1933, S. 581.

62 Bis zum Lex Heinze wurde die ursprüngliche Fassung des 13. Abschnittes des RStrGBs vom 15.5.1871 durch drei Gesetze modifiziert: ÄG vom 26.02.1876, ÄG vom 05.04.1888 und ÄG vom 18.08.1896.

63 Hartmann, Prostitution, Kuppelei, Zuhälterei, Reformdiskussion und Gesetzgebung seit 1870, S. 73.

64 Mittermaier, Verbrechen und Vergehen wider die Sittlichkeit, Berlin 1909, S. 16.

und die Mitteilung Sittengefährdender Gerichtsverhandlungen §184a und §184b ein[65].

Demzufolge hat sich der Inhalt des dreizehnten Abschnittes des RStGB, kurz nach der Jahrhundertwende, wie folgt gestaltet: Doppelehe (§171), Ehebruch (§172), Blutschande (§173), Unzucht unter Missbrauch eines Autoritätsverhältnisses (§174), widernatürliche Unzucht (§175), Nötigung zur Unzucht/ Schändung/ Unzucht mit Kindern (§176), Notzucht (§177) - die beiden letzteren qualifiziert bei Todeserfolg (§ 178), Erschleichung des außerehelichen Beischlafs (§179), einfache (§180) und schwere (§181) Kuppelei, Zuhälterei (§181a), Verführung (§182), Erregung öffentlichen Ärgernisses (§183), Verbreitung unzüchtiger Gegenstände (§184), Überlassung schamloser Werke an Personen unter 16 Jahre (§ 184a) und Mitteilung sittengefährdender Gerichtsverhandlungen (§ 184b)[66].

1.1. Doppelehe (§171 RStGB) und Ehebruch (§172 RStGB)

Doppelehe (§171 RStGB) bestand in der Eingehung von einem Ehegatten in eine neue Ehe, bevor seine alte Ehe aufgelöst oder für nichtig erklärt wurde. Gleich bestraft wurde eine unverheiratete Person, welche mit einem Ehegatten eine Ehe eingegangen ist, obwohl er wusste, dass dieser noch verheiratet ist. Die allgemeine Rechtsauffassung vertrat damals noch den Standpunkt, dass die Doppelehe als Sittlichkeitsdelikt das geschlechtliche Trauverhältnis der ersten Ehe verletzte. Auch die Bestimmung über Beginn der Verjährung der Strafverfolgung (§ 171 Abs.3 RStGB) fand ihre Erklärung der alten Theorien nach darin, dass man früher die Bigamie als ein fortdauerndes Verbrechen ansah, das an jedem Tage des Fortbestehens der zweiten Ehe von neuem begangen wurde[67].

Ehebruch (§172 RStGB) bestand im Beischlaf zwischen Personen, von denen mindestens eine mit einer dritten Person verheiratet war[68]. Dazu mussten noch zwei Voraussetzungen gegeben sein: die Ehescheidung wegen Ehebruchs und der Strafantrag. Die beiden Voraussetzungen haben der Praxis viele Schwierigkeiten gebracht und wurden auch von der Lehre strittig behandelt[69]. Bedenklich war deren Rechtfertigung, denn nunmehr konnte der Strafantrag einem Rachegefühl entspringen und auch ein beliebtes Mittel für Erpressungen werden.

65 RGBl., 1900, S. 301.

66 Siehe Anhang Nr. 1.

67 Der herrschenden Ansicht nach waren die beiden nur Bedingungen der Strafverfolgung, Lenz, Verbrechen und Vergehen wider die Sittlichkeit, Trier 1928, S. 12.

68 So R.G. 21,21 in: Lenz, Verbrechen und Vergehen wider die Sittlichkeit, Trier 1928, S. 14.

69 Lenz, Verbrechen und Vergehen wider die Sittlichkeit, Trier 1928, S. 15.

1.2. Blutschande (§ 173 RStGB)

Das nächste systematisch folgende Delikt war die Blutschande (§ 173 RStGB), die den Beischlaf zwischen Verwandten in auf- und absteigender Linie, zwischen Verschwägerten in auf- und absteigender Linie, sowie zwischen Geschwistern unter Strafe stellte. Straffrei sind Verwandte und Verschwägerte in auf- und absteigender Linie geblieben, wenn sie das 18. Lebensjahr noch nicht vollendet haben.

1.3. Unzucht unter Missbrauch eines Autoritätsverhältnisses (§ 174 RStGB)

Der § 174 RStGB beinhaltete Unzucht unter Missbrauch eines Autoritätsverhältnisses. Demnach war die Vornahme unzüchtiger Handlungen des Täters, der zum Opfer in einem gewissen Autoritätsverhältnis stand, strafbar. Hier wurde nur die Autoritätsperson bestraft, die andere Person wurde rechtlich als Objekt behandelt[70]. Unter solche Treuverhältnisse, die zu schützen waren, kannte das Gesetz den Vormund, die Adoptiv- und Pflegeeltern, die Geistlichen, Lehrer und Erzieher (Nr. 1). Weiterhin zählte hierzu das Verhältnis solcher Beamten, die gegen die Person mit der sie die unzüchtige Handlung vornahmen, eine Untersuchung führten oder die ihnen zu ihrer Obhut anvertraut waren (Nr. 2). Letztlich galt dies auch für Ärzte oder andere Medizinpersonen, die mit den Insassen von Gefängnissen und öffentlichen, zur Pflege von Kranken, Armen oder anderen Hilflosen bestimmten Anstalten, in denen sie beschäftigt oder angestellt waren, unzüchtige Handlungen vorgenommen hatten[71].

1.4. Widernatürliche Unzucht (§175 RStGB)

Danach folgte die widernatürliche Unzucht (§175 RStGB). Darunter war Unzucht zwischen Personen männlichen Geschlechts sowie zwischen Menschen und Tieren zu verstehen. Es musste sich um ein Lebewesen handeln, so dass Leichenschändung nicht erfasst war. Der Begriff widernatürliche Unzucht wurde im Gesetz nicht bestimmt. Die Rechtsprechung hat dies damals allgemein so verstanden, dass eine zum Zwecke der naturwidrigen Befriedigung des Geschlechtstriebes, eine dem natürlichen Beischlaf ähnliche Handlung darstellte[72].

---

70 Lenz, Verbrechen und Vergehen wider die Sittlichkeit, Trier 1928, S. 40.

71 Kritisch dazu, da das Dienstpersonal aller Art nicht berücksichtigt ist, obgleich dieses am meisten mit den Anstaltsinsassen in persönliche Berührung kommt Begründung zum A. E. 1927, S. 146.

72 Lenz, Verbrechen und Vergehen wider die Sittlichkeit, Trier 1928, S. 45.

1.5. Nötigung zur Unzucht/ Schändung/ Unzucht mit Kindern (§ 176 RStGB)

Im § 176 RStGB wurden die drei Delikte Nötigung zur Unzucht, Schändung und Unzucht mit Kindern zusammengefasst.

Nötigung zur Unzucht (Abs. 1 Nr. 1) bestand darin, dass jemand mit Gewalt unzüchtige Handlungen an einer weiblichen Person vornimmt, oder dieselbe durch Drohung mit gegenwärtiger Gefahr für Leib oder Leben zur Duldung unzüchtiger Handlungen nötigt. Hier mussten die unzüchtigen Handlungen unter Überwindung eines Widerstandes verübt werden. Geschützt war nur eine weibliche Person, der Täter aber konnte sowohl ein Mann als auch eine Frau sein. Strittig war, ob der Ehemann sich dieses Verbrechens seiner Ehefrau gegenüber schuldig machen konnte[73].

Schändung (Abs. 1 Nr. 2) war der Missbrauch einer in einem willenlosen oder bewusstlosen Zustande befindlichen oder einer geisteskranken Frau zum außerehelichen Beischlaf. Der willenlose oder bewusstlose Zustand konnte von dem Täter selbst herbeigeführt werden. Täter konnte nur ein Mann sein.

Unzucht mit Kindern (Abs. 1 Nr. 3) fasste die Vornahme unzüchtiger Handlungen mit Personen unter 14 Jahren oder dieselben zur Verübung oder Duldung unzüchtiger Handlungen zu verleiten. Hier lag Unzucht ohne einen rechtlich beachtlichen Willen vor[74]. Täter konnten sowohl Frauen als auch Männer sein. Nicht ausreichend waren unzüchtige Redensarten oder unzüchtige Handlungen vor einem Kind. Ferner handelte es sich um die Verleitung einer Person unter 14 Jahren zur Verübung oder Duldung unzüchtiger Handlungen. Hier wird eine Einwirkung auf den Willen des Kindes vorausgesetzt, ein Geneigt zusammenmachen desselben durch Überredung oder Geschenke[75].

1.6. Notzucht (§ 177 RStGB)

Notzucht bedeutete Nötigung durch Gewalt oder durch Drohung mit gegenwärtiger Gefahr für Leib oder Leben einer Frauensperson zur Duldung des außerehelichen Beischlafs oder Missbrauchs zum solchen nachdem der Täter sie zu diesem Zwecke in einen willenlosen oder bewusstlosen Zustand versetzt hatte.

---

73 Lenz, Verbrechen und Vergehen wider die Sittlichkeit, Trier 1928, S. 23.

74 Lenz, Verbrechen und Vergehen wider die Sittlichkeit, Trier 1928, S. 27.

75 Lenz, Verbrechen und Vergehen wider die Sittlichkeit, Trier 1928, S. 29.

1.7. Erschleichung des außerehelichen Beischlafs (§ 179 RStGB)

Erschleichung des außerehelichen Beischlafs lag in der Verleitung einer weiblichen Person durch den Täter zur Gestattung des Beischlafs dadurch, dass der Täter eine Trauung vorspiegelte oder einen anderen Irrtum in ihr erregte oder benutzte, in welchem sie den Beischlaf für den ehelichen hielt. Es ging hier um unzüchtigen Missbrauch unter Täuschung, indem ein Täter unzüchtige Akte mit einer Person vornahm, die infolge einer Täuschung den unzüchtigen Charakter der Handlungen nicht kannte, also ohne ihren Willen entehrt wurde[76].

1.8. Die Kuppelei (§§ 180, 180 RStGB)

Die Kuppelei war im RStRG als Beförderung fremder Unzucht ausgebildet (§ 180, § 181 RStGB). Die einfache Kuppelei lag darin, gewohnheitsmäßig oder aus Eigennutz durch eigene Vermittlung oder durch Gewährung oder Verschaffung von Gelegenheiten der Unzucht Vorschub zu leisten (§180).

Die schwere Kuppelei lag selbst dann vor, wenn sie weder gewohnheitsmäßig noch aus Eigennutz betrieben wurde und wenn um der Unzucht Vorschub zu leisten, hinterlistige Kunstgriffe angewendet wurden oder wenn der Schuldige zu der verkuppelten Person in dem Verhältnisse des Ehemanns zur Ehefrau, von Eltern zu Kindern, des Vormunds zu Pflegebefohlenen, von Geistlichen, Lehrern oder Erziehern zu den von ihnen zu unterrichtenden oder zu erziehenden Personen stand (§ 181). Besonders wichtig war damals die Gestaltung der Kuppelei zur gewerbsmäßigen Unzucht, und hier gegenüber der Unterhaltung von Bordellen. Der Kuppeleitatbestand, der vom Bordell nichts erwähnte, schloss diese in sich mit ein. Zu erwähnen ist, dass das Reichsgericht so weit ging, dass das Betreiben eines polizeilich geduldeten Bordells für strafbar erklärt wurde[77].

1.9. Zuhälterei (§ 181a RStGB)

Zuhälterei lag darin, dass eine männliche Person, welche von einer weiblichen Person die gewerbsmäßig Unzucht treibt, unter Ausbeutung ihres unsittlichen Erwerbes ganz oder teilweise den Lebensunterhalt bezieht, oder welche einer Frauensperson gewohnheitsmäßig oder aus Eigennutz in Bezug auf die Ausübung des unzüchtigen Gewerbes Schutz gewährt oder sonst förderlich ist (§ 181a Abs.1). Im ersten Falle sprach man von der ausbeuterischen, beim zweiten von der kupplerischen Zuhälterei. Dazu hat das RStGB einen Straferhö-

---

76 Mittermaier, Verbrechen und Vergehen wider die Sittlichkeit, Berlin 1909, S. 112.

77 Lenz, Verbrechen und Vergehen wider die Sittlichkeit, Trier 1928, S. 68, mit dort angegebener Rechtsprechung.

hungsgrund vorgesehen, wenn der Zuhälter der Ehemann der Frau war oder wenn der Zuhälter sie unter Anwendung von Gewalt oder Drohungen zur Ausübung des unzüchtigen Gewerbes angehalten hatte (§ 181a Abs.2).

1.10. Verführung (§ 182 RStGB)

Verführung zum Beischlaf eines Mädchens, welches das 16. Lebensjahr nicht vollendet hat, war strafbar, wenn sie unbescholten war. Die Frage der Unbescholtenheit hat zu großen Schwierigkeiten geführt. Zu dem Begriff gehörte nicht die geschlechtliche Unversehrtheit. Es ist darauf angekommen, ob das Mädchen für die Erhaltung der eigenen geschlechtlichen Reinheit Interesse bekundet hat oder nicht, ohne das es auf die Art und das Ausmaß des unzüchtigen Gebarens und auf das Milieu ankam. Die Auslegung erfolgte derart, dass für niedere Umstände eine lockere oder eingeschränkte, für höhere dagegen eine schärfere und ausgedehntere Auslegung Platz hatte (RG 37,94).

1.11. Erregung öffentlichen Ärgernisses (§ 183 RStGB)

Es ging hier um die Erregung öffentlichen Ärgernisses durch eine unzüchtige Handlung. Ob auch unzüchtige Reden, Lieder oder Vorstellungen genügten oder nicht, war strittig[78]. Der diesem Satz zugrundeliegende Gedanke war wohl aber die Verletzung und die Beleidigung des Sittlichkeitsgefühls zu bestrafen, wenn sie an öffentlichen Orten geschah, deren Betreten man nicht vermeiden konnte[79].

1.12. Unzüchtige Schriften (§ 184 RStGB)

Verbreitung unzüchtiger Gegenstände wurde in § 184 RStGB geregelt. Die Tätigkeit, die hier unter Strafe gestellt wurde, bestand im Wesentlichen im Verbreiten unzüchtiger Schriften, Abbildungen oder Darstellungen. Das Gesetz nannte zwar auch Feilhalten, Verkaufen, Verteilen, Ausstellen und Anschlagen, jedoch sind dies alle Fälle des Verbreitens, d.h. wenn diese einem großen Personenkreise zugänglich gemacht wurden. Damit reichte das vertrauliche Überlassen an Einzelpersonen nicht aus (RG 35,330).

Die Rechtsprechung verlangte keine besondere Absicht, bezeichnete es vielmehr als genügend, wenn die Darstellung zur Verletzung des Schamgefühls geeignet war und der Verbreitende dies wusste[80]. Die Schrift musste objektiv

---

78 R.G. 4, 87 und andere dort angegebene Rechtsprechung in: Lenz, Verbrechen und Vergehen wider die Sittlichkeit, Trier 1928, S. 53.

79 Lenz, Verbrechen und Vergehen wider die Sittlichkeit, Trier 1928, S. 56.

80 Lenz, Verbrechen und Vergehen wider die Sittlichkeit, Trier 1928, S. 57.

geeignet sein, das Scham- und Sittlichkeitsgefühl in geschlechtlicher Beziehung zu verletzen.

Weiterhin wurden laut Gesetz auch solche Gegenstände einer Person unter 16 Jahren gegen Entgelt zu überlassen oder anzupreisen unter Strafe gestellt. Dies gilt auch für Orte, welche dem Publikum zugänglich sind oder dem Publikum selbst, die Gegenstände ankündigen oder anpreisen, die zu unzüchtigem Gebrauche bestimmt waren, für strafbar gehalten.

Die alte Rechtsprechung hat den Tatbestand sehr weit ausgelegt. Infolgedessen wurden auch Mittel zur Verhütung von Geschlechtskrankheiten oder auch zur Verhütung der Empfängnis dazu gezählt[81]. Die neuere Rechtsprechung hat eine Milderung erfahren und beschränkte die Auslegung des Begriffes „Gegenstand, der zu unzüchtigem Gebrauche bestimmt war“ in dem Sinne, dass ein Gegenstand, der in erster Linie und bestimmungsgemäß zur Förderung der Gesundheit diente, nur dann als ein zu unzüchtigem Gebrauche bestimmter Gegenstand angesehen werden sollte, wenn er eine eigenartige Gestaltung aufweist, die seine Zweckbestimmung zu unzüchtigem Gebrauch, insbesondere zur Verhütung der Empfängnis, besonders erkennbar macht[82].

Auch öffentliche Ankündigungen zu erlassen, welche dazu bestimmt waren, unzüchtigen Verkehr herbeizuführen (§ 184 Abs. 4) waren verboten. Die Vorschrift verwirklicht einen Gedanken, der in Artikel I der Genfer Internationalen Übereinkunft zur Bekämpfung der Verbreitung und des Betriebs unzüchtiger Veröffentlichungen vom 12.09.1923 ausgesprochen wurde.[83]

1.13. Überlassung schamloser Werke an Personen unter 16 Jahren (§184a RStGB)

Überlassung schamloser Werke an Personen unter 16 Jahren war unter Strafe gestellt. Hier ging es um solche Schriften, die ohne unzüchtig zu sein, das Schamgefühl gröblich verletzt haben.

1.14. Mitteilung Sittengefährdender Gerichtsverhandlungen (§ 184b RStGB)

Es war auch verboten, die Berichte aus Gerichtsverhandlungen, welche wegen Gefährdung der Sittlichkeit für die Öffentlichkeit ausgeschlossen war, mitzuteilen.

---

81 Lenz, Verbrechen und Vergehen wider die Sittlichkeit, Trier 1928, S. 59.

82 Kritisch dazu Lenz, Verbrechen und Vergehen wider die Sittlichkeit, Trier 1928, S. 60.

83 Von Deutschland unterzeichnet und ratifiziert 4.06. 1925, RGBL II G.287.

2. Reformbemühungen von 1909-1913

2.1. Der gesellschaftliche und politische Hintergrund der Reform

Das für die damalige Zeit der modernen Industriegesellschaft „veraltete“ RStGB von 1871, das sich in seinen Grundlagen de facto auf den französischen Code Penal bezog[84], bedurfte einer Reform. Der Schulenstreit zwischen der klassischen und der modernen (soziologischen) Richtung von Franz von Liszt hat den Anstoß dazu gegeben, dass sich die staatlichen Stellen veranlasst sahen, die Reform des StGB von 1871 in Angriff zu nehmen[85].

Zuerst begann 1902 auf Initiative des Reichsjustizamtes Dr. Nieberding ein freies wissenschaftliches Komitee[86] mit den Arbeitern an einer vergleichenden Darstellung des deutschen und ausländischen Strafrechts. Die Ergebnisse dieses Komitees sollten eine wissenschaftliche Grundlage für die anstehenden Reformarbeiten schaffen[87]. Infolgedessen hat das Komitee insgesamt 16 Bände unter dem Titel „Die vergleichende Darstellung des deutschen und ausländischen Strafrechts“ herausgearbeitet. Unter diesen bearbeitete Professor Mittermaier ausführlich das Thema Verbrechen und Vergehen wider die Sittlichkeit. Sein Werk war die erste umfangreiche rechtsvergleichende Analyse über die damals geltenden Sittlichkeitsdelikte. In seinen Ausführungen kritisierte Mittermaier die Systematik des Abschnittes des damals geltenden RStGBs im Bereich der Sittlichkeitsdelikte. Unter Sittlichkeitsdelikten verstand er diejenigen, bei denen es sich nur um die geschlechtliche Sittlichkeit handelte. Zu den so verstandenen Sittlichkeitsdelikten hat er die außerhalb des 13. Abschnittes des RStGBs verbliebene Entführung § 236 und Gewerbsunzucht § 361 Nr.6 noch hinzugezählt. Außerdem schlug er vor, Doppelehe- und Ehebruchsdelikte aus diesem Abschnitt auszuschließen[88].

---

84 Eser, Hundert Jahre deutsche Strafgesetzgebung, S. 50 und ff.

85 LK I 1974.

86 Zu dem Komitee gehörten insgesamt 47 Mitarbeiter. Die Mehrheit davon waren Strafrechtslehrer.

87 Busch, Die deutsche Strafrechtsreform, 1. Auflage 2005, S. 29.

88 Mittermaier, Verbrechen und Vergehen wider die Sittlichkeit, Berlin 1909, S. 2.

2.2. Reformarbeiten

2.2.1 „Verbrechen und Vergehen gegen die Sittlichkeit" im Vorentwurf von 1909

Im Jahre 1909 legte eine aus Praktikern bestehende Kommission unter dem Vorsitz des Direktors Lucas im preußischen Justizministerium den ersten Entwurf für ein neues Strafrecht der Öffentlichkeit vor[89].

Im Bereich der Sittlichkeitsdelikte enthielt jedoch der Vorentwurf zu dem Deutschen Strafgesetzbuch von 1909 (im folgenden kurz VE 1909 genannt) nicht nur die Überschrift des damaligen geltenden Rechts „Verbrechen und Vergehen gegen die Sittlichkeit", sondern übernahm dabei auch die Terminologie des damaligen Rechts, die durch die Praxis und in der Theorie anerkannt sei, dass es wohl nicht möglich war, klare Ausdrücke zu verwenden[90]. Dagegen folgte der VE 1909 im Bereich Sittlichkeitsdelikte einer anderen Systematik. Doppelehe (§ 171) und Ehebruch (§ 172) wollte der VE 1909 in den 12. Abschnitt „Verbrechen und Vergehen in Beziehung auf den Personenstand und die Ehe" einstellen. Unter den verbleibenden Paragraphen war der Tatbestand der Notzucht, das schwerste Delikt dieser Gruppe, vorangestellt[91]. Inhaltlich stellte der VE 1909 keinen wesentlichen Fortschritt gegenüber dem geltenden Recht dar[92] und beschränkte sich überwiegend zu einigen Modifikationen von geltenden Sittlichkeitsdelikten.

Erwähnenswert sind die Änderungsvorschläge bezüglich der einfachen Kuppelei (§ 251 VE 1909). Hier wollte der Entwurf *expressis verbis* normieren, dass die Gewährung von Wohnungen nur dann erfasst wird, wenn der Täter mit Rücksicht auf die Duldung der Unzucht einen unverhältnismäßigen Gewinn erzielt. Restriktiver als das geltende Recht bestimmte der Entwurf die widernatürliche Unzucht. In seinem Vorschlag strebte er die Ausdehnung des Anwendungsbereichs des geltenden Verbotes an. Mit der Wendung „Unzucht zwischen Personen gleichen Geschlechts" stellte er auch lesbische Kontakte unter

---

89 Mitglieder waren nur Richter und Ministerialbeamte: Lucas (Leiter der strafrechtlichen Abteilung des preußischen Justizministeriums, zugleich Vorsitzender), v. Tischendorf (Referent des Reichsjustizamtes), Schulz (Strafrechtsreferent im preußischen Justizministerium), Ditzen (Kammergericht) und Meyer (bayerischer Oberlandesgerichtsrat) in: Vormbaum/Rentrop, Reform des StGBs, Sammlung der Reformentwürfe, Band 1: 1909 bis 1919, S. 3.

90 Vorentwurf zu einem Deutschen StGB. Begründung. Teil 2. Berlin 1909, S. 678.

91 Mehr siehe: Vorentwurf zu einem Deutschen StGB. Begründung. Teil 2. Berlin 1909, S. 678.

92 siehe: Vorentwurf zu einem Deutschen StGB. Begründung. Teil 2. Berlin 1909, S. 678.

Strafe. Eine Neuigkeit des VE 1909 war, dass er einen Frauenhandelstatbestand, der bisher im § 48 des Gesetzes über das Auswanderungswesen vom 09. Juni 1897[93] geregelt war, in den Abschnitt über die Sittlichkeitsdelikte einführte.

2.2.2. „Verletzung der Sittlichkeit" im Gegenentwurf von 1911

1911 erschien der sog. Gegenentwurf von den Professoren Kahl, Goldschmidt, v. Lilienthal und v. Liszt, deren Aufgabe es war, die Reformarbeiten auf der Grundlage des VE von 1909 weiterzuführen[94].

Im Gegenentwurf zum Vorentwurf vom 1911 (weiter als GE 1911) wurden die Sittlichkeitsdelikte in den 15. Abschnitt „Verletzung der Sittlichkeit" zusammengestellt. Der GE 1911 begnügte sich mit der Ausdruckweise des damaligen Rechts.

Dem VE 1909 folgend, stellte der GE 1911 die Doppelehe (§ 171) und den Ehebruch (§ 172) in den Abschnitt über „Verletzung des Personenstandes, der Ehe und der Familie" (14. Abschnitt). Der GE 1911 ging jedoch in systematischer Umgestaltung viel weiter als der VE 1909 und nahm die „Entführung wider Willen" aus den Freiheitsdelikten und die Gewerbsunzucht aus den Übertretungen heraus, um die beiden Vorschriften in den Sittlichkeitsabschnitt zu stellen. Danach wurden Delikte wie z.B. Unzucht mit Kindern oder Schändung zu selbstständigen Vorschriften[95].

Vorangestellt in den Abschnitt über die Sittlichkeitsdelikte wurde die Nötigung zur Unzucht mit Notzucht. Die Notzucht wurde als schwerster Fall der Nötigung zur Unzucht bestimmt und daher mit dieser zusammengefasst (§ 236 GE).

Im Bereich der widernatürlichen Unzucht stellte der GE 1911 gegenüber dem geltendem Recht und seinem Vorgänger dem VE 1909 einen Fortschritt dar. Er hob die Strafbarkeit der Sodomie[96] und der einfachen Unzucht zwischen dem erwachsenen männlichen Geschlecht auf. Der GE 1911 beschränkte die strafbare Unzucht zwischen Männern nur auf deren Begehung mit Minderjährigen oder unter Ausbeutung des Amts- oder Dienstverhältnisses oder aus Gewinnsucht (§ 245 GE 1911). Der 15. Abschnitt der Sittlichkeitsdelikte des GE 1911 beinhaltete, im Vergleich zum 13. Abschnitt des geltenden Rechts, noch fünf zusätzliche Straftatbestände. Neben Frauenhandel (§ 249 GE 1911) waren das noch: Entführung (§ 238 GE 1911), Gewerbsunzucht (§ 246 GE 1911),

93 RGBL G. 463.

94 Vormbaum/Rentrop, Reform des StGBs, Sammlung der Reformentwürfe, Band 1: 1909 bis 1919, S. 4.

95 Begründung zum GE 1911, S.236.

96 Begründung zum GE 1911, S.238.

Missbrauch eines Abhängigkeitsverhältnisses (§ 241 GE 1911) und Unzucht vor Kindern (§ 242 Satz 2 GE 1911), wobei die zwei letzteren Straftatbestände völlig neue Vorschriften darstellten.

2.2.3. *„Verletzung der Sittlichkeit" im Kommissionsentwurf von 1913*

Die Auseinandersetzung über die oben genannten Entwürfe gab den Anstoß für weitere Reformarbeiten. Im Jahre 1911 begann im Reichsjustizamt eine Kommission[97], in der alle größeren Länder, die im Justizausschuss des Bundesrates ihre Vertreter hatten, mit der Ausarbeitung eines Regierungsentwurfes für ein neues StGB[98]. Sowohl der VE 1909 als auch der GE 1911 wurden von der einberufenen Großen Strafrechtskommission verwertet. Bevor sich die gesetzgebenden Organe mit dem Kommissionsentwurf 1913 (weiter als KE 1913) befassen konnten, unterbrach der erste Weltkrieg alle weiteren Bemühungen.

Die Sittlichkeitsdelikte fasste der KE 1913 im 20. Abschnitt unter „Verletzung der Sittlichkeit" zusammen. Der Entwurf übernahm den Titel und die Terminologie vom GE 1911. Bemerkenswert ist, dass der KE 1913 sich bei der Bestimmung von widernatürlicher Unzucht (§§ 322, 323 KE 1913) mit der Wendung „beischlafähnliche Handlungen" begnügte, was für die damaligen Rechtsbegriffe im Bereich von Sittlichkeitsdelikten untypisch und völlig neu war. Systematisch schloss der Entwurf die Doppelehe (§ 336 KE 1913) und den Ehebruch (§ 337 KE 1913) in den 21. Abschnitt „Störung der Familienordnung" mit ein. Die Schändung und die Unzucht mit Kindern wurden hier auch zum selbständigen Delikt. Bei den Sittlichkeitsdelikten stellte er die Notzucht voran.

Im Grunde genommen übernahm der KE 1913 die Regelungsvorschläge von seinen Vorgängern, dem VE 1909 und dem GE 1911. Beispielsweise ist er den Regelungen von Notzucht (§ 313 KE) und Erschleichung des Beischlafs (§ 315 KE) treu geblieben und hat diese ohne Modifikationen vom VE übernommen. Im Bereich der widernatürlichen Unzucht griff der KE in seiner Lösung nach geltendem Recht zurück und stellte einfache mann- männliche Intimkontakte

---

97 Mitglieder der Kommission waren für das Reich: v. Tischendorf, Joel, Ebermayer (Reichsgerichtsrat, Oberreichsanwalt); für Preußen: Lucas (Kommissionsvorsitzender), Schulz, Cormann, Linderberg, Kleine (Kammergerichtsrat) und Friedmann (Rechtsanwalt); für Bayern: Meyer; für Sachsen: v. Feiltsch; für Württemberg: v. Rupp; für Baden: Duffner; für Hessen: Rüster; für Elsass- Lothringen: Pfersdorff; für Hamburg: Niemeyer. Die Rechtslehre wurde repräsentiert durch die Professoren Kahl (später nach Lucas wurde er Vorsitzender der Kommission), Frank und v. Hippel in: Vormbaum/Rentrop, Reform des StGBs, Sammlung der Reformentwürfe, Band 1: 1909 bis 1919, S. 4.

98 Busch, Die deutsche Strafrechtsreform, 1. Auflage 2005, S. 33.

unter Strafe. Jedoch begnügte sich der KE mit dem Begriff „Vornahme beischlafähnlicher Handlungen“ und beschränkte dadurch den Anwendungsbereich des geltenden Verbotes, anstatt wie im RStGB den Begriff „Unzucht begehen“ zu verwenden. Unzucht mit Tieren hielt der KE auch für strafbar und beschränkte sie nur auf Vornahme von beischlafähnlichen Handlungen, § 323 KE. Entgegen früheren Erwägungen, muss man betonen, dass sich der KE 1913 nicht nur als bloßes Geflecht aus den VE 1909 und GE 1911 darstellte. Im Entwurf waren Tatbestände zu finden, die die große Kommission selbst herausarbeitete. Zu diesen gehörte die Bestimmung des § 332 KE 1913. Laut diesem Paragraphen sollte das Ankündigen von Gegenständen, die zur Verhütung der Empfängnis oder von Geschlechtskrankheiten dienen, nicht mehr strafbar sein, wenn es an Ärzte oder in ärztlichen Fachzeitschriften an Personen erfolgte, die mit solchen Gegenständen Handel getrieben haben. Damit wollte der KE 1913 den in der deutschen Literatur gestellten Forderungen Rechnung tragen.

3. Reformentwürfe und Änderungen 1919-1933

3.1. Der gesellschaftliche und politische Hintergrund der Reform

Nach dem Ende des ersten Weltkrieges wurde die Weimarer Republik gegründet. Ihre ersten Jahre standen unter dem Eindruck der neu gewonnen Demokratie und brachten viele Reformentwürfe hervor[99]. Der erste nach dem Ende des ersten Weltkrieges erschienene Entwurf 1913 war von einer kleinen fünfköpfigen Kommission[100] vorgelegt worden. Der Entwurf stellte eine überarbeitete Fassung des KE von 1913[101]. Da die Veröffentlichung dieses Entwurfs in Deutschland damals zu einem ungünstigen Zeitpunkt stattgefunden hat, fand er leider wenig Beachtung[102].

99 Busch, Die deutsche Strafrechtsreform, 1. Auflage 2005, S. 33.

100 Mitglieder: Joel (Direktor im Reichsjustizamt), Ebermayer (Senatspräsident am Reichsgericht), Cormann (OLG-Präsident), Bumke (Geheimer Oberregierungsrat) und Krause (Staatssekretär des Reichsjustizamtes), Amtsrichter Schäfer und Kiesow in: Vormbaum/Rentrop, Reform des StGBs, Sammlung der Reformentwürfe, Band 1: 1909 bis 1919, S. 6.

101 Vormbaum/Welp, Das Strafgesetzbuch, Sammlung der Änderungsgesetze und Neubekanntmachungen, B. I, 1870-1953, S. 6 und 7.

102 Vormbaum/Welp, Das Strafgesetzbuch, Sammlung der Änderungsgesetze und Neubekanntmachungen, B. I, 1870-1953, S. 6 und 7.

3.2. Reformarbeiten

3.2.1. „Sittlichkeitsverbrechen" und „Kuppelei. Mädchenhandel. Zuhälterei" im Entwurf von 1919

Der Entwurf 1919 regelte, was völlig neu war, die Delikte in Bezug auf das Geschlechtsleben in zwei nacheinander folgenden Abschnitten: Im 22. Abschnitt „Sittlichkeitsverbrechen" und im 23. Abschnitt „Kuppelei. Mädchenhandel. Zuhälterei". Im letzten Abschnitt fasste er alle mit der gewerbsmäßigen Unzucht im zusammennah stehenden Delikte zusammen (Kuppelei, Zuhälterei, Mädchenhandel) und übernahm mit nur einem kleinen Unterschied die Regelungsvorschläge des E 1913 in diesem Bereich.

Im Gegensatz zu seinem Vorgänger (E 1913) regelte der E 1919 nur die strafbare Wohnungsgewährung im Rahmen einfacher Kuppelei anders. Er beschränkte strafbare Wohnungsgewährung nur an solche Frauen, die das 18. Lebensjahr vollendet haben und wenn mit der Wohnungsgewährung ein Ausbeuten der Frau oder ein Anwerben oder Anhalten der Frau zur Unzucht verbunden war (§ 331 E 1919). In den 22. Abschnitt fasste der E 1919 die übrigen Sittlichkeitsdelikte. Systematisch blieb er seinem Vorgänger treu, Doppelehe (§ 337 E 1919) und Ehebruch (§ 339 E 1919) in den Abschnitt über „Verbrechen und Vergehen gegen Ehe und Elternrechte" (24. Abschnitt E 1919) zu verschieben. Notzucht stellte er unter anderem voran und machte, was den E 1919 aus systematischer Sicht fortschrittlich machte, fast alle Delikte zu selbständigen Delikten[103].

3.2.2. „Unzucht" und „Kuppelei, Frauenhandel und Zuhälterei" in Radbruchs Entwurf von 1922

In der neuen Regierung des Reichskanzlers Wirth setzte der zum Reichsjustizminister ernannte Strafrechtsprofessor Radbruch die Reform fort. Mit seinen Mitarbeitern Bumke, Kiesow, Schäfer, Joel, Koffka und Kadecka erstellte er den später nach ihm benannten Entwurf 1922, der am 13. September 1922 der Reichsregierung als Kabinettsvorlage übersandt wurde. Die ungünstigen wirtschaftlichen und politischen Verhältnisse im Zuge der Besetzung des Ruhrgebietes und der Inflationskrise führten jedoch dazu, dass sich die Reichsregierung erst Ende 1924 mit der Vorlage befasste. Radbruch selbst war an diesem Zeitpunkt aus dem Ministeramt ausgeschieden und konnte nicht mehr verhindern, dass grundlegende Änderungen an seinem Entwurf vorgenommen wurden[104].

---

103 Im Vergleich zu dem RStGB (17) und dem E 1913 (20) beinhalteten beide Abschnitte des E 1919 insgesamt 23 Paragraphen über Sittlichkeitsdelikte.

104 Busch, Die deutsche Strafrechtsreform, 1. Auflage 2005, S. 34.

Die wiederholte Auflösung des Reichstags verhinderte jedoch die endgültige Verabschiedung.

Der Radbruch'sche Entwurf beinhaltete die Sittlichkeitsdelikte, ähnlich wie E 1919, in zwei Abschnitten. Neben dem 20. Abschnitt „Unzucht" unterschied er noch den 21. Abschnitt, in dem er Kuppelei, Frauenhandel und Zuhälterei zusammenstellte. Bei der Tatbestandbestimmung begnügte er sich oft mit dem Begriff „sich mißbrauchen lassen" (siehe: §§ 252, 249, 248, 252, 251). Im 20. Abschnitt unter Titel „Unzucht" wurde die Nötigung zur Unzucht vorangestellt.

Doppelehe (§ 271 Radbruchentwurf 1922) führte er, wie alle seine Vorgänger, in den 22. Abschnitt „Verbrechen und Vergehen gegen Ehe und Familie" ein. Im Gegensatz zum E 1919 verzichtete der E 1922 auf die Strafbarkeit des Ehebruches und des Beischlafs zwischen Verschwägerten (§ 256 E 1922), der Erschleichung des Beischlafs und der Unzucht mit Tieren. Weiterhin hob der E 1922 die Strafbarkeit der einfachen mann-männlichen Unzucht auf und beschränkte sich dabei auf Missbrauchsfälle wie Verführung von männlichen Jugendlichen oder Ausnutzung einer durch ein Dienst- oder Arbeitsverhältnis begründeten Abhängigkeit (§ 260 E 1922). Zu dessen Neuerungen zählt man auch, dass er neben Frauenhandel auch Kinderhandel (§ 269 E 1922) regelte, was völlig neu war. Weiterhin schlug der E 1922 einen neuen Straftatbestand vor, die Aufforderung zur Unzucht (§ 264 E 1922).

3.2.3. „Unzucht" und „Kuppelei, Frauenhandel und Zuhälterei im Amtlichen Entwurf von 1925

Der durch die Reichsregierung umgestaltete Radbruch'sche Entwurf wurde 1924 vom Kabinett verabschiedet und durch Joel weiter als „Amtlicher Entwurf eines allgemeinen deutschen Strafgesetzbuchs nebst Begründung" dem Reichsrat zur Beschlussfassung vorgelegt. 1925 erschien der erste „Amtliche Entwurf eines Allgemeinen deutschen Strafgesetzbuches".

Im Bereich der Sittlichkeitsdelikte war der E 1925 eine wortgetreue Wiederholung des E 1922, mit wenigen Abweichungen[105].

---

105 E 1925 führte die Strafbarkeit des Beischlafs zwischen Verschwägerten (§ 263 E 1925) und von beischlafähnlichen Handlungen zwischen Männern (§ 267 E 1925) wieder ein. Er regelte expressis verbis, dass insbesondere die Unterhaltung eines Bordells oder eines bordellartigen Betriebs als Kuppelei gilt (§ 272 E 1925). Er betonte, dass derjenige, der die Wohnung an Erwachsene gewährt, bestraft wird, wenn damit ein Ausbeuten der Person, dem die Wohnung gewährt wird, oder ein Anwerben oder ein Anhalten dieser Person zur Unzucht verbunden ist (§ 273 E 1925).

3.2.4. Gesetzliche Änderungen in den §§ 180 und 184 RStGB

Erst nach fast 30 jährigen Reformarbeiten führte der deutsche Gesetzgeber die Änderungen in den 13. Abschnitt des RStGB ein. Mit dem Gesetz zur Bekämpfung der Geschlechtskrankheiten vom 18. Februar 1927[106], das am 1. Oktober 1927 in Kraft getreten ist, änderte er die Regelungen zur Kuppelei und der Verbreitung zu unzüchtigem Gebrauche bestimmter Gegenstände[107].

Die gesetzgeberischen Motive zur Erlassung des Gesetzes beruhen auf den Ereignissen aus der strikten Nachkriegszeit. Die danach entstandenen wirtschaftlichen und sozialen Verhältnisse haben einer Umgestaltung der Sexualanschauungen Vorschub geleistet[108], was auch wiederum zur Verbreitung von Geschlechtskrankheiten führte[109]. Die Reichsregierung hatte schon 1917 dem Bundesrat den Entwurf eines Gesetzes zur Bekämpfung von Geschlechtskrankheiten vorgelegt, der Anfang 1918 an den Reichstag weiter geleitet wurde. Zu einer Verhandlung darüber ist es dort, infolge der bald eintretenden politischen Ereignisse, nicht mehr gekommen. Doch dieser Entwurf ist von großer Bedeutung, weil er die Grundlage für die späteren parlamentarischen Arbeiten bildete, die schließlich zum Erlass des GBG führten. Das damalige Gesetz entstand aus einer im Jahre 1925 von der Reichsregierung den gesetzgebenden Körperschaften zugeleiteten Vorlage; der Reichstag verabschiedete es mit unwesentlichen Änderungen am 28. Januar 1927[110].

Im Einzelnen fügte das Gesetz dem § 180 einen II und III Absatz zu. Damit galt als Kuppelei insbesondere die Unterhaltung eines Bordells oder eines bordellartigen Betriebs und die Wohnungsgewährung an eine 18-jährige Person

---

106 RGBL I G.61.

107 Mehr zum Gesetz: Finger, Das Gesetz zur Bekämpfung der Geschlechtskrankheiten, JW 14/1927, S. 883.

108 Herz, Bekämpfung der Geschlechtskrankheiten und Aufgaben des Arztes nach dem Reichsgesetz vom 18.02.1927, S. 3.

109 „Die Statistik, die der Begründung zum Entwurf des GBG, beigegeben wurde, ergab eine vom 15. November bis 14 Dezember 1919 durchgeführte Zählung einen Krankenzuzug von 44 024 im Reichsgebiet, so dass man, durch Multiplikation mit 12, einen Jahreszuzug von über einer halben Million Geschlechtskranker erhält. Dieser die Volksgesundheit schwer bedrohende Zustand verlangte sofortige Abhilfe, weshalb am 11.12.1918 der Rat der Volksbeauftragten eine Verordnung erließ, die die Strafbarkeit der Ausübung des Beischlafs in geschlechtskrankem Zustand und die Möglichkeit der Verhängung von Zwangsmaßnahmen gegen Geschlechtskrankheiten aussprach." Herz, Bekämpfung der Geschlechtskrankheiten und Aufgaben des Arztes nach dem Reichsgesetz vom 18.02.1927, S. 4.

110 Herz, Bekämpfung der Geschlechtskrankheiten und Aufgaben des Arztes nach dem Reichsgesetz vom 18.02.1927, S. 5.

wurde nur dann bestraft, wenn damit ein Ausbeuten dieser Person oder ein Anwerben oder ein Anhalten dieser Person zur Unzucht verbunden war. Dem § 184 wurde die Nr. 3a zugefügt und damit war das öffentliche Ankündigen, Anpreisen und Ausstellen von Gegenständen, Mitteln oder Verfahren, die zur Verhütung von Geschlechtskrankheiten dienen, schlechthin straflos, soweit es nicht in einer der Sitte oder den Anstand verletzenden Art und Weise erfolgte.

3.2.5. „Unzucht" und „Kuppelei, Frauenhandel und Zuhälterei" im Amtlichen Entwurf 1927

Inzwischen wurde der E 1925 weiter bearbeitet. Nach seiner Umarbeitung seitens des Reichsrats wurde er am 14. Mai 1927 durch den Reichsjustizminister als „Reichstagsvorlage" (Entwurf 1927) in den Reichstag eingebracht. Dem E 1927 wurde durch die Reichstagsauflösung im Juni 1930 ein Ende gesetzt, so dass eine umfassende Strafrechtsreform nicht zustande kam[111].

Allgemein galt der AE 1927 als weniger restriktiv als das damals geltende Recht, da wie in dessen Begründung hingewiesen „die Grenzen des Abschnitts über Sittlichkeitsdelikte des AE 1927 enger gezogen waren als die des 13. Abschnitts des damaligen RStGB". In systematischer Hinsicht schlug er vor die Doppelehe und den Ehebruch sowie die Strafdrohung gegen Mitteilungen aus Gerichtsverhandlungen aus dem Sittlichkeitsabschnitt herauszunehmen. Die ersten beiden behandelte der Entwurf im 23. Abschnitt als Verbrechen und Vergehen gegen Ehe und Familie, der letztgenannte war zusammen mit anderen Fällen der unerlaubten Bekanntgabe des Inhalts von Gerichtsverhandlungen in den 8. Abschnitt des Entwurfes eingestellt worden[112]. Zum selbständigen Delikt machte er noch die Mittel zur Verhütung von Geschlechtskrankheiten (§ 302 E 1927) und die Ankündigung zu unzüchtigem Verkehr (§ 303 E 1927). Im Übrigen wurde fast wortwörtlich der Inhalt des 21. und 22. Abschnitts des E 1925 übernommen. Gegenüber dem E 1925 führte der E 1927 einige Korrekturen ein[113].

---

111 Nach der Reichtagsauflösung bemühte sich Kahl weiterhin um die Verabschiedung eines neuen STGBs und stellte am 6.12.1930 im Reichstag den Antrag, den „Entwurf eines Allgemeinen Deutschen Strafgesetzbuchs" (Entwurf 1930) anzunehmen der wie seine Vorgänger erfolglos geblieben war. Vormbaum/Rentrop, Reform des StGBs, Sammlung der Reformentwürfe, Band 1: 1909 bis 1919, S. 13.

112 Begründung zum AE 1927, S. 143.

113 Er stellte den Beischlaf zwischen Verschwägerten (§ 290 E 1927) und Unzucht mit Tieren (§ 295 E 1927) wieder unter Strafe. Neu war, dass der E 1927 Unzucht in Krankenanstalten aus dem Paragraphen über Unzucht unter Missbrauch der Amtsstellung (§ 293 E 1927) herausnahm und zum selbständigen Delikt machte (§ 294 E 1927). Zunächst verbesserte die Bestimmung des E 1925 über unzüchtige Schriften und Abbildungen um

4. Änderungen und Reformentwürfe von 1933 bis 1945

4.1. Die gesellschaftlichen und politischen Hintergründe der Reform

Nach der Regierungsübernahme durch die Nationalsozialistische Deutsche Arbeiterpartei NSDAP (30. Januar 1933) sowie nach Ernennung Hitlers zum Reichskanzler wurde mit Blick auf die Strafrechtsreform offiziell eine Abkehr von den vorangegangenen Reformarbeiten sowie dem liberalen Reichsstrafgesetzbuch von 1871 propagiert[114]. Hitler schuf die normativen Grundlagen für den nationalsozialistischen Terror und die Strafgesetzgebung war durch dessen Rassenlehre geprägt[115].

Bereits im Sommer 1933 wurde im Reichsjustizministerium ein Referentenentwurf ausgearbeitet, der als Diskussionsgrundlage für eine künftige amtliche Kommission bestimmt war[116].

4.2. Reformarbeiten

4.2.1. "Unzucht" und „Kuppelei, Frauenhandel. Zuhälterei." im Referentenentwurf von 1933

Bei dem Vergleich des E 1927 mit dem E 1933 ergibt sich, dass es sich eigentlich um den gleichen Entwurf handelt (sogar die Paragraphen stimmen überein). Der Referentenentwurf beinhaltet, im Vergleich zum E 1927, aber einige Terminologieänderungen. Beispielweise statt „Unzucht treiben" begnügt sich der E 1933 mit der Wendung „zur Unzucht missbrauchen" oder statt „mit Tier widernatürliche Unzucht treiben" mit „eine beischlafähnliche Handlung vornehmen" (§ 295 E 1933). Dadurch dass in manchen Tatbeständen die „Frau" mit „Person" ersetzt wurde, wurde damit der Mann zum Opfer solcher Delikte wie Nötigung zur Unzucht (§ 282 E 1933), Schändung (§ 284 E 1933) oder Verführung (§ 288 E 1933). Im Rahmen der Nötigung Abhängiger zur Unzucht (§ 289 E 1933) führte er einen neuen Straftatbestand ein - Nötigung einer jugendlichen Person

einen Straftatbestand: die Überlassung solcher Schriften oder die Abbildung durch eine Person über 21 Jahren von Personen unter 16 Jahren in der Absicht, ihr Geschlechtsgefühl zu überreizen oder irrezuleiten (§ 300 E 1927). Im Gegensatz zum E 1925 fand im E 1927 die Aufforderung zur Unzucht keine entsprechende Regelung.

114 Vormbaum/Rentrop, Reform des StGBs, Sammlung der Reformentwürfe, Band 1: 1909 bis 1919, S. 15.

115 Busch, Die deutsche Strafrechtsreform, 1. Auflage 2005, S. 36.

116 Vormbaum/Rentrop, Reform des StGBs, Sammlung der Reformentwürfe, Band 1: 1909 bis 1919, S. 15.

durch Missbrauch ihrer durch ein Dienst- oder Arbeitsverhältnis begründeten Abhängigkeit. Weiterhin beschränkte der E 1933 Kinderhandel auf eine noch nicht 18 Jahre alte und nur männliche Person. Bemerkenswert war, dass der Entwurf für einen Minderjährigen auch diejenigen Minderjährigen dazu zählten, die noch nicht 21 Jahre alt waren, auch wenn sie für volljährig erklärt worden waren (§ 303 E 1933).

4.2.2. Gesetz vom 28.Juni 1935

Inzwischen wurde § 175 StGB durch das Strafrechtsänderungsgesetz vom 28. Juni 1935 modifiziert. Der Abbruch der Beratungen und die hastige Gesetzänderung wurden offiziell mit den Ereignissen um den bekennend homosexuellen Führer der SA, Ernst Röhm begründet[117]. Tatsächlich galt es durch die Gesetzesänderung die Zeugungskraft des Mannes auf die „Sicherung und Erhaltung der gesunden Volkskraft“ zu konzentrieren[118]. In der Begründung zum Gesetz hieß es:“ Im Interesse der sittlichen Gesunderhaltung des deutschen Volkes hielt es die Reichsregierung für angezeigt, schon jetzt zwecks nachdrücklicher Bekämpfung der geschlechtlichen Unzucht ganz wesentlich verschärfte Strafandrohungen aufzustellen“[119].

Der bisherige § 175 wurde ohne den Zusatz „zwischen Personen männlichen Geschlechts“ beibehalten als § 175 b. Das Änderungsgesetz vom 28 Juni 1935[120] behielt die Strafbarkeit von Unzucht zwischen Männern bei, wobei das Gesetz in dem Fall die Möglichkeit von Strafe abzusehen sah, wenn bei einem Beteiligten, der zur Zeit der Tat noch nicht 21 Jahre alt war (§ 175 Abs. 2 RStGB).

Das Gesetz führte die qualifizierten Fälle zur Unzucht zwischen Männern (§ 175a RStGB) ein. Als qualifizierter Fall der mann-männlichen Unzucht war die Nötigung zur Unzucht mit Gewalt oder durch Drohung mit gegenwärtiger Gefahr für Leib oder Leben (§ 175a Abs.1 RStGB), Bestimmung zur Unzucht durch Missbrauch einer durch ein Dienst-, Arbeits- oder Unterordnungsverhält-

---

117 Explizit mit dieser Begründung Schäfer, DJ 1935, 994-999: Ein Jahr zuvor waren Röhm u. andere führende bekanntermaßen homosexuelle Angehörige der SA auf Grundlage des eigens hierfür erlassenen Gesetzes über Staatsnotwehr ermordet worden. Wurde hierdurch eigentlich der Machtkampf zwischen SS und SA im Sinne Hitlers zugunsten der SS entschieden, bemühten sich die Nationalsozialisten die Röhm-Affäre nunmehr als willkommene Begründung für das StrÄndG v. 28.06.1935.

118 Schäfer, Widernatürliche Unzucht, Reformdiskussion und Gesetzgebung seit 1945, S. 41.

119 Schäfer, JW 33/1935, S. 2323.

120 RGBl. 1935, S. 839, in: Ostendorf, Dokumentation des NS-Strafrechts, 1. Aufgabe 2000, S. 89.

nis begründeten Abhängigkeit (§ 175a Abs. 2 RStGB), Verführung einer männlichen Person unter 21 Jahren durch einen Mann über 21 Jahren (§ 175a Abs.3 RStGB) und letztlich das gewerbsmäßige Treiben solcher Unzucht oder sich dazu Anbietens (175a Abs.4 RStGB) angesehen.

4.2.3. „Angriffe auf die Sittlichkeit" im Entwurf 1936

1933 berief der damalige Reichsjustizminister Gürtner im Auftrag von Hitler eine amtliche Kommission zur Beratung der Strafrechtserneuerung[121]. Zum Leitgedanken ihrer Erörterungen erklärte die Kommission den nationalsozialistischen Gedanken, dass das „gesunde Volksempfinden" als Quelle aller Rechtsschöpfung Grundlage der Bestrafung sein müsse[122]. Nach drei Jahren Kodifikationsarbeiten stellte die Strafrechtskommission einen Entwurf eines neuen StGB fertig (E 1936). Der Entwurf wurde später im Kabinett bearbeitet, so dass er 1939 unter Berücksichtigung dieser Stellungnahmen von verschiedenen Institutionen des Dritten Reich neu gefasst wurde[123]. Der Abschnitt über Sittlichkeitsdelikte erfuhr fast keine Änderungen[124]. Trotz Gürtners Bemühungen war die Strafrechtsreform des Dritten Reiches an der Abneigung Hitlers gescheitert[125].

Trotz dreijähriger Kodifikationsarbeiten erfuhr der Abschnitt über die Delikte mit Bezug auf das Geschlechtsleben wenig Beachtung, da er sich nicht wesentlich von dem E 1933 unterschied und er wiederum eine überarbeitete Fassung seines Vorgängers darstellte. Der E 1936 fasste aber, im Gegensatz zu seinem Vorgänger, die Sittlichkeitsdelikte in einem Abschnitt unter dem Titel „Angriffe auf die Sittlichkeit" (das war der 9. Abschnitt des zweiten Teils des StGB – Angriffe auf die sittliche und seelische Haltung des Volkes) zusammen.

---

121 Mitglieder: Gürtner als Vorsitzender; die Justizminister von Preußen und Bayern Kerrl und Frank; Staatssekretäre Freisler und Schlegeberger; fünf Vertreter aus der Praxis; Vertreter der Hochschulen: Kohlrausch, Nagler, Dahm, Graf Gleispach, Mezger. Siehe in: Vormbaum/Rentrop, Reform des StGBs, Sammlung der Reformentwürfe, Band 1: 1909 bis 1919, S. 17.

122 Vormbaum/Rentrop, Reform des StGBs, Sammlung der Reformentwürfe, Band 1: 1909 bis 1919, S. 18.

123 Vormbaum/Rentrop, Reform des StGBs, Sammlung der Reformentwürfe, Band 1: 1909 bis 1919, S. 19.

124 Die ideologischen Änderungen haben ihren Ausdruck nur bei der Notzucht (§ 210 E 1939) und bei der schweren Schändung (§ 213 E 1939) gefunden. Zu den beiden Vorschriften wurde ein schwerer Fall hinzugefügt, wenn die Tat eine Rassenschändung (§ 137 E 1939) darstellte. Sie war mit der Todesstrafe oder mit lebenslangem Zuchthaus zu bestrafen.

125 Vormbaum/Rentrop, Reform des StGBs, Sammlung der Reformentwürfe, Band 1: 1909 bis 1919, S. 21.

Von den Lösungsvorschlägen des E 1933 unterschied sich der E 1936 in folgenden Punkten:

Der E 1936 stellte Notzucht voran (§ 199 E 1936) und bestimmte, wenn die Tat gleichzeitig einen Rasseverrat (§ 133 E 1936) darstellte, einen Straferhöhungsgrund. Wenn dieser wiederum zur Todesfolge nach einer Vergewaltigung führte, konnte die Todesstrafe verhängt werden.

Eine Neuerung des E 1936 war es, dass die Gewährung oder die Vermittlung einer Arbeitsstelle, die der Täter davon abhängig machte, dass ein Bewerber sich zum Beischlaf oder ein Bewerber unter 18 Jahren sich zur Unzucht missbrauchen lässt, unter Strafe stellte (§ 205 Abs. 3 E 1936).

4.2.4. „Angriffe auf die Sittlichkeit" im Entwurf 1939

Es handelt sich hier eigentlich um den Entwurf von 1936 mit einigen Änderungen. Bei der schweren Schändung sah der E 1939 in besonders schweren Fällen vor, insbesondere wenn die Tat gleichzeitig eine Rassenschändung (§ 137) darstellte, auf Todesstrafe oder auf lebenslanges Zuchthaus zu erkennen. Dann erweiterte der E 1939 noch die Unzucht mit einem Kind um die Bestimmung, dass der Täter mit lebenslanger Haft zu bestrafen war oder die Todesstrafe zu verhängen war, wenn er das Kind aufgrund einer ansteckenden Geschlechtskrankheit gefährdet hat (§ 218 E 1939). Bei der Notzucht wurde die Strafandrohung von Rassenschändung erhöht; demnach war die Todesstrafe oder lebenslanges Zuchthaus zu verhängen (§ 210 E 1939).

4.2.5. Weitere gesetzliche Änderungen bis 1943

Die Strafgesetzgebung im Krieg war umfangreich. Sie beschränkte sich auf zeitbedingtes Notrecht. Das zeigen allein schon die vielfältigen Änderungen des RStGB durch Reichsregierungsgesetze und zahlreiche Verordnungen[126].

Durch die Verordnung zur Durchführung der Verordnung zum Schutz von Ehe, Familie und Mutterschaft vom 18. März 1943 wurden Bigamie und Ehebruch in den 12. Abschnitt verschoben[127]. Im Zusammenhang mit der Verordnung zum Schutz von Ehe, Familie und Mutterschaft vom 09. März 1943, die den strafrechtlichen Schutz von Ehe und Familie stärken sollten[128] und sich auf

---

126 Werle, Justiz- Strafrecht und polizeiliche Verbrechensbekämpfung im Dritten Reich, S. 202 und ff.

127 RGBl. 1943, S. 169, in: Ostendorf, Dokumentation des NS-Strafrechts, 1. Aufgabe 2000, S. 120.

128 Kriegsbedingt war der Anlass der Verordnung, die von Erwägung geleitet war, dass sich im Krieg „das Verantwortungsbewusstsein für den Ernst der Pflichten, die aus Ehe und Mutterschaft erwachsen, durch die langdauernde Trennung der Gatten lockern könne"

den volksbiologischen Hintergrund beruhten, wurden die Bigamie und der Ehebruch unter Beibehaltung ihrer Reihenfolge in den 12. Abschnitt des zweiten Teils als §§ 170a bis 170d übernommen.

Zwei Monate später erhielt § 174 RStGB durch die Verordnung zur Angleichung des Strafrechts des Altreichs und der Alpen- und Donau-Reichsgaue (Strafrechtsangleichung) vom 29. Mai 1943[129] eine neue Fassung. Die Verordnung sollte die Strafrechtssysteme des Altreichs und von Österreich angleichen. Nach dem Anschluss Österreichs hatte das Nebeneinander zweier selbstständiger Strafrechtssysteme häufig zu unverständlichen Ergebnissen geführt. Da eine umfassende Rechtsvereinheitlichung wegen des Kriegszustandes nicht in Betracht kam, betraf sie nur das RStGB AT und BT[130]. Die neue Regelung bestrafte denjenigen, der einen seiner Erziehung, Ausbildung, Aufsicht oder Betreuung anvertrauten Menschen unter 21 Jahren (Abs. 1) oder wer unter Ausnutzung seiner Amtsstellung oder seiner Stellung in einer Anstalt für Kranke oder Hilfsbedürftige einen anderen (Abs. 2) zur Unzucht missbrauchte.

Bis zu dieser Änderung war § 174 auf Beamte beschränkt, die sich an Personen vergingen, gegen die sie „eine Untersuchung zu führen" hatten oder die „ihrer Obhut anvertraut" waren. Seit der Änderung war er zu weit ausgedehnt. Das Wesen dieser Vorschrift hat sich später so entwickelt und wurde weniger im Schutze abhängiger Personen gegen geschlechtlichen Missbrauch, als vielmehr im Schutze der Reinhaltung amtlicher Beziehungen von geschlechtlichen Motiven[131] gesehen.

C. ERGEBNISSE

Die erste polnische Sexualstrafrechtsreform von 1932 wurde ein Teil des gesamten Kodifikationsprozesses eines ersten polnischen Strafkodexes, der im Rahmen eines neu entstehenden Rechtssystems Polens geschaffen wurde. Wie schon früher gezeigt, war diese Aufgabe besonders schwer, da eine polnische Lehre und das Rechtsgefühl fehlten. Anderseits hatte diese Situation auch ihre Vorteile. Der Mangel einer gefestigten Überlieferung bedeutete das Fehlen von Vorur-

---

so Werle, Justiz- Strafrecht und polizeiliche Verbrechensbekämpfung im Dritten Reich, S. 420 und ff.

129 RGBl. 1943, S. 339, in: Ostendorf, Dokumentation des NS-Strafrechts, 1. Aufgabe 2000, S. 123.

130 Hartl, Das nationalsozialistische Willensstrafrecht, S. 318 und ff.

131 Sturm, JZ, 1/1974, S. 6.

teilen und zugleich eine grenzenlose Möglichkeit, neue Gedanken zu verwirklichen[132].

Der erste polnische Strafkodex von 1932 mit seinem Katalog von Unzuchtsdelikten scheint für die damalige Zeit sehr modern formuliert zu sein. Unter Unzucht wurden unfreiwillige und außereheliche Beziehungen verstanden[133]. Mit Tieren oder mit Personen gleichen Geschlechts (sog. Unzucht gegen Natur) geschlechtlich zu verkehren, als auch mit Personen anderen Geschlechts den klassischen oder auf der anderen Weise (Perversion) erfolgten Beischlaf zu vollziehen[134], sollte von dem Standpunkt des polnisches Gesetzgebers aus nur dann strafbar werden, wenn sie unter bestimmten Umständen erfolgten (z.B. Vornahme solcher Handlungen gegen oder ohne Wille des anderen, oder in der Öffentlichkeit)[135]. Der XXXII. Abschnitt beinhaltete folgende Straftaten: Unzucht mit voll oder teilweise unzurechnungsfähigen Personen oder mit Minderjährigen unter 15 Jahren (Art. 203 Strafkodex von 1932), Nötigung zur Unzucht (204 Strafkodex von 1932), Ausnutzung eines Abhängigkeitsverhältnisses (Art. 205 Strafkodex von 1932), Inzest (Art. 206 Strafkodex von 1932), homosexuelle gewerbsmäßige Unzucht (Art. 207 Strafkodex von 1932), Kuppelei (Art. 208 Strafkodex von 1932), Zuhälterei (Art. 209 Strafkodex von 1932), Bestimmung zur gewerbsmäßigen Unzucht (Art. 210 Strafkodex von 1932), Entführung ins Ausland zur Unzucht (Art. 211 Strafkodex von 1932), die öffentliche Vornahme von sexuellen Handlungen oder die Vornahme in Gegenwart eines Jugendlichen (Art. 213 Strafkodex von 1932), Pornographieverbot (Art. 214 Strafkodex von 1932).

Die Kodifikationskommission hat sich bemüht, nur solche Verhaltensweisen unter Strafe zu stellen, die sozialschädlich waren. In den Kodifikationsarbeiten hat sich die Kommission der rechtsvergleichenden Materialien bedient und versuchte davon immer die besten Regelungen zu übernehmen. Einen großen und entscheidenden Einfluss auf die Kommissionsarbeiten und schließlich auf deren endgültige Gestalt auch im Bereich der Unzuchtsdelikte übte neben Prof. Makowski[136], der die Fragebögen und die einleitenden Referate vorbereitet hatte,

---

132 Busch, ZStW 55/1935, S.621 und ff.

133 Marek, Prawo karne, Auflage 7, S. 488.

134 Makarewicz, Kodeks karny z komentarzem, Lwów 1938, S. 483.

135 Makarewicz, Kodeks karny z komentarzem, Lwów 1938, S. 484.

136 Prof. Makowski war Vize-Präsident der Kodifikationskommission und hat auch sehr aktiv an deren Arbeiten teilgenommen. Er war Anwalt und ab 1918 Professor an der Warschauer Universität. Er hatte großes organisatorisches Talent und hatte auch Erfahrung in diesem Bereich. Von Anfang des Aufbauprozesses des neu entstehenden Staates an, war er aktiv engagiert. Als dreimaliger Justizminister schuf er die ersten Strukturen

Prof. Makarewicz aus. Prof. Makarewicz zählte man schon damals zu den besten polnischen Strafrechtslehrern als Befürworter der damals modernen soziologischen Schule[137]. Nach der Verabschiedung des Strafkodexes von 1932 wurden bis zum Aufbruch des Zweiten Weltkrieges im Bereich der Sexualdelikte keine gesetzlichen Änderungen eingeführt.

Bis 1945 erlebte dagegen das deutsche Sexualstrafrecht viele gesetzliche Änderungen.

Nachdem Lex Heinze, welches die Vorschriften über Kuppelei (§ 180, § 181) und Verbreitung unzüchtiger Schriften (§ 184) verschärfte und Zuhälterei (§ 181a) sowie § 184a und § 184b einfügte, erfuhr der 13. Abschnitt des RStGB bis zum ersten Weltkrieg keine gesetzlichen Änderungen. Der direkte Grund für den Erlass des ÄG vom 25. Juni 1900 war der sog. Lex Heinze ein im Jahre 1891 vor dem Berliner Schwurgericht verhandelten Mordprozess gegen das Ehepaar Heinze[138]. Bis zum ersten Weltkrieg erschienen aber im Rahmen der aufgenommenen allgemeinen Strafrechtsreform drei verschiedene Strafgesetzbuchsentwürfe (VE 1909, GE 1911 und KE 1913), davon jeweils ein Lösungsvorschlag für die Sittlichkeitsdelikte. Der erste Entwurf von 1909 übernahm im Bereich der Sittlichkeitsdelikte fast im Ganzen die Lösung des damals geltenden Rechts. Seine fortschrittlichen Änderungsvorschläge beschränkten sich nur auf die Herausnahme der Delikte Doppelehe und Ehebruch aus dem Abschnitt über Sittlichkeitsdelikte und der Einführung des Deliktes Frauenhandel in diesem Abschnitt. Der zweite GE 1911 ging davon aus, dass „auf dem Gebiete des Geschlechtslebens als Interessen, deren Schutz durch Strafandrohung angestrebt werden soll, nur die freie Selbstbestimmung des Menschen, die Gesundheit des Menschen und der Schutz der Geschlechtsunreifen in Frage kommen können. Von diesem Grundsatz aus lässt sich auch die ganze Stellungnahme dieses Entwurfes verstehen“[139]. Er hob die Strafbarkeit der Sodomie und der einfachen Unzucht zwischen dem erwachsenem männlichen Geschlecht auf (§ 245 GE 1911) und machte die kupplerische Zuhälterei straffrei und stellte nur die ausbeuterische Art unter Strafe (§ 247 GE 1911). Wegen seiner Ent-

---

der polnischen Gerichtsbarkeit. Politisch hat er sich am Anfang für die PPS erklärt, danach zur BBWR und war leitender Theoretiker von Sanacja. mehr in: Lityński, Wydział Karny Komisji Kodyfikacyjnej II Rzeczypospolitej, S. 46; Kulesza, Wacław Makowski, O państwie społecznym, S. 9,13,15,19.

137 Seine berühmten Werke: Das Wesen des Verbrechens 1896, Einführung in die Philosophie des Strafrechts 1906.

138 Hartmann, Prostitution, Kuppelei, Zuhälterei, Reformdiskussion und Gesetzgebung seit 1870, S. 73.

139 Lenz, Verbrechen und Vergehen wider die Sittlichkeit, Trier 1928, S. 8.

kriminalisierungstendenzen zeigte sich der GE 1911 als fortschrittlich. Der Kommissionsentwurf von 1913 übernahm im Grunde genommen die Regelungsvorschläge von dessen Vorgängen dem VE 1909 und dem GE 1911. Die vorgesehene Neuerung des Entwurfs 1913 lag darin, dass er das Verbreitungsverbot von Gegenständen, die zu unzüchtigem Gebrauche bestimmt waren beschränken wollte. Seinem Vorschlag nach sollten das Ankündigen von Gegenständen, die zur Verhütung der Empfängnis oder von Geschlechtskrankheiten dienen, nicht mehr strafbar sein, wenn es an Ärzte oder in ärztlichen Fachzeitschriften, an Personen, die mit solchen Gegenständen Handel treiben, erfolgte.

Die noch vor dem ersten Weltkrieg begonnene allgemeine Strafrechtsreform wurde in der Weimarer Republik fortgesetzt. In dieser Periode erfolgte die erste wesentliche gesetzliche Änderung im 13. Abschnitt des RStGBs, welcher die Regelungen von Kuppelei und der Verbreitung der zu unzüchtigem Gebrauche bestimmten Gegenstände (Gesetz zur Bekämpfung der Geschlechtskrankheiten vom 18. Februar 1927[140]) betrafen. Diese Änderung im Recht war kein Ergebnis der Reformbemühungen, sondern beruhte sich auf die Ereignisse aus der strikten Nachkriegszeit. Die damals entstandenen wirtschaftlichen und sozialen Verhältnisse haben der Umgestaltung der Sexualanschauungen Vorschub geleistet[141], was auch wiederum der Vermeidung von Geschlechtskrankheiten diente. Eine durchgeführte Zählung der Zunahme von Geschlechtskrankheiten ergab eine Zahl von 44 024 im Reichsgebiet, so dass man, durch Multiplikation mit 12, einen Zuwachs im Jahr von über einer halben Million Geschlechtskranker erhielt. Dieser die Volksgesundheit schwer bedrohende Zustand verlangte eine sofortige Abhilfe[142].

Im Rahmen der laufenden Strafrechtsreformarbeiten erschienen in dieser Periode weitere Strafgesetzbuchentwürfe (E 1919, Radbruch'sche 1922, Erste Amtlicher 1925 und E 1927).

---

140 RGBL I G. 61.

141 Herz, Bekämpfung der Geschlechtskrankheiten und Aufgaben des Arztes nach dem Reichsgesetz vom 18.02.1927, S. 3.

142 „Die Statistik, die der Begründung zum Entwurf des GBG, beigegeben wurde, ergab eine vom 15. November bis 14. Dezember 1919 durchgeführte Zählung einen Krankenzuzug von 44 024 im Reichsgebiet, so dass man, durch Multiplikation mit 12, einen Jahreszuzug von über einer halben Million Geschlechtskranker erhält. Dieser die Volksgesundheit schwer bedrohende Zustand verlangte sofortige Abhilfe, weshalb am 11.12.1918 der Rat der Volksbeauftragten eine Verordnung erließ, die die Strafbarkeit der Ausübung des Beischlafs in geschlechtskrankem Zustand und die Möglichkeit der Verhängung von Zwangsmaßnahmen gegen Geschlechtskrankheiten aussprach" Herz, Bekämpfung der Geschlechtskrankheiten und Aufgaben des Arztes nach dem Reichsgesetz vom 18.02.1927, S. 4.

Der Entwurf 1919 hat die Delikte in Bezug auf das Geschlechtsleben inhaltlich fast wortwörtlich von dem Entwurf von 1913 übernommen. Aus systematischer Sicht hat er aber eine Neuerung vorgeschlagen. Er regelte alle Sittlichkeitsdelikte in zwei nacheinander folgenden Abschnitten, im 22. Abschnitt „Sittlichkeitsverbrechen" und im 23. Abschnitt „Kuppelei. Mädchenhandel. Zuhälterei" und machte fast alle Delikte zu selbständigen. Der Entwurf von Radbruch, der allgemein als sehr fortschrittlich anzusehen war, schlug die Abschaffung der Strafbarkeit des Ehebruches und des Beischlafs zwischen Verschwägerten, der Erschleichung des Beischlafs, der Unzucht mit Tieren und der einfachen mann-männlichen Unzucht vor. Die Entwürfe von 1925 und von 1927 stellen die Fortsetzung der weiteren Bearbeitung der schon vorhandenen Entwürfe dar.

Die Reformvorschläge im Bereich von Sittlichkeitsdelikten waren in dieser Periode mehr an die Systematik des Abschnittes konzentriert. Damals wurde sie stets kritisiert: „Schon die Aufzählung zeigt, dass der Gesetzgeber ziemlich willkürlich eine Reihe von strafbaren Tatbeständen aneinanderreiht, ohne sie nach bestimmten Gesichtspunkten zu ordnen. Es wird sich zeigen, dass nicht einmal alle Tatbestände unter den allgemeinen Begriff des Sittlichkeitsdelikt zu subsumieren sind"[143].

In der Nazizeit erfuhr der 13. Abschnitt des RStGB weitere Änderungen. Die ersten Änderungen erfolgten im Bereich der widernatürlichen Unzucht. In der Begründung zum Gesetz hießt es: „Im Interesse der sittlichen Gesunderhaltung des deutschen Volkes hielt es die Reichsregierung für angezeigt, schon jetzt zwecks nachdrücklicher Bekämpfung der geschlechtlichen Unzucht ganz wesentlich verschärfte Strafandrohungen aufzustellen."[144] Die Gesetzänderung wurde offiziell mit den Ereignissen um den bekennend homosexuellen Führer der SA, Ernst Röhm begründet.[145] Tatsächlich galt es, durch die Gesetzesänderung die Zeugungskraft des Mannes auf die „Sicherung und Erhaltung der gesunden Volkskraft" zu konzentrieren.[146] Mit dem Gesetz wurde die qualifizierte mann-männliche Unzucht (§ 175a RStGB) eingeführt und die einfache

143 Lenz, Verbrechen und Vergehen wider die Sittlichkeit, Trier 1928, S. 5.

144 Schäfer, JW 33/1935, S. 2323.

145 Explizit mit dieser Begründung Schäfer, DJ 1935, 994-999: Ein Jahr zuvor waren Röhm u. andere führende bekanntermaßen homosexuelle Angehörige der SA auf Grundlage des eigens hierfür erlassenen Gesetzes über Staatsnotwehr ermordet worden. Wurde hierdurch eigentlich der Machtkampf zwischen SS und SA im Sinne Hitlers zugunsten der SS entschieden, bemühten sich die Nationalsozialisten die Röhm-Affäre nunmehr als willkommene Begründung für das StrÄndG v. 28.06.1935 zu nutzen.

146 Schäfer, Widernatürliche Unzucht, Reformdiskussion und Gesetzgebung seit 1945, S. 41.

mann-männliche Unzucht so formuliert, dass die Gesetzeslücke geschlossen wurde, indem er jede Art gleichgeschlechtlicher Unzucht zwischen Männern unter Strafe stellte.[147]

Als nächstes verschob das Gesetz vom 18. März 1943 die Bigamie und den Ehebruch in den 12. Abschnitt des RStGB. Der Grund hierfür war, den strafrechtlichen Schutz von Ehe und Familie zu stärken[148] und sich auf den volksbiologischen Hintergrund zu berufen, so dass die Bigamie und der Ehebruch unter Beibehaltung ihrer Reihenfolge in den 12. Abschnitt des zweiten Teils als §§ 170a bis 170d übernommen wurden. Im gleichen Jahr erhielt durch die Verordnung zur Angleichung des Strafrechts des Altreichs und der Alpen- und Donau-Reichsgaue (Strafrechtsangleichung) vom 29. Mai 1943[149] § 174 RStGB eine neue Fassung. Die Verordnung war mit dem Anschluss von Österreich bedingt und es sollte durch die Verordnung die Strafrechtssysteme des Altreichs und Österreichs angeglichen werden[150]. Inzwischen erschienen im Rahmen der laufenden Strafrechtsreformarbeiten weitere Strafgesetzbuchentwürfe (Referentenentwurf 1933, Entwurf von 1936, Entwurf von 1939).

Der Referentenentwurf von 1933 war eine überarbeite Fassung vom Entwurf 1927 und schlug im Bereich von Sittlichkeitsdelikten keine Reformvorschläge vor. Für den Entwurf 1936 war neu, dass er alle Sittlichkeitsdelikte in einem Abschnitt „Angriffe auf die Sittlichkeit" geregelt hatte. Der Entwurf von 1939, welcher wiederum als eine wenig überarbeitete Fassung vom Entwurf 1936 galt, beinhaltete schon bei schwerer Schändung und der Notzucht eine mit Todesstrafe oder lebenslangem Zuchthaus angedrohte Qualifikation wegen Rassenschändung (§ 137).

147 Schäfer, JW 1935, S. 2481.

148 Kriegsbedingt war der Anlass der Verordnung, die von der Erwägung geleitet war, dass sich im Krieg „das Verantwortungsbewusstsein für den Ernst der Pflichten, die aus Ehe und Mutterschaft erwachsen, durch die langdauernde Trennung der Gatten lockern könne" so Werle, Justiz- Strafrecht und polizeiliche Verbrechensbekämpfung im Dritten Reich, S. 420 und ff.

149 RGBl. 1943, S. 339.

150 Hartl, Das nationalsozialistische Willensstrafrecht, S. 318 und ff.

Kapitel 2
Die gesetzliche Entwicklung von 1945-1989

A. POLEN

1. Der gesellschaftliche und politische Hintergrund der Reform

Nach dem Zweiten Weltkrieg wurde Polen in den kommunistischen Ostblock einbezogen. Wirtschaft und Gesellschaft sollten nach sozialistischen Mustern durchstrukturiert werden.

Bald nach der Vereinigung der Kommunistisch-Polnischen Arbeitspartei (poln. *Polska Partia Robotniczna, PPR*) und der Sozialistischen Partei (poln. *Polska Partia Socjalistyczna, PPS*) zur Polnischen Vereinigten Arbeiterpartei (poln. *Polska Zjednoczona Partia Robotnicza, PZPR*) im Frühjahr 1948 setzten sich die Vertreter der stalinischen Linie durch. Im Rahmen von Partei und Gesellschaft wurden radikale Säuberungen und Umstrukturierungen durchgeführt. Im kulturellen Bereich begann die vorübergehende Herrschaft des Sozialistischen Realismus.

1948 lehnte der erste Kongress der Polnischen Vereinigten Arbeiterpartei jede Koexistenz der kapitalistischen und der sowjetischen Gesellschaftsordnung und jede Synthese beider Elemente innerhalb des polnischen Staates ab[151]. Die stärksten Befürworter des neuen kommunistischen Regimes haben eine „Synchronisation der Strafvorschriften mit den Erfordernissen der neuen Gesellschaftsordnung“ gefordert und damit das Postulat eines neuen Strafkodexes, das sich auf die wissenschaftlichen Grundlagen der Ideologie des Marxismus und Leninismus stützen und bei den Kodifikationsarbeiten die Erfahrungen aus der UdSSR berücksichtigten[152]sollte, angekündigt.[153]

Das polnische Regierungspräsidium beschloss am 27. September 1950 die Schaffung eines Entwurfes für ein neues Strafgesetzbuch mit einer Fristsetzung bis zum 1. September 1951, der den politischen und wirtschaftlichen Gegebenheiten der Volksrepublik Polen gerecht zu werden hatte.[154]

---

151 Geilke, Die polnische Strafgesetzgebung seit 1944, S. 10.

152 So Lernell, Z problematyki prawa karnego w okresie Planu Sześcioletniego, DPP 1050/5/17.

153 Andrejew/Świda/Wolter, KK z Komentarzem, S. 5.

154 Projekt kk PRL i przepisy wprowadzające, Warszawa 1956, S 3.

2. Kodifikationsarbeiten

2.1. „Die Straftaten gegen den Bürger und seine Rechte" im Entwurf von 1956

In der ersten nach dem Zweiten Weltkrieg berufenen Kodifikationskommission des Justizministeriums wurden nur solche Personen wie Vertreter der Generalstaatsanwaltschaft, vom Obersten Gericht, Verteidigungsministerium und anderen Ministerien nominiert[155].

Das Justizministerium hatte die Arbeiten am Entwurf schon 1951 beendet, jedoch wegen dessen vielen Lücken und Ungenauigkeiten immer weiter ergänzt, so dass der Entwurf erst 1956 veröffentlicht wurde[156] und dies leider ohne Begründung. Der Entwurf von 1956 (E 1956), dessen Verfasserschaft Prof. Lernell zugeschrieben ist, ist im breiten Umfang an die sowjetische Lehre und Gesetzgebung angeknüpft[157]. Der Entwurf 1956 wurde zum Zeitpunkt der scharfen Kritik der vergangenen Epoche veröffentlicht. Demzufolge und wegen der scharfen Kritik, die dem Entwurf das Fehlen an originellen Ideen, die bloße Wiederholung von Lösungen des sowjetischen Rechts und die nicht präzise Terminologie vorwarf, musste der Entwurf 1951-1956 abgelehnt werden[158].

In dem E 1956 wurden die Sexualdelikte ganz neu systematisiert[159]. Im 16. Abschnitt unter dem Titel „Die Straftaten gegen den Bürger und seine Rechte", zweiter Punkt „Die Straftaten gegen die Freiheit und Menschenwürde" wurden folgende Delikten zusammengestellt: Vergewaltigung (Art. 144 E 1956), Missbrauch des Abhängigkeitsverhältnisses zur Befriedigung des Geschlechttriebes (Art. 145 E 1956), Prostitutionsdelikte (Art. 146 E 1956), Pornographie (Art. 147 E 1956). Im vierten Punkt des Abschnittes unter dem Titel „Die Straftaten gegen Jugendliche" wurde im Art. 161 E 1956 eine wollüstige Handlung gegenüber Minderjährigen unter 15 Jahren geregelt.

Im Vergleich zu dem damals immer noch geltenden Strafkodex von 1932 hatte der Entwurf 1956 nicht nur eine neue Systematik der Sexualdelikte angeboten, sondern auch den Begriff Unzucht abgelehnt[160]. Stattdessen hatte er sich bei der Tatbestandsbeschreibung mit dem Begriff „Geschlechtstrieb" begnügt.

---

155 Projekt kk PRL i przepisy wprowadzające, Warszawa 1956, S.3.

156 Projekt kk PRL i przepisy wprowadzające, Warszawa 1956, S. 41-43; siehe Anhang Nr 2.

157 Ratajczak, Rozwój i kodyfikacja prawa karnego, RPE 1/1975, S. 23.

158 Buchała/Zoll, Polskie prawo karne, S. 38.

159 Mehr siehe Anhang Nr. 2.

160 Skupiński, Problematyka kodyfikacji przestępstw „nierządu", Palestra 10/1960, S. 50.

Befürworter des Entwurfes 1956 hatten betont, er habe mit neuer Systematik die Straftaten nach dem Rechtsgut systematisiert.

Weiterhin sollten nach dem E 1956 solche Delikte wie Inzest, öffentliche Vornahme von unzüchtigen Handlungen und Menschenhandel nicht mehr bestraft werden[161]. Zu Recht wollte der E 1956 die homosexuelle Prostitution entkriminalisieren[162]. Allgemein wurde der E 1956 auch aus dem Grund kritisiert, dass er den internationalen Verpflichtungen nicht Rechnung tragen konnte (Abkommen vom 03. September 1921 zur Bekämpfung des Frauen-, Kinder- u. Menschenhandels).

2.2. „Die Straftaten gegen Freiheit und Menschenwürde“ und „Die Straftaten gegen die Familie und Jugendliche“ im Entwurf von 1963

Am 18. Dezember 1956 wurde eine neue weitere Kodifikationskommission, die zuerst unter der Leitung von Szerszer, danach von Prof. Sawicki arbeitete, berufen[163]. In ihrer ersten Sitzung hat Prof. Wolter in seinem Eröffnungsreferat bestätigt, dass der neue Entwurf keine Wiederholung vom E 1956 darstellen werde, sondern sich auf die positive Erwerbung von der Rechtswissenschaft der anderen Länder stützen werde. Zwar war der geltende Strafkodex aus der anderen Epoche und passte sich an die neue sozialistische Rechtsordnung nicht mehr an, jedoch wurden seine Regelungen soweit berücksichtigt, wie sie sich an die neue Rechtsordnung anpassen lassen[164]. Die Kodifikationsarbeiten dieser neuen Kommission trafen mit dem Anfang der Gomułka-Ära zusammen. Damals wurde im politischen und kulturellen Bereich ein größerer Freiraum zugestanden. Das Ergebnis von diesen Arbeiten war der Entwurf von 1963 (E 1963)[165]. Einen großen Einfluss auf diese Kodifikationskommissionsarbeiten hat Prof. Wolter ausgeübt, so dass ihm die Verfasserschaft dieses Entwurfes zugeschrieben wurde. Der Entwurf 1963 von selbst wurde von der Lehre gut angenommen und

---

161 Kritisch dazu: Skupiński, Problematyka kodyfikacji przestępstw „nierządu“, Palestra 10/1960, S. 54.

162 Skupiński, Problematyka kodyfikacji przestępstw „nierządu“, Palestra 10/1960, S. 53.

163 Mitglieder der Kommission: I. Andrejew, T. Cyprian, A. Gubiński, H. Holder, L. Lernell, J. Potępa, J. Sawicki, M. Szerer (Vorsitzender), W. Winawer i W. Wolter und noch der Delegat des Justizministerium J. Bafia und der Generalstaatsanwalt H. Rajzman. , Projekt kk PRL, Warszawa 1963, S. III.

164 Projekt kk PRL, Warszawa 1963, S. IV.

165 Einleitung zum E 1963, Projekt kk PRL, Warszawa 1963, S. III- XII.

sehr wenig kritisiert, da dessen Lösungen sich auf Wissenschaft, Medizin und Psychologie stützten[166].

Für den damaligen Realsozialismus war der E 1963 selbst zu fortschrittlich und wurde tatsächlich wegen ausgelöster politischer Hetze in den Medien, mit der angeblich der Sekretär des Zentralkomitees der Polnischen Vereinigten Arbeiterpartei Andrzej Werblan zu tun haben sollte, abgelehnt[167]. Offiziell entsprach der E 1963 den neuen Entwicklungstendenzen des sozialistischen Strafrechts nicht mehr[168] und hatte die Hinweise der Parteimächte im Bereich der Kriminalpolitik nicht mehr genügend berücksichtigt[169]. Als Ergebnis der Diskussion über den E 1963 hat der Vorstand des Hauptvereins der Polnischen Juristen (poln. *Zarząd Głównego Zrzeszenia Prawników Polskich*) in einem Beschluss einen neuen Entwurf gefordert[170].

Im E 1963 wurden alle Sexualdelikte unter dem XXIV. Abschnitt „Die Straftaten gegen die Freiheit und Menschenwürde“ (Art. 273- 280 E 1963) und unter dem XXV. Abschnitt „ Die Straftaten gegen die Familie und Jugendlichen“ (Art. 281 E 1963) zugeordnet[171]. Folgende Delikte waren im XXIV. Abschnitt erfasst: die Geschlechtstriebbefriedigung mit Minderjährigen unter 15 Jahren und mit Benachteiligten (Art. 273 E 1963), die Geschlechtstriebbefriedigung mittels Gewalt (Art. 274 E 1963), Missbrauch des Abhängigkeitsverhältnisses (Art. 275 E 1963), Straftaten im Zusammenhang mit Prostitution (Art. 276 E 1963), Ausfuhr[172] ins Ausland (Art. 277 E 1963), Qualifikationstatbestand zu Prostitutionsdelikten (Art. 278 E 1963), Erregung öffentlichen Ärgernisses (Art. 279 E 1963) und Verbreitung von Schriften, die auf Erweckung von geschlechtlicher Erregung abzielen (Art. 280 E 1963). Für den E 1963 war es neu, dass er die Befriedigung des Geschlechtstriebes mit einer Person, die völlig oder überwiegend unfähig ist, die Bedeutung ihrer Handlung zu erkennen oder ihr Verhalten zu steuern, für nicht strafbar hielt, wenn solche Handlungen zwischen Ehepartnern abgelaufen sind (Art. 273 § 2 E 1956). Die Lösung wurde stark kritisiert, weil sie zu breit formuliert[173] worden war, so dass alle außerehe-

---

166 Giza, Uwagi do rozdziału XXIV projektu k.k., Nowe Prawo 7-8/1963, S. 799.

167 Kochanowski, Redukcja odpowiedzialności karnej, S. 6.

168 Andrejew/Świda/Wolter, KK z Komentarzem, S. 5 und ff.

169 Ratajczak, Rozwój i kodyfikacja prawa karnego, RPE 1/1975, S. 23 und 24.

170 Prawo i Życie 7.07.1963.

171 Komisja Kodyfikacyjna przy Ministrze Sprawiedliwości, Projekt Kodeksu Karnego, Warszawa 1963, S.56-58; siehe: Anhang Nr. 2.

172 Mit dem Begriff „ausführen” wurde dem Mensch eine Sacheigenschaft zugeteilt.

173 Daszkiewicz, Uwagi o przestępstwach przeciwko wolności i godności człowieka w projekcie kk, NP 6/1963, S. 673.

lichen Partnerbeziehungen bestraft wurden, wenn man im betrunkenen Zustand sexuelle Kontakte ausüben wollte. Der XXV. Abschnitt beinhaltete den Inzest, der auch einen Beischlaf zwischen Personen umfasste, die zueinander im Adoptionsverhältnis standen. Die Minderjährigen ließ die Vorschrift außerhalb der strafrechtlichen Verantwortung[174].

2.3. „Straftaten gegen die Freiheit" und „Straftaten gegen die Sittlichkeit" im Entwurf 1968

Am 16. April 1964 wurde die nächste Kodifikationskommission berufen. Dessen Aufgabe war es, einen Entwurf des Strafkodexes vorzubereiten. Zur Kodifikationskommission sind Juristen aus der Wissenschaft, der Praxis und aus anderen juristischen Berufen beigetreten. Am Anfang gab es 22 Mitglieder[175]. Der Leiter der Kommission war Prof. Andrejew, dessen Einfluss auf die Gestaltung des sozialistischen Strafrechts nach der Kriegszeit von großer Bedeutung war[176]. Als wichtigste Mitglieder wurden noch Bafia, Prof. Lernell, Prof. Świda und Wolter genannt werden. In der ersten Etappe hat die Kodifikationskommission die sozial-politischen Grundlagen des künftigen Strafkodexes angenommen, die eigentlich schon im Voraus durch das Zentralkomitee der Polnischen Vereinigten Arbeiterpartei akzeptiert worden sind[177]. In der zweiten Etappe folgte die Formulierung, die aus drei Lesungen bestand[178].

Die Kodifikationsarbeiten haben meistens in der zweiten Hälfte der 60er Jahre stattgefunden. Die damalige politische Lage war wegen den innerparteili-

---

174 Daszkiewicz, Uwagi o przestępstwach przeciwko wolności i godności człowieka w projekcie kk, NP 6/1963, S. 672.

175 Der ursprüngliche Bestand der Kommission war Prof. I. Andrejew, Dr. J. Bafia, Leiter des Gesetzgebungsdepartements im Justizministerium, Dr J. Bednarzak, Departamentleiter der Generalstaatsanwaltschaft, Dr. D. Galaj, J. Gnoinski, H. Holder, Chefkanzlei des Staatsrates, K. Jankowski Präsident der Militärkammer des Obersten Gerichts, Dr. K. Kakol, Prof. L. Lernell, T. Majewski Richter des Obersten Gerichts, S. Marczewski Vize-Hauptkommandant von Miliz, K. Mioduski Richter des Obersten Gerichts, W. Pociej Anwalt, H. Rajzman Dozent, M. Ryba Militärgeneralstaatsanwalt, J .Smolenski Staatsanwalt der Generalstaatsanwalt, Prof. W. Świda, K. Świtała Vize-Generalstaatsanwalt VRP, dr. J. Topiński Präsident der Hauptschiedsgerichtskommission, Prof. W. Wolter, F. Wróblewski Präsident der Strafkammer des Obersten Gerichtes, K. Zawadzki Vize-Justizminister; Andrejew/Świda/Wolter, KK z Komentarzem, S. 6.

176 Kochanowski, Redukcja odpowiedzialności karnej, S. 6.

177 Ratajczak, Rozwój i kodyfikacja prawa karnego, RPE 1/1975, S. 24.

178 Andrejew/Świda/Wolter, KK z Komentarzem, S. 7.

chen Konflikten in der Polnischen Vereinigten Arbeiterpartei und Unruhen innerhalb der Bevölkerung durch repressive Innenpolitik gekennzeichnet.

Der Entwurf des Besonderen Teils wurde im Mai 1966 veröffentlicht und in dieser Fassung dem Justizminister vorgelegt. Anfang Dezember 1966 arbeitete das Präsidium der Kommission unter der Leitung von Prof. Wasilkowski an dem Entwurf. Das Präsidium hat viele Änderungen in den Entwurf eingeführt, teils aus eigener Initiative, teils auf Initiative vom Justizministerium[179].

Aus dem Abschnitt über Straftaten gegen die Sittlichkeit wurden die Sexualdelikte Art. 168, 169 und 170 in den Abschnitt über Straftaten gegen die Freiheit verschoben[180]. Außerdem strich das Präsidium aus diesem Abschnitt die homosexuelle Prostitution, also das Sich-Anbieten einer Person desselben Geschlechts aus Gewinnsucht (ehem. Art. 207 des Strafkodex von 1932) weg[181]. Der endgültige Entwurf 1966 wurde den Justizministern vorgelegt. Da der Entwurf von Anfang an die Imprimatur der damaligen politischen Mächte hatte, war die öffentliche Diskussion aus politischen Gründen beschränkt[182]. Außerdem hatte er wegen seines repressiven Charakters und seiner schlechten Gesetzgebungstechnik selbst einen schlechten Ruf[183]. Wegen der Korrektur der parlamentarischen Ausschüsse[184] wurde in dem E 1966 in Art. 168, 169, 170 und 177 die Formulierung „Geschlechtsverkehr“ mit „Unzucht“ ersetzt.

Dem Entwurf folgten weitere Korrekturen im Justizministerium. Schließlich wurde er am 23. Februar 1968 an die Regierung überreicht[185].

Andrejew, Świda und Wolter, Mitglieder der Kodifikationskommission, die aktiv am E 1968 mitgearbeitet haben[186], haben später einen Kommentar zum neuen Strafkodex verfasst. Dieser Kommentar stellte die wichtigste Informationsquelle über die Entstehungsgeschichte des Strafkodexes von 1969 dar. Die Verfasser betonen, dass es sich hier um keine bloße Rezeption des Strafkodexes von 1932 handelt. Sie argumentieren damit, dass der Strafkodex von 1969 seinem Vorgänger ähnlich sei, weil er manche Lösungen von ihm übernommen habe. In überwiegendem Maße wurde die Kommission von der Rechtsprechung unterstützt.

---

179 Andrejew/Świda/Wolter, KK z Komentarzem, S. 8.
180 Andrejew/Świda/Wolter, KK z Komentarzem, S. 8.
181 Andrejew/Świda/Wolter, KK z Komentarzem, S. 10.
182 Kochanowski, Redukcja odpowiedzialności karnej, S. 6.
183 Kochanowski, Redukcja odpowiedzialności karnej, S. 6.
184 Komisja Wymiaru Sprawiedliwości pod przew. posła prof. J. Wasilkowskiego.
185 Projekt kodeksu karnego oraz przepisów wprowadzających kodeks karny, Warszawa 1968, S. 91.
186 Andrejew/Świda/Wolter, KK z Komentarzem, S. 1.

Der Entwurf von 1968 hat die Sittlichkeitsdelikte in zwei nacheinander folgenden Abschnitten geregelt: In den XXIII. Abschnitt „Straftaten gegen die Freiheit“ (Art. 171-178) und in den XXIV. Abschnitt „Straftaten gegen die Sittlichkeit“ (Art. 179-183). Im Grunde genommen rezitiert der E 1968 die Vorschriften des geltenden Strafkodexes mit neuer Terminologie. Er verzichtete auf „unzüchtige Handlung“ und wollte damit der seit langer Zeit in der Lehre vertretenen Kritik Rechnung tragen[187]. Stattdessen begnügte er sich mit dem Begriff des Geschlechtsverkehrs. Der Begriff der wollüstigen Handlung wurde aber bei Straftaten gegen Minderjährige bei behalten. Die wollüstige Handlung erfasst nicht nur sexuelle Handlungen, sondern soll auch jede Auswirkung auf Minderjährige zu sexuellen Zwecken erfassen[188]. Weiterhin hat er noch die Unzucht bei der Prostitutionsbestimmung beibehalten, da Unzucht in der Umgangssprache der Prostitution entsprach.

Der XXIII. Abschnitt des E 1968 regelte die Nötigung zum Geschlechtsverkehr (Art. 174 E 1968), den Geschlechtsverkehr mit Benachteiligten (Art. 175 E 1968) und den Missbrauch eines Abhängigkeitsverhältnisses (Art. 176 E 1968) zusammen.

In dem XXIV. Abschnitt über die Straftaten gegen die Sittlichkeit befinden sich die Pornographie (Art. 179 E 1968), die Straftaten im Zusammenhang mit der Unzuchtsausübung (Art. 180 E 1968), Inzest (Art. 181 E 1968), wollüstige Handlung gegenüber einer Person unter 15 Jahren (Art. 182 E 1968), Geschlechtsverkehr in Anwesenheit einer Person unter 15 Jahren (Art. 183 E 1968). Außerhalb dieses Abschnittes wurde der „ungewollte“ Geschlechtsverkehr gegen den Willen gesetzt[189].

Der E 1968 hat auf das Anbieten zur Unzucht an Gleichgeschlechtliche (Art. 207 Strafkodex 1932) und den Qualifikationstatbestand der Prostitution (Art. 212 Strafkodex 1932) mit der Begründung verzichtet, dass solche im Prozess sehr selten auftauchen[190] und daher die Aufrechterhaltung deren Strafbarkeit als zwecklos bezeichnet[191].

---

187 Uzasadnienie do projektu, Projekt kodeksu karnego oraz przepisów wprowadzających kodeks karny, Warszawa 1968, S. 140.

188 Uzasadnienie do projektu, Projekt kodeksu karnego oraz przepisów wprowadzających kodeks karny, Warszawa 1968, S. 141, 142.

189 Andrejew/Świda/Wolter, KK z Komentarzem, S. 510.

190 Uzasadnienie do projektu, Projekt kodeksu karnego oraz przepisów wprowadzających kodeks karny, Warszawa 1968, S. 141.

191 Uzasadnienie do projektu, Projekt kodeksu karnego oraz przepisów wprowadzających kodeks karny, Warszawa 1968, S. 142.

Im Vergleich zum geltenden Recht hat er einen neuen Qualifikationstatbestand zur Vergewaltigung eingeführt: die gemeinsame Begehung einer Vergewaltigung.

In der Sejmdebatte vom 18. April 1969 hat Kliszka den Entwurf 1968 vorgestellt und offizielle Unterstützung der *PVAP* für dessen Verabschiedung zugesagt[192]. Er betonte, dass die Strafrechtskodifikation, deren Grundlagen auf dem sozialistischen Humanismus beruhen, den erfolgreichen Schutz für Menschenrechte und Persönlichkeitsgüter garantiert.

Am 19. April 1969 wurde der E 1968 als Gesetz angenommen und ist am 1. Januar 1970 in Kraft getreten[193].

Völlig systemwidrig regelt das Einführungsgesetz zum Strafkodex 1969 Tatbestände des auf internationalen Abkommen beruhenden innerstaatlichen materiellen Strafrechts[194]. Die Kommission hat gemeint, dass solche Handlungen in Polen nicht begangen werden und deswegen das Bedürfnis solcher Handlungen in den Strafkodex einzuführen angezweifelt.[195]

3. „Die Straftaten gegen die Freiheit“ und „Die Straftaten gegen die Sittlichkeit“ im Strafkodex von 1969

Im Vergleich zum Abschnitt „Unzucht“ des Strafkodexes von 1932 war es für den Strafkodex von 1969 neu[196], dass die sexuellen Straftaten in zwei nacheinander folgenden Abschnitten geregelt wurden, nämlich im XXII. Abschnitt „die Straftaten gegen die Freiheit“[197] und im XXIII. Abschnitt „die Straftaten gegen die Sittlichkeit“[198]. Die Intention des Gesetzgebers war, im XXII. Kapitel dieje-

---

192 Przemówienie Zenona Kliszki na plenarnym posiedzeniu Sejmu w dniu 18 kwietnia 1969 r. , PiP 6/1969, S. 955.

193 D.U. nr.13 pos. 94 vom 14.05.1969. Buchała/Zoll, Polskie prawo karne, S. 38.

194 Uzasadnienie do projektu, Projekt kodeksu karnego oraz przepisów wprowadzających kodeks karny, Warszawa 1968, S. 2 und ff. Art. IX§1 (Frauen- u. Kinderhandel) und IX§ 2 (Verführung zur gewerbsmäßigen Unzucht) des Einführungsgesetzes.

195 Uzasadnienie do projektu, Projekt kodeksu karnego oraz przepisów wprowadzających kodeks karny, Warszawa 1968, S. 192.

196 Geilke, Der polnische Strafkodex, Berlin 1970, S. 46-48.

197 In dem Kapitel wurden folgende Delikte einbezogen: Vergewaltigung (Art.168), Unzucht mit Minderjährigen unter 15 Jahren oder mit Benachteiligten (Art. 169), Missbrauch des Abhängigkeitsverhältnisses (Art.170).

198 Dazu zählte man Verbreitung der Pornographie (Art. 173), Straftaten im Zusammenhang mit Prostitution (Art. 174), Inzest (Art. 175), wollüstige Handlung gegenüber den Minderjährigen (Art. 176), die öffentliche Unzucht (Art. 177).

nigen Straftaten einzubeziehen, bei denen das Rechtsgut die sexuelle Selbstbestimmung, d.h. die Freiheit von dem sexuellen Missbrauch und von sexuellen Angriffen irgendwelcher Art darstellt[199]. Die Freiheit zur Verfügung des eigenen Körpers im Bereich Sexualleben war als eine Art traditionell verstandene Freiheit gemeint[200]. Im XXIII. Kapitel wurden diejenigen Straftaten eingegliedert, deren Rechtsgut die sexuelle Sittlichkeit war[201] und die nicht zum XXII. Kapitel zählten. Eine solche Systematik hat selbst Andrejew kritisiert. Er meinte, man solle die Tatbestände dem Rechtsgut nach gliedern. Für ihn bleibe unklar, warum sich manche sexuelle Straftaten im Abschnitt über die Freiheit befinden und wollüstige Handlungen mit Minderjährigen nicht in dem Abschnitt über Straftaten gegen die Familie[202]. Zu bemerken ist, dass die Sittlichkeit als Rechtsgut etwas neues im polnischen Strafrecht war. Unter der Sittlichkeit waren die grundlegenden Sittlichkeitsgrundsätze des gesellschaftlichen Zusammenlebens im Bereich von sexuellen Erlebnissen, Kontakten und Beziehungen zu verstehen[203].

Der XXIII. Abschnitt erfasste Pornographieverbote (Art. 173), Prostitutionstatbestände (Art. 174), Inzest (Art. 175), wollüstige Handlungen mit Minderjährigen unter 15 Jahren (Art. 176), unzüchtige öffentliche Handlungen oder vor Minderjährigen (Art. 177). Vergewaltigung (Art. 168), Unzucht mit Unzurechnungsfähigen (Art. 169), Missbrauch eines Abhängigkeitsverhältnisses (Art.170) befanden sich im XXII. Abschnitt.

Neu für den Strafkodex von 1969 war die Abschaffung der Strafbarkeit des Anbietens zur Unzucht an Gleichgeschlechtliche (Art. 207 Strafkodex von 1932). Im Übrigen stellt der Strafkodex von 1969 grundsätzlich eine Rezeption des Strafkodexes von 1932 dar.

3.1. Vergewaltigung - Art. 168 Strafkodex von 1969

Es gab keinen Unterschied zwischen Art. 168 § 1 Strafkodex von 1969 und Art. 204 § 1 Strafkodex von 1932. Als Neuerung gegenüber dem bisherigen Recht galt die Einführung von zwei Qualifikationstatbeständen zur Vergewaltigung (Art. 168 Strafkodex 1969). In § 2 des Art. 168 Strafkodex 1969 wurden Qualifikationstatbestände hinsichtlich der besonderen Grausamkeit und der gemeinsamen Begehung mit anderen Personen geregelt. Dies wurde mit dem

---

199 Filar, Przestępstwa w dziedzinie stosunków seksualnych, S. 153.

200 Uzasadnienie do projektu, Projekt kodeksu karnego oraz przepisów wprowadzających kodeks karny, Warszawa 1968, S. 140.

201 Filar, Przestępstwa w dziedzinie stosunków seksualnych, S. 153.

202 Andrejew, Systematyka projektu kodeksu karnego, PiP 11/1968, S. 743.

203 Śliwowski, Prawo karne, Warszawa 1975, S. 405.

Bedürfnis der Strafbarkeitsverschärfung der gemeinsamen Vergewaltigung begründet[204].

3.2. Unzucht mit Unzurechnungsfähigen - Art. 169 Strafkodex von 1969

Art. 169 war teilweise wie Art. 203 Strafkodex von 1932, der andere Teil des Art. 203 Strafkodex von 1932 wurde als Art. 176 Strafkodex von 1969 vorgesehen. Keine Änderungen gegenüber dem bisherigen Recht beinhaltete die unzüchtige Handlung mit Benachteiligten (Art. 169 Strafkodex 1969). Das bedeutete, dass jeglicher Vollzug einer unzüchtigen Handlung mit einer solchen Person immer noch strafbar war[205]. Im Gegenteil zum Strafkodex von 1932 wurde im Strafkodex von 1969 statt „teilweise" der Begriff „in erheblichem Maße unfähig ist" benutzt, was sich auf die Pönalisierung beschränkend auswirkte[206].

3.3. Missbrauch eines Abhängigkeitsverhältnisses - Art. 170 Strafkodex von 1969

Art. 170 Strafkodex von 1969 war identisch mit der alten Fassung des Art. 205 Strafkodex von 1932.

3.4. Pornographieverbot - Art.173 Strafkodex von 1969

Unter dem XXIII. Abschnitt „die Straftaten gegen die Sittlichkeit" hat sich an der ersten Stelle die Regelung über die Verbreitung der Pornographie (Art. 173 § 1 und § 2 des Strafkodex von 1969) befunden, die eine wortgetreue Wiederholung des Art. 214 Strafkodex von 1932 darstellte. Statt der damaligen Bezeichnung „Bilder" wurden in Art. 173 Strafkodex von 1969 „Fotos" benutzt und in dessen § 2 wurde neben Anfertigung, Aufbewahrung und Lieferung noch Übertragung und Sendung hinzugefügt[207]. Auch dem neuen Recht nach herrschte das

204 Uzasadnienie do projektu, Projekt kodeksu karnego oraz przepisów wprowadzających kodeks karny, Warszawa 1968, S. 141.

205 Filar, Rozdział XXV „Przestępstwa przeciwko wolności seksualnej i obyczajności", S. 601.

206 Warylewski, Przestępstwa przeciwko wolności seksualnej i obyczajności, Warszawa 2006, S. 887.

207 Art. 173 § 1; Wer Schriften, Drucke, Fotos und andere Gegenstände, die pornographischen Charakter haben, verbreitet, wird mit Geldstrafe, mit Freiheitsbeschränkungsstrafe oder mit Freiheitsstrafe bis zu zwei Jahren bestraft. § 2 der selben Strafe unterliegt, wer solche Schriften, Drucke, Fotos und andere Gegenstände, in der Absicht sie zu verbreiten, anfertigt, aufbewahrt, trägt, sendet oder liefert.

absolute Verbreitungsverbot (Art. 173 Strafkodex von 1969). Man ging davon aus, dass der Kontakt mit jeglicher Art von Pornographie schädlich sei.

3.5. Die Straftaten im Zusammenhang mit der Prostitution - Art. 174 Strafkodex von 1969

Der Gesetzgeber hat in Art. 174 Strafkodex von 1969 nur folgende Tatbestände unter Strafe gestellt: Anstiftung zur Ausübung der Unzucht, aus der fremden Unzuchtsausübung Vermögensvorteile zu erzielen und Erleichterung fremder Unzucht, in der Absicht, einen Vermögensvorteil zu erzielen. In dieser Gruppe hat der polnische Gesetzgeber bestimmte Erscheinungsformen der Prostitution entkriminalisiert. Es wurde von der homosexuellen Prostitution abgesehen, weil die Erhaltung von deren Strafbarkeit als ungerecht (Ungleichbehandlung) angesehen wurde. Dazu kam noch das Argument, dass die Prostitution solcher Art sehr selten vorkommt[208]. Zudem wurde die Ausführung ins Ausland einer anderen Person zwecks Ausübung der gewerbsmäßigen Unzucht nicht mehr im Strafkodex von 1969 geregelt. Seine modifizierte Fassung war im Art. IX der Einführungsbestimmungen zum Strafgesetzbuch zu finden. Für die Zuhälterei und für den Anstifter zur Unzuchtsausübung wurde die Strafandrohung erhöht. Dagegen wurde von dem ungewöhnlichen Qualifikationstatbestand Art. 212 Strafkodex von 1932 abgesehen[209].

3.6 Inzest - Art. 175 Strafkodex von 1969

Im Strafkodex von 1969 war der Tatbestand des Inzests dadurch erweitert worden, dass er auch Adoptionsverhältnisse umfasste. Zusätzlich wurde noch das Tatbestandmerkmal „Beischlaf" durch „Geschlechtsverkehr" ersetzt. Auf diese Weise war die Vorschrift nicht mehr auf die Fälle der leiblichen Verwandtschaft beschränkt. Die Gefahr eugenischer und genetischer Schäden wurde als Schutzweck der Norm nicht mehr angesehen. Dabei war der Gedanke der sittlichen Familienreinheit und der öffentlichen Sittlichkeit als Rechtsgut aufgetreten[210].

---

208 Uzasadnienie do projektu, Projekt kodeksu karnego oraz przepisów wprowadzających kodeks karny, Warszawa 1968, S. 142; Skupiński, Przestepstwa „wewnarzkrajowej" eksploatacji prostytucji, Studia Prawnicze, 3/1976, S. 117.

209 Uzasadnienie do projektu, Projekt kodeksu karnego oraz przepisów wprowadzających kodeks karny, Warszawa 1968, S. 141.

210 Andrejew/Świda/Wolter, KK z Komentarzem, S. 515.

3.7. Unzucht mit Minderjährigen -Art. 176 Strafkodex von 1969

Erhebliche Änderungen im strafrechtlichen Schutz hat der Gesetzgeber hinsichtlich der Unzucht mit dem Minderjährigen unter 15 Jahren vorgenommen. In Art. 176 wurde die Vollziehung einer nicht mehr „unzüchtigen" sondern „wollüstigen Handlung" gegenüber einer Person unter 15 Jahren unter Strafe gestellt. Solche Terminologieänderungen hatten Einfluss auf den Pönalisierungsbereich. Danach haben sich Lehre und Rechtsprechung an einer weiten Auslegung des Begriffes „wollüstige Handlung" orientiert[211]. Nach der Rechtsprechung wurde die wollüstige Handlung als jede auf die Befriedigung des Wollusttriebes gerichtete Handlung definiert, die an einer Person unter 15 Jahren vollzogen wird, d.h. sowohl Geschlechtsverkehr, als auch andere sexuelle Handlungen in Kontakt mit dem Körper oder ohne leiblichen Kontakt, z.B. wenn der Täter onaniert oder seine Geschlechtsteile zeigt[212]. Der Begriff wollüstige Handlung wurde breiter als von unzüchtigen verstanden und umfasste solche Handlungen, die als unzüchtige nicht angesehen werden konnten[213].

3.8 Die öffentliche Vornahme -Art. 177 Strafkodex von 1969

Die Regelung über die Vollziehung einer unzüchtigen Handlung in Anwesenheit einer Person unter 15 Jahren (Art. 177 Satz 1) blieb unverändert. In der Praxis wurden nach dieser Vorschrift die Prostituierten zur Verantwortung gezogen, die in der Wohnung in Anwesenheit ihrer Kinder der Prostitution nachgegangen sind[214]. Art. 177 Satz 2 wurde die öffentliche Vollziehung der unzüchtigen Handlung geregelt.

B. DEUTSCHLAND

1. Reformarbeiten von 1953 bis zum Entwurf 1962

1.1. Der gesellschaftliche und politische Hintergrund der Reform

Vier Jahre nach dem zweiten Weltkrieg wählte das deutsche Volk seinen ersten Deutschen Bundestag. Zu diesen Wahlen traten folgende Parteien an: CDU/CSU, SPD, FDP und KPD. Nach dem Gewinn der Wahlen bildete die

---

211 Warylewski, Karnoprawna ochrona małoletniego przed wykorzystaniem seksualnym w orzecznictwie Sądu Najwyższego, Prok. i Pr. 9/1999, S. 92 und ff.

212 OSNPG 1974 pos. 96.

213 Andrejew/Świda /Wolter, KK z Komentarzem, S. 510.

214 Marek, Prawo karne, Auflage 7, S. 497.

CDU/CSU mit FDP und Deutscher Partei eine Koalition und wählte Adenauer (CDU) zum Bundeskanzler[215]. Der christlich-demokratische Kanzler übte seine konservative Politik ununterbrochen bis 1963 aus[216].

Der erste Bundestag war in seinen gesetzgeberischen Aufgaben neben Ratifikation des außenpolitischen Vertrages besonders auf die Verschaffung rechtlicher Rahmenbedingungen für den Wiederaufbau des demokratischen Staates konzentriert.

Über das Bedürfnis der Strafrechtserneuerung, die im Rahmen des allgemeinen Wiederaufbaus des demokratischen Staates erfolgen musste, diskutierte der Stuttgarter Juristentag 1951. Dieser sprach sich unter dem Thema „Grundfragen der Bereinigung des Strafgesetzbuchs" mit besonderer Entschiedenheit dafür aus und nahm in den damals angenommenen Thesen, die später gewählte Form der Gesetzgebung sowie Richtpunkte und den Umgang der Bereinigung bereits weitgehend vorweg[217].

1.2. Kommissionsarbeiten

1.2.1. Gesetzliche Änderung des § 173 StGB

Die Erneuerung im Strafrecht erfolgte durch das Dritte Strafrechtsänderungsgesetz vom 4. August 1953[218]. Dessen Aufgabe war es, zunächst eine Bereinigung des StGBs in technischer Hinsicht durchzuführen, ferner aus dem Strafgesetzbuch die Reste nationalsozialistischen Gedankenguts zu beseitigen und einzelne Strafbestimmungen an das Grundgesetz anzupassen[219]. Im Rahmen der „Bereinigung von Einzeltatbeständen" erfolgte bei den Sittlichkeitsdelikten lediglich bei der Vorschrift des Blutschandedeliktes (§173 StGB) eine gesetzliche Änderung.

Die Strafbarkeit des Beischlafs zwischen Verschwägerten auf- und absteigender Linie beschränkte das Gesetz nur auf die Fälle, wenn die Ehe, auf der die Schwägerschaft beruhte, zur Zeit der Tat bestanden hat. Weiterhin führte das Gesetz, im Falle des Beischlafs zwischen Verschwägerten, die Möglichkeit des Absehens von der Strafe ein, wenn die häusliche Gemeinschaft der Ehegatten zur Zeit der Tat aufgehoben war. Die Tat wurde nicht mehr verfolgt, wenn die Befreiung vom Eheverbot der Schwägerschaft erteilt worden war. Im Übrigen

---

215 CDU/CSU 31,0 %, SPD 29,2 %, FDP 11,9 %, KPD 5,7 %, DP 4,0 % in: http://www.bpb.de/themen/QQSEUT,0,0,Bundestagswahlen_19492005.html

216 Infolge der gewonnen Bundeswahlen in den Jahren 1953, 1957 und 1961 und 1965.

217 Lange, NJW 1953, S. 1161.

218 BGBl. I 1953, S. 735.

219 Zorn, GA, 1953, S. 61.

hat das Gesetz das StGB terminologisch erneuert und überall wo das Wort „Frauensperson“ zu finden war, durch das Wort „Frau“ ersetzt.

1.2.2. „Straftaten gegen die Sittlichkeit“ im Entwurf der Großen Strafrechtskommission (Entwurf 1959)

Im Frühjahr 1954 wurde, in der Absicht eine grundlegende Gesamtreform des Strafrechts durchzuführen, eine Große Strafrechtskommission unter dem Vorsitz von Bundesjustizminister Neumayer einberufen[220]. Die große Kommission behandelte die Sittlichkeitsdelikte in ihrer 80., 87., 90., 142. und 143. Sitzung im Jahr 1958. Ein Jahr später erschien ihr Endprodukt Entwurf für ein neues StGB (weiter als E 1959)[221].

Die Sittlichkeitsdelikte stellte die große Kommission unter den dritten Titel „Straftaten gegen die Sittlichkeit“ zusammen. Der dritte Titel wurde noch in zwei weitere Untertitel „Unzucht“ (§§ 211-231)[222] und „Kuppelei, Frauenhandel, Zuhälterei“ (§§ 232-237) gegliedert.

Systematisch war Notzucht (§ 211 E 1959) vorangestellt. Es werden in diesen Abschnitt folgende Delikte zusammengestellt. Unzucht mit Schutzbefohlenen (§ 218 E 1959), Unzucht unter Ausnutzung der Dienstgewalt (§ 220 E 1959), Unzucht in Anstalten (§ 221 E 1959), Unzucht zwischen Männern (§ 222 E 1959), Schwere Unzucht zwischen Männern (§ 223 E 1959), Unzucht mit Tieren (§ 224 E 1959), Nötigung zur Unzucht (§ 212 E 1959), Schwere Schändung (§ 213 E 1959), Schändung (§ 214 E 1959), Entführung zur Unzucht (§ 215 E 1959), Unzucht mit Kindern (§ 216 E 1959), Eigennützige Kuppelei (§ 232 E 1959), Kuppelei an Angehörigen und Schutzbefohlenen (§ 233 E 1959), Schwere Kuppelei (§ 234 E 1959), Zuhälterei (§ 236 E 1959), Verführung (§ 217 E 1959), Erregung öffentlichen Ärgernisses (§ 225 E 1959), Unzüchtige Schriften und Sachen (§ 226 E 1959), Mittel zur Verhütung von Geschlechtskrankheiten oder der Empfängnis (§ 227 E 1959), Unzucht vor Kindern

---

220 Zusammensetzung: Abgeordnete des Deutschen Bundestages: Hoogen (CDU/CSU), Rehs (SPD), Schneider (FDP), Czermak (BG/BHE), Merkatz (DP). Strafrechtswissenschaftler: Bokkelmann, Gallas, Jescheck, Lange, Mezger, Eb. Schmidt, Welzel. Vertreter des Deutschen Richterbundes: Resch. Vertreter des Rechtsanwaltschaft: Dahs. Vertreter des Bundesgerichtshofs und des Oberbundesanwalts beim BGH: Baldus, Wiechmann. Koffka, Niethammer, Richter, Schäfer, Skott, Vormbaum/Rentrop, Reform des StGBs, Sammlung der Reformentwürfe, Band 1: 1909 bis 1919, S. 22.

221 Das Bundesjustizministerium stellte alle Beschlüsse und Vorschläge nach Abschluss der ersten Lesung durch die Kommission zusammen und legte den E 1959 I vor. Nach der zweiten Lesung und den Stellungnahmen vom Bundesressort wurde der E 1959 II zusammengefasst.

222 E 1959 I, Niederschriften der Großer Kommission, Bd. 12, Anhang B, S. 602.

und Schutzbefohlenen (§ 219 E 1959), Werbung für unzüchtigen Verkehr (§ 228 E 1959), Gewerbsmäßige Unzucht (§ 229 E 1959), Anlocken zur Unzucht (§ 230 E 1959), Frauen- und Kinderhandel (§ 235 E 1959), Nebenstraftaten und Sicherungsaufsicht (§ 237 E 1959).

Schon die Aufzählung zeigt, dass die Kommission in ihrem Entwurf nicht nur die Ausdruckweise des geltenden Rechts behielt. In den Kodifikationsarbeiten stützte sich die Große Kommission auf die Entwürfe von 1909 bis 1925. Beim Vergleich des E 1959 und der früheren Entwürfe ergibt sich, dass der E 1959 überwiegend auf Lösungsvorschläge des E 1925 zurückgriff[223]. Fast alle Tatbestände wurden mit einigen Änderungen vom E 1925 übernommen. Nur in Einzelfällen übernahm der E 1959 die Lösungsvorschläge vom E 1927 (vgl. Werbung für unzüchtigen Verkehr § 228 E 1959 mit § 303 E 1927), vom E 1936 (vgl. Unzucht unter Ausnutzung der Dienstgewalt § 220 E 1959 mit § 203 E 1936, Nötigung zur Unzucht § 212 E 1959 mit § 201 E 1936, Gewerbsmäßige Unzucht § 229 E 1959 mit § 221 E 1936, Anlocken zur Unzucht § 230 E 1959 mit § 222 E 1936) sogar die Idee, die Entführung zur Unzucht in die Sittlichkeitsdelikte einzuführen , hat der E 1959 vom GE 1911 übernommen (vgl. § 215 E 1959 mit § 238 GE 1911).

Was aber für den E 1959 selbst neu war: er hat bei Nötigung zur Unzucht (§ 212 Abs. 2 E 1959) und bei Notzucht (§ 211 E 1959) einen neuen, bisher unbekannten Straferhöhungsgrund vorgeschlagen. Dieser lag vor, wenn die Tat mittels eines hinterlistigen Überfalls oder von mehreren gemeinschaftlich begangen wurde. Weiterhin bestimmte der E 1959 bei Unzucht mit Kindern (§ 216 Abs. 2 E 1959) ausdrücklich, dass unzüchtige Handlungen vor Kindern auch dann strafbar sind, wenn das Kind die geschlechtliche Bedeutung seines Verhaltens nicht versteht.

1.2.3. Sittlichkeitsdelikte im Entwurf von 1962

Das Endprodukt der Großen Strafrechtskommission E 1959 II bearbeitete Bundesregierung weiter und erstellte den E 1960, der während der dritten Legislaturperiode am 7. Oktober 1960 in den Bundesrat eingebracht wurde. Im Jahr 1961 griff die neu gebildete Bundesregierung CDU/CSU und FDP den E 1960 wieder auf. Dieser wurde überarbeitet und im Juli dem Bundesrat als Entwurf 1962 zur Beratung vorgelegt. Bis Ende dieser Legislaturperiode, d.h. bis 1965 beriet an diesem Entwurf ein Rechtsausschuss im Bundestag.

Der E 1962 behielt die Überschrift „die Straftaten gegen die Sittlichkeit" bei. Im Gegensatz zum E 1959 wurde der dritte Titel „die Straftaten gegen die

---

223 Vgl. E 1925 und E 1959.

Sittlichkeit“ noch auf zwei weitere Untertitel „Unzucht“ (§§ 204-225)[224] und „Kuppelei, Frauenhandel, Zuhälterei“ (§§ 226-230) erweitert. Im Übrigen behielt er alle im E 1959 beinhalteten Delikte[225], die wie schon früher gezeigt, mit einigen Änderungen vom E 1925 übernommen worden waren. Der E 1962 löste im Ganzen scharfe Kritik in breiten Kreisen auf. In den Jahren 1965 verfassten die deutschen Strafrechtslehrer auf ihrer Strafrechtslehrtagung eine entsprechende Resolution[226].

Drei Jahre später beschäftigte sich die strafrechtliche Abteilung des 47. Deutschen Juristentags mit der Reform des Sexualstrafrechts[227]. Das Gesamtergebnis der Beschlüsse war, dass die einschlägigen Vorschriften des E 1962 überholt waren. Die Kritik des E 1962 hat ihren besten Ausdruck im Gutachten von Hanack gefunden. Ferner wies Hanack darauf hin, dass die Sittlichkeitsdelikte des E 1962 nur eine differenzierende Sanktionierung der Rechtsprechung zum geltenden Recht darstellten[228], was sich dadurch ergab, dass bei den Arbeiten des Bundesjustizministeriums am Besonderen Teil im Wesentlichen nur das Ziel verfolgt worden war, die Ergebnisse der Entwürfe aus der Weimarer Zeit unter Dach und Fach zu bringen. Der Verfasser warf völlig übersteigerten „Perfektionismus“ vor, da die Sittlichkeitsdelikte in 31 Paragraphen mit mehr als 190 Tatbeständen oder tatbestandsähnlichen Formulierungen umfasst worden waren, was einen unklaren Inhalt der Tatbestände und Merkmale mit sich brachte[229].

2. Die große Sexualstrafrechtsreform von 1973

2.1. Der gesellschaftlich-politische Hintergrund der Reform

Ein Jahr nach den Wahlen zum fünften Bundestag verließ die FDP im Streit über Steuererhöhungen das Bündnis. Noch im gleichen Jahr wurde die große Koalition CDU-SPD gebildet. Bei den parlamentarischen Erörterungen hielten SPD und CDU/CSU in Erfüllung ihrer Koalitionsvereinbarung formal am E 1962 als Beratungsgrundlage fest[230], der 1965 durch die Abgeordneten Diemer-Nikolaus, Güde und Dehler erneut in den Bundestag eingebracht wurde.

224 E 1959 I, Niederschriften der Großer Kommission, Bd. 12, Anhang B, S. 602 und ff.

225 Vgl. E 1959 und E 1962.

226 Referate in: ZStW 77, 379.

227 Hanack, Zur Revision des Sexualstrafrechts in der Bundesrepublik, (Gutachten), 1968. Gegen E 1962 waren: Just-Dahlann, österreichische Generalprokurator F. Pallin. Für E 1962 war Lackner.

228 Hanack, Brennpunkte einer Reform des Sexualstrafrechts, S. 28.

229 Hanack, ZStW 77/1965, S. 399.

230 Roxin, Strafrecht, Allgemeiner Teil, Grundlagen, 2006, H §4 Rd. 41.

Heinemann, Justizminister in der großen Koalition brachte die Reform des StGBs auf den Weg[231] und verfolgte diese später mit großem Nachdruck.

Ab 21. Oktober 1969 wurden die Reformarbeiten unter der Regierung Brandt (SPD) fortgesetzt. Die neue sozialliberale Regierung wollte nach den Worten der Regierungserklärung Brandts in Staat und Gesellschaft „mehr Demokratie wagen"[232]. Zu den Schwerpunkten des innenpolitischen Sachprogramms gehörten weitere Reformen des Strafrechts[233].

Nicht zu verleugnen war, dass sich „die Öffentlichkeit" für die Reform des Sexualstrafrechts lebhaft interessierte.[234]

2.2. Reformarbeiten

Im Jahre 1966 befasste sich der Bundestag mit dem damals im Gesetzgebungsverfahren einzigen E 1962. Nachdem er ihn nach der ersten Lesung verabschiedet hatte, wurde der Entwurf an den „Sonderausschuss für die Strafrechtsreform" verwiesen. Da galt der E 1962 als das vorläufige Endprodukt der Gesamtreform und war in breiten Kreisen der Wissenschaft Kritik ausgesetzt, die schließlich in dem Alternativentwurf eines Strafgesetzbuches von 1968 (AE) ihren besonderen Ausdruck fand.

2.2.1. „Straftaten gegen die sexuelle Freiheit" und „Straftaten gegen Minderjährige" im Alternativ Entwurf

Als Antwort auf den konservativen E 1962 erarbeitete ein Kreis von Strafrechtswissenschaftlern mittlerer Generation einen alternativen Entwurf eines Strafgesetzbuchs AT (AE)[235]. Bis 1977 erschienen diverse Entwürfe zu ausge-

231 Busch, Die deutsche Strafrechtsreform, 1. Auflage 2005, S. 51.

232 Aus der Regierungserklärung des Bundeskanzlers vor dem deutschen Bundestag, 28.10.1969 in: Kieseritzky, bearb., Willy, Brandt, Mehr Demokratie wagen Innen- und Gesellschaftspolitik 1966-1974, Berliner Ausgabe Bd. 7, S. 219.

233 Kieseritzky, bearb., Willy, Brandt, Mehr Demokratie wagen Innen- und Gesellschaftspolitik 1966-1974, Berliner Ausgabe Bd. 7, S. 41.

234 Hanack, Zur Revision des Sexualstrafrechts in der Bundesrepublik, S. 20.

235 Jürgen Baumann, Anne-Eva Brauneck, Ernst Walter Hanack, Arthur Kaufmann, Ulrich Klug, Ernst- Joachim Lampe, Theodor Lenckner, Werner Maihofer, Peter Noll, Claus Roxin, Rudof Schmitz, Hans Schultz, Günter Stratenwerth, Walter Stree. Unter Mitwirkung Gerhard Grünwald und Armin Kaufmann, erschienen zwei Jahre später u.a. der Abschnitt Sexualdelikte; Müller-Emmert, JZ 8/1969, S. 245.

wählten Abschnitten des Strafgesetzbuchs BT, unter diesen im Juni 1968 der für Sexualdelikte[236].

Den Alternativentwurf hat die damalige parlamentarische Opposition (FDP) als Ihren Gesetzesvorschlag ins Parlament eingebracht und gleich ins Gesetzgebungsverfahren einbezogen[237].

Der alternative Entwurf eines StGB beinhaltete einen fortschrittlicheren Lösungsvorschlag für Sexualstraftaten[238]. Unter dem Abschnitt Straftaten gegen die Person regelte der AE in den zwei nacheinander folgenden Titeln „Straftaten gegen die sexuelle Freiheit" (5. Titel), und „Straftaten gegen Minderjährige" (6. Titel) insgesamt nur zwölf Paragraphen. Der AE verzichtete auf die Strafbarkeit der einfachen Homosexualität, der Unzucht mit Tieren, der Verbreitung unzüchtiger Schriften, der Blutschande, des Ehebruchs und der Zuhälterei.

Dem 5. Titel war die Vergewaltigung (§ 124 AE) vorangestellt. Als nächstes folgten Sexuelle Nötigung (§ 125 AE), Menschenhandel (§ 126), Sexueller Missbrauch Widerstandsunfähiger (§ 127 AE), Sexueller Missbrauch von Anstaltsinsassen (§128 AE), Exhibitionistische Handlungen (§ 129 AE). Im Grunde beschränkte sich der AE bei der Bestimmung der neuen Straftatbestände auf den sexuellen Freiheits- und Jugendschutz.

2.2.2. Teilreform

2.2.2.1. Erstes Gesetz zur Reform des Strafrechts (1. StRG) vom 25.06.1969[239]

Der „Sonderausschuss für die Strafrechtsreform" im Bundestag berücksichtigte bei seinen Arbeiten auch die Alternativ-Vorschläge. Angesichts der Menge und der Tragweite der zu treffenden Entscheidungen konnte an eine Verwirklichung der gesamten Reform in einer einzigen Wahlperiode nicht gedacht werden. Daher entschloss sich die Kommission für die erforderlichen Neuerungen mit einem „Ersten Gesetz zur Reform des Strafrechts (1. StrRG vom 25. Juni 1969) und mit einem „Zweiten Gesetz zur Reform des Strafrechts" (2. StrRG) zunächst diejenigen Reformen in AT und BT zu verwirklichen, die kriminalpolitisch besonders bedeutsam waren und deren Regelung mithin Priorität hatte[240].

Durch das 1. StRG wurden Tatbestände wie Ehebruch, einfache Homosexualität, Sodomie (§ 175b a.F.) und Beischlaferschleichung (die in § 179 a.F. pö-

---

236 Vormbaum/Rentrop, Reform des StGBs, Sammlung der Reformentwürfe, Band 1: 1909 bis 1919, S. 27.

237 Roxin, Strafrecht, Allgemeiner Teil, Grundlagen, 2006, S. 117.

238 Siehe: Schroeder, Reform des Sexualstrafrechts, Aktuelle Dokumente, S. 19 und ff.

239 BGBl. 1969 I, S. 645 (Nr.52).

240 Hohler, NJW, 29/1969, S. 1226.

nalisierte Amphytrion –Legende; vgl. OLG Koblenz Urteil) ersatzlos gestrichen[241].

Dabei hat das Gesetz die schwere Homosexualität modernisiert, weil die derzeitige Formulierung nach Ansicht des Sonderausschusses einer dringlichen Modernisierung und Einschränkung bedurfte. Der bisherige § 175a wird durch einen neuen § 175 ersetzt, der nur noch qualifizierte Formen der Homosexualität unter Strafe stellt und durch den erweiterten § 176 Abs. 1 Nr. 1 ergänzt wird. Gleichgeschlechtliche Unzucht ist nur noch strafbar, wenn sie mit Minderjährigen, mit Abhängigen, gewerbsmäßig oder mit Gewalt bzw. mit Drohung zur Gewalt erfolgt[242]. Dadurch, dass das Gesetz ferner die Nötigung zur Unzucht (§ 176 I Nr. 1) geschlechtsneutral fasste, waren damit auch Männer vor Nötigung zur Unzucht geschützt und zwar viel besser als nach dem früheren Recht (früher wurde nur vor der homosexuellen Nötigung geschützt). Sonst hob noch das Gesetz den Verlust der bürgerlichen Ehrenrechte bei der Verbreitung von unzüchtigen Schriften (§184 II StGB) auf und ersetzte das Wort Zuchthaus auf Freiheitsstrafe bei § 181 StGB.

2.2.2.2. Zweites Gesetz zur Reform des Strafrechts (2. StrRG) vom 04. Juli1969[243]

Das zweite Gesetz zur Reform des Strafrechts (2. StrRG) hatte das Hauptziel, den bisher geltenden Allgemeinen Teil des StGBs durch einen völlig neuen AT zu ersetzen und hat daher auch wenige Änderungen im BT eingeführt.

Das Gesetz fügte dem 13. Abschnitt des StGB zwei neue Vorschriften zu. Die erste war § 184 c: „Wer gewerbsmäßig Unzucht treibt und diesem Erwerb schon mehrfach in einer Gemeinde oder in einem Bezirk einer Gemeinde nachgegangen ist, in denen die Ausübung der Gewerbsunzucht durch Rechtsverordnung verboten war, wurde wenn die Tat beharrlich wiederholt worden ist, wegen der neuen Tat mit Freiheitsstrafe bis zu sechs Monaten bestraft".

Die zweite Vorschrift war § 184 d:" Wer gewerbsmäßig Unzucht treibt und diesem Erwerb erstens in der Nähe einer Schule oder einer anderen Örtlichkeit, die zum Besuch durch Kinder oder Jugendliche bestimmt ist oder zweitens in einem Haus, in dem Kinder oder Jugendliche wohnen, in einer diese Minderjährigen sittlich gefährdenden Weise nachgeht, wird mit Freiheitsstrafe bis zu sechs Monaten oder mit Geldstrafe bestraft.". Mit dem Gesetz wurde ferner dem § 184 I nach dem Wort „Schriften" die Verweisung § 11 III eingefügt und Satz 2 gestrichen.

---

241 Maurach, Deutsches Strafrecht, BT, Nachtrag zur 5. Auflage (1969), S. 41.

242 1. StRG, BGBl. 1969 I, S. 645 (Nr.52).

243 BGBl. 1969 I, S.717 (Nr. 56).

2.2.3 Entwurf eines Vierten Gesetzes zur Reform des Strafrechts

2.2.3.1. „Sexualstraftaten" im Entwurf eines Vierten Gesetzes zur Reform des Strafrechts

Im 13. Abschnitt unter dem Titel „Sexualstraftaten" fasste der E 4. StrRG die Sexualdelikte zusammen. Systematisch schob er die Blutschande in den 12. Abschnitt über Straftaten gegen den Personenstand, die Ehe und die Familie, sowie grob anstößige Anpreisungen und Werbung für außerehelichen sexuellen Verkehr zu den Ordnungswidrigkeiten. Der Regierungsentwurf begnügte sich, ähnlich wie der AE mit der neueren Terminologie. Es werden im 13. Abschnitt des RE folgende Delikte zusammengestellt: Sexueller Missbrauch von Schutzbefohlenen (§ 174 RE), Sexueller Missbrauch von Gefangenen, behördlich Verwahrten oder Kranken in Anstalten (§ 174a RE), Sexueller Missbrauch unter Ausnutzung einer Amtsstellung (§ 174b RE), Homosexuelle Handlungen (§ 175 RE), Sexuelle Nötigung (§ 178 RE), Sexueller Missbrauch Widerstandsunfähiger (§ 179 RE), Sexueller Missbrauch von Kindern (§ 176 RE), Vergewaltigung (§ 177 RE), Kuppelei (§ 180 RE), Zuhälterei (§ 180a RE und § 181a RE), Prostitution (§ 181 RE), Verführung (§ 182 RE), Exhibitionistische Handlungen (§ 183 RE), Unzüchtige Schriften und Sachen (§ 184 RE und § 184a RE), Begriff von sexuellen Handlungen (§ 184b RE).

Von der Zusammenstellung des Regierungsentwurfs mit den früheren Entwürfen und mit dem damals geltendem Recht, erweckt sich der Eindruck, dass er eine Mischung vom AE, dem E 1962 und manchmal auch aus dem des damals geltenden Rechts darstellt. Auf die im Regierungsentwurf befindlichen Vorschriften kann man feststellen, dass acht davon inhaltlich vom E 1962 übernommen worden sind und einige andere vom geltenden Recht, wie z. B. die Regelung über das öffentliche Ärgernis oder die Regelung über Kuppelei, welche sehr modifiziert wurde, jedoch eher vom E 1962 übernommen und mit Verweisungen auf das damals geltende Recht gestaltet war. Die restlichen Bestimmungen hat der Regierungsentwurf im Grunde genommen mehr oder weniger vom AE 1966 übernommen, wie z.B. Bestimmungen über Exhibitionistische Handlungen, Sexuellen Missbrauch Minderjähriger, Sexueller Missbrauch von Anstaltsinsassen, Sexuelle Nötigung, Sexueller Missbrauch von Kindern, Menschenhandel und Vergewaltigung mit Todesfolge vom E 1962.

Interessant war, dass der Regierungsentwurf die Pornographieverbote neu gestaltete. Er ersetzte den Begriff über unzüchtige Schriften durch die „pornographisch“[244], da dieses Merkmal stärker auf die neuere Sexualität ausgerichtet war und die Literaturwissenschaft einen Unterschied zwischen einfacher und harter Pornographie machte. Unter Beibehaltung eines absoluten Verbots für Pornographie letzterer Art beschränkte er die Strafbarkeit bei der einfachen Pornographie nur auf den Schutz des Bürgers vor unerwünschter Belästigung und auf ein weit gefasstes Verbot der Beeinflussung von Kindern und Jugendlichen[245].

2.2.3.2. Gesetzgeberische Arbeiten

Noch zu Beginn der 6. Legislaturperiode erklärte der Bundesminister der Justiz Jahn die Reform des Sexualstrafrechts für eines der wichtigsten Reformanliegen[246]. Am 27.7.1970 lag ein Referentenentwurf eines Vierten Gesetzes zur Reform des Strafrechts aus dem Bundesjustizministerium vor, der auch die Sexualdelikte behandelte[247]. Der Begründung nach sollte der Entwurf die Vorschriften über die Straftaten gegen die Sittlichkeit auf die heutigen kriminalpolitischen Bedürfnisse abstellen. „Der Entwurf grenzt zwischen strafbarem und straffreiem Verhalten nach dem Grundsatz ab: Die Wertvorstellungen über Ehe, Familie und Sexualität sind in der heutigen Gesellschaft vielfältig. Eine Bestrafung ist nur dann vertretbar, wenn Rechtsgüter des Einzelnen oder der Allgemeinheit angegriffen werden. Als schützenswerte Rechtsgüter wurden die Freiheit des Einzelnen zu geschlechtlicher Selbstbestimmung, die ungestörte sexuelle Entwicklung des jungen Menschen und der Schutz vor schwerwiegenden Belästigungen in sexueller Hinsicht erkannt“[248].

Im Bundesrat erfuhr der Regierungsentwurf eine eingehende Erörterung[249]. Dabei ergab sich eine deutliche Ablehnung der Länder Berlin, Bremen, Hamburg und Hessen, die für eine weitere Liberalisierung des Sexualstrafrechts eintraten, gegen die Länder Bayern, Rheinland-Pfalz, Saarland und Schleswig-Holstein, die zusätzliche Bestimmungen wünschten[250].

---

244 Begründung zu dem Regierungsentwurf eines 4. StrRG in: Schroeder, Reform des Sexualstrafrechts, Aktuelle Dokumente, S. 138.

245 Becker, Die Einführung in das neue Sexualstrafrecht, S. 8.

246 2. Sitzung des Sonderausschusses für die Strafrechtsreform am 27.11.1969, Beratungen des Sonderausschusses S. 3.

247 Aktz. 4000/1 Tc- 21/193/70; Schroeder, Reform des Sexualstrafrechts, Aktuelle Dokumente, S. 10.

248 DS 7/80.

249 Schroeder, Reform des Sexualstrafrechts, Aktuelle Dokumente, S. 10.

250 (BR-DS 489/1/70), Schroeder, Reform des Sexualstrafrechts, Aktuelle Dokumente, S. 11.

Außerdem hat der Sonderausschuss des BTs für die Strafrechtsreform die Anhörung einer großen Zahl von Sachverständigen zu einem umfangreichen Fragenkatalog beschlossen. Die Anhörung fand vom 23.-25. 11. 1970 statt und dauerte insgesamt 40 Stunden. Damals wurden Sexualwissenschaftler, Kriminologen, Kriminalpolizeibeamte, Psychiater, Pädagogen, Gerichtsmediziner, Theologen, Philosophen, Verfassungsrechtler, Rechtsvergleichende, Strafrechtslehrer, Richter, Staatsanwälte und Rechtsanwälte zu der gesamten Problematik des Sexualstrafrechts auf internationaler Ebene in einer Veranstaltung von einmaligen Rang angehört [251]. In die Reformdiskussion haben sich die Kirchen intensiv eingeschaltet[252].

Am 05. März 1971 wurde der RE im Bundestag eingebracht und an den Sonderausschuss für die Strafrechtsreform übergeben[253]. Die Auflösung des Bundestages machte die Verabschiedung des Gesetzes zunächst zunichte.

Der E 4. StrRG wurde am 25. Januar 1973 durch die sozialliberale Regierungs-Koalition erneut eingebracht[254]. Nach Beratungen schlug der Sonderausschuss beispielsweise vor, alle dem Jugendschutz dienenden Vorschriften im GJS zu belassen und das sogenannte Erzieherprivileg auf andere Personen wie Lehrer zu erweitern und endlich solche Regelungen zu erlassen, die dem mündigen Staatsbürger den Genuss eines Pornofilms ermöglichen sollten[255]. Es wurde schließlich das 4. StrRG am 07. Juni 1973 vom Deutschen Bundestag in der vom Sonderausschuss erarbeiteten Fassung beschlossen. Am 6.7.1973 rief der Bundesrat mit seiner Sperrmehrheit den Vermittlungsausschuss an. Er beharrte mit Mehrheit auf seiner Forderung des totalen Pornographieverbots und äußerte eine differenzierte Meinung zu den merkwürdigen Erzieherprivilegien[256]. Im Vermittlungsausschuss wurde die Forderung der Opposition, die Verbreitung pornographischer Schriften unter Strafe zu stellen abgelehnt, jedoch setzte sie durch, dass nunmehr die Jugendschutzbestimmungen wieder in das StGB kamen und dass Pornofilme nicht in Filmtheatern gezeigt werden durften. Der Bundesrat hat den Kompromissvorschlägen des Vermittlungsausschusses zugestimmt (die Länder Schleswig-Holstein und Rheinland-Pfalz. Dagegen: Baden-Württemberg, Bayern und Saarland)[257].

---

251 Schroeder, Reform des Sexualstrafrechts, Aktuelle Dokumente, S. 13.

252 Schroeder, Reform des Sexualstrafrechts, Aktuelle Dokumente, S. 13 und 14.

253 (DBT-6 WP-105. Sitzung Stenogr. Berichte, S. 61000 ff.).

254 BT-DS, VII / 80.

255 Becker, Die Einführung in das neue Sexualstrafrecht, S. 10.

256 Becker, Die Einführung in das neue Sexualstrafrecht, S. 10.

257 Becker, Die Einführung in das neue Sexualstrafrecht, S. 10.

2.3. „Die Straftaten gegen die sexuelle Selbstbestimmung" im StGB

Am 23 November 1973 beschloss der Deutsche Bundestag das vierte Gesetz zur Reform des Strafrechts. Mit dem 4. StRG erhielt der 13. Abschnitt des StGB die neue Überschrift „Straftaten gegen die sexuelle Selbstbestimmung", die erst nach längeren Auseinandersetzungen, kurz vor Schluss seiner Beratungen durch den Sonderausschuss an Stelle der ursprünglich vorgesehenen „Sexualstraftaten" genommen wurde[258]. Damit ist sie dem Vorschlag von Prof. Schroeder nachgegangen[259]. Durch die Wahl dieses Oberbegriffs wollte der Gesetzgeber seine Abkehr vom Schutzgut der Erhaltung von der Sittlichkeit verdeutlichen. Mit der neuen Überschrift sollte auch zum Ausdruck gebracht werden, dass an das in den einzelnen Vorschriften des 13. Abschnitts geschützte Rechtsgut anzuknüpfen ist. Das einheitliche Rechtsgut der sexuellen Selbstbestimmung konkretisierte sich - so der Sonderausschuss für die Strafrechtsreform - in den einzelnen Tatbeständen in verschiedener Weise[260]. Dazu hat das 4. StRG die alte Terminologie Unzucht durch den Begriff der sexuellen Handlungen ersetzt und als tatbestandsmäßig nur solche bestimmt, die „im Hinblick auf das jeweils geschützte Rechtsgut von einiger Erheblichkeit sind". Außerdem unterschied das Gesetz zusätzlich zwischen sexuellen Handlungen, Handlungen „an" und Handlungen „vor" einem anderen, wobei die letzteren keine körperliche Berührung erfordern, wohl aber, dass der andere den Vorgang visuell oder auch in anderer Weise wahrnimmt.

Systematisch änderte das 4. StrRG an der Reihenfolge von den Sexualstraftaten im Vergleich zu dem bisherigen Recht möglichst wenig.

---

258 Den Titel „Straftaten gegen die sexuelle Selbstbestimmung" setzte der Abgeordnete Ostman von der Leye durch, Schroeder, JZ 17/1999, S. 828.

259 Schroeder formulierte den Begriff der sexuellen Selbstbestimmung und klärte auf, dass er weiter als der der persönlichen Freiheit sei. Darunter fällt die Möglichkeit selbst zu bestimmen, ob und wann man mit der Sexualität konfrontiert werden möchte, sowie die sexuelle Betätigung auf Grund hinreichender persönlicher Reife, ohne welche eine solche Selbstbestimmung nicht nur bei der konkreten Tat nicht gegeben, sondern auch für die Zukunft generell gefährdet wird. In diesem Sinne einer Konkretisierung des abstrakten Rechtsguts der sexuellen Selbstbestimmung sei es zu verstehen, wenn § 184 c Nr. 1 von dem „jeweils geschützten Rechtsgut" spricht259. Dieser Titel, wie Schroeder betonte, hätte zugleich den Vorteil gehabt, zu einer restriktiven Auslegung der Vorschriften anzuhalten, Schroeder, ZRP 71, S. 14.

260 Maurach/Schroeder/Maiwald, Strafrecht BT, S. 186.

2.3.1. Sexueller Missbrauch von Schutzbefohlenen § 174

Nach dem bisherigen Recht (§ 174 a.F. StGB) wurde bestraft, „wer einen seiner Erziehung, Ausbildung, Aufsicht oder Betreuung anvertrauten Menschen unter 21 Jahren oder unter Ausnutzung seiner Amtsstellung oder seiner Stellung in einer Anstalt für Kranke oder Hilfsbedürftige einen anderen zur Unzucht missbraucht“. Die Vorschrift wird in drei Paragraphen (§174, §174a und §174b) aufgeteilt und gleichzeitig erheblich eingeschränkt.

§174 StGB dient dem Jugendschutz. Hier werden Jugendliche vor dem sexuellen Missbrauch besonderer Abhängigkeitsverhältnisse geschützt. Es werden die sexuellen Handlungen „an“ (Abs. 1) und „vor“ (Abs. 2) Schutzbefohlenen erfasst. Das Gesetz unterscheidet drei Gruppen von Schutzbefohlenen. Die erste Gruppe bilden Personen unter 16 Jahren, die dem Täter zur Erziehung, zur Ausbildung oder zur Betreuung in der Lebensführung anvertraut sind. Allein die Vornahme sexueller Handlungen begründet hier die Strafbarkeit des Täters. Die zweite Gruppe bilden Personen unter 18 Jahren, die dem Täter in gleicher Weise anvertraut sind, wie die erste Gruppe und auch Personen unter 18 Jahren, die dem Täter im Rahmen eines Dienst- oder Arbeitsverhältnisses untergeordnet sind. Anders als bei der ersten Gruppe wird die Strafbarkeit des Täters erst durch Vornahmen sexueller Handlungen, die unter Missbrauch eines von oben schon erwähntem Verhältnisses begangen wird, begründet[261]. Die dritte Gruppe bilden die noch nicht 18 Jahre alten Kinder oder Adoptivkinder.

Es wird auch die Vornahme solcher sexuellen Handlungen vor Schutzbefohlenen erfasst, die dazu dienen, sich oder den Schutzbefohlenen hierdurch sexuell zu erregen (Abs. 2). Damit wollte der deutsche Gesetzgeber solche Handlungen aus dem Tatbestand ausschließen, die lediglich pädagogischen Gesichtspunkten und Aufklärungszwecken dienen sollten[262].

Im Vergleich zum früheren Recht setzte das 4. StrRG hier das Schutzalter von 21 Jahre auf 18 Jahre fest und nahm neben Schülern und Lehrlingen - wie früher - auch Arbeiter und Angestellte bis zu einem Alter von einem Alter von 18 Jahren unter Schutz[263].

---

261 Sturm, JZ, 1/1974, S. 5.

262 Begründung zu dem Regierungsentwurf eines 4. StrRG, in: Schroeder, Reform des Sexualstrafrechts, Aktuelle Dokumente, S. 90.

263 Becker, Die Einführung in das neue Sexualstrafrecht, S. 16.

2.3.2. Sexueller Missbrauch von Gefangenen, behördlich Verwahrten oder Kranken in Anstalten § 174a

Die Vorschrift geht zurück auf die bisherige Fassung des § 174 Abs.1 Nr.2 a.F. StGB. Sie schützt Gefangene und auf behördliche Anordnung Verwahrte und die Insassen von Anstalten für Kranke oder Hilfsbedürftige gegen sexuelle Übergriffe von Betreuungspersonen, die solche Handlungen „unter Missbrauch ihrer Stellung" vornehmen. Tathandlungen sind „sexuelle Handlungen an", erforderlich sind also körperliche Kontakte. Auf eine Pönalisierung sexueller Handlungen „vor" wird hier verzichtet. Bei der Vornahme muss der Täter „unter Missbrauch seiner Stellung handeln". In der Sache bedeutet das nur eine geringfügige Einschränkung, weil im bisherigen Recht ein Missbrauch zur Unzucht gefordert war.

Absatz 2 schützt Kranke oder Hilfsbedürftige in den einschlägigen Anstalten gegen sexuelle Handlungen der Aufsichts- oder Betreuungspersonen nur dann, wenn sie unter Ausnutzung der Krankheit oder Hilfebedürftigkeit begangen werden. Damit wollte der deutsche Gesetzgeber die Fälle ausschließen, wo die Initiative von den Patienten ausgegangen war[264].

2.3.3. Sexueller Missbrauch unter Ausnutzung einer Amtsstellung § 174b

Die Vorschrift tritt an die Stelle des bisherigen § 174 Nr. 2 StGB. Im neuen § 174b StGB wird die Strafbarkeit eingeschränkt. Die Vorschrift geht davon aus, dass es im Bereich der Sexualdelikte einer allgemeinen Vorschrift zum Schutze derer, die unter der Dienstgewalt eines anderen stehen oder im Hinblick auf die Vornahme oder Unterlassung einer Amtshandlung von ihm abhängig sind, nicht bedarf, denn es stehen dem Opfer in solchen Untergeordneten andere rechtliche Mittel zur Verfügung[265]. Eine Strafvorschrift erscheint nur dort erforderlich, wo es um ein Strafverfahren oder um ein Verfahren zur Anordnung einer freiheitsentziehenden Maßregel der Sicherung und Besserung oder einer behördlichen Verwahrung geht[266]. Ausnutzung einer Amtsstellung beschränkte das 4. Gesetz nur auf die Beamten, die zur Mitwirkung an einem Strafverfahren oder an einem Verfahren zur Anordnung einer freiheitsentziehenden Maßregel der Sicherung und Besserung oder einer behördlichen Verwahrung berufen waren und die unter Missbrauch der durch das Verfahren begründeten Abhängigkeit sexuelle

---

264 Sturm, JZ, 1/1974, S. 5.

265 Begründung zu dem Regierungsentwurf eines 4. StrRG, in: Schroeder, Reform des Sexualstrafrechts, Aktuelle Dokumente, S. 93.

266 Begründung zu dem Regierungsentwurf eines 4. StrRG, in: Schroeder, Reform des Sexualstrafrechts, Aktuelle Dokumente, S. 93.

Handlungen an demjenigen, gegen den sich das Verfahren richtet, vorgenommen hatten (§ 174 b).

2.3.4. *Homosexuelle Handlungen § 175*

Mit dem 4. StrRG erhielt § 175 seine neue Fassung und gegenüber der bisherigen Regelung, die gerade mit dem 1. StrRG geändert worden war, wurde die Vorschrift wesentlich eingeschränkt. Die Schutzaltersgrenze wurde von 21 Jahre auf 18 Jahre herabgesetzt. Es wurden die zwei alten Variationen, Missbrauch des Abhängigkeitsverhältnisses und die Vorschrift gegen Strichjungen gestrichen. Beim letzteren meinte man, dass die Vorschriften gegen die Prostitution ausreichen[267].

Der neue Tatbestand wird als reiner Jugendschutztatbestand geschaltet. Die Schutzaltersgrenze ist auf 18 Jahre festgesetzt worden. Nur der Mann über 18 Jahren wird strafrechtlich belangt, der sexuelle Handlungen mit Minderjährigen unter 18 Jahren vornimmt[268]. Absatz 2 enthält einen zusätzlichen fakultativen persönlichen Strafausschließungsgrund, wenn der Täter zur Zeit der Tat noch nicht 21 Jahre alt ist oder wenn bei Berücksichtigung des Verhaltens desjenigen, gegen den sich die Tat richtet, das Unrecht der Tat gering war.

2.3.5. *Sexueller Missbrauch von Kindern § 176*

Die Strafbarkeit wurde im Wesentlichen im bisherigen Umfang beibehalten. Die Vorschrift des § 176 StGB will, wie der bisherige § 176 Abs.1 Nr.3 StGB, Kinder vor einer Schändung ihrer Entwicklung durch sexuelle Handlungen schützen[269]. Im Vergleich zum alten Recht bestimmte die neue Fassung des § 176 StGB den Tatbestand präziser. Geschützt werden, wie bisher, Kinder unter 14 Jahren.

Bestraft wird die Vornahme sexueller Handlungen am Kind oder das an sich Vornehmenlassen einer sexuellen Handlung von einem Kind (Abs. 1), sowie das Bestimmen eines Kindes zur Vornahme sexueller Handlungen an einem Dritten oder das Vornehmenlassen von einem Dritten an sich (Abs. 2). Ferner sieht das Gesetz besonders schwere Fälle der oben genannten Taten und gibt zwei Regelbeispiele dazu: wenn der Täter mit dem Kind den Beischlaf vollzieht oder das Kind bei der Tat körperlich schwer misshandelt wird. Ferner ist der Fall vom Qualifikationstatbestand gegeben (Abs. 4), wenn der Täter durch die Tat den Tod des Kindes verursacht. Absatz 5 umfasste die Fälle von sexuellen Handlun-

---

267 Sturm, JZ, 1/1974, S. 6.

268 Becker, Die Einführung in das neue Sexualstrafrecht, S. 17.

269 Sturm, JZ, 1/1974, S. 6.

gen vor dem Kind und das Bestimmen des Kindes zu sexuellen Handlungen vor dem Täter oder vor einem Dritten, sowie auch noch die Fälle des Einwirkens auf ein Kind durch Vorzeigen pornographischer Abbildungen, durch Abspielen von Tonträgern solcher oder durch entsprechende Reden. Hier handelt der Täter, um sich, das Kind oder einen anderen sexuell zu erregen. Hier werden auch die Fälle des Exhibitionismus vor Kindern erfasst[270].

2.3.6. *Vergewaltigung § 177*

Die neue Fassung entspricht sachlich weitgehend dem bisherigen Recht, weil es auch Fälle umfasst, in denen der Täter die Frau zum außerehelichen Beischlaf missbraucht, nachdem er sie zu diesem Zweck in einen willenlosen oder bewusstlosen Zustand versetzt hat (was ausdrücklich in der alten Fassung genannt war)[271]. Zum Qualifikationstatbestand ausgestaltet wurde der Fall, dass der Täter durch die Tat leichtfertig den Tod des Opfers verursacht

(§ 178).

2.3.7. *Sexuelle Nötigung § 178*

Im Vergleich zu dem bisherigen Recht (§ 176 Abs. 1 Nr.1 StGB a.F.) ist die Nötigung auf andere sexuelle Handlungen als den Beischlaf gerichtet und zwar nur auf „außereheliche“. Täter und Opfer können Männer und Frauen sein. Die neue Fassung erfasst auch die Fälle, in denen das Opfer sexuelle Handlungen am Täter oder an Dritten vornahm, da dies bisher durch den allgemeinen Nötigungstatbestand gelöst wurde[272]. Im Übrigen gab es keine wesentlichen Änderungen.

2.3.8. *Sexueller Missbrauch Widerstandsunfähiger § 179*

Während das bisherige Recht (§ 176 Abs. 1 Nr.2 StGB a.F.) nur die Frauen gegen den Missbrauch zum außerehelichen Beischlaf schützte, gewährt das neue Recht Strafschutz auch gegen den Missbrauch zu sonstigen außerehelichen sexuellen Handlungen und bezieht außerdem Männer ein (Absatz 1).

2.3.9. *Förderung sexueller Handlungen Minderjähriger §180*

Das vierte Gesetz zur Reform des Strafrechts hat die Strafbarkeit wegen Kuppelei gegenüber dem geltenden Recht eingeschränkt. Die Kuppelei war nach § 180 a.F. StGB ohne Rücksicht auf das Alter des Verkuppelten stets strafbar, wenn

270 Begründung zu dem Regierungsentwurf eines 4. StrRG, in: Schroeder, Reform des Sexualstrafrechts, Aktuelle Dokumente, S. 95.

271 Sturm, JZ, 1/1974, S. 7.

272 Sturm, JZ, 1/1974, S.7.

der Kuppler eigennützig oder gewohnheitsmäßig handelte. Die neue Fassung des § 180 Abs. 1 bedroht im Hinblick auf Minderjährige unter 16 Jahren jede Verkuppelung mit Strafe und schützt in Abs. 2 und 3 Personen unter 18 Jahren nur vor bestimmten, intensiven kupplerischen Einwirkungen[273].

Die Kuppeleivorschriften wurden grundlegend reformiert. Nur solche Handlungen sollten unter Strafe gestellt werden, die die Entwicklung und Entscheidungsfreiheit von Minderjährigen beeinträchtigen, und solche Handlungen, die die Menschen in Gefahr bringen, in die Prostitution abzugleiten[274]. Es war nicht mehr strafbar, wer sexuelle Handlungen eines über 16 alten Jugendlichen duldete; dies galt auch für Erziehungsberechtigte bei Jugendlichen zwischen 14 und 16 Jahren, es sei denn, dass er seine Erziehungspflichten „gröblich verletzt" hatte. Auch die Ehegattenkuppelei sollte grundsätzlich nicht mehr strafbar sein - der Gesetzgeber verzichtete darauf, da dies in zu starkem Maße in den persönlichen Lebensbereich der Ehegatten eingriff[275]. Die Förderung der Prostitution der Ehefrau ist nur im Rahmen der Zuhälterei unter Strafe gestellt.

2.3.10. Förderung der Prostitution § 180a

Im Vergleich zu dem bisherigen Recht ist das Verbot der Bordelle und bordellartigen Betriebe (§ 180 Abs. 2 StGB a.F.) in § 180a Abs. 1 im Wesentlichen erhalten geblieben. § 180 a Abs. 1 Nr. 1. verbietet die Unterhaltung eines Betriebes, in dem Personen der Prostitution nachgehen. Die Dirnen müssen in persönlicher oder wirtschaftlicher Abhängigkeit gehalten werden. Nach § 180 a Abs. 1 Nr. 2 wird derjenige bestraft, der die Prostitutionsausübung im Rahmen eines Betriebes fördert, die Prostituierten verstärkt an ihre Tätigkeit bindet und damit Bemühungen erschwert, sie aus dem Milieu herauszulösen[276]. Die Vorschrift des § 180a Abs. 1 wird durch die dem bisherigen Recht (§180 Abs. 3 StGB a.F.) entsprechende Bestimmung des § 180 a Abs. 2 Nr.2 ergänzt: Wird einem anderen zur Ausübung der Prostitution eine Wohnung gewährt, so ist es unabhängig von den Merkmalen des § 180 Abs. 1 immer strafbar, den Mieter zur Prostitution anzuhalten oder im Hinblick darauf auszubeuten[277].

---

273 Horstkotte, JZ 3/1974, S. 86.

274 Becker, Die Einführung in das neue Sexualstrafrecht, S. 17.

275 Becker, Die Einführung in das neue Sexualstrafrecht, S. 17.

276 Begründung zu dem Regierungsentwurf eines 4. StrRG, in: Schroeder, Reform des Sexualstrafrechts, Aktuelle Dokumente, S. 118.

277 Horstkotte, JZ 3/1974, S. 88.

Mit dem Merkmal der gewerbsmäßigen Unterkunftsgewährung, war der Vermieter eines Absteigequartiers gemeint (Abs. 2)[278]. Unter Abs. 3 sollten vor allem gewerbsmäßige Agenturen fallen, die Call-Girl-Ringe, Dirnenwohnheime, Lokale mit Prostitutionsbetrieb und mit neuen Kräften versorgten[279]. Die Vorschrift des § 180a Abs. 4 sollte es verhindern, dass Personen unter 21 Jahren zur Prostitution gebracht werden. Auch das nicht gewerbsmäßige Handeln fällt hierunter[280].

2.3.11. Menschenhandel § 181

Aufgrund internationaler Verpflichtungen und hinsichtlich der Tatsache, dass der allgemeine Tatbestand der Kuppelei entfallen sollte, war es nötig, eine besondere Strafvorschrift über den Menschenhandel zu bestimmen[281]. Die neue Regelung beinhaltet Nötigung zur Prostitution (Abs.1 Nr.1) und setzt voraus, dass der Anwerber oder Entführer beabsichtigt, das Opfer unter Ausnutzung einer im Ausland bestehenden hilflosen Lage zu sexuellen Handlungen zu bringen (Abs.1 Nr. 2).

2.3.12. Zuhälterei § 181 a

Der Straftatbestand bleibt modifiziert bestehen. Der neue § 181a soll nicht die parasitäre Lebensweise treffen, sondern aktive Zuhälterei, die generell die Freiheit der Prostituierten gefährdet oder die Dirne an die Prostitution bindet. Der Gesetzgeber behielt nur unter bestimmten Voraussetzungen die Ausbeutung der Prostitution bei, ferner solche Verhaltensweisen, die Prostituierte in Abhängigkeit bringen können, insbesondere „bestimmende" oder „vermittelnde" Einflussnahme auf ihre Prostitutionsausübung[282]. Nach Abs. 1 Nr. 1 hat hier der Gesetzgeber die Zuhälterei auf das Ausbeuten beschränkt und nicht mehr denjenigen bestraft, der sich nur darauf beschränkt, von der Dirne Beiträge zu seinem Lebensunterhalt entgegenzunehmen, ohne sie auszubeuten. § 181 a Abs. 1 Nr. 2 bringt die neue Schutzrichtung der Vorschrift besonders deutlich zum Ausdruck. Die Merkmale des Überwachens und der Bestimmung von Ort, Zeit, Ausmaß

---

278 Begründung zu dem Regierungsentwurf eines 4. StrRG, in: Schroeder, Reform des Sexualstrafrechts, Aktuelle Dokumente, S. 121.

279 Begründung zu dem Regierungsentwurf eines 4. StrRG, in: Schroeder, Reform des Sexualstrafrechts, Aktuelle Dokumente, S. 122.

280 Begründung zu dem Regierungsentwurf eines 4. StrRG, in: Schroeder, Reform des Sexualstrafrechts, Aktuelle Dokumente, S. 122.

281 Begründung zu dem Regierungsentwurf eines 4. StrRG, in: Schroeder, Reform des Sexualstrafrechts, Aktuelle Dokumente, S. 123.

282 Becker, Die Einführung in das neue Sexualstrafrecht, S. 17.

und anderen Umständen der Prostitution zielen auf den organisierten Einsatz der Dirne durch den Zuhälter ab[283]. Ferner werden auch die Maßnahmen des Zuhälters, mit denen die Frau davon abgehalten werden soll die Prostitution aufzugeben, bestraft. In den beiden Fällen muss der Täter seines Vermögensvorteils wegen handeln und die Handlungen sind in beiden Fällen nur dann strafbar, wenn der Täter zu der Frau „zuhälterische Beziehungen" unterhält. Das letzte sollte nichtstrafwürdige Personen, die beruflich die Leistungen erbringen, die der Prostitution objektiv förderlich sind wie z.B. Friseure, Kosmetikerin, außerhalb des Tatbestandes lassen[284]. Der § 181 a Abs. 2 bestraft die gewerbsmäßige Förderung der Prostitutionsausübung eines anderen durch die Vermittlung sexuellen Verkehrs.

Zuhälterische Handlungen gegenüber dem Ehegatten sind nach § 181 a Abs. 3 stets strafbar.

2.3.13. Verführung § 182

Trotz mancher Kritik wurde die Strafbarkeit der Verführung von Mädchen unter 16 Jahren zum Beischlaf beibehalten[285]. Hier hat der deutsche Gesetzgeber auf das Merkmal Bescholtenheit verzichtet und dem Gericht die Möglichkeit gegeben, bei einem Täter, der zur Zeit der Tat noch nicht 21 Jahre alt war, von Strafe abzusehen.

2.3.14. Exhibitionistische Handlungen § 183

Der neue Tatbestand, dessen Handlungen bisher in den Rahmen der Erregung öffentlichen Ärgernisses fielen, trägt den besonderen kriminalpolitischen Problemen Rechnung- solche sind neben der Unzucht mit Kindern die am häufigsten abgeurteilten Sexualdelikte[286]. Zentrales Merkmal des neuen Tatbestandes ist die „exhibitionistische Handlung" eines Mannes[287].

2.3.15. Erregung öffentlichen Ärgernisses § 183a

Abweichend vom bisherigen Recht macht sich nur strafbar, wer das Ärgernis absichtlich oder wissentlich erregt. Die Einschränkung erfolgt auf der subjekti-

---

283 Begründung zu dem Regierungsentwurf eines 4. StrRG, in: Schroeder, Reform des Sexualstrafrechts, Aktuelle Dokumente, S. 129.

284 Begründung zu dem Regierungsentwurf eines 4. StrRG, in: Schroeder, Reform des Sexualstrafrechts, Aktuelle Dokumente, S. 130.

285 Horstkotte, JZ 3/1974, S. 89.

286 Begründung zu dem Regierungsentwurf eines 4. StrRG, in: Schroeder, Reform des Sexualstrafrechts, Aktuelle Dokumente, S. 132.

287 Horstkotte, JZ 3/1974, S. 90.

ven Seite: bestraft werden soll nur noch der Provokateur, also derjenige, der durch eine öffentlich vorgenommene sexuelle Handlung ein Ärgernis erregt und dies absichtlich oder wissentlich tut[288].

2.3.16. Verbreitung pornographischer Schriften § 184

Nach der neuen Fassung des § 184 darf pornographisches Material grundsätzlich an Erwachsene verbreitet werden. Eigentlich ist nur das Zugänglichmachen von einfacher Pornographie an einen erwachsenen, mündigen Staatsbürger, entweder auf ausdrückliche Anforderung oder im Laden oder die Vorführung eines entsprechenden Films in einem privaten Zirkel ohne Entgelt erlaubt[289]. Strafbar bleiben alle Handlungen, die im Interesse des Jugend- und des Öffentlichkeitsschutzes unterbunden werden müssen. Neben der Verbreitung durch den Rundfunk (§ 184 Abs.2) sind folgende Handlungen verboten:

In § 184 Abs. 1 Nr. 1 werden die Handlungen erfasst, durch die pornographische Schriften Kindern oder Jugendlichen unmittelbar zugänglich gemacht werden. § 184 Abs. 1 Nr. 6 bedroht denjenigen mit Strafe, der einen anderen eine pornographische Schrift unverlangt zusendet oder sonst an ihn gelangen lässt, ohne von ihm hierzu aufgefordert worden zu sein. § 184 Abs. 1 Nr. 8 umfasst die Herstellung von vornherein für Schüler bestimmte Schriften oder von für Nichtbesteller bestimmtem pornographischem Werbematerial. Nach § 184 Abs. 3 gilt die Lockerung im Bereich des Verbreitungsverbots von pornographischen Schriften jedoch nicht für Materialien, welche die Gewalttätigkeiten oder den Missbrauch von Kindern zum Gegenstand haben. Dies hat zwei Gründe: solche Pornographie wirkt kriminalitätsfördernd. Der Zugang zu diesen könnte die seelische Entwicklung und die soziale Orientierung beeinträchtigen[290]. § 184 Abs. 4 regelt das Erzieherprivileg: zur Sexualerziehung kann es gehören, dass Jugendliche anhand von Anschauungsmaterial über die Wertlosigkeit der Pornographie aufgeklärt werden[291]. Es nimmt den zur Personensorge Berechtigten von der Strafdrohung aus.

---

288 Begründung zu dem Regierungsentwurf eines 4. StrRG, in: Schroeder, Reform des Sexualstrafrechts, Aktuelle Dokumente, S. 136.

289 Becker, Die Einführung in das neue Sexualstrafrecht, S. 14.

290 Begründung zu dem Regierungsentwurf eines 4. StrRG, in: Schroeder, Reform des Sexualstrafrechts, Aktuelle Dokumente, S. 143.

291 Begründung zu dem Regierungsentwurf eines 4. StrRG, in: Schroeder, Reform des Sexualstrafrechts, Aktuelle Dokumente, S. 141.

2.3.17. Ausübung der verbotenen Prostitution § 184a

Im Vergleich zu dem geltenden Recht ist die Regelung neu. Nach dieser Regelung wird derjenige bestraft, wer einen durch Rechtsverordnung erlassenen Verbot, der Prostitution an bestimmten Orten überhaupt oder zu bestimmten Tageszeiten nachzugehen, beharrlich zuwiderhandelt.

2.3.18. Jugendgefährdende Prostitution § 184 b

Weiterhin erschien noch eine weitere, dem früheren Recht unbekannte Straftatbestimmung. Nach dieser Bestimmung wird derjenige bestraft, der der Prostitution in der Nähe einer Schule oder einer anderen Örtlichkeit, die zum Besuch durch Personen unter achtzehn Jahren bestimmt ist, oder in einem Haus, in dem Personen unter achtzehn Jahren wohnen, in einer Weise nachgeht, die diese Personen sittlich gefährdet.

C. ERGEBNISSE

Die zweite polnische Sexualstrafrechtsreform von 1969 stellt einen Teil des Kodifikationsprozesses des Strafrechts im Rahmen einer Umstrukturierung des Rechtssystems auf das kommunistische Muster dar. Erst nach 25 Jahren Kodifikationsarbeit ist es dem kommunistischen Gesetzgeber gelungen einen neuen Strafkodex zu erlassen. Die Entwürfe 1956, 1963 und 1968 konnten nicht zum Gesetz werden, was seinen direkten Grund in der unstabilen politischen Situation der damaligen Zeit hatte. Auf den direkten Zusammenhang der jeweiligen Entwürfe (E 1956, 1963, 1969) mit der politischen Situation hat schon Kochanowski hingewiesen[292].

Während der damaligen Diskussion über den Entwurf 1956 erschienen weitere Entwurfvorschläge im Bereich der Sexualdelikte[293]. Interessanterweise war

292 Lernells Entwurf 1956 war ein Werk der Stalinismus- und Bierutszeit. Dadurch, dass er erst 1956 erschien, musste er abgelehnt werden. Sawickis Entwurf 1963, der in den früheren und ziemlich liberalen Perioden von Gomułka entstanden ist, musste in dem Moment zwischen 1962-1963 als Gomułkas repressive Politik angefangen hat, gestrichen werden. Andrejews Entwurf 1968 war mit der zweiten repressiven Periode von Gomułka verbunden. Falls Lernells oder Sawickis Entwürfe früher veröffentlicht worden wären (z.B. der erste nicht im Jahr 1956, sondern 1953 und der zweite nicht 1963 sondern 1960), wären sie Gesetz geworden. Auch wenn Andrejews Entwurf erst in den 70er Jahren der liberalen Gierekseepoche veröffentlicht worden wäre, wäre er höchstwahrscheinlich abgelehnt worden, Kochanowski, Redukcja odpowiedzialności karnej, S. 8 und 9.

293 De lege ferenda: Vergewaltigung, Missbrauch von Abhängigen, Menschenhandel, Befriedigung des Geschlechtstriebes mit Zurechnungsunfähigen im Abschnitt „Die Strafta-

für alle diese charakteristisch, dass sie genau wie der Entwurf 1956 keinen selbständigen Abschnitt für Sexualdelikte beinhalteten. Der Entwurf 1956 galt selbst als Produkt der Stalin-Zeit und war damit durch sehr restriktive[294] Lösungen gekennzeichnet und wurde erst im Jahr 1956 veröffentlicht. Seine Veröffentlichung folgt somit in einem Moment der scharfen Kritik gegen die vergangene Epoche[295].

Trotz der Argumente, dass die Grundlagen des Entwurfs 1963 auf die Wissenschaft, die Psychologie und die Medizin zurückzuführen sind[296], stellte dessen Lösung für die Sexualdelikte nichts anderes als eine Mischung von übernommenen Unzuchtsdelikten vom damals noch geltenden Strafkodex von 1932 mit der Terminologie vom Entwurf 1956 und der Systematik des Entwurfs 1956 dar[297].

Schließlich ist dem kommunistischen Gesetzgeber mit dem dritten Versuch gelungen, einen neuen Strafkodex zu verabschieden. Im Jahre 1970 tritt der neue Strafkodex in Kraft, der auch eine neue Lösung für die Sexualdelikte mitbringen sollte. Die Grundlagen des Entwurfs von 1968 war insbesondere der Grundsatz des sozialistischen Humanismus, unter gesellschafts-politischen und wirtschaftlichen Bedingungen[298].

Systematisch neu war, dass alle Delikte des Unzuchtsabschnitts des Strafkodexes von 1932 in zwei neuen Kapiteln des Strafkodexes von 1969 entsprechende Regelungen gefunden hatten, außer die Ausfuhr ins Ausland, was - wie schon früher erwähnt - im Art. IX der Einführungsbestimmungen zum Strafkodex geregelt wurde [299]. Wie schon aufgezeigt stellen jedoch ohne Zweifel die Sexualdelikte des Strafkodex von 1969 eine Rezeption des Strafkodexes von 1932 dar. Die Mitglieder der Kommission, die den neuen Strafkodex von 1969 bearbeitet

---

ten gegen Freiheit und Menschenwürde" , Die wollüstige Handlung mit Minderjährigen im Abschnitt „Die Straftaten gegen Jugendliche ", Prostitution, Pornographie, Ärgernis an einem öffentlichen Platz oder in Anwesenheit eines Jugendlichen im Abschnitt „Die Straftaten gegen die öffentliche Ordnung", Inzest im Abschnitt „Die Straftaten gegen Familie", Skupiński, Problematyka kodyfikacji przestępstw „nierządu", Palestra 10/1960, S. 54.

294 Kochanowski, Redukcja odpowiedzialności karnej, S. 6.

295 Hoensch, Geschichte Polens, S. 316.

296 Giza, Uwagi do rozdziału XXIV projektu k.k., Nowe Prawo 7-8/1963, S. 799.

297 Positiv: Giza, Uwagi do rozdziału XXIV projektu k.k., Nowe Prawo 7-8/1963, S. 799; kritisch: Daszkiewicz, Uwagi o przestępstwach przeciwko wolności i godności człowieka w projekcie kk, NP 6/1963, S. 674; Buchała/Zoll, Polskie prawo karne, S. 38.

298 Projekt kodeksu karnego oraz przepisów wprowadzających kodeks karny, Warszawa 1968, S. 92.

299 Andrejew/Świda/Wolter, KK z Komentarzem, S. 479.

hatten, Andrejew, Śliwowski und Wolter wiesen darauf hin, dass der Strafkodex von 1932 einen international guten Ruf hatte und obwohl er in einer anderen politischen und wirtschaftlichen Ordnung entstand, hat er auch seine Anwendung in der kommunistischen Ordnung gefunden[300]. Ein Novum war, dass der neue Strafkodex von 1969 Sittlichkeit als Rechtsgut für den Abschnitt vorgeschlagen hatte[301]. Die Terminologie des Strafkodexes von 1969 war unterschiedlich. Aus dem Strafkodex von 1932 übernahm er auch den Begriff „unzüchtige Handlung", der später als anachronistisch angesehen war. Neben der „unzüchtigen Handlung" benutzte er in den anderen Vorschriften folgende Begriffe: „Geschlechtsverkehr" (Art. 175 - Blutschande), „wollüstige Handlung" (Art. 176 - Vornahme wollüstiger Handlungen an oder vor Kindern) und auch den Begriff „Unzucht" (Art. 174), der als Synonym für die Prostitution betrachtet wurde.

Die ersten Änderungsgesetze zum deutschen StGB in der Nachkriegszeitperiode waren mit der Bereinigung des StGBs von den Resten des nationalsozialistischen Gedankenguts begründet und der Aufgabe einzelne Strafbestimmungen an das Grundgesetz anzupassen[302]-

In dieser Periode beschränkte sich der deutsche Gesetzgeber darauf, die Strafbarkeit des Beischlafs zwischen Verschwägerten auf die Fälle zu beschränken, in denen die Ehe, auf der die Schwägerschaft beruhte, zur Zeit der Tat bestanden hatte[303].

Im Rahmen der ab 1954 aufgenommenen allgemeinen Strafrechtsreform erschien der Entwurf 1959, der auf den Beschlüssen der Großen Strafrechtskommission und auf den Beratungen einer im Juli 1959 gebildeten Länderkommission beruhte. Der Entwurf 1959 wurde vom Bundesjustizministerium erarbeitet und als Entwurf 1962 von der Bundesregierung in den Bundestag eingebracht. Zur Verabschiedung dieses Gesetzesentwurfs kam es aber nicht, weil dafür in jener Legislaturperiode die Zeit zu knapp geworden war. Bis 1966 hielt die damalige Regierung am Entwurf 1962 fest. Der Entwurf 1962 behielt die Überschrift „die Straftaten gegen die Sittlichkeit" bei. Im Gegensatz zu seinem Vorgänger-Entwurf 1959 wurde der dritte Titel „die Straftaten gegen die Sittlichkeit" noch auf zwei weitere Untertitel „Unzucht" (§§ 204-225)[304] und „Kuppelei, Frauenhandel, Zuhälterei" (§§226-230) gegliedert. Im Übrigen behielt er alle im Entwurf 1959 beinhalteten Delikte[305], die- wie schon früher gezeigt - mit ei-

300 Andrejew/Świda/Wolter, KK z Komentarzem, S. 2.

301 Andrejew, Systematyka projektu kodeksu karnego, PiP 11/1968, S. 743.

302 Zorn, GA, 1953, S. 61.

303 BGBl. I 1953, S.735. Das Änderungsgesetz vom 4.08.1953.

304 Schroeder, Reform des Sexualstrafrechts, Aktuelle Dokumente, S. 19 und ff.

305 Vgl. E 1959 und E 1962.

nigen Änderungen vom Entwurf 1925 übernommen worden waren. Der Entwurf 1962 löste im Ganzen scharfe Kritik in breiten Kreisen auf. Dazu kam, dass er damals der einzige Reformentwurf für das Sexualstrafrecht für den Entwurf von 1962 war, schien er aus der Sicht des Jahres 1969 zwar „mehr Ernte aus den vorausgegangenen Jahrzehnten als neuer Weg" zu sein[306]. Im Jahr 1965 verfassten die deutschen Strafrechtlehrer auf ihrem Strafrechtslehrtagung eine entsprechende Resolution[307]. Damit fingen die wissenschaftliche Auseinandersetzung und die große Reform an.

Die Rechtsreformen haben die Änderungen der politischen Verhältnisse auf Bundesebene ermöglicht. Nach der Bildung der Großen Koalition CDU-SPD im Jahr 1969 entstand eine Möglichkeit für einen politischen Konsens für die Durchführung der Reformen. Ab 21.10. 1969 wurden die Reformarbeiten unter der Regierung Brandt (SPD) fortgesetzt, der in Staat und Gesellschaft „mehr Demokratie wagen"[308] wollte. Zu seinen Schwerpunkten des innenpolitischen Sachprogramms gehörte weiterhin die Reform des Strafrechts[309].

Die Reformpolitik von Willy Brand wurde durch den allgemeinen gesellschaftlichen Wandel unterstützt. Teile der Bevölkerung, insbesondere die Studentenbewegung, forderten in den 60er und 70er Jahren eine stärkere politische Mitbestimmung und eine Anpassung des Rechtssystems an die gewandelten Wert- und Moralvorstellungen.

In den parlamentarischen Erörterungen diente damals der Entwurf von 1962 als Beratungsgrundlage[310], der 1965 durch mehrere Abgeordnete (Diemer-Nikolaus, Güde, Dehler) in den Bundestag erneut eingebracht wurde. Erst ein von der FDP ins Parlament eingebrachter Alternativentwurf, der alle Vorschriften auf elf allein dem Schutz der Jugend und der Freiheit bzw. Wehrlosigkeit dienende Tatbestände zusammenfasste und den Kernbegriff des geltenden Rechts „unzüchtige Handlung" durch den Begriff der sexuellen Handlung von einiger Erheblichkeit" ersetzte[311], trug den Erwartungen der Gesellschaft Rechnung und hatte zugleich eine neue Qualität in die bisherige Auseinandersetzung über die Reform des Sexualstrafrecht eingeführt.

---

306 Hohler, NJW, 29/1969, S. 1226.

307 Referate in: ZStW 77, 379.

308 Aus der Regierungserklärung des Bundeskanzlers Brandt, vor dem deutschen Bundestag, 28.10.1969 in: Kieseritzky, bearb., Willy, Brandt, Mehr Demokratie wagen Innen- und Gesellschaftspolitik 1966-1974, Berliner Ausgabe Bd. 7, S. 219.

309 Kieseritzky, bearb., Willy, Brandt, Mehr Demokratie wagen Innen- und Gesellschaftspolitik 1966-1974, Berliner Ausgabe Bd. 7, S. 41.

310 Roxin, Strafrecht, Allgemeiner Teil, Grundlagen, 2006, S. 123.

311 Schroeder, Reform des Sexualstrafrechts, Aktuelle Dokumente, S. 9.

Wegen der Menge und der Tragweite der zu treffenden Entscheidungen konnte an eine Verwirklichung der gesamten Reform in einer einzigen Wahlperiode nicht gedacht werden, deswegen wurde eine "Reform in Raten" durchgeführt [312] . Es wurde vereinbart, zunächst diejenigen Reformen im Allgemeinen Teil und Besonderen Teil zu verwirklichen, die kriminalpolitisch besonders bedeutsam waren und deren Regelung mithin Priorität hatte[313]. Damit wurde die Reform mit dem ersten Gesetz zur Reform des Strafrechts (1. StRG) vom 25.06.1969[314] und durch das zweite Gesetz zur Reform des Strafrechts (2. StrRG) durchgeführt.

Durch das 1. StRG wurden die Tatbestände, Ehebruch, einfache Homosexualität, Sodomie und Beischlaferschleichung ersatzlos gestrichen[315]. Das Gesetz fasste die Nötigung zur Unzucht (§ 176 I Nr. 1) geschlechtsneutral - damit waren auch Männer vor Nötigung zur Unzucht geschützt und zwar viel besser als nach dem früheren Recht (früher waren sie nur vor der homosexuellen Nötigung geschützt) und hob den Verlust der bürgerlichen Ehrenrechte bei der Verbreitung unzüchtiger Schriften (§ 184 II StGB) auf und ersetzte das Wort Zuchthaus auf Freiheitsstrafe bei § 181 StGB. Das Zweite Gesetz zur Reform des Strafrechts (2. StrRG) vom 4.07.1969[316] fügte dem 13. Abschnitt des StGB zwei neue Vorschriften über die gewerbsmäßige Unzucht (§ 184c und § 184d) zu.

Schließlich wurde der ganze Abschnitt des StGB über die Sexualdelikte mit dem 4. StrRG. reformiert.

An der Auseinandersetzung über die Reform des Sexualstrafrechts waren verschiedene Gesellschaftsschichten, Institutionen, Wissenschaftler sowie auch die Kirche beteiligt. Zu betonen ist, dass einen wesentlichen Anteil an dieser großen gesetzgeberischen Leistung der Sonderausschuss des Bundestages für die Strafrechtsreform hatte. Der Sonderausschuss hat sich bei seinen Arbeiten umfassend beraten lassen. Es hat eine große Anhörung von Sachverständigen stattgefunden. Die Beratungen des Sonderausschusses des Bundestags für die Strafrechtsreform von 1966 bis 1969 zählt Jescheck zu einem von drei Haupteinflüssen, die die deutsche Strafrechtsreform in Gang gebracht hatte.[317]

Der 13. Abschnitt des StGB erhielt die neue Überschrift „ Straftaten gegen die sexuelle Selbstbestimmung", mit der zum Ausdruck kommen soll, dass das Strafrecht nicht mehr der sittlichen Sexualordnung dient, sondern dem Indivi-

---

312 Eser, Hundert Jahre deutscher Strafgesetzgebung, S. 49-66.

313 Hohler, NJW, 29/1969, S. 1226.

314 BGBl. 1969 I, S. 645 (Nr.52).

315 Maurach, Deutsches Strafrecht, BT, Nachtrag zur 5. Auflage (1969), S. 41.

316 BGBl. 1969 I, S.717 (Nr. 56).

317 Jescheck, SZfStr 91/1975, S. 6.

duum. Das einheitliche Rechtsgut der sexuellen Selbstbestimmung konkretisierte sich in den einzelnen Tatbeständen in verschiedener Weise[318]. Systematisch änderte das 4. StrRG an der Reihenfolge von Sexualstraftaten im Vergleich zu dem bisherigen Recht wenig. Für die sexuellen Übergriffe sah das Gesetz ein differenziertes System von Straftatbeständen vor, siehe Kinder- und Jugendschutz. Die Tatbestände der Vergewaltigung, der sexuellen Nötigung und des sexuellen Missbrauchs Widerstandsunfähiger wurden präziser und deutlicher als im früheren Recht voneinander abgegrenzt[319]. Inhaltlich stellte dies aber einen Kompromiss zwischen dem damals geltenden Recht, dem Entwurf von 1962 und dem Alternativ-Entwurf dar, da trotz des modernen Titels des Abschnittes, es noch Straftatbestände beinhaltete, die mit dem einheitlichem Rechtsgut „sexuelle Selbstbestimmung" nicht zu tun hatten, z.B. die Strafbarkeit von homosexuellen Handlungen.

---

318 Maurach/Schroeder/Maiwald, Strafrecht BT, S. 186.

319 Becker, Die Einführung in das neue Sexualstrafrecht, S. 17. Kritisch zur Reform; Dreher, JR, 2/1974, S. 45 und ff.

Kapitel 3
Die gesetzliche Entwicklung nach 1989

A. POLEN

1. Die gesellschaftlichen und politischen Hintergründe der Reform

Parallel zur Entwicklung in der Sowjetunion nach dem Machtantritt von Michail Gorbatschow setzten sich seit Mitte der 1980er Jahre auch in Polen die Reformkräfte durch. Im Rahmen einer Amnestie wurden im Juli 1986 alle politischen Gefangenen freigelassen. Zwei Streikwellen im April/Mai und im August 1988 brachten die Reformer zu der Erkenntnis, dass ohne weitere Zugeständnisse die Dauerkrise nicht überwunden werden kann. Im Jahre 1988 begannen die Verhandlungen am Runden Tisch zwischen der Führung der Arbeiterpartei *PZPR* und der demokratischen Opposition.

Im Winter 1989 wurde zum Abschluss der Gespräche am „Runden Tisch" eine Vereinbarung unterschrieben, in der u. a. teilweise freie Sejm-Wahlen und freie Senatswahlen festgelegt wurden. Für den Sejm wurden der Opposition 35 % der Parlamentssitze zuerkannt.

Die Wahlen vom 04. Juni 1989 waren ein Sieg für die „Solidarność"[320]. Die *PZPR* war bei einem so entscheidenden Widerstand in der Gesellschaft nicht mehr imstande ihre Macht weiter auszuüben. Das Parlament (sog. „Kontraktparlament") wählte zwar General Wojciech Jaruzelski zum Präsidenten, zum Ministerpräsidenten bestimmte es aber am 24. August 1989 den Kandidaten der „Solidarność" Tadeusz Mazowiecki. Am 29. Dezember 1989 änderte der Sejm die Verfassung und den Namen des Staates. Somit war die Volksrepublik Polen Geschichte.

2. Kodifikationsarbeiten

2.1. Kodifikationskommission

Die Strafrechtsreform wurde auch zum Gegenstand der Diskussion des „Runden Tisches". Die Regierungspartei wollte keine radikalen Änderungen im Strafrecht. Es wurde keine Einigung getroffen und man hat sich damals auf die Erstellung des Protokolls beschränkt, in dem die Meinungsunterschiede aufge-

320 Von 161 Plätzen im Sejm erwarb „Solidarność" 160 und 92 von 100 in Senat.

wiesen wurden[321]. Die schon 1987 von den kommunistischen Mächten berufene Kommission zur Strafrechtsreform[322] hatte schon angefangen an einer die Gesamtreform des Strafrechts zu arbeiten. Angesichts der damaligen politischen Lage und des Bestands der Kommission, die die kommunistischen Mächte vertrat, war es unmöglich eine grundlegende Strafrechtsreform durchzuführen323.

Der Justizminister Aleksander Bentkowski hat die Kommission von 1987 im Wesentlichen verändert324, insbesondere traten Strafrechtler aus der Gewerkschaft „Solidarność" hinzu. Die neue Kommission zur Strafrectsreform nahm frei von den politischen und ideologischen Beschränkungen ihre Arbeit auf.

Sie kündigte an, dass sie sich in ihren Kodifikationsarbeiten an die gute Tradition der Strafkodexe von 1932 und 1969 zu halten versuche. Außerdem wird ihren Angaben nach noch der aus den 80er Jahren stammende Entwurf (E 1981) berücksichtigt[325].

Hierzu ist zu betonen, dass noch in der Wende des Jahres 1980/1981, in der Zeit einer vorübergehenden Liberalisierungsperiode in der Innenpolitik, die zwei voneinander unabhängigen Kommissionen an der Strafrechtsreform zu arbeiten begannen. Eine wurde vom Justizministerium und die andere von der Gewerkschaft „Solidarność" berufen[326]. Im Jahre 1981 haben die beiden Kommissionen jeweils ihre Entwürfe veröffentlicht, die sich von einander nicht sehr unterschieden[327]. Damals jedoch gab es noch keine Aussichten auf einen politisch-gesellschaftlichen Wechsel. Deswegen wurden die Ziele auf die aufgenommene Strafrechtsreform beschränkt. Die Reformarbeiten wurden durch die Einführung des Kriegsstandes am 13.12.1981 unterbrochen[328].

---

321 Buchała/Zoll, Polskie prawo karne, S. 42.

322 Zarządzeniem Prezesa RM z 14.05.1987.

323 Założenia reformy prawa karnego, Rzeczpospolita 3 .03.1989.

324 K.Buchała (Prof. UJ), A.Zoll (Prof. UJ), M.Cieslak (Prof. UGd), R.Czapiewski (Justizministerium), M.Dubois (Rechtsanwalt), L.Gardocki (Prof. UW), O.Gorniok (USl), A.Gubinski (Prof. UW), T.Kaczmarek (UWr), Z.Kallaus (Richter), J.Kubiak (Richter, Justizministerium), L.Kubicki (Das Oberste Gericht), A.Marek (Prof. UMK), J.Mikos (Das Oberste Gericht), H.Pracki (Generalstaatsanwalt), S.Przyjemski (Militärrichter), A.Ratajczak (Prof. UAM), A.Sandomierski (Rechtsanwalt), J.Waszczynski (Prof. UL), A.Wasek (Prof. UMSC I KUL) in: Gardocki, Uszanować tradycję, Palestra 3-4/1993, S. 34.

325 Obywatelskie inicjatywy ustawodawcze Solidarności 1980-1990, Wawa 2001, S.1 und ff.

326 Obywatelskie inicjatywy ustawodawcze Solidarności 1980-1990, Wawa 2001, S.1.

327 Buchała/Zoll, Polskie prawo karne, S. 39.

328 Gardocki, Uszanować tradycję, Palestra 3-4/1993, S. 33.

Die Kommissionsarbeiten folgten in drei Etappen: bis November 1990 entstand die erste Version des neuen Strafkodexes[329], im März 1990 erschien dessen nachgebesserte Fassung und im März 1994 seine endgültige Fassung, die zur öffentlichen Diskussion gestellt wurde[330].

Wegen geringer Finanzen und schwacher technischer Organisation wurden von den Sitzungen der Kodifikationskommission keine regelmäßigen Protokolle angefertigt. Um der Öffentlichkeit den Zugang zu den Kodifikationsarbeiten zu gewährleisten, hat sich die Kommission dazu entschlossen alle Entwürfe des Strafkodexes zu veröffentlichen[331]. Die einzigen Spuren der Kommissionsdiskussion stellen die nacheinander ergänzten Fassungen der Entwürfe und die in strafrechtswissenschaftlichen Zeitschriften erschienenen Aufsätze[332]dar. Die Kodifikationskommission nahm in Kauf, dass Polen ein Teil des Europäischen Rechtssystems wird. Deswegen hat sie auch gleich versucht den neuen Strafkodex europarechtskonform zu bilden.

Im Bereich der Sexualdelikte hat die Kommission Prof. Filar zur Vorbereitung eines ausführlichen Gutachtens beauftragt. Prof. Filar, ein anerkannter Fachmann für das Sexualstrafrecht, hat gleich einen eigenen Lösungsvorschlag für den Abschnitt über die Sexualdelikte vorgestellt. Seinem Vorschlag nach soll die Strafbarkeit von Inzest, Kuppelei, Zuhälterei aufgehoben werden[333]. Inzest schlug er als Form eines Qualifikationstatbestandes für den Missbrauch eines Abhängigkeitsverhältnis vor[334]. Der so gestaltete Abschnitt sollte den Titel „Straftaten gegen die sexuelle Selbstbestimmung“ bekommen.

Der Gesetzesvorschlag von Prof. Filar wurde ohne wesentliche Änderungen in der Fassung von März 1990 berücksichtigt[335], jedoch unter einem anderen Titel, und zwar „Die Straftaten gegen die sexuelle Freiheit und die Sittlichkeit“. Weiterhin hat die Kommission in der finalen Version von 1994 solche wesentlichen Änderungen im Abschnitt über die Sexualdelikte gemacht und solche Straftaten eingeführt, die deutlich machen dass die „sexuelle Selbstbestimmung“

---

329 Alle Entwürfe der März-, August-, Novemberfassung 1990 waren der Öffentlichkeit nicht zugänglich Gardocki, Uszanować tradycję, Palestra 3-4/1993, S. 34.

330 Entwurf in der Fassung von März in: PiP 2/1994.

331 Buchała, Prace nad nowym kodeksem karnym, PiP 9-10/1998, S. 4.

332 Buchała, Prace nad nowym kodeksem karnym, PiP 9-10/1998, S. 4.

333 Filar, W sprawie reformy przepisów dotyczących tzw. przestępstw seksualnych, PiP 7/1991, S. 81.

334 Filar, Problemy reformy prawa karnego w Polsce w zakresie przestępczości seksualnej, Pal. 7-8/1995, S. 27; Filar, Ochrona jednostki w nowym kodeksie karnym, PiP 9-10/1998, S. 77.

335 Filar, Problemy reformy prawa karnego w Polsce w zakresie przestępczości seksualnej, Pal. 7-8/1995, S. 23.

nicht als mehr als ein einheitliches Rechtsgut für alle Sexualdelikte angesehen werden konnte[336].

Schließlich wurde der Entwurf des neuen Strafkodexes am 18. August 1995 von der Regierung in den Sejm eingebracht. Die erste Lesung fand am 27. März 1996 statt. Die Mehrheit der Abgeordneten hat den Entwurf als zu liberal angesehen und die Verschärfung von Strafandrohungen vorgeschlagen[337]. Das Präsidium vom Sejm hat einen außerordentlichen Ausschuss für Strafrechtskodifikationsangelegenheiten berufen, in dem der Abgeordnete Bentowski Vorsitzender für den Unterausschuss für Strafrecht wurde. Dieser Unterausschuss hat einen Bericht für den Sejm vorbereitet. Somit konnte die zweite Lesung des Entwurfes erfolgen. In der zweiten Lesung haben die Abgeordneten über 100 Änderungsvorschläge zu dem Entwurf beantragt. Das war das letzte Jahr der damaligen Wahlperiode und alles schien, so, als ob in dieser Wahlperiode kein Strafkodex mehr verabschiedet werden konnte. Dank strenger Arbeit und großer Mühen des außerordentlichen Ausschusses für Strafrechtskodifikationsangelegenheiten und des Justizministeriums war der Bericht für den Sejm am 30.01.1997 schon fertig. Die dritte Lesung konnte wegen umfangreicher Vorhaben erst am 20.03.1997 erfolgen. Der große Gegner des Strafkodexes von 1997 war die damalige Partei *AWS*, die das Inkrafttreten des Strafkodexes auf ein unbestimmtes Datum verschieben wollte[338]. Trotzdem wurde der neue Strafkodex am 20. März 1997 verabschiedet[339].

2.2. Die Straftaten gegen die sexuelle Freiheit und die Sittlichkeit im Entwurf von März 1990

Im Entwurf von März 1990 wurden die sexuellen Straftaten unter dem Kapitel „Die Straftaten gegen die sexuelle Freiheit und die Sittlichkeit“ eingeordnet. Auf diese Weise wurde auf den engen Zusammenhang und den Unterschied zwischen den beiden Rechtsgütern hingewiesen[340]. Um den Anforderungen der Lehre Rechnung zu tragen, wurden im überwiegenden solche Begriffe wie „unzüchtige Handlung“, „wollüstige Handlung“ im E 1990 durch den Begriff „Geschlechtsverkehr“ und „eine andere sexuelle Handlung“ ersetzt. Auch wird „Un-

---

336 Kritisch Filar, Problemy reformy prawa karnego w Polsce w zakresie przestępczości seksualnej, Pal. 7-8/1995, S. 23 und 24.

337 Bentowski, Bez politycznej rywalizacji, PiP 9-10/1998, S. 10.

338 DS nr 405.

339 Bentowski, Bez politycznej rywalizacji, PiP 9-10/1998, S. 12.

340 Uzasadnienie do projektu marzec 1990 , Projekt kodeksu karnego, Komisja do spraw reformy prawa karnego, zespół prawa karnego materialnego i wojskowego (Redakcja z listopada 1990 r.), S. 87.

zucht" nicht mehr als Synonym für Prostitution verwendet. Vorangestellt ist die Nötigung zum Geschlechtsverkehr (Art. 185 E März 1990). Danach folgt der Geschlechtsverkehr mit Benachteiligten (Art. 186 E März 1990), Missbrauch eines Abhängigkeitsverhältnisses (Art. 187 E März 1990), Pornographieverbote (Art.188 E März 1990), Straftaten im Zusammenhang mit Prostitution (Art. 189 E März 1990) und sexuelle Handlungen gegenüber Minderjährigen (Art. 190 E März 1990).

Völlig neu für den Entwurf März von 1990 war es, dass er die Strafbarkeit des Inzests zum Teil ausschloss. Dem Entwurf nach sollte der freiwillige Geschlechtsverkehr zwischen erwachsenen Familienangehörigen nicht mehr bestraft werden. Der Entwurf behielt den Inzest bei Missbrauch eines Abhängigkeitsverhältnisses bei und machte es zum Qualifikationstatbestand (Art. 187 § 3 und § 4 E März 1990). Weiterhin hob er das absolute Pornographieverbot auf und schlug neue Pornographieverbote, die sich auf den Jugendschutz und den Schutz vor ungewollter Konfrontierung beschränkten, vor. Der Entwurf verzichtete auch auf die Strafbarkeit der öffentlichen Vornahme einer unzüchtigen Handlung. Die Straftaten im Zusammenhang mit der Prostitution wurden neu gefasst und bestimmt. Der Entwurf führte auch neue Regelungen ein: Nötigung zur Prostitutionsausübung (Art.189 § 1 E März 1990) und Bestimmung von Minderjährigen zur Prostitutionsausübung sowie Kuppelei und Zuhälterei an diesen (Art. 189 § 3 E März 1990)[341].

2.3. Straftaten gegen die sexuelle Freiheit und Sittlichkeit im Entwurf von November 1990

Der Entwurf von November 1990[342] stellte eine bearbeitete Fassung seines Vorgängers dar. Im Gegensatz zum E März 1990 wies dieser keine wesentlichen Änderungen auf. Zu erwähnen ist, dass im Entwurf von November 1990 bei dem Artikel über Missbrauch eines Abhängigkeitsverhältnisses § 3 und § 4 (Missbrauch von Abkömmlingen) gestrichen worden sind. Zu den Pornographieverboten fügte der E November 1990 ein absolutes Verbreitungsverbot harter Pornographie ein und machte die Aufzeichnung von pornographischen Inhalten mit

341 Komisja ds Reformy Prawa Karnego, Zespół Prawa Karnego materialnego i wojskowego, Projekt kodeksu karnego przeznaczony do dyskusji środowiskowej, red. z dnia 5 marca 1990 r., S. 62-64; kritisch Skupiński, O zamiarze szybkiego uchwalenia nowego kodeksu karnego- krytycznie, PiP 8/1990, S. 81 und ff.

342 Siehe: Anhang Nr. 3.

Minderjährigen unter 16 Jahren strafbar[343]. Zu den Straftaten im Zusammenhang mit Prostitution fügte er noch Anlockung und Anwerbung zur Prostitution (Art. 202 § 4 E November 1990) ein. Der Entwurf brachte den Inzest wieder ein (Art. 199 E November 1990).

Eine Neuigkeit im E November 1990 war es, dass er die sexuelle Ausnutzung von Hilflosigkeit, die im bisherigen Recht als selbstständiges Delikt (Unzucht mit Hilflosen und Unzurechnungsfähigen - Art. 169 Stkodex 1969) geregelt war, als Begehungsweise der Vergewaltigung bestimmte (Art. 196 § 1 E November 1990). Die sexuelle Ausnutzung von Unzurechnungsfähigkeit ist selbstständiges Delikt geblieben.

2.4. Die Straftaten gegen die sexuelle Freiheit und Sittlichkeit im Entwurf von 1994

Nach öffentlicher Diskussion kehrte der Entwurf von November 1990 zur Kommission zurück. Während der Kommissionsarbeiten erschien ein anderer Titelvorschlag für den Abschnitt über Sexualdelikte, nämlich „Sexualstraftaten“[344].

Nach vier Jahren hat die Kommission einen neuen Entwurf vorgelegt[345].

Schließlich hat der Ministerrat am 18.8.1995 den Entwurf ins Parlament eingebracht[346]. Damals war die Koalition aus *SLD* und *PSL* an der Macht[347]. Die weiteren Änderungen wurden von der Sonderkommission vom Sejm für Strafrechtskodifikationen eingeführt[348].

Der Entwurf E 1994[349] fasste Sexualdelikte unter einen Abschnitt „Straftaten gegen die sexuelle Freiheit und Sittlichkeit“ zusammen und enthielt insgesamt

343 Uzasadnienie do projektu marzec 1990, Projekt kodeksu karnego, Komisja do spraw reformy prawa karnego, zespól prawa karnego materialnego i wojskowego (Redakcja z listopada 1990 r.), S. 88.

344 Leszczyński, O projektach reformy przepisów dotyczących przestępstw seksualnych, PiP 2/1992, S. 81, Befürworter von Sittlichkeit als Rechtsgut.

345 Kritische Betrachtungen zum E 1994; Filar, Problemy reformy prawa karnego w Polsce w zakresie przestępczości seksualnej, Pal. 7-8/1995, S. 30. Seiner Meinung nach, bloße Bestimmung und Erzielen von Vorteilen nicht unter Strafe stellen sollte, das verletzt die sexuelle Freiheit nicht.

346 DS 1274.

347 SLD 20,40%, PSL 15,40%, UD(UW) 10,49, UP 7,28%, KPN 5,77%, BBWR 5,4%. Zu dem Zeitpunkt war Oleksy (SLD) der Ministerpräsident und Jaskiernia (SLD) der Justizminister.

348 Bentowski, Bez politycznej rywalizacji, PiP 9-10/1998, S. 13.

349 Komisja ds reformy Prawa karnego, Projekt kodeksu karnego, wkladka do zeszytu 2/1994 PiP, S. 52-53, siehe: Anhang Nr. 3.

neun Artikel. An der erste Stelle war die Nötigung zum Geschlechtsverkehr (Art. 200 E 1994), Geschlechtsverkehr mit Benachteiligten (Art. 201 E 1994), Missbrauch eines Abhängigkeitsverhältnisses (Art. 202 E 1994), Pornographieverbote (Art. 205 E 1994), Straftaten im Zusammenhang mit der Prostitution: Nötigung zur Prostitutionsausübung, Kuppelei und Zuhälterei, Anwerbung und Anlockung zur Prostitution (Art. 206 E 1994), Inzest (Art. 204 E 1994) und sexuelle Handlungen mit Minderjährigen (Art. 203 E 1994). Inhaltlich stellte der E 1994 eine treue Wiederholung vom E November 1990 dar. Eine weite Erneuerung, die der E 1994 selbst vorgeschlagen hatte, war -systematisch unglücklich- die Aufzeichnung von pornographischen Inhalten mit Minderjährigen im Art. 203 E 1994. Der E 1994 verzichtete, ähnlich wie seine Vorgänger, auf die Regelung von Art. 177 des Strafkodexes von 1969[350].

3. Die Straftaten gegen die sexuelle Freiheit und die Sittlichkeit im Strafkodex von 1997

Im geltenden Strafkodex wurden die sexuellen Straftaten unter dem Kapitel „ Die Straftaten gegen die sexuelle Freiheit und die Sittlichkeit" eingeordnet. Auf diese Weise wurde auf den engen Zusammenhang und den Unterschied zwischen den beiden Rechtsgütern hingewiesen[351]. Alle sexuellen Straftaten des früheren Strafkodexes von 1969 haben im neuen Strafkodex entsprechende Regelungen gefunden, außer Art.177 des Strafkodexes von 1969 über die Vollziehung einer unzüchtigen Handlung in Anwesenheit eines Minderjährigen unter 15 Jahren oder in der Öffentlichkeit[352]. Im Gegensatz zu den beiden früheren Strafkodexen von 1932 und 1969 verwendet der geltende eine neue Terminologie. Der in beiden benutzte Begriff „unzüchtige Handlung" sowie der Ausdruck „wollüstige Handlung" wurden im neuen Strafkodex durch den Begriff „Geschlechtsverkehr" und „eine andere sexuelle Handlung" ersetzt. Der Katalog des Abschnittes gestaltet sich wie folgt: Vergewaltigung und Veranlassung zu anderen sexuellen Handlungen (Art. 197 Strafkodex 1997), sexueller Missbrauch von hilflosen und nicht voll zurechnungsfähigen Personen (Art. 198 Strafkodex), Missbrauch eines Abhängigkeitsverhältnisses (Art. 199 Strafkodex), sexuelle Handlungen mit Minderjährigen (Art. 200 Strafkodex), Inzest (Art. 201 Strafko-

---

350 Unzuchtsvollzug in der Öffentlichkeit wurde ins Übertretungsrecht eingeführt (Art. 51 und Art. 54).

351 Marek, Prawo karne, Auflage 7, S. 488.

352 Kunicka-Michalska/Wojciechowska, Przestępstwa przeciwko wolności, wolności sumienia i wyznania, wolności seksualnej i obyczajności oraz czci i nietykalności cielesnej, S. 110.

dex), Pornographieverbote (Art. 202 Strafkodex) und Straftaten im Zusammenhang mit Prostitution (Art. 203-204 Strafkodex).

3.1. Vergewaltigung und Veranlassung zu anderen sexuellen Handlungen - Art. 197 Strafkodex

Im Gegensatz zu dem bisherigen Recht wurde im neuen Strafkodex von 1997 neben der Vergewaltigung, die in der Veranlassung mit Hilfe von Gewalt, rechtswidriger Drohung und Arglist, zum Geschlechtsverkehr besteht (Art. 197§ 1 Strafkodex von 1997), auch die Veranlassung zu einer anderen sexuellen Handlung (Art.197§ 2 Strafkodex von 1997) vorgesehen. Die Qualifikationstatbestände der Vergewaltigung und der Veranlassung zu anderen sexuellen Handlungen (Art. 197 §3 Strafkodex) wurden vom bisherigen Strafkodex übernommen, jedoch mit einem kleinen Unterschied: mit der Umformulierung „handelt der Täter gemeinsam mit einer anderen Person"- nicht wie bisher „mit anderen Personen"- wird für die Annahme dieses Qualifikationstatbestandes die Mitwirkung schon von zwei Personen ausreichen[353].

3.2. Der sexuelle Missbrauch von hilflosen und nicht voll zurechnungsfähigen Personen- Art. 198 Strafkodex von 1997

Danach folgt der sexuelle Missbrauch von hilflosen und nicht voll zurechnungsfähigen Personen (Art. 198 Strafkodex von 1997). Mit Beschränkung des Tatbestandes auf die Ausnutzung der Hilflosigkeit oder Unfähigkeit anderer Personen wurde gleich solchen Personen das Recht auf Sexualleben zugesichert, welches ihnen vom bisherigen Recht nach immer versagt wurde. Weiterhin wurden durch das Hinzufügen von Unfähigkeitsgründen in den Tatbestand diejenigen Personen vom Opferkreis ausgeschlossen, die vermindert unfähig, aber dabei nicht hilflos sind[354].

3.3. Der Missbrauch eines Abhängigkeitsverhältnisses - Art. 199 Strafkodex 1997

Eine weitere Straftat gegen die sexuelle Freiheit stellt der Missbrauch eines Abhängigkeitsverhältnisses oder die Ausnutzung einer kritischen Lage einer anderen Person dar, um sie zum Geschlechtsverkehr oder zu einer sexuellen Handlung zu veranlassen (Art. 199 Strafkodex von 1997). Außer der Terminologie-

353 Vgl. Art. 168 des Strafkodexes vom 1969 siehe Anhang Nr. 2.

354 Vgl. mit Art. 169 des Strafkodexes vom 1969 siehe Anhang Nr. 2 so auch Warylewski, Przestępstwa przeciwko wolności seksualnej i obyczajności, Warszawa 2006, S. 890.

änderung, wie vorher erwähnt, blieb es im Vergleich zum bisherigen Entwurf ohne Änderungen[355].

3.4. Sexuelle Handlungen mit Minderjährigen - Art. 200 Strafkodex

In Art. 200 § 1 wurde die Veranlassung eines Minderjährigen unter 15 Jahren zum Geschlechtsverkehr oder zur anderen sexuellen Handlung geregelt. Die Tatbestandmerkmale „der Geschlechtsverkehr" und „die andere sexuelle Handlung" ersetzten „die wollüstige Handlung" des bisherigen Rechts. Auf diese Weise werden diejenigen Handlungen gegenüber Minderjährigen nicht mehr erfasst, in denen das Opfer nur geistig engagiert wurde[356]. Weiterhin wurde das alte Merkmal „vollzieht" durch „veranlasst" ersetzt. Daraus folgte, dass die Initiative vom Täter ausgehen musste und damit fielen die Fälle aus, bei denen es zu sexuellen Handlungen auf Initiative von der minderjährigen Person kommt[357]. Als Novum, jedoch systematisch unglücklich, wurde § 2 hinzugefügt, der die Aufzeichnung von pornographischen Inhalten, bei denen eine solche Person mitwirkt, unter Strafe gestellt hat[358].

3.5. Inzest- Art. 201 Strafkodex

Die Straftat Inzest beinhaltet keine beachtliche Veränderung gegenüber dem früheren Recht[359].

3.6. Pornographieverbote- Art. 202 Strafkodex

Art. 202 des Strafkodexes von 1997 bietet, im Vergleich zum bisherigen Recht, indem das absolute Pornographieverbot herrschte, eine neue Lösung in diesem Bereich. Die neue Lösung beachtet die Pornographiedifferenzierung auf einfache und harte Weise und dementsprechend gestaltet sie zu diesen verschiedene Verbote. Auf diese Weise gilt für die einfache Pornographie ein beschränktes Verbreitungsverbot, unter bestimmten Bedingungen darf sie verbreitet werden. Für die harte Pornographie dagegen gilt ein absolutes Verbreitungsverbot. Art. 202 § 1 des Strafkodexes von 1997 setzt die öffentliche Präsentation porno-

---

355 Vgl. mit Art. 170 des Strafkodexes vom 1969 siehe: Anhang Nr. 2.

356 Marek, Prawo karne, Auflage 7, S. 497; SN 18.04.1996 r V KKN 10/ 96, Prok. i Pr. 97, nr 1, poz 3.

357 Marek, Komentarz, S. 459.

358 Vgl. mit Art. 176 des Strafkodexes von 1969 siehe Anhang Nr. 2.

359 Es wurde nur die Formulierung „ in erste Linie" in „Aszendenten und Deszendenten" ersetzt, vgl. Art. 175 des Strafkodexes von 1969; siehe Anhang Nr. 2.

graphischer Inhalte in einer Art und Weise voraus, durch die einer Person, die dies nicht wünscht, deren Wahrnehmung aufgedrängt wird. Weiterhin werden in § 2 dieses Artikels die Präsentation von pornographischen Inhalten und das Zugänglichmachen von Gegenständen solchen Charakters für Minderjährige unter 15 Jahren unter Strafe gestellt. Art. 202 § 3 regelt ein Verbreitungsverbot der Pornographie, in der Minderjährige auftreten oder die Gewaltanwendung zum Gegenstand hat oder in denen Tiere verwendet werden. Es wird sowohl die Herstellung, in der Absicht sie zu verbreiten, als auch ihre Anschaffung und Verbreitung bestraft[360].

3.7. Die Straftaten im Zusammenhang mit Prostitution - Art. 203-204 Strafkodex 1997

Neu ist, die Nötigung zur Prostitution (Art. 203 Strafkodex von 1997). Bei der Bestimmung zur Prostitution (Art. 204 § 1 Satz 1 des Strafkodexes von 1997) wird dem Tatbestand „Absicht, sich einen Vermögensteil zu erzielen" beigefügt. Im früheren Recht war die bloße Bestimmung zur Unzucht (Unzucht im Sinne von Prostitution) unter Strafe gestellt. Ohne Änderungen hat der geltende Strafkodex vom bisherigen die Erleichterung der Prostitutionsausübung, in der Absicht, einen Vermögensvorteil zu erzielen - sog. Kuppelei (Art. 204 § 1 Satz 2 Strafkodex von 1997) - und Erzielung von Vermögensvorteilen aus der Prostitutionsausübung der anderen - sog. Zuhälterei (Art. 204 §2 Strafkodex von 1997) - übernommen. Zu beiden Delikten sieht der geltende Strafkodex - was neu ist - einen Qualifikationstatbestand aufgrund des Opferalters (Art. 204 § 3 des Strafkodexes von 1997) vor. In § 4 des Strafkodexes von 1997 wurde die Anwendung und Entführung zur Prostitution im Ausland geregelt. Auf diese Weise wurde diese Straftat, die nicht im Strafkodex von 1969, sondern im dessen Einführungsgesetz (Art. IX § 1) zu finden war, wieder in den Strafkodex einbezogen[361].

4. Die Gesetzesnovelle vom 18.03.2004

4.1. Der politische Hintergrund der Novelle

Nach dem Erlass des Strafkodexes von 1997 gab es viele Versuche, den sich auf die freiheitliche Konzeption gestützten Abschnitt über Sexualdelikte zu ändern. Solche Forderungen gingen meistens von konservativen Gruppen aus. Prof. Filar

---

360 Vgl. mit Art. 173 des Strafkodex von 1969 siehe Anhang Nr. 2.

361 Vgl. Art. 174 des Strafkodexes von 1969; siehe Anhang Nr 2.

hat die damaligen Änderungsbemühungen als eine antiliberale Iliada bezeichnet[362].

Zu Beginn des Jahres 2000 intensivierten sich die Änderungsvorschläge im Bereich des Sexualstrafrechts und können in zwei Gruppen eingeteilt werden. Die reformatorische Strömung, die nur technische Verbesserungen (Korrektur der geltenden Regelungen) anstrebte und die mit der freiheitlichen Konzeption des Sexualstrafrechts einig war, hat in dem sog. Präsidentenentwurf[363] seine Ansicht gefunden. Die traditionell-konservative Strömung, die als Grundlage die Vorschläge der sittlichen Konzeption des Sexualstrafrechts genommen hat, wurde durch den sog. Bürgerlichen Entwurf[364] vertreten.

Das Änderungsgesetz von 2004 war eng mit dem Eintritt Polens in die EU verbunden. Es ist auch am 01. Mai 2004 in Kraft getreten. In seiner Begründung weist der Regierungsentwurf [365] auf die internationalen Verpflichtungen hin. Es ging hier um das Übereinkommen des Europarates über die Computerkriminalität vom EuGH 185, von Polen am 23.11.2001 unterzeichnet, in dem sich die Mitgliedstaaten dazu verpflichtet haben, die in dem Übereinkommen aufgezählten Straftaten betreffend Kinderpornographie in ihre nationale Rechtsordnung umzusetzen[366]. Die Rahmenentscheidung UE 2004/68/JAI 22.12.2003 über die Bekämpfung von pornographischer Ausbeutung von Kindern und pornographischer Inhalte bestimmt in Art. 1 den Altersschutz auf 18 Jahre, jedoch kann ein anderes „Alter von sexueller Reife" angenommen werden. Die Mitgliedstatten hatten bis zum 20. Januar 2006 Zeit dies umzusetzen[367]. Das ist auch ein Beispiel dafür, dass es kein einheitliches Recht in der EU in diesem Bereich gibt, da diese Entscheidung europarechtswidrig ist. Diese Konvention ist auch mit der anderen Konvention der UNO über Rechte von Kindern vergleichbar[368]. Das Änderungsgesetz hat die polnischen Straftaten über Kinderpornographie und sexuellen Missbrauch von Jugendlichen unter 15 Jahren

---

362 Filar, Nowelizacja kodeksu karnego w zakresie tzw. przestępstw seksualnych, Prok. i Pr. 11-12/2004, S. 21.

363 Der Präsidentenentwurf wurde von der Kommission unter der Leitung des Prof. Wąsek bearbeitet. Ins Parlament ist dieser im Dezember 2001 eingegangen.

364 Der bürgerliche Entwurf stelle eigentlich den Entwurf des neuen Strafkodexes dar (DS vom 11.07.2002). Es wurde von der Gruppe des damaligen Justizministers Lech Kaczyński und seiner Partei PiS vorbereitet.

365 Am 24.09.2003 ins Parlament eingebracht.

366 DS 2031 vom 19.09.2003.

367 Kunicka-Michalska, Niektóre problemy noweli z 18 marca 2004 r. do kodeksu karnego i kodeksu postępowania karnego, S. 252.

368 Kunicka-Michalska, Niektóre problemy noweli z 18 marca 2004 r. do kodeksu karnego i kodeksu postępowania karnego, S. 252.

betreffend geändert. Jedoch wurden nicht alle vom Übereinkommen gewünschten Regelungen eingeführt, beispielsweise fehlt es an Regelungen über die Kinderpornographie, in der sich volljährige Personen für Minderjährige ausgeben[369]. Demzufolge ist Art. 202 § 4 des Strafkodexes von 1997 und Art. 202 §4a des Strafkodexes von 1997 unionswidrig.

4.2. Die Änderungen im geltenden Recht

Durch das Änderungsgesetz vom 14.03.2004[370] wurde der Tatbestand des sexuellen Missbrauchs von Kindern (Art. 200 des Strafkodexes von 1997) so geändert, dass bereits die Vollziehung des Geschlechtsverkehrs sowie auch anderer sexueller Handlungen mit Minderjährigen unter fünfzehn Jahren, strafbar ist[371]. Damit wurde ein absoluter Schutz von Minderjährigen, der lange von der polnischen Lehre gewünscht wurde, im Strafkodex bestätigt. Sexuelle Handlungen auf die Initiative von Minderjährigen hin wurden unter Strafe gestellt.

Weiterhin wurden die Änderungen im Bereich Pornographie eingeführt. Neben der Präsentation von pornographischen Inhalten und dem Zugänglichmachen von Gegenständen solchen Charakters für Minderjährige unter 15 Jahren, wurde in Art. 202 § 2, nach dem Änderungsgesetz vom 18.03.2004 zum Strafkodex von 1997, auch die Verbreitung der pornographischen Inhalte in der Weise, die es dem Minderjährigen unter 15 Jahren mit ihnen vertraut zu werden ermöglicht, unter Strafe gestellt[372]. Seine ursprüngliche Fassung ändert Art. 202 § 3 in der Weise, dass auch die Aufzeichnung von harter Pornographie erfasst wird. Zudem wird ausdrücklich darauf hingewiesen, dass die genannten Handlungen (die Herstellung, die Aufzeichnung, die Anschaffung) mit der Absicht sie zu verbreiten, vorgenommen werden müssen. Hier wurde kein Schutzalter angegeben. Der Tatbestand wurde erweitert, die Handlungsweisen und das Alter erhöht. In der Literatur gibt es viele Zweifel, ob der Begriff Minderjährige auch Mädchen über 16 Jahren, die verheiratet sind umfasst. Laut Art. 10 poln. BGB erwirbt eine solche verheiratete Minderjährige die Volljährigkeit. Wie das im

369 Kunicka-Michalska, Zmiany prawa karnego związane z pornografią dziecięcą, S. 218 und 219.

370 D.U. 2004, Nr 69, poz 626.

371 Marek, Prawo karne, Auflage 7, S. 498. Nach der ursprünglichen Fassung des Art. 200 wurde derjenige bestraft, der einen Minderjährigen unter 15 Jahren zum Geschlechtsverkehr veranlasst hat oder ihn dazu verleitet hat, sich einer anderen Person sexuellen Handlung zu unterwerfen oder eine solche Handlung auszuüben. Das Tatbestandsmerkmal „veranlasst" suggerierte, dass die Initiative vom Täter ausgehen müsste. Das schloss den Fall aus, in dem der Minderjährige mit der Initiative auftritt.

372 (D.U. Nr 69, pos. 626).

Strafrecht angesehen wird, ist umstritten. Deswegen soll der Begriff de lege ferenda im Strafkodex erklärt werden[373]. Letztendlich hat das Änderungsgesetz vom 18.03.2004 zu Art. 202 noch § 4 hinzugefügt, nach dem die Aufzeichnung, die Anschaffung, die Aufbewahrung und der Besitz der pornographischen Inhalte, bei denen eine Person unter fünfzehn Jahren mitwirkt, strafbar ist.

5. Die Gesetznovelle vom 27.07.2005

5.1. Der politische und gesellschaftliche Hintergrund der Novelle

Im Jahre 2005 reichten die Abgeordneten der Partei *PiS*[374] einen Änderungsentwurf ins Parlament ein. In dessen Begründung wird auf den Rahmenbeschluss des Rates 2004/68/WSiSW vom 22.12.2003 zur Bekämpfung des Kindesmissbrauchs und der Kinderpornographie hingewiesen. Tatsächlich war aber der Anlass zu dem Erlass des Gesetzes nicht Anpassung ans europäischen Recht, sondern den Erwartungen der Gesellschaft Rechnung zu tragen, insbesondere wurde die schärfere Bestrafung von pädophilen Tätern[375] und die Einführung von neuen strafrechtlichen Maßnahmen gegen diese Täter gefordert[376]. Das Gesetz, auch Antipädophiliegesetz, wurde in Eile und ohne wissenschaftliche Diskussion verabschiedet. Der Gesetzesinhalt wurde während der Kommissionsarbeiten (Sonderkommission zur Kodifikationsänderungen)[377] und vom Parlament selbst gestaltet[378]. Demzufolge ist das Gesetz voll von Fehlern und beinhaltet viele rigorose und kontroverse Regelungen, die keine Berücksichtigung (Wiederspiegelung) in der Kriminalpolitik haben[379]. Wegen dieser scharfen Kritik an dem Gesetz wurde unmittelbar eine Krise zwischen polnischen Juristen und Politikern ausgelöst. Noch während des Gesetzgebungsverfahrens wurde damals eine von Ju-

---

373 Kunicka-Michalska, Niektóre problemy noweli z 18 marca 2004 r. do kodeksu karnego i kodeksu postępowania karnego, S. 246.

374 Die Partei - Recht und Gerechtigkeit.

375 Szyrmer, Nowelizacja prawa karnego w świetle ustawy z dnia 27 lipca 2005 r., CPKiNP, 1/2006, S. 54.

376 z.B. Art. 41 §1a, 41a §1 und §2 und 84a §1 kk in: Szyrmer, Nowelizacja prawa karnego w świetle ustawy z dnia 27 lipca 2005 r., CPKiNP, 1/2006, S. 53.

377 Sprawozdania podkomisji nadzwyczajnej 10.03.2005 DS 2696; 14.04.2005 DS 3912; 1.06.2005, DS 3912-a, DS 4254, DS 4265.

378 Die Referent- Abgeordneten des Entwurfes waren Cezary Grabarczyk und Zbigniew Ziobro.

379 Warylewski, Nowelizacje kodeksu karnego z 1997 roku w zakresie przestępstw seksualnych oraz ich konsekwencje, S. 238.

risten unterzeichnete Bittschrift an den polnischen Präsidenten gesandt, das Gesetz nicht zu unterschreiben.

5.2. Die Änderungen im geltenden Recht

Die wesentlichen Änderungen sieht der Art. 197 Strafkodex (Vergewaltigung) vor. Neben der Verschärfung des Strafrahmens wurden die Qualifikationen der Vergewaltigung geändert. Nach früherem Recht gab es jeweils zwei Qualifikationen für die Vergewaltigung und andere sexuelle Handlungen und zwar die besondere Grausamkeit und die gemeinsame Begehung. Jetzt regelt Art. 197 § 3 die Qualifikation der Vergewaltigung aufgrund von gemeinsamer Begehung. § 4 sieht die Qualifikation wegen der besonderen Grausamkeit vor: für die Vergewaltigung und die sexuelle Handlung und auch, was ganz neu ist, für die gemeinsame Begehung der Vergewaltigung. Die Qualifikationstatbestände sind Verbrechenstatbestände geworden.

Die polnische Lehre stellt die Frage, ob es vom Standpunkt der Kriminalpolitik her richtig ist, die Strafandrohung von Vergewaltigung mit besonderer Grausamkeit und gemeinsamer Begehung einer Vergewaltigung mit besonderer Grausamkeit gleichzustellen. Es soll aber die Begehung von der Doppelqualifizierten schärfer bestraft werden[380].

Im Zusammenhang mit dem Vorwurf, dass das Gesetz zu schnell verabschiedet wurde und nicht überdacht war, ist noch als Beispiel das Fehlen einer Änderung in Art. 10 § 2 Strafkodex[381] zu nennen, in dem keine Rede von Art. 197 § 4 ist. Jetzt besteht ein Paradox: der Minderjährige wird zur Verantwortung wegen Vergewaltigung nicht herangezogen, wenn er bei der Begehung der Tat besonders grausam gehandelt hat[382].

Die Gesetznovelle hat Art. 199 des Strafkodexes von 1997 (Missbrauch eines Abhängigkeitsverhältnisses) eine neue Fassung gegeben. Dem Artikel wurden § 2 und § 3 hinzugefügt. Mit § 2 führte die Gesetznovelle eine neue Qualifikation zu Art. 199 Strafkodex, die darin besteht, die Tat zum Nachteil des Minderjährigen zu begehen. § 3 beinhaltet einen neuen Tatbestand. Danach veranlasst der Täter durch Missbrauch des Vertrauens oder unter der Zusage, einen Vermögens- oder Persönlichkeitsvorteil zu geben, den Minderjährigen zum Ge-

380 Szyrmer, Nowelizacja prawa karnego w świetle ustawy z dnia 27 lipca 2005 r., CPKiNP, 1/2006, S. 67.

381 In Art.10 § 2 sind die Straftaten aufgezählt, für deren Begehung sich der Minderjährige (Vollendung des 15. Lebensjahres, aber noch nicht des 17. Lebensjahres) wie ein Erwachsener strafbar macht. Art. 10 §2 weist auf Art.197 bis § 3 hin.

382 Warylewski, Przestępstwa przeciwko wolności seksualnej i obyczajności, Warszawa 2006, S. 844.

schlechtsverkehr, oder dass die minderjährige Person sich einer anderen sexuellen Handlung unterwirft oder eine solche ausübt. Ohne Zweifel ist der Tatbestand bis hierher systematisch fremd. Wahrscheinlich wollte der Gesetzgeber damit diejenigen zur strafrechtlichen Verantwortung ziehen, die sich bei der Bordellführung mit den sexuellen Leistungen von Minderjährigen begnügen, als auch Kunden, die solche Leistungen nutzen[383].

Weiterhin wurde mit der Gesetznovelle zu Art. 200 Strafkodex (sexuelle Handlungen mit Jugendlichen) § 2 hinzugefügt. Auf diese Weise wird die Vornahme von sexuellen Handlungen vor einem Minderjährigen, in der Absicht die sexuelle Erregung zu befriedigen, unter Strafe gestellt. Der Gesetzgeber wollte damit eine Lücke schließen. Dem bisherigen Recht nach wurden die sexuellen Handlungen vor Kindern - ohne Körperkontakt - nicht von dem damaligen Art. 200 Strafkodex erfasst.

Letztendlich wurden zwei Änderungen auch in Art. 202 Strafkodex (die Verbreitung von pornographischen Inhalten) eingeführt. Die erste besteht darin, dass bei dem Verbreitungsverbot der harten Pornographie (§ 3), in der Absicht sie zu verbreiten, deren Aufbewahrung und Besitz unter Strafe gestellt wird. Die zweite Änderung besagt, dass die Aufzeichnung von pornographischen Inhalten, in denen eine minderjährige Person unter 15 Jahren mitwirkt, höher bestraft wird (Freiheitsstrafe von einem Jahr bis zu zehn Jahre) als deren Anschaffung, Aufbewahrung oder Besitz.

Die Gesetznovelle, auch das Antipädophiliegesetz genannt, stellt einen misslungenen Versuch der Umsetzung des Rahmenbeschlusses vom Rat vom 22.12.2003 zur Bekämpfung von sexuellem Missbrauch der Kinder dar. Das Änderungsgesetz 2004 hat ohne Erfolg das oben genannte Übereinkommen durchgesetzt, weil das polnische Sexualstrafrecht den Besitz der Kinderpornographie von Kindern, die das 15. Lebensjahr vollendet haben, erlaubt. Dies steht im Widerspruch mit dem Übereinkommen, das die Altersgrenze bei 16 Jahren sieht[384].

---

383 Warylewski, Problematyka właściwej reakcji karnej na zachowania związane z godzeniem w wolność seksualną lub obyczajność, S. 9.

384 Warylewski, Nowelizacje kodeksu karnego z 1997 roku w zakresie przestępstw seksualnych oraz ich konsekwencje, S. 236.

6. Die Gesetzesnovelle vom 24 Oktober 2008

6.1. Der Hintergrund der Novelle von 24 Oktober 2008

In der Begründung hat der polnische Gesetzgeber auf die internationalen Verpflichtungen hingewiesen[385]. Es geht hier um die Umsetzung des Rahmenbeschlusses 2004/68/*JI* des Rates vom 22. Dezember 2003 zur Bekämpfung der sexuellen Ausbeutung von Kindern und der Kinderpornografie.

6.2. Die Änderungen im geltenden Recht

Die Novelle hat Art. 202 kk einen neuen Paragraphen hinzugefügt. Nach dem neuen § 4b, wer die pornographischen Inhalte, die ein erzeugtes oder verarbeitetes Bild des Minderjährigen zum Gegenstand haben, das an einer sexuellen Handlung teilnimmt, herstellt, verbreitet, präsentiert, aufbewahrt oder besitzt, wird mit Geldstrafe, Freiheitsbeschränkung oder mit Freiheitsstrafe bis zu zwei Jahren bestraft.

7. Die Gesetzesnovelle vom 09 November 2009 (in Kraft ab 8. Juni 2010)

7.1. Der politische und gesellschaftliche Hintergrund der Novelle

In der Begründung zur Gesetzesnovelle weist der polnische Gesetzgeber auf das Bedürfnis der Verbesserung des Minderjährigenschutzes hin. Die Änderung in Art. 197 des Strafkodexes von 1997 ist von der langjährigen Rechtsprechung geprägt, die das Alter des Opfers der Straftat nach Art. 197 §1-3, das sich unter 15 Jahren platziert, als Umstand der Tatbegehung angesehen hat, die besonders grausame Qualifikation begründete[386]. In dem Zusammenhang mit der Entwicklung von neuen Technologien und der wachsenden Aktivität von Pädophilen in Rechnernetzwerken und im Internet,[387] benötigt der Strafkodex effektivere Maßnahmen zur Bekämpfung solcher Aktivitäten.“ Daher müssen die Tätigkeiten bestraft werden, die in der Kontaktaufnahme mittels Telekommunikationsnetzwerken und Rechnernetzwerken zu Minderjährigen unter 15 Jahren, die mit einem bestimmten Ziel benutzt werden könnte, einen Minderjährigen zu manipulieren, sich unterzuordnen und schließlich sich mit ihm zu treffen bestehen. Sol-

---

385 Stanowisko rządu do projektu DS 1465 z dnia 13.03.2009 r.

386 Uzasadnienie do ustawy, S. 5.

387 Uzasadnienie do ustawy, S. 6.

che Kontaktaufnahmen führen fast immer zu sexuellem Missbrauch des Opfers“[388].

7.2. Die Änderungen im geltenden Recht

Die Gesetzesnovelle vom 09 November 2009[389] änderte Art. 197 und führte in den Abschnitt über Sexualstraftaten zwei neue Artikel, Art. 200a und Art. 200b, ein.

Die Gesetzesnovelle brachte für die Qualifikationstatbestände der Vergewaltigung eine neue Regelung. Sie modifizierte § 3von Art. 197 des Strafkodexes (Vergewaltigung und Veranlassung zur anderen sexuellen Handlung) dadurch, dass neben der Qualifikation der Vergewaltigung durch gemeinsame Begehung noch zwei neue Qualifikationen der Vergewaltigung durch Begehung an Minderjährigen und an den Aszendenten, Geschwister hinzufügt wurde[390].

Demzufolge beinhaltet die Vorschrift über Vergewaltigung in § 3 drei Qualifikationen und eine in § 4 (wegen der besonderer Grausamkeit bei Begehung der Tat), wobei die letzte Qualifikation nicht nur für den Grundtatbestand der Vergewaltigung und der Veranlassung zur anderen sexuellen Handlung (§ 1 und § 2 des Art. 197), sondern auch für § 3 des Art. 197 anzuwenden ist.

Die Gesetzesnovelle hat auch zwei neue Artikel hinzugefügt, Art. 200a kk und Art. 200b kk. Damit führte sie zwei neue Tatbestände in den polnischen Strafkodex ein. Art. 200a kk stellt denjenigen unter Strafe, der in der Absicht eine in Art. 197 § 3 Pkt. 2 oder Art. 200 bezeichnete Straftat zu begehen, sowie in der Absicht pornographische Inhalte herzustellen oder sie aufzunehmen, mittels Telekommunikationsnetzwerken und Rechnernetzwerken mit dem Minderjährigen unter 15 Jahren den Kontakt aufnimmt, und unter Herbeiführung eines Irrtums beim Opfer oder unter Ausnutzung des Irrtums oder seiner Unfähigkeit, die Situation oder das Verhalten zu erkennen, oder durch rechtswidrige Drohung das Treffen mit ihm anstrebt. In § 2 macht sich derjenige strafbar, der mittels Telekommunikations- und Rechnernetzwerken dem Minderjährigen unter 15 Jahren ein Angebot macht, den Geschlechtsverkehr, die Duldung oder die Ausübung einer anderen sexuellen Handlung oder die Teilnahme an der Herstellung und Aufnahme von pornographischen Inhalten anstrebt und in die Tat umsetzt.

---

388 Uzasadnienie do ustawy, S. 7.

389 Dz. U. 2009, Nr. 206, pos. 1589.

390 Dem Art. 197 § 3 wurde eine neue Fassung gegeben. §3 Begeht der Täter die Vergewaltigung: gemeinsam mit einer anderen Person, an Minderjährigen unter 15 Jahren, an Aszendenten, einem Deszendenten, Adoptierten und Adoptierenden, Brüdern, Schwestern, wird mit Freiheitsstrafe von nicht weniger als 3 Jahren bestraft.

Mit Art. 200b des Strafkodexes stellt die Gesetzesnovelle die öffentliche Propagierung sowie Lob des Verhaltens pädophiler Art unter Strafe.

B. DEUTSCHLAND

1. Das 26. StÄG von 1992

Mit dem 26. StÄG vom 14 Juli 1992[391] wurde insbesondere der Schutz ausländischer Frauen und Mädchen vor sexueller Ausbeutung durch international und arbeitsteilig agierende Täter verbessert. Der direkte Anlass für die gesetzgeberischen Vorarbeiten war die besorgniserregende Entwicklung des internationalen Menschenhandels und die damit verbundenen Schwierigkeiten, die völkerrechtlichen Verpflichtungen der Bundesrepublik angemessen zu erfüllen[392]. Ziel war der strafrechtliche Schutz ausländischer Mädchen und Frauen vor sexueller Ausbeutung zu verbessern, insbesondere vor Menschenhandel und Zwangsprostitution. Das Gesetz hob § 180a Ab. 3 bis 5 auf, fügte stattdessen § 180b ein und änderte § 181[393].

2. Das 27. StÄG von 1993

Die Entstehungsgeschichte der gesetzgeberischen Vorarbeiten zum 27. StAG fing im Jahre 1989 an. Damals veröffentliche eine Illustrierte eine Serie über Kinderpornographie, bei der Fotos von sexuellem Missbrauch von Klein- und Kleinstkindern gezeigt wurden[394]. Darauf veranstalten die frauenpolitischen Sprecherinnen aller Bundestagsfraktionen und die Kinderkommission des Deutschen Bundestages am 29 März 1990 in Bonn eine nicht öffentliche Anhörung zu den Möglichkeiten für die Verschärfung der Strafvorschriften gegen die Kinderpornographie[395]. Dies führte zu dem fraktionsübergreifendem Gruppenantrag „Maßnahmen gegen die Kinderpornographie" vom 11 Juni 1991. Die Bundesregierung legte am 3 Juli 1992 den Entwurf für ein entsprechendes Strafrechtsänderungsgesetz vor[396]. Am 23 Juli 1993 wurde das Gesetz verkündet[397]. Das 27.

391 BGBL I 1992, S.1255; kritisch Schroeder, JZ 5/1995, S. 231.

392 BT-Dr 11/3250, 12/2046, 12/2589.

393 Leipziger Kommentar StGB, Auflage 12, vor §174, Rd. 12.

394 Schroeder, NJW 40/1993, S. 2581.

395 Schroeder, NJW 40/1993, S. 2581.

396 BT-Dr 12/3001.

397 BGBl. I, 1346.

StÄG vom 23 Juli 1993[398] erhöhte die Strafrahmen für die Verbreitung von Kinderpornographie. Außerdem wurden durch den neuen Abs. 5 das Verschaffen des Besitzes und der Besitz von kinderpornographischen Darstellungen, die ein tatsächliches Geschehen zum Gegenstand haben, unter Strafe gestellt. Gleichzeitig wurde die Geltung der Strafnormen gegen den sexuellen Missbrauch von Kindern (§ 176 StGB) auf Auslandstaten Deutscher gegen ausländische Kinder erstreckt.

3. Das 29. StÄG vom 31 Mai 1994

Das 29. StÄG vom 31 Mai 1994[399] hob den aufgrund des Einigungsvertrages nur in den alten Bundesländern geltenden § 175 StGB auf und bewirkte damit die Abschaffung der Strafbarkeit homosexueller Handlungen. Stattdessen wurde eine geschlechtsneutral gefasste einheitliche Jugendschutzvorschrift (§ 182 StGB)[400] eingeführt.

4. Das 30. StÄG vom 23 Juni 1994

as 30. StÄG vom 23 Juni 1994[401] enthielt keine Tatbestandsänderungen, sondern betraf die Verjährung. Um innerhalb der Familie begangene Sexualdelikte an Kindern und Jugendlichen strafrechtlich besser erfassen zu können, ordnete das Gesetz für die Straftaten des sexuellen Missbrauchs von Kindern, der Vergewaltigung, sexuellen Nötigung und des sexuellen Missbrauchs widerstandsunfähiger Personen gem. § 78b Abs.1 Nr.1 StGB das Ruhen der Verjährung bis zur Vollendung des 18. Lebensjahres des Opfers an[402].

5. Das 33.StÄG vom 1 Juli 1997

Das 33. Strafrechtsänderungsgesetz[403] vom 5 Juli 1997 brachte bedeutende Veränderungen im Bereich von Sexualstraftaten vor. Kernstück der mit dem 33. StÄG erfolgten Gesetzesreform war jedoch die Pönalisierung der Erzwingung sexueller Handlungen in der Ehe, weil in der bis zum Juli 1997 geltenden Fassung sich die §§ 177 bis 179 StGB nur auf außereheliche sexuelle Handlungen bezogen haben. Das Ehegattenprivileg stand lange Zeit im Mittelpunkt der Re-

398 BGBl. I 1993, S.1346.
399 BGBl. I 1994, S.1168.
400 Gössel, Das neue Sexualstrafrecht, S. 5-6.
401 BGBl. I 1994, S.1310.
402 BT-Drucks. 12/2975 u. 12/3825, 12/6980.
403 BGBl. I 1997, S.1607.

formdebatte im Bereich des Sexualstrafrechts - dabei wurde überwiegend davon ausgegangen, dass das Recht auf sexuelle Selbstbestimmung unteilbar ist und durch Eingehen einer Ehe keine Einschränkung oder gar Beseitigung erfährt[404]. Außerdem führte das Gesetz weitere rechtlich bedeutsame Veränderungen herbei. So wurden die Vergewaltigung (§ 177 a.F.) und die sexuelle Nötigung (§ 178 a.F.) in einem einheitlichen Tatbestand zusammengefasst. Gleichzeitig wurde die Vergewaltigung vom Beischlaf auf andere Eindringungsformen und erniedrigende Sexualpraktiken erweitert, die Gleichstellung des erzwungenen Beischlafs mit erzwungenen, besonders erniedrigenden sexuellen Handlungen.

Die geschlechtsneutrale Formulierung des §§ 177 und 178a erfasste nunmehr auch Männer als Opfer. Schließlich trat neben die bisherigen Tatmittel der Gewalt und der Drohung mit gegenwärtiger Gefahr für Leib oder Leben als weitere Tatbestandsalternative die Ausnutzung „einer Lage, in der das Opfer der Einwirkung des Täters schutzlos ausgeliefert ist". Damit sollten Strafbarkeitslücken in Fällen geschlossen werden, in denen das Opfer die sexuelle Handlung vor Schrecken starr oder aus Angst vor einer Gewaltanwendung über sich ergehen lässt.[184]

6. Gesetz zur Reform des Strafrechts - 6. StrRG vom 26 01. 1998

Das Ziel des 6. StrRG vom 26 01. 1998[405] war die Verbesserung des Schutzes für Kinder vor sexuellem Missbrauch[406]. Das Gesetz ist unter dem Eindruck zweier Sexualmorde an Kindern in den Jahren 1996 und 1997 in Deutschland entstanden[407].

Es wurden neue Tatbestände für qualifizierte Fälle des sexuellen Missbrauchs von Kindern, der sexuellen Nötigung und des sexuellen Missbrauchs widerstandsunfähiger Personen geschaffen (§§ 176a Abs. 4, 176b, 177 Abs. 3 und 4, 178, 179 Abs. 4). Gegenüber dem alten Recht sollte auf diese Weise eine differenzierte Strafschärfung erreicht werden. Dann wurde auch § 5 Nr. 8b StGB neu gefasst, da mit der Einbeziehung von §§ 176 bis 176b und 182 StGB in die Norm der Sextourismus deutscher Täter zum Nachteil ausländischer Minderjähriger unabhängig vom jeweiligen Tatort umfassend bestraft werden konnte.

404 BT-Drucks. 13/199, 13/323, 536, 2463, 3026,7324, Laubenthal, Klaus, Sexualstraftaten, Berlin, 2000, S. 10.

405 BGBL I 1998, S.164. BT-Drucks. 13/7164, 8587, 2203, 8267.

406 BT-Drucks. XIII/7164, S. 1; XIII/8587, S. 1.

407 Schöch, NJW 18/1998, S. 1257 und ff.

Neben den Kindern ging es dem Gesetzgeber auch um den Schutz psychisch kranker und behinderter Personen. Mit dem Gesetz zum Schutz Kranker und Behinderter wollte der Gesetzgeber den Tatbestand „Sexueller Missbrauch von Gefangenen oder Kranken“ auf der Opferseite geschlechtsneutral fassen. In 174a Abs. 2 erweiterte er den Schutz der Kranken und Hilfsbedürftigen, indem er nicht mehr von den „Insassen einer Anstalt“ spricht, sondern von der stationären Aufnahme in eine Einrichtung, wozu auch Behindertenwerkstätten, beschützte Wohnstätten oder Tageskliniken zählen[408]. Wichtiger war die Erweiterung der Vorschrift auf Sexualkontakte mit Dritten. Dadurch wurde eine Strafbarkeitslücke geschlossen, die sich aus dem früheren Charakter des § 179 als eigenhändiges Delikt ergeben hatte. Neu eingefügt wurde schließlich der auf einer eigenen Gesetzesinitiative beruhende § 174c (Sexueller Missbrauch unter Ausnutzung eines Beratungs-, Behandlungs- oder Betreuungsverhältnisses). In der Praxis hat sich gezeigt, dass geistig und seelisch beeinträchtigte Menschen sowie Suchtkranke eines erweiterten Schutzes vor sexuellen Übergriffen seitens der behandelnden Personen bedürfen. Noch beim sexuellen Missbrauch Widerstandsunfähiger hat das Gesetz ausdrücklich auch Behinderte und Suchtkranke als Opfer benannt.

7. Das Gesetz zur Regelung der Rechtsverhältnisse der Prostituierten (ProstG) vom 20.12.2001

Mit dem Prostitutionsgesetz vom 20.12.2001[409] werden Strafvorschriften aufgehoben oder geändert, die nach der Einschätzung des Gesetzgebers die Eigenverantwortlichkeit der Prostituierten einschränken und bessere Rahmenbedingungen für die Ausübung ihrer Tätigkeit verhindern[410]. Seit längerem wurde insbesondere von Frauenverbänden eine Abschaffung des § 180a Abs. 1. Nr. 2 verlangt- Agisra e.V („Arbeitsgemeinschaft gegen internationale sexuelle und rassistische Ausbeutung“)[411]. Die weitgehenden Änderungen der §§ 180a, 181 haben zur Legalisierung der Prostitution, auch im Rahmen von Beschäftigungsverhältnissen geführt. Zu den wichtigsten Änderungen gehören, dass Vereinbarungen zur Vornahme sexueller Handlungen gegen ein vorher vereinbartes Entgelt nicht länger als sittenwidrig betrachtet werden, sondern rechtswirksame Forderungen begründen[412].

---

408 Laubenthal, Sexualstraftaten, S. 45, BT-Drucks. XIII/9064, S. 20.

409 BGBl. 2001 I Nr. 74, S. 3983.

410 BT-Drucks. 14/5958, Heger, StV 2003, S. 350.

411 Schroeder, JR 10/2002, S. 409.

412 Gössel, Das neue Sexualstrafrecht, S. 7.

8. Das Gesetz zur Änderung der Vorschriften über die Straftaten gegen die sexuelle Selbstbestimmung und zur Änderung anderer Vorschriften (SexualdelÄndG) vom 27.12.2003

Das SexualdelÄndG vom 27. Dezember 2003[413] führte zu neuen Tatbeständen und erneuten Verschärfungen. Laut der Begründung war die Reform des Besonderen Teils des Strafgesetzbuches mit dem Sechsten Gesetz zur Reform des Strafrechts vom 26. Januar 1998 nicht zum Abschluss gekommen. „Der Besondere Teil bedürfte einer weiteren Überarbeitung, die insbesondere darauf abzielte, die Strafvorschriften gegen sexuellen Missbrauch von Kindern, Jugendlichen und widerstandsunfähigen Personen (§§ 176, 176a, 179 und 182 StGB) sowie gegen Verbreitung von Kinderpornographie (§ 184 StGB) fortzuentwickeln. Die Notwendigkeit einer Fortentwicklung des geltenden Sexualstrafrechts ergab sich daraus, dass die Strafrahmen bei sexuellem Missbrauch von Kindern (§§ 176 und 176a StGB) und widerstandsunfähigen Personen (§ 179 StGB) dem Unrechts- und Schuldgehalt dieser Taten nicht in allen Fällen gerecht werden, die Strafvorschriften zur Verhütung eines sexuellen Missbrauchs von Kindern unzureichend sind, die zunehmende Verbreitung kinderpornographischer Schriften in Datennetzen mit den vorhandenen Strafvorschriften nicht wirksam bekämpft werden kann und internationale Rechtsakte einer Umsetzung in innerstaatliches Recht bedürfen“[414].

Für die Einführung des Absatzes 5 zu § 176 StGB war der „Rosenheimer Fall“ (BGH NStZ 1998, 403) ausschlaggebend. Ein Ehepaar wurde vom Vorwurf der Verabredung zu einer Tat nach den §§ 176a, 176b freigesprochen, weil die Ernstlichkeit des Vorhabens nicht nachgewiesen werden konnte. In der Begründung zum Gesetz steht: die neue Regelung soll solche Scheinerklärungen erfassen, sofern der Täter es nur für ernstlich möglich hält, dass das Angebot als ernst angesehen werden könnte[415].

Nächte Änderung, die positiv von der deutschen Lehre beurteilt wurde, war die Einschränkung des Erziehungsprivilegs, wenn der Sorgeberechtigte seine Erziehungspflicht gröblich verletzt hatte[416]. Mit dem Gesetz hat der deutsche Gesetzgeber auch die Regelungen über die sog. harte Pornographie neu strukturiert.

---

413 BGBl. I S. 3007.

414 DS 15/350, vom 28. 01. 2003.

415 BT-Drucks. 350, S. 18.

416 Duttge/Hörnle/Rezinkowski, NJW 15/2004, S. 1069.

Die wichtigste Änderungen waren, dass die harte Pornographie zum selbständigen Delikt wurde und überdies die bisher bestehende Strafbarkeitslücke hinsichtlich der Echtzeitübertragungen (sog. Live-Übertragungen) durch Radio (einschließlich Fernsehen), Medien- oder Teledienste durch den neuen Tatbestand des § 184c geschlossen wurde. § 184 erfasst jetzt nur die weiche Pornographie und blieb insoweit unverändert[417].

9. 37.StrÄG vom 11 Februar 2005

Das 37. StrÄG[418] löste insbesondere in Umsetzung des Rahmenbeschlusses des Rates der europäischen Union vom 19.07.2002 zur Bekämpfung des Menschenhandels die bisherigen Strafvorschriften gegen den Menschenhandel der §§ 180b, 181 aus ihrer Verankerung im Bereich Sexualdelikte im 13. Abschnitt und schuf an deren Stelle die neue Strafvorschrift des § 232 (Menschenhandel zur sexuellen Ausbeutung). Diese Vorschrift wurde nunmehr, zusammen mit den weiteren Vorschriften gegen den Menschenhandel, zum Zweck der Ausbeutung der Arbeitskraft (§ 233) usw. in den 18. Abschnitt über die Straftaten gegen die persönliche Freiheit aufgenommen.

10. Das Gesetz zur Umsetzung des Rahmenbeschlusses des Rates der Europäischen Union zur Bekämpfung der sexuellen Ausbeutung von Kindern und der Kinderpornographie vom 31.10.2008

Das Gesetz vom 31.10.2008[419] setzte internationale und europäische Vorgaben um, die ohne Differenzierung zwischen Kindern und Jugendlichen alle Minderjährigen zum geschützten Personenkreis zählen. Zum einen hat die Anhebung der Schutzaltersgrenze in § 182 Abs. 2 eine Strafbarkeitslücke beseitigt, die darin bestand, dass „Freier" straffrei blieben, die mit minderjährigen Prostituierten im Alter von 16 und 17 Jahren sexuelle Handlungen vornahmen. Zum anderen wurden in Anlehnung an § 184b in § 184c umstrittene Verbote der Verbreitung, der Besitzverschaffung, des Besitzes usw. eingeführt, die sich auf jugendpornographische Schriften beziehen[420].

---

417 Gössel, Das neue Sexualstrafrecht, S. 8.

418 BGBl. I S. 1255. Bt DS 12/2046, 12/2589.

419 BGBl. I S. 2149.

420 BT-Drucks. 16/3439. Kritisch Schroeder, GA 2009, S. 213 und ff.

C. ERGEBNISSE

Die dritte polnische Sexualstrafrechtsreform erfolgte im Rahmen einer Umstrukturierung des Rechtssystems. Die Sexualstraftaten haben in den Kodifikationsarbeiten diesmal mehr Aufmerksamkeit erhalten als in der vergangenen Epoche. Während der Kodifikationsarbeiten hat Prof. Filar eine sich rein auf den freiheitlichen Rechtsgutgedanken stützende Lösung für die Sexualdelikte vorgeschlagen. Infolge einer intensiven Auseinandersetzung in der Kodifikationskommission wurde sein Vorschlag abgelehnt. Der Kommissionsvorschlag stellte einen Kompromiss zwischen der freiheitlichen und sittlichen Lösung von Sexualstraftaten dar. Endgültig wurden im Strafkodex die sexuellen Straftaten unter dem Kapitel „ Die Straftaten gegen die sexuelle Freiheit und die Sittlichkeit" eingeordnet. Auf diese Weise wollte der polnische Gesetzgeber auf den engen Zusammenhang und den Unterschied zwischen den beiden Rechtsgütern hinweisen[421]. Inhaltlich gab es keine Neuerungen. Alle sexuellen Straftaten des früheren Strafkodexes von 1969 haben im neuen Strafkodex von 1997 entsprechende Regelungen gefunden, außer Art.177 des Strafkodexes von 1969 über die Vollziehung einer unzüchtigen Handlung in Anwesenheit eines Minderjährigen unter 15 Jahren oder in der Öffentlichkeit[422]. Neu für den Strafkodex von 1997 war es, dass er eine neue Terminologie eingeführt hatte. Der Begriff „unzüchtige Handlung" sowie der Ausdruck „wollüstige Handlung" wurden im neuen Strafkodex durch den Begriff „Geschlechtsverkehr" und „eine andere sexuelle Handlung" ersetzt. Der Katalog des Abschnittes über Sexualstraftaten im Strafkodex vom 1997 gestaltet sich wie folgt: Vergewaltigung und Veranlassung zu anderen sexuellen Handlungen (Art. 197 Strafkodex 1997), sexueller Missbrauch von hilflosen und nicht voll zurechnungsfähigen Personen (Art. 198 Strafkodex), Missbrauch eines Abhängigkeitsverhältnisses (Art. 199 Strafkodex), die sexuelle Handlungen mit Minderjährigen (Art. 200 Strafkodex), Inzest (Art. 201 Strafkodex), Pornographieverbote (Art. 202 Strafkodex) und Straftaten im Zusammenhang mit Prostitution (Art. 203-204 Strafkodex).

Nach dem Erlass des polnischen Strafkodexes von 1997 wurden die Straftaten gegen die sexuelle Freiheit und die Sittlichkeit mit den Änderungsgesetzen modifiziert, um internationalen Verpflichtungen gerecht zu werden, insbesondere um europarechtliche Verpflichtungen zu erfüllen. Das erste Änderungsgesetz

---

421 Marek, Prawo karne, Auflage 7, S. 488.

422 Kunicka-Michalska/Wojciechowska, Przestępstwa przeciwko wolności, wolności sumienia i wyznania, wolności seksualnej i obyczajności oraz czci i nietykalności cielesnej, S. 110.

vom 14 März 2004[423] war eng mit dem Eintritt Polens in die EU verbunden, es ist auch am 1. Mai 2004 in Kraft getreten[424]. Mit dem Gesetz sollte das Übereinkommen des Europarates über die Computerkriminalität vom EuGH 185 umgesetzt werden[425]. Mit der Gesetzesnovelle vom 24 Oktober 2008 wollte der polnische Gesetzgeber den Rahmenbeschluss 2004/68/*JI* des Rates vom 22. Dezember 2003 zur Bekämpfung der sexuellen Ausbeutung von Kindern und der Kinderpornografie umsetzen. Nicht jedes Änderungsgesetz war mit dem Anpassungsgrund zum europäischen Recht begründet. Für die nächste Gesetznovelle vom 27 Juli 2005 war, obwohl in ihrer Begründung auf den Rahmenbeschluss des Rates 2004/68/WSiSW vom 22 Dezember 2003 über die Bekämpfung des Kindesmissbrauchs und der Kinderpornographie hingewiesen wurde, tatsächlicher Anlass, den Erwartungen der Gesellschaft Rechnung zu tragen.

Seit dem ersten Änderungsgesetz vom 14 März 2004[426] beriefen sich auch die weiteren Änderungsgesetze auf das Bedürfnis der Verbesserung des Minderjährigenschutzes. Die Änderungen erfolgten beim sexuellen Missbrauch von Kindern, sowie im Bereich der Pornographie. Mit der Gesetzesnovelle 2008 wurde die Strafbarkeit vom Besitz eines erzeugten oder verarbeiteten Bildes eines Minderjährigen, das an einer sexuellen Handlung teilnimmt[427]eingeführt. Die letzte Gesetzesnovelle vom 9 November 2009 fuhr die Änderungen in Art. 197 Strafkodex[428] und neue Straftatbestimmungen wie die öffentliche Propagierung des Verhaltens pädophiler Art (Art. 200a und Art. 200b Strafkodex) ein.

Die Änderungsgesetze zum deutschen StGB der neunziger Jahre berufen sich auf das Bedürfnis der Verbesserung des Minderjährigen- und Frauenschutzes. Insbesondere mit dem Schutz ausländischer Frauen und Mädchen vor sexueller Ausbeutung durch international und arbeitsteilig agierende Täter begründete der deutsche Gesetzgeber das 26. StÄG vom 14. Juli 1992[429]. Mit dem 27. StÄG vom 23 Juli 1993[430] wurde das Verschaffen des Besitzes und der Besitz von kinderpornographischen Darstellungen, die ein tatsächliches Geschehen zum Gegenstand haben, unter Strafe gestellt. Außerdem wurde die Geltung der

---

423 D.U. 2004, Nr 69, poz 626.

424 Am 24.09.2003 ins Parlament eingebracht.

425 DS 2031 vom 19.09.2003.

426 D.U. 2004, Nr 69, poz 626.

427 Szyrmer, Nowelizacja prawa karnego w świetle ustawy z dnia 27 lipca 2005 r., CPKiNP, 1/2006, S. 54.

428 Uzasadnienie do ustawy, S. 6.

429 BGBL I 1992, S.1255, kritisch Schroeder, JZ 5/1995, S. 231.

430 BGBL I 1993, S.1346.

Strafnormen gegen den sexuellen Missbrauch von Kindern (§ 176 StGB) auf Auslandstaten Deutscher gegen ausländische Kinder erstreckt. Zur weiteren Stärkung des Minderjährigenschutzes dienten mit der Einführung des 30. StÄG vom 23 Juni 1994 die Straftaten des sexuellen Missbrauchs von Kindern, der Vergewaltigung, sexuellen Nötigung und des sexuellen Missbrauchs widerstandsunfähiger Personen gem. § 78b Abs.1 Nr.1 StGB des Ruhens der Verjährung bis zur Vollendung des 18. Lebensjahres des Opfers.

Das 33. Strafrechtsänderungsgesetz[431] vom 5 Juli 1997 brachte eine bedeutende Stärkung des Frauenschutzes im deutschen Sexualstrafrecht mit sich. Das Gesetz fuhr die Pönalisierung der Erzwingung sexueller Handlungen in der Ehe ein, weil in der bis zum Juli 1997 geltenden Fassung sich die §§ 177 bis 179 StGB nur auf außereheliche sexuelle Handlungen bezogen haben. Die Abschaffung dieser Einschränkung durch das 33. StAG vom 1 Juli 1997 war eine langjährige Forderung nicht nur von Feministinnen, sondern von anderen Rechtspolitikern. Die Verfehltheit der Ausklammerung solcher ehelichen Beischlaferzwingung zeigt sich vor allen Dingen in den praktisch sehr häufigen Fällen, wo die Ehe faktisch schon aufgelöst ist und Männer mit Gewalt einen Beischlaf erzwingen[432]. Weiterhin wurde die Vergewaltigung vom Beischlaf auf andere Eindringungsformen und erniedrigende Sexualpraktiken erweitert, die Gleichstellung des erzwungenen Beischlafs mit erzwungenen, besonders erniedrigenden sexuellen Handlungen. Schließlich trat neben die bisherigen Tatmittel der Gewalt und der Drohung mit gegenwärtiger Gefahr für Leib oder Leben als weitere Tatbestandsalternative die Ausnutzung „einer Lage, in der das Opfer der Einwirkung des Täters schutzlos ausgeliefert ist". Damit sollten Strafbarkeitslücken in Fällen geschlossen werden, in denen das Opfer die sexuelle Handlung vor Schrecken starr oder aus Angst vor einer Gewaltanwendung über sich ergehen lässt.[184]

Es ist zu betonen, dass das Prostitutionsgesetz vom 20 Dezember 2001[433] die Diskriminierung von Prostituierten beseitigt hatte[434]. Es wurden Strafvorschriften aufgehoben oder geändert, die nach der Einschätzung des Gesetzgebers die Eigenverantwortlichkeit der Prostituierten einschränken und bessere Rahmenbedingungen für die Ausübung ihrer Tätigkeit verhindern.

Das SexualdelÄndG vom 27 Dezember 2003[435] führte zu neuen Tatbeständen und erneuten Verschärfungen im Bereich des Minderjährigenschutzes. Für

---

431 BGBL I 1997, S.1607.

432 BT-Drucks. 10/6137; Schroeder, JZ 17/1999, S. 828.

433 BGBl. 2001 I Nr. 74, S. 3983.

434 BT-Drucks. 14/5958, Heger, StV 2003, S. 350.

435 BGBl. I S. 3007

die Einführung des § 176 Abs. 5 war der „Rosenheimer Fall“ [436] ausschlaggebend. Ein Ehepaar wurde vom Vorwurf der Verabredung zu einer Tat nach den §§ 176a, 176b freigesprochen, weil die Ernstlichkeit des Vorhabens nicht nachgewiesen werden konnte. In der Begründung zum Gesetz steht, dass die neue Regelung solche Scheinerklärungen erfassen soll, sofern der Täter es nur für ernstlich möglich hält, dass das Angebot als ernst angesehen werden könnte[437]. Es wurde mit dem Gesetz die neue Regelung festgelegt, nach der der Sorgeberechtigte strafrechtlich verantwortlich ist, wenn er seine Erziehungspflicht gröblich verletzt[438].

Das Gesetz vom 31.10.2008[439] setzte internationale und europäische Vorgaben um, die ohne Differenzierung zwischen Kindern und Jugendlichen alle minderjährigen zum geschützten Personenkreis zählen. Zum einen hat die Anhebung der Schutzaltersgrenze in § 182 Abs. 2 eine Strafbarkeitslücke beseitigt, die darin bestand, dass „Freier“ straffrei bleiben, die mit minderjährigen Prostituierten im Alter von 16 und 17 Jahren sexuelle Handlungen vornahmen. Zum anderen wurden in Anlehnung an § 184b in § 184c des StGBs Verbote der Verbreitung, der Besitzverschaffung, des Besitzes usw. eingeführt, die sich auf jugendpornographische Schriften beziehen[440].

---

436 BGH NStZ 1998, 403

437 BT-Dr 350, S.18.

438 Duttge/Hörnle/Rezinkowski, NJW 15/2004, S. 1069.

439 BGBl. I S. 2149.

440 BT-Drucks. 16/3439.

Kapitel 4
Die geltenden Sexualstrafrechtsvorschriften im polnischen und deutschen Strafgesetzbuch - Systematik und Überblick

A. POLEN

1. Die Sexualstraftaten im polnischen Strafkodex

Der geltende polnische Strafkodex von 1997 (weiter als kk bezeichnet) ordnet die sexuellen Straftaten (insgesamt in elf Artikel) unter dem Kapitel „Die Straftaten gegen die sexuelle Freiheit und die Sittlichkeit" ein. Der Katalog des Abschnittes gestaltet sich wie folgt: Vergewaltigung und Veranlassung zu anderen sexuellen Handlungen (Art. 197 kk), sexueller Missbrauch von hilflosen und nicht voll zurechnungsfähigen Personen (Art. 198 kk), der Missbrauch eines Abhängigkeitsverhältnisses (Art. 199 kk), die sexuelle Handlungen mit Minderjährigen (Art. 200 kk), die täuschende Kontaktknüpfung (Art. 200a kk), Propagieren von Pädophilie (Art. 200b kk), Inzest (Art. 201 kk), Pornographieverbote (Art. 202 kk), die Straftaten im Zusammenhang mit Prostitution (Art. 203-204 kk).

2. Die Gruppen der Sexualstraftaten in polnischen Strafkodex

Systematisch lassen sich die polnischen Straftaten in folgende Gruppen gliedern.

Die Straftaten gegen die sexuelle Freiheit (hierzu gehören die Tatbestände der Vergewaltigung (Art.197 §1 kk), Veranlassung zu anderen sexuellen Handlungen (Art.197 §2 kk), sexueller Missbrauch von Hilflosen und nicht voll zurechnungsfähigen Personen (Art.198 kk) und Ausnutzung einer kritischen Lage (Art. 199 kk Satz 2), sowie sexueller Missbrauch unter Ausnutzung eines Abhängigkeitsverhältnisses (Art.199 kk Satz 1).

Der polnische Strafkodex regelt die sexuellen Straftaten gegen Minderjährige in Art. 199 § 3, Art. 200, Art. 200a, Art. 200b kk. Außerdem beinhaltet er zur Vergewaltigung, zum sexuellen Missbrauch eines Abhängigkeitsverhältnisses sowie zur Kuppelei und Zuhälterei die Qualifikationstatbestände, bei denen das Alter des Opfers qualifizierend wirkt. Damit stellen Vergewaltigung an einem Minderjährigen unter 15 Jahren (Art. 197 §3 pkt2kk), sexueller Missbrauch eines Abhängigkeitsverhältnisses zum Nachteil des Minderjährigen (Art. 199

§ 2 kk) sowie Kuppelei und Zuhälterei an Minderjährigen (Art.204 §3 kk) Qualifikationstatbestände zu den jeweiligen Straftaten dar.

Der polnische Strafkodex regelt alle Pornographieverbote in nur einem Artikel. Der Artikel 202 kk beinhaltet folgende Pornographieverbote: die öffentliche Präsentation pornographischer Inhalte (Art. 202 § 1kk), die Präsentation von pornographischen Inhalten gegenüber Minderjährigen unter 15 Jahren und Zugänglichmachen solcher an unbestimmte Minderjährige (Art. 202 § 2 kk), die sog. harte Pornographie (Art. 202 § 3 kk), die Aufzeichnung der pornographischen Inhalte, bei denen eine Person unter fünfzehn Jahren mitwirkt (Art.202 § 4 kk) und die Anschaffung und der Besitz von bestimmten pornographischen Inhalten (Art. 202 § 4a und Art. 202 § 4b kk).

Der polnische Strafkodex regelt die Prostitutionsdelikte in Art. 203 kk: Nötigung zur Prostitution, in Art. 204 § 1 Satz1 kk Bestimmen zur Prostitutionsausübung, Art. 204 § 1 Satz 2 kk Kuppelei, Art. 204 § 2 kk Zuhälterei und Art. 204 § 4 kk Anwerbung und Entführung zur Prostitutionsausübung im Ausland.

Dann bleibt noch der Inzest (Art. 201 kk) übrig, der sich in die oben genannte Gruppen nicht einordnen lässt.

B. DEUTSCHLAND

1. Die Sexualstraftaten im deutschen StGB

Das deutsche StGB fasst im 13. Abschnitt des StGB die „Straftaten gegen die sexuelle Selbstbestimmung“ zusammen. § 174 StGB Sexueller Missbrauch von Schutzbefohlenen, § 174a StGB Sexueller Missbrauch von Gefangenen, behördlich Verwahrten oder Kranken und Hilfsbedürftigen in Einrichtungen, § 174b StGB Sexueller Missbrauch unter Ausnutzung einer Amtsstellung, § 174c StGB Sexueller Missbrauch unter Ausnutzung eines Beratungs-, Behandlungs- oder Betreuungsverhältnisses, § 176 StGB Sexueller Missbrauch von Kindern, § 176a StGB Schwerer sexueller Missbrauch von Kindern, §176b StGB Sexueller Missbrauch von Kindern mit Todesfolge, § 177 StGB Sexuelle Nötigung, Vergewaltigung, § 178 StGB Sexuelle Nötigung und Vergewaltigung mit Todesfolge, § 179 StGB Sexueller Missbrauch widerstandsunfähiger Personen, § 180 StGB Förderung sexueller Handlungen Minderjähriger, § 180a StGB Ausbeutung von Prostituierten, § 181a StGB Zuhälterei, § 182 StGB Sexueller Missbrauch von Jugendlichen, § 183 StGB Exhibitionistische Handlungen, § 183a StGB Erregung öffentlichen Ärgernisses, § 184 StGB Verbreitung pornographischer Schriften, § 184a StGB Verbreitung gewalt- oder tierpornographischer Schriften, 184b StGB Verbreitung, Erwerb und Besitz kinderpornographischer Schriften, § 184c StGB Verbreitung, Erwerb und Besitz jugendpornographischer Schriften, § 184d StGB Verbreitung pornographischer Darbietungen durch Rundfunk, Medien- oder Teledienste, § 184e StGB Ausübung der verbotenen Prostitution, § 184f StGB Jugendgefährdende Prostitution, § 184g StGB Begriffsbestimmungen.

2. Die Gruppen der Sexualstraftaten im deutschen Strafgesetzbuch

Systematisch lassen sich die deutschen Straftaten in folgende Gruppen gliedern.

Die Gruppe der Straftaten gegen die sexuelle Freiheit im deutschen StGB umfasst die sexuelle Nötigung mit dem Spezialfall der Vergewaltigung (§177 StGB), den sexuellen Missbrauch widerstandsunfähiger Personen (§179 StGB) und den Missbrauch von Kranken und Hilfsbedürftigen in Einrichtungen (§ 174a Abs.2 StGB)[441].

Weiterhin gehören Sexueller Missbrauch von Gefangenen und behördlich Verwahrten (§ 174 a Abs.1 StGB), Sexueller Missbrauch unter Ausnutzung einer Amtsstellung (§174 b StGB) und Sexueller Missbrauch in einem Beratungs-, Behandlungs- oder Betreuungsverhältnis (§ 174 c StGB) zu der Gruppe, die die Ausnutzung von Abhängigkeitsverhältnissen für sexuelle Handlungen erfasst[442].

Zu der dritten Gruppe gehören die sexuellen Straftaten gegen Minderjährige in §§ 174, 176-176b, 180, 180a, 182 und 184b, sowie 184c StGB. Das Gesetz staffelt den Jugendschutz nach dem Alter des Opfers, wobei bei zunehmendem Alter zusätzliche Kriterien für die Schutzbedürftigkeit hinzutreten[443]. Es wird damit zwischen dem absoluten Schutz von Kindern unter 14 Jahren (Sexueller Missbrauch von Kindern § 176 StGB, Schwerer sexueller Missbrauch von Kindern § 176 a StGB, Sexueller Missbrauch von Kindern mit Todesfolge §176 b StGB) und dem beschränkten Schutz von Jugendlichen unter 16 Jahren (Sexueller Missbrauch von Jugendlichen § 182 Abs. 3 StGB, Sexueller Missbrauch von Schutzbefohlenen §174 Abs.1 Nr. 1 StGB, Förderung sexueller Handlungen Minderjähriger § 180 Abs.1 StGB) und unter 18 Jahren (Sexueller Missbrauch

---

441 Schroeder nach soll § 174 a Abs. 2 wegen dessen unsachgemäßer Einschränkung auf die Ausnutzung der Krankheit oder Hilfebedürfnis zu der Gruppe der Straftaten gegen die sexuelle Freiheit gezählt werden, Maurach/Schroeder/Maiwald, Strafrecht BT, S. 185; anders Laubenthal, Sexualstraftaten, S. 7 und ff.; Gössel, Das neue Sexualstrafrecht, S. 10.

442 Maurach/Schroeder/Maiwald, Strafrecht BT, S. 185; anders Laubethal, der § 174c zu der Gruppe gegen sexuelle Freiheit zählt, Laubenthal, Sexualstraftaten, S. 33.

443 Maurach/Schroeder/Maiwald, Strafrecht BT, , 10. Auflage, §20 I Rd. 2.

von Schutzbefohlenen § 174 Abs. 1 Nr. 3 und Abs.1 Nr. 2 StGB, Förderung sexueller Handlungen Minderjähriger 180 Abs. 3, § 180 Abs. 1 und 2 StGB, Ausbeutung von Prostituierten § 180 a Abs. 2 Nr. 1. StGB und Ausübung der verbotene Prostitution § 184 c StGB) unterschieden.

Die nächste Gruppe bilden Vorschriften über Pornographie. Das deutsche StGB beinhaltet fünf Paragraphen zur Pornographie. Diese sind: Verbreitung pornographischer Schriften (§ 184 StGB), Verbreitung gewalt- oder tierpornographischen Schriften (§ 184a StGB), Verbreitung, Erwerb und Besitz kinderpornographischer Schriften (§ 184b StGB) und Verbreitung, Erwerb und Besitz jugendpornographischer Schriften (§ 184c StGB), Verbreitung pornographischer Darbietungen durch Rundfunk, Medien- oder Teledienste (§ 184d StGB).

Eine weitere Gruppe bilden die Tatbestände, die die Prostitution betreffen. Das deutsche StGB reglementiert die Prostitutionsdelikte in folgenden Paragraphen: im § 180 a StGB Ausbeutung von Prostituierten (Abs. 1 Betreiben prostitutionsfördender Betriebe, Abs. 2 Wohnungsgewährung zur Prostitution), § 181 a StGB Zuhälterei (ausbeuterische Zuhälterei Abs. 1 Nr. 1, dirigierende Zuhälterei Abs. 1 Nr. 2, Gewerbsmäßige fördernde Zuhälterei Abs. 2, Ehegattenzuhälterei Abs. 3), § 184f jugendgefährdende Ausübung der Prostitution, § 232 StGB Menschenhandel zum Zweck der sexuellen Ausbeutung und § 233 a StGB Förderung des Menschenhandels, wobei sich die zwei letzteren nicht im Abschnitt gegen die sexuelle Selbstbestimmung, sondern in dem Abschnitt über Straftaten gegen die persönliche Freiheit befinden.

Die letzte Gruppe umfasst die sexuelle Belästigung Unbeteiligter. Zu diesen gehören die exhibitionistischen Handlungen und die Erregung öffentliche Ärgernisses (§ 183, 183a StGB).

TEIL II

Die Vorschriften des geltenden Rechts im Vergleich

Kapitel 1
Straftaten gegen die sexuelle Freiheit und Missbrauch abhängiger Personen

1. Überblick und Systematik

Die Gruppe der Straftaten gegen die sexuelle Freiheit im deutschen StGB umfasst die sexuelle Nötigung mit dem Spezialfall der Vergewaltigung (§177 StGB), den sexuellen Missbrauch widerstandsunfähiger Personen (§179 StGB) und den Missbrauch von Kranken und Hilfsbedürftigen in Einrichtungen (§ 174 a Abs. 2 StGB)[444].

Weiterhin gehören sexueller Missbrauch von Gefangenen und behördlich Verwahrten (§ 174 a Abs. 1 StGB), sexueller Missbrauch unter Ausnutzung einer Amtsstellung (§174 b StGB) und sexueller Missbrauch eines Beratungs-, Behandlungs- oder Betreuungsverhältnisses (§ 174 c StGB) zu der Gruppe, die die Ausnutzung von Abhängigkeitsverhältnissen für sexuelle Handlungen erfasst[445].

Der Gruppe der polnischen Straftaten gegen die sexuelle Freiheit gehören die Tatbestände der Vergewaltigung (Art.197 §1 kk), die Veranlassung zu anderen sexuellen Handlungen (Art.197 §2 kk), des sexuellen Missbrauchs von hilflosen und nicht voll zurechnungsfähigen Personen (Art.198 kk) und die Ausnutzung einer kritischen Lage (Art. 199 kk Alt. 2). Hierzu zählt man auch den sexuellen Missbrauch unter Ausnutzung eines Abhängigkeitsverhältnisses (Art.199 kk Satz 1), während, wie schon erwähnt, die deutschen Tatbestände des Missbrauchs eines institutionellen und psychotherapeutischen Abhängigkeitsverhältnisses eine eigenständige Gruppe neben der Gruppe der Straftaten gegen die sexuelle Freiheit bilden.

Bei einer Gegenüberstellung der beiden Gesetze ergibt sich, dass die meisten deutschen Straftaten etwas Vergleichbares im polnischen Strafkodex haben. Der sexuellen Nötigung mit dem Spezialfall der Vergewaltigung (§177 StGB) entspricht die Vergewaltigung (Art.197 §1 kk) und die Veranlassung zu anderen sexuellen Handlungen (Art.197 §2 kk). Dem sexuellen Missbrauch widerstandsunfähiger Personen (§179 StGB) wird der sexuelle Missbrauchs von hilflosen

---

444 Schroeder nach soll wegen dessen unsachgemäßen Einschränkung auch die Ausnutzung von Krankheit oder Hilfsbedürftigkeit zu dieser Gruppe gezählt werden, Maurach/Schroeder/Maiwald, Strafrecht BT, §17 III Rn. 6 .

445 Maurach/Schroeder/Maiwald, Strafrecht BT, S. 185. Anders der § 174 c zu der Gruppe gegen sexuelle Freiheit zählt, Laubenthal, Sexualstraftaten, S.33.

und nicht voll zurechnungsfähigen Personen (Art.198 kk) gegenübergestellt. Es scheint aber so zu sein, dass der sexueller Missbrauch von Kranken und Hilfsbedürftigen in Einrichtungen (§ 174 a Abs. 2 StGB) keinen entsprechenden Tatbestand im polnischen Strafkodex hat.

Weiterhin wird den deutschen Tatbeständen des Missbrauchs von institutionellen (§§ 174a Abs. 1, 174 b StGB) und psychotherapeutischen (§ 174c StGB) Abhängigkeitsverhältnissen der polnische Tatbestand des sexuellen Missbrauchs unter Ausnutzung eines Abhängigkeitsverhältnisses (Art.199 kk) gegenübergestellt. Zuletzt beinhaltet der polnische Strafkodex noch die Ausnutzung einer kritischen Lage (Art. 199 Alt. 2 kk), zu der es keine entsprechenden Tatbestände im deutschen StGB gibt.

2. Die Straftaten im Einzelnen

A. Die sexuelle Nötigung mit dem Spezialfall der Vergewaltigung (§ 177 StGB) sowie die Vergewaltigung und die Veranlassung zu anderen sexuellen Handlungen (Art. 197 §§ 1-4 kk)

1. Die sexuelle Nötigung mit dem Spezialfall der Vergewaltigung § 177 StGB

1.1 Sexuelle Nötigung

Das deutsche Recht kennt bei der sexuellen Nötigung die Fälle, in denen mit Gewalt, durch Drohung mit gegenwärtiger Gefahr für Leib oder Leben oder unter Ausnutzung einer Lage, in der das Opfer der Einwirkung des Täters schutzlos ausgeliefert ist, nötigt, sexuelle Handlungen des Täters oder eines Dritten an sich zu dulden oder an dem Täter oder einem Dritten vorzunehmen (§177 Abs. 1 StGB).

In der deutschen Lehre wird die sexuelle Handlung als solche definiert, die das Geschlechtliche im Menschen zum mittelbaren Gegenstand hat und zwar unter Einsatz mindestens des eigenen oder eines fremden Körpers[446]. Heutzutage ist die sexuelle Handlung mit der überwiegend in der deutschen Rechtsprechung

---

446 Fischer, StGB Kommentar, § 184g Rn. 2.

und Rechtslehre vertretenen Auffassung ausschließlich objektiv zu bestimmen,[447] das Motiv des Täters oder dessen Absicht, das eigene oder fremde Geschlecht erregen zu wollen, ist unbeachtlich[448]. Das bedeutet, dass es sich um eine objektiv sexuelle, also nach ihrem äußeren Erscheinungsbild eindeutig sexualbezogene Handlung handelt. Daher ist es gleichgültig, ob sie nur aus Wut oder Sadismus oder Scherz vorgenommen wird. Beispielweise liegt eine sexuelle Handlung vor, wenn der Täter in der Absicht einen "dummen Jungenstreich" zu machen, im Analbereich des entblößten Opfers mit einer Flasche Penetrationsbewegungen ausführt und damit eindeutig homosexuelle Praktiken nachahmt[449].

Weiterhin ist bei der Auslegung der sexuellen Handlung die sog. Erheblichkeitsklausel noch zu berücksichtigen, dank dieser werden die unerheblichen Beeinträchtigungen der Freiheit der sexuellen Selbstbestimmung als tatbestandlos angesehen[450]. Beispielweise kann ein Kuss bei erwachsenen Personen verschiedenen Geschlechts nicht stets und ohne Rücksicht auf die Begleitumstände als sexuelle Handlung von einiger Erheblichkeit gewertet werden[451].

Erfolg der Tat bei der sexuellen Nötigung ist nach dem deutschen Recht die Duldung sexueller Handlungen des Täters oder eines Dritten an sich durch das Opfer oder die Vornahme durch das Opfer am Täter oder an einem Dritten. Hier handelt sich nur um die sexuellen Handlungen mit Körperkontakt zwischen dem Opfer und dem Täter oder dem Dritten.

1.2. Vergewaltigung

Die Vergewaltigung nach deutschem Recht stellt einen besonders schwereren Fall der sexuellen Nötigung dar und liegt in der Vollziehung des Beischlafs oder ähnlicher sexueller Handlungen, die das Opfer besonders erniedrigen, insbesondere wenn sie mit einem Eindringen in den Körper verbunden sind oder deren Vornahme an dem Täter (§ 177 Abs. 2 Nr. 1 StGB).

Es wird in der deutschen herrschenden Lehre angenommen, dass unter den dem Beischlaf gleichgestellten ähnlichen sexuellen Handlungen, die das Opfer besonders erniedrigen, Anal- und Oralverkehr und ebenso das Einführen von gegenständlichen Objekten fallen[452]. Da für das „Eindringen in den Körper“ nur

---

447 Gössel, Das neue Sexualstrafrecht, S. 14.

448 Maurach/Schroeder/Maiwald, Strafrecht BT, S. 191 m. w .N.

449 BGH 4. Strafsenat; 20.12.2007; 4 StR 459/07.

450 Fischer, StGB Kommentar, 184 g Nr. 2 Rn. 2.

451 OLG München 5. Strafsenat, 20.10.2008, 5St RR 180/08.

452 Gössel, Das neue Sexualstrafrecht, S. 48.

Scheide, After und Mund in Frage kommen[453], zählt man dazu vor allem Eindringen mit dem männlichen Glied und auch das Eindringen mit Gegenständen, wenn es in Verletzungsabsicht geschieht[454]. Nach der Rechtsprechung muss beim Eindringen mit den Fingern die Erniedrigung gesondert festgestellt werden und liegt bei intensiven Manipulationen vor[455].

Erfolg der Tat bei der Vergewaltigung nach dem deutschen Recht ist die Vollziehung des Beischlafs oder beischlafähnlichen sexuellen Handlungen oder deren Vornahme durch das Opfer am Täter.

1.3. Nötigungsmittel

Wie schon vorangehend erwähnt, weist das deutsche StGB als Nötigungsmittel von sexueller Nötigung auf Gewalt, die qualifizierte Drohung, die Ausnutzung einer Lage, in der das Opfer der Einwirkung des Täters schutzlos ausgeliefert ist, hin.

a) Gewalt

Wegen der restriktiven Auslegung des Gewaltbegriffs im Sinne des § 177 Abs.1 Nr. 1 StGB von der deutschen Rechtsprechung, die die Gewalt als eine nicht ganz unerhebliche, gegen den Körper des Opfers gerichtete Kraftentfaltung, welche die Person, auf die sie abzielt, nicht nur als seelischen, sondern auch als körperlichen Zwang empfindet, sind die strafwürdigen Verhaltensweisen bei nur verbalen oder körperlich schwachem Widerstand des Opfers nicht tatbestandsmäßig[456]. Solche Strafbarkeitslücken hoffte der Gesetzgeber mit der durch das 33. StÄG eingefügten Tatvariante (Ausnutzen einer schutzlosen Lage, § 177 Abs. 1 Nr. 3) zu schließen[457].

b) Drohung

Als nächstes Nötigungsmittel neben der Gewalt zählt das deutsche StGB die Drohung, die mit gegenwärtiger Gefahr für Leib oder Leben beschrieben wird.

---

453 Maurach/Schroeder/Maiwald, Strafrecht BT, S. 202.

454 BGH 46, 226; Maurach/Schroeder/Maiwald, Strafrecht BT, S. 202 und dort zitierte Rechtsprechung.

455 BGH NJW 00, 672; NStZ 00, 255; 01, 598; Maurach/Schroeder/Maiwald, Strafrecht BT, S. 202 und dort zitierte Rechtsprechung.

456 Gleichzeitig versuchte die Lehre solche Strafbarkeitslücken durch die Annahme einer qualifizierten und konkludenten Drohung oder durch die Annahme der Ausnutzung einer schutzlosen Lage zu lösen, Maurach/Schroeder/Maiwald, Strafrecht BT, S. 199; Gössel, Das neue Sexualstrafrecht, S. 30.

457 Fischer, StGB Kommentar, §177 Rn. 23.

Die deutsche Rechtsprechung verlangt eine gewisse Schwere des in Aussicht gestellten Angriffs auf die körperliche Unversehrtheit[458]. Diese wird jedoch bei der Androhung einer Vergewaltigung regelmäßig gegeben sein[459]. Demzufolge ist nicht jede Drohung mit einer Handlung, die bei ihrer Verwirklichung Gewalt wäre, eine solche, z.B. Schläge sind nicht in allen Fällen als Drohung anzunehmen[460] und unverständlicherweise lässt die Drohung mit bloßer Gewalt die sexuelle Nötigung nicht ausreichen[461].

c) Ausnutzung einer schutzlosen Lage

Die schutzlose Lage ist zu bejahen, wenn die Schutz- und Verteidigungsmöglichkeiten des Opfers in einem solchen Maß verringert sind, dass „es dem ungehemmten Einfluss des Täters preisgegeben ist“[462]. Das ist regelmäßig der Fall, wenn das Opfer sich dem überlegenen Täter allein gegenüber sieht und mit fremder Hilfe nicht rechnen kann[463]. Die schutzlose Lage wird aus Sicht eines objektiven Beobachters beurteilt. Worauf die schutzlose Lage beruht ist unerheblich[464]. Eine schutzlose Lage des Opfers einer sexuellen Nötigung ergibt sich noch nicht allein daraus, dass sich der Täter mit dem Opfer allein in einer Wohnung befindet. Vielmehr müssen weitere Umstände hinzutreten wie die Einsamkeit der Wohnung oder das Fehlen von Fluchtmöglichkeiten infolge des Versperrens der Tür[465]. Diese durch das 33.StÄG eingefügte Tatvariante wurde durch die Lehre als gründlich missglückt bezeichnet, weil deren Reichweite und Verhältnis zu § 179 StGB schon im Gesetzgebungsverfahren nicht klar war[466].

1.4. Qualifikationstatbestände

Neben der Vergewaltigung enthält das deutsche StGB noch ein anderes Regelbeispiel für besonders schwere Fälle von sexueller Nötigung, nämlich die gemeinschaftliche Begehung (§ 177 Abs. 2 Nr. 2 StGB). Erforderlich ist dabei das aktive Zusammenwirken von mindesten 2 Personen als Täter. Nicht erforderlich ist hier, dass alle Mittäter sexuelle Handlungen am Opfer vornehmen oder an

---

458 Fischer, StGB Kommentar, § 177 Rn.18.

459 BGH MDR/D 75,22, 196, 367; StV 01, 679.

460 BGH, 1. Strafsenat, 06.07.1999, 1 StR 216/99, Urteil.

461 Maurach/Schroeder/Maiwald, Strafrecht BT, S. 200.

462 1. Strafsenat, 08.09.1998, 1 StR 439/98, Beschluss.

463 BGH NStZ-RR 03, 42,44.

464 Gössel, Das neue Sexualstrafrecht, S. 35.

465 BGH 3. Strafsenat, 09.08.2005, 3 StR 464/04.

466 Die Auslegung bereitet erhebliche Schwierigkeiten und hat inzwischen zu einer uneinheitlichen Rechtsprechung geführt, Lenckner/Perron/Eisle, § 177 Rn. 8.

sich vornehmen lassen, wohl aber dass sie an der Nötigungshandlung jedenfalls insoweit mitwirken, dass sie sich das Handeln der übrigen Beteiligten als eigenes zurechnen lassen müssen und das konkrete gemeinschaftliche Vorgehen für einen objektiven Betrachter den Eindruck erhöhter Schutzlosigkeit des Opfers vermittelt. Eine gleichzeitige Anwesenheit am Tatort ist erforderlich[467].

Das deutsche StGB sieht drei Qualifikationstatbestände sexueller Nötigung vor. Erstens die sog. gefährliche sexuelle Nötigung (§ 177 Abs. 3 StGB), bei der qualifizierend drei Arten gefährlicher Tatmodalitäten wirken, die gleichberechtigt nebeneinander stehen. Diese sind: Beisichführen von Waffen oder anderen gefährlichen Werkzeugen, Beisichführen von Objekten, mit denen der Widerstand verhindert oder überwunden werden soll und Herbeiführung der Gefahr einer schweren Gesundheitsschädigung[468]. Der nächste Qualifikationstatbestand ist die besonders gefährliche sexuelle Nötigung (§ 177 Abs. 4 StGB), in dem es zwei selbstständige, besonders gefährliche Tatmodalitäten unrechts- und damit strafrahmenerhöhende Varianten gibt: die sexuelle Nötigung unter Verwendung gefährlicher Werkzeuge und eine besonders schwerwiegende und über die sexuelle Nötigung noch hinausgehende Beeinträchtigung des Opfers[469]. Der dritte Qualifikationstatbestand ist die sog. Erfolgsqualifikation (§178 StGB). Wenn durch die sexuelle Nötigung § 177 Abs.1 StGB der Tod des Opfers leichtfertig herbeigeführt wird[470].

2. Vergewaltigung und Veranlassung zu anderen sexuellen Handlungen (Art.197 §§ 1-4 kk)

2.1. Veranlassung zu anderen sexuellen Handlungen

Im polnischen Recht besteht die Veranlassung zu anderen sexuellen Handlungen darin, dass eine andere Person durch Gewalt, rechtswidrige Drohung und Arglist dazu veranlasst wird, dass sie sich einer anderen sexuellen Handlung unterwirft oder eine solche Handlung ausübt (Art. 197 § 2 kk).

Die sexuelle Handlung wird im polnischen Recht ähnlich definiert wie im deutschen[471], jedoch wird sie durch die polnische Rechtsprechung, im Gegensatz zur deutschen, subjektiv ausgelegt. Die polnische Rechtsprechung weist darauf hin, dass nicht jeder Eingriff, der die Geschlechtsteile des Opfers betrifft, eine

467 Fischer, StGB Kommentar, §177, Rn. 73.

468 Gössel, Das neue Sexualstrafrecht, S. 23 und ff m.w.N.

469 Gössel, Das neue Sexualstrafrecht, S. 23 und ff m.w.N.

470 Gössel, Das neue Sexualstrafrecht, S. 23 und ff m.w.N.

471: Uchwała SN z dnia 19.05.1999, OSNKW 1999, Nr 7-8, pos. 37.

andere sexuelle Handlung im Sinne des Art. 197 § 2 kk darstellt. Nach der polnischen Rechtsprechung ist die andere sexuelle Handlung eine Handlung, die nicht unter den Begriff des Geschlechtsverkehrs fällt[472]. Diese ist mit dem weit gefassten Sexualleben des Menschen verbunden und besteht in dem körperlichen Kontakt zwischen dem Täter und dem Opfer oder mindestens in der leiblich und sexuell motivierten Mitwirkung des Opfers. Beispielweise ist als andere sexuelle Handlung auch das Berühren der Brüste des Opfers anzusehen[473]. Nur ein solches Verhalten des Täters besitzt sexuellen Charakter, wenn es mit der Befriedigung oder mit der Anregung des Geschlechtstriebs verbunden ist[474].

Dadurch, dass im polnischen Recht der Begriff der sexuellen Handlung bei der Auslegung keinen korrigierenden Kriterien, wie im deutschen Recht[475] unterliegt, befürchtet die polnische Lehre, dass der Begriff „andere sexuelle Handlung", der selbst mehrdeutig und subjektiv verstanden werden kann, zu einer überdehnten Auslegung führen wird. Beispielweise kann es der grammatikalischen Auslegung zufolge das Erzählen von Witzen oder manchen Gesten (sich Umarmen) als andere sexuelle Handlung angesehen werden[476]. Nach polnischem Recht besteht der Erfolg der Tat bei der Veranlassung zur sexuellen Handlung darin, dass das Opfer sich einer sexuellen Handlung unterwirft oder eine solche ausübt. Dadurch, dass das polnische Gesetz nicht bestimmt hat, an wem das Opfer solche Handlungen ausüben soll, als auch wessen Handlungen das Opfer an sich dulden soll, wurde von der polnischen Lehre angenommen, dass bei der Duldung sexueller Handlungen durch das Opfer Körperkontakt notwendig sei. Jedoch ist es gleichgültig, ob solche Handlungen vom Täter oder von einem Dritten am Opfer vorgenommen werden[477]. Im zweiten Fall, bei der Ausübung sexueller Handlungen durch das Opfer, hat die polnische Lehre angenommen, dass es gleichgültig ist, ob das Opfer solche sexuellen Handlungen am Täter

472 Postanowienie SN z dnia 21.05. 2008 r., V KK 139/08, LEX 435319.

473 Postanowienie SN z dnia 21.05. 2008 r., V KK 139/08, LEX 435319.

474 Urteil des Obersten Gerichtes vom 26.10.2001, OSNKW, 2002, Nr. 1, pos. 6. Es ging um einen Fall, in dem die Angeklagten als Witz dem Opfer den Damm rasiert haben. Kritisch: Marek, Komentarz, S. 377.

475 Es geht um „einige Erheblichkeit der sexuellen Handlung". Diese wird sowohl nach qualitativen (Handlungsrahmen, Beziehung der Beteiligten, Alter des Opfers) als auch nach quantitativen Kriterien (Intensität und Dauer, Hartnäckigkeit) ermittelt. Maurach/Schroeder/Maiwald, Strafrecht BT, S. 192 m. w. N.

476 Warylewski, Karnoprawna ochrona małoletniego przed wykorzystaniem seksualnym w orzecznictwie Sądu Najwyższego, Prok. i Pr. 9/1999, S. 94.

477 Warylewski, Przestępstwa przeciwko wolności seksualnej i obyczajności in: Wąsek, Andrzej (hrg.), Kodeks karny, Część Szczególna, Komentarz Tom I, Warszawa 2004, S. 830.

oder an einem Dritten oder an sich selbst vornimmt[478]. Das bedeutet, dass hier auch die sexuellen Handlungen ohne Körperkontakt erfasst sind. Demzufolge fällt unter Nötigung zur sexuellen Handlungen nach dem polnischen Recht die Nötigung zur Onanie. Im Gegensatz dazu wird eine solche Nötigung zur Onanie nach dem deutschen Recht als keine sexuelle Nötigung angesehen.

2.2. Vergewaltigung

Im Gegensatz zum deutschen Recht stellt die Vergewaltigung im polnischen Strafkodex ein eigenständiges Delikt dar und besteht aus der Veranlassung einer anderen Person durch Gewalt, rechtswidrige Drohung oder Arglist zum Geschlechtsverkehr (Art. 197 § 1 kk).

Interessanterweise versteht man grundsätzlich unter dem Begriff des Geschlechtsverkehrs in der polnischen Lehre denselben Begriff des Beischlafs und der gleichgestellten ähnlichen sexuellen Handlungen wie im deutschen Recht[479], jedoch mit einem Unterschied.

Es wird in der polnischen Lehre angenommen, dass das Eindringen in den Körper des Opfers die Einführung nur des Geschlechtsgliedes auf normale Weise (klassischer Beischlaf) oder auf unnormale Weise umfasst.[480]

Der Erfolg nach dem polnischen Recht ist die Veranlassung zum Geschlechtsverkehr. Das hat zur Folge, dass der Täter nach polnischem Recht, mit

---

478 Warylewski, Przestępstwa przeciwko wolności seksualnej i obyczajności in: Wąsek, Andrzej (hrg.), Kodeks karny, Część Szczególna, Komentarz Tom I, Warszawa 2004, S. 831.

479 Nach der Rechtsprechung ist Oralverkehr ein Geschlechtsverkehr im Sinne des Art. 197 § 1 StGB, Urteil von 13.05.2004 S.A. I II Aka 75/04 KZS 2004/9/58. Unter Geschlechtsverkehr folgende sexuelle Handlungen fallen: der klassische Beischlaf (das Eindringen des männlichen Gliedes in die Scheide) und andere beischlafähnliche Handlungen, die ein Surrogat des klassischen Beischlafs darstellen, d.h. solche Handlungen, bei denen unmittelbarer Kontakt zwischen den Geschlechtsgliedern vom Opfer oder Täter mit dem Körperteil der beiden, welcher kein Geschlechtsteil darstellt, aber durch den Täter als solche angesehen wird, Filar, Rozdział XXV „Przestępstwa przeciwko wolności seksualnej i obyczajności" in: Górniok (hrg.), Komentarz kodeksu karnego, S. 642. Auch solche Handlungen, die mit einem Eindringen in andere Körperöffnungen verbunden sind. Der Geschlechtsverkehr umfasst sowohl den heterosexuellen als auch homosexuellen Beischlaf, anal wie oral.

480 Urteil des Obersten Gerichtes vom 24.06. 2008, III KK 47/08, LEX 438423, Warylewski, Przestępstwa przeciwko wolności seksualnej i obyczajności in: Wąsek (hrg.), Kodeks karny, Część Szczególna, Komentarz Tom I, Warszawa 2004, S. 827 und ff.

dem Opfer selbst geschlechtlich nicht zu verkehren braucht, sondern es reicht aus, wenn er das Opfer dazu veranlasst hat.

2.3 Nötigungsmittel

Im polnischen Recht existieren ähnlich, wie im deutschen, drei Veranlassungsmittel zum Geschlechtsverkehr (Vergewaltigung) und zu anderen sexuellen Handlungen. Neben Gewalt sieht der polnische Strafkodex eine rechtswidrige Drohung vor. Im Gegensatz dazu sieht das deuche Recht eine qualifizierte Drohung vor. Als drittes Veranlassungsmittel im polnischen Recht wird Arglist genannt.

a) Gewalt

Im Gegensatz zum deutschen Recht hält die polnische Rechtsprechung für Art. 197 kk an einem weiten Gewaltbegriff fest[481], und bestätigt Gewaltanwendung in Fällen, in denen das Opfer wegen Aussichtlosigkeit auf Widerstand von vornherein auf körperliche Gegenwehr verzichtet[482]. Die neueste Rechtsprechung bestätigt, dass das Opfer keinen psychischen Widerstand leisten muss, sondern es reicht aus, wenn es nach Hilfe ruft, schreit oder weint[483].

b) Drohung

Im Gegensatz zum deutschen Recht beinhaltet der polnische Strafkodex die rechtswidrige Drohung, deren Begriff im Art.115 § 12 kk bestimmt wurde und

---

481 Urteil des Obersten Gerichtes vom 12.8.1974, Rw 403/74, OSNKW 1974, Nr 11, pos. 216; Uchwala z 27.4.1994 r., I KZP 8/94, OSNKW 1994, Nr 5-6,pos. 28 ; Uchwala z 18.11.1997, I KZP 31/97, OSNKW 1998, NR 1-2, pos. 2. In der Vorschrift steht allgemein, dass man Gewalt anwendet, nicht wie in Art.191 StGB Gewalt gegen eine Person; es gibt die Ansicht, dass auch eine sog. mittelbare Gewalt vorliegen kann, insbesondere gegen eine Sache (z.B. Androhung der Sachbeschädigung von einem neuen Auto oder einer anderen Sache), Warylewski, Przestępstwa przeciwko wolności seksualnej i obyczajności in: Wąsek (hrg.), Kodeks karny, Część Szczególna, Komentarz Tom I, Warszawa 2004, S. 760; anders Marek, der meint, dass hier keine Gewalt vorliegt, sondern Drohung zur Begehung der Straftat, welches ein anderes Nötigungsmittel darstellt.

482 Urteil des Appellationsgerichtes in Kraków vom 15.2.1996 r., II Aka 2/96, Prok. i Pr. 1996, Nr. 10, pos. 20. Siehe Das Oberste Gericht vom 26.VII.201, V KKN 95/99, Lex nr 51671 (Opfer muss keinen psychischen Widerstand leisten, es reicht, dass es nach Hilfe ruft, schreit oder weint). So auch die Lehre; Marek betont, dass der Widerstand realistisch sein müsse, was im Einzelnen zu prüfen sei, Marek, Prawo karne, Auflage 7, S. 491

483 Urteil des Appellationsgerichtes in Katowice vom 8.04.2009 r., II Aka 72/09, LEX nr 519644.

die strafbare Drohung umfasst. Diese ist in Art. 190 kk geregelt und ist dann gegeben, wenn eine Straftat zum Nachteil des Opfers oder gegenüber ihm Nahestehenden zu begehen angedroht wird und die Drohung beim Opfer eine begründete/ernsthafte Befürchtung hervorruft, dass diese auch begangen wird. Die Drohung mit der Herbeiführung eines Strafverfahrens[484] und die Drohung mit der Verbreitung einer Behauptung, die der Ehre des Bedrohten oder ihm Nahestehender abträglich ist[485]. In der Praxis bedeutet die rechtswidrige Drohung im Zusammenhang mit der Vergewaltigung die Ankündigung der Verletzung der Güter des Opfers, z.B. Ankündigung einer Körperverletzung.[486] Damit werden hier, anders als im deutschen Recht, auch die Fälle der Drohung mit bloßer Gewalt erfasst.

c) Arglist

Das dritte Veranlassungsmittel nach dem polnischen Strafkodex ist Arglist. Der Sinn der Arglist besteht in der Erfassung betrügerischer Handlungen, die den Widerstand des Opfers oder dessen bewusste Willensentscheidung ausschließen[487]. Unter Arglist versteht man das Hervorrufen eines Irrtums bei einer anderen Person oder die Ausnutzung ihres Irrtums, um ihren Widerstand auszuschließen oder ihre Zustimmung zu erhalten, z.B. heimtückische Verabreichung von Drogen und anschließende Vollziehung des Geschlechtsverkehrs, oder auch der Fall, in dem ein Arzt Geschlechtsverkehr mit einer in Narkose befindlichen Patientin vollzieht. Arglist liegt vor, wenn der Täter das Opfer dazu bestimmt, viel Alkohol zu trinken, in der Absicht seinen Widerstand aufzuheben und später

---

484 Die Drohung mit der Herbeiführung eines Strafverfahrens ist der Fall, wenn das Opfer vom Täter unter Druck gesetzt und so zu einem bestimmten Verhalten gezwungen wurde. Der Täter hat dabei ohne gerechtfertigten Zweck gehandelt. Z.B.: Der Täter droht mit der Herbeiführung eines Strafverfahrens und fordert, dass das Opfer seine wirtschaftliche Betätigung aufhört. Keine Drohung mit der Herbeiführung eines Strafverfahrens liegt vor, falls die Ankündung der Herbeiführung eines Strafverfahrens lediglich dem Schutz des durch die Straftat verletzten Rechts dient (z.B. die Drohung mit der Herbeiführung eines Strafverfahrens, die die Zurückgabe der gestohlenen Sache bezweckt) siehe: Marek, Prawo karne, Auflage 7, S. 492.

485 Unter die Drohung mit der Verbreitung einer Behauptung, die der Ehre des Bedrohten oder seines Allernächsten abträglich ist, fallen Behauptungen, die erniedrigend sind und einen Vertrauensverlust verursachen können, siehe Marek, Prawo karne, Auflage 7, S. 491.

486 Marek, Prawo karne, Auflage 7, S. 491.

487 Kunicka-Michalska/Wojciechowska, Przestępstwa przeciwko wolności, wolności sumienia i wyznania, wolności seksualnej i obyczajności oraz czci i nietykalności cielesnej, S. 95.

mit ihm den Geschlechtsverkehr zu vollziehen[488]. Arglist liegt nicht vor, wenn das Opfer zum Geschlechtsverkehr dadurch veranlasst wurde, dass der Täter ihm einen Ehevertrag versprochen hat oder ein erregendes Mittel gegeben hat[489].

2.4. Qualifikationstatbestände

Das Gesetz benennt vier Qualifikationstatbestände der Vergewaltigung: gemeinsame Begehung einer Vergewaltigung, Vergewaltigung an einem Minderjährigen unter 15 Jahren, Vergewaltigung an einem Familienangehörigen (Art. 197 § 3 kk) und Vergewaltigung mit besonderer Grausamkeit (Art. 197 § 4 i.V.m. § 1 kk).

Für die Veranlassung zu anderen sexuellen Handlungen sieht der polnische Strafkodex nur einen Qualifikationstatbestand vor, Veranlassung zu anderen sexuellen Handlungen mit besonderer Grausamkeit (Art. 197 § 4 i.V.m. § 2). Unbeachtet hat der polnische Gesetzgeber in Art. 197 § 4 den Verweis auf § 3 desselben Artikels beibehalten und damit eine missglückte Regelung geschaffen. Infolgedessen werden alle in § 3 bestimmten Qualifikationen der Vergewaltigung durch die „besondere Grausamkeit“ bei der Tatbegehung zusätzlich qualifiziert - sog. Doppelqualifikation (Art. 197 § 4 i.V.m. § 3).

Es ist hier an dieser Stelle passend, ein paar Erläuterungen zu den polnischen Qualifikationstatbeständen zu geben.

Bei der gemeinsamen Begehung der Vergewaltigung sind Anzahl 2 Täter anzunehmen[490] und es ist nicht notwendig, dass alle Mittäter mit dem Opfer den Geschlechtsverkehr vollziehen[491]. Sie müssen aber an der Veranlassung des Opfers zu solchem Geschlechtsverkehr mitgewrikt haben.[492] Im Zusammenhang mit diesem Qualifikationstatbestand wird die Problematik der Täterschaft in der

488 Urteil des Obersten Gerichtes vom 26.9.1974 r, III KR 105/74, OSNKW 1974, Nr. 12, pos. 229.

489 Marek, Prawo karne, Auflage 7, S. 491.

490 Filar, nkomentarz, S.645.

491 Urteil des Appellationsgerichtes in Katowice vom 19.06.2008, II Aka 147/08, LEX 526730.

492 Marek, Prawo karne, Auflage 7, S. 489, Urteil des Obersten Gerichtes vom 26.10.2001, WA 25/01, auch im Urteil vom 11.2.1971, OSNKW 1971, pos. 112 in: Marek, Komentarz, S. 493; Urteil des Appellationsgerichtes in Katowice vom 16.05.2002 II Aka 61/02, OSA 2003, Nr. 2, pos. 8; in dem „ Mittäter ist, sowohl derjenige, der mit Gewalt, Drohung, Arglist das Opfer zum Ort der Vergewaltigung geführt hat, als auch derjenige, der das Opfer überwältigt und festgehalten hat, während der andere mit ihm (dem Opfer) den Beischlaf vollzogen hat.“

polnischen Lehre heftig diskutiert[493]. Die herrschende Lehre und die neueste Rechtsprechung meinen, dass Mittäter derjenige ist, der im Gesetz bestimmte Tatbestandsmerkmale erfüllt.[494]

Da die Qualifikationen der Vergewaltigung wegen Minderjährigen und Familienangehörigen gerade in das Gesetz eingeführt worden sind, besteht zu diesen noch keine Analyse im polnischen Schrifttum.

Die weiteren Qualifikationstatbestände sind die Vergewaltigung mit besonderer Grausamkeit und die Veranlassung zu anderen sexuellen Handlungen mit besonderer Grausamkeit.

In der polnischen Lehre wird sehr oft darauf hingewiesen, dass bei der besonderen Grausamkeit der Täter danach strebt, dem Opfer nicht nur die sexuelle Freiheit zu nehmen, sondern auch dessen andere Rechtsgüter[495], insbesondere fällt darunter ein vom Täter angewandtes, besonders starkes Maß an Gewalt, Brutalität, Misshandlung und anderen drastischen Handlungsweisen[496]. Der Rechtsprechung nach liegt besondere Grausamkeit dann vor, wenn zwischen den angewandten Mitteln und dem Ziel (den Widerstand des Opfers zu überwinden)

---

493 Die Abgrenzung zwischen Mittäterschaft und Beihilfe ist in der polnischen Lehre und in der Rechtsprechung umstritten. Viele Kontroverse weckt in der polnischen Lehre die neueste Rechtsprechung, die sich an die sog. weite (breiter gefasste) Mittäterschaft-Konzeption hält, d.h. als Mittäter wird auch derjenige angesehen, der nur am Tatort gewesen ist und seine Zustimmung zu den Handlungen des Täters zum Ausdruck gebracht hat und dadurch beim Opfer ein Angstgefühl und dadurch die Aussichtlosigkeit des Widerstands verstärkt hat, Urteil des Obersten Gerichtes vom 28.07.1995, II KRN 87/95, Prok. i Pr. 96, Nr. 1, pos. 3. Wytyczne SN z 21.12.1972, OSNKW 1973, pos. 18, schon anders Urteil des Appellationsgerichtes in Lublin vom 20.01.1999, II AKa 186/98 Prok. i Pr. 1999/11-12/2. Kritisch dazu herrschende Lehre: Filar, Rozdział XXV „Przestępstwa przeciwko wolności seksualnej i obyczajności" in: Górniok (hrg.), Komentarz kodeksu karnego, S. 597; Filar, nkomentarz, S. 645.

494 Urteil des Appellationsgerichtes in Łódź vom 4.12.2008, II Aka 202/08, LEX 491921. Dagegen meint die herrschende Lehre, dass Mittäter derjenige ist, der im Gesetz bestimmte Tatbestandsmerkmale erfüllt hat. Deshalb liegt Beihilfe vor, wenn jemand einen Raum zugänglich macht, auf der Lauer liegt oder andere Handlungen vorgenommen hat, die die Begehung der Straftat erleichtern, Stępień, Zgwałcenie wspólnie z inną osobą, Prok. i Pr. 10/1999, S. 63

495 Filar, Rozdział XXV „Przestępstwa przeciwko wolności seksualnej i obyczajności" in: Górniok (hrg.), Komentarz kodeksu karnego, S. 598; Śliwowski, Prawo karne, Warszawa 1975, S. 399; auch Rechtsprechung: Urteil des Appellationsgerichtes in Łódź, 30 I 2002 II AKA 230/01, Prok. i Pr. 5/2004.

496 Andrejew, Polskie prawo karne, Warszawa 1976, S. 390.

ein grobes Missverhältnis besteht[497], oder wenn das Opfer einen dauerhaften und starken Widerstand geleistet hat, der von dem Täter letztlich überwunden wurde[498]. Das sind auch andere Umstände, wie mehrmaliges und dauerhaftes Handeln, Verursachung einer Körperverletzung beim Opfer, Vergewaltigung in Anwesenheit von Nahestehenden oder die Vergewaltigung des Kindes des Opfers.[499] Damit besondere Grausamkeit vorliegt, muss der Täter kein gefährliches Werkzeug für Leib und Leben benutzen. Bei der Entscheidung, ob besondere Grausamkeit vorliegt, müssen alle Umstände des Verhaltens des Täters berücksichtigt werden und, was im Einzelnen festgestellt werden muss, ob er dadurch zusätzliches physisches und psychisches Leid beim Opfer verursacht hat[500].

Zuletzt noch paar Bemerkungen zu der sog. Doppelqualifikationsregelung. Der Doppelqualifikationstatbestand stellt eigentlich eine im Gesetz formulierte Idealkonkurrenz von § 4 in Verbindung mit § 1 und § 3 dar. Anderseits ist auf Grund der herrschenden Mittäterschaftstheorie nach dessen Bedeutung fraglich. Der polnischen Rechtsprechung nach reicht es aus, „dass bei der gemeinsamen Begehung nur einer der Täter auf besonders grausame Weise handelt, damit es allen zugerechnet werden kann, wenn die Tat mit dieser Absicht gefasst wurde“[501].

---

497 Uchwala 21.11.1973, OSNKW 1973, Nr. 2-3, pos. 18, Urteil des Appellationsgerichtes in Gdańsk vom 25.01.2001, II AKa 382/00 Prok. i Pr. 2001/11/14.

498 Urteil des Obersten Gerichtes vom 25.11.1976, IV KR 253/75 OSPiKA 1977, Nr. 7 /pos.139, In diesem Urteil wurde angenommen, dass zwar der Täter nicht unangemessen gehandelt hat, aber die Zeitspanne, in der das Opfer den Widerstand geleistet hat, zu lang war.

499 Die Vergewaltigung des eigenen Kindes wurde stets als Vergewaltigung mit besonderer Grausamkeit qualifiziert: Urteil des Appellationsgerichtes in Wrocław vom 27.11. 2008, II Aka 207/08, LEX 521999, Wytyczne SN z 21.12.1972, OSNKW 1973, pos. 18, und Urteil des Obersten Gerichtes vom z 22.5.1990, OSN 3/1991, pos. 16 als auch SA Kraków 6.06.2002 II Aka 110/02, KZS 2002 Nr. 7-8 pos. 45, anders Urteil des Obersten Gerichtes vom 27.06.1997 WA 16/97, OSNKW 1997 Nr. 11-12, pos. 97.

500 Urteil des Obersten Gerichtes vom 5.3.1974, III KR 399/73, OSNKW 1974, Nr. 6, pos. 113, Urteil des Appellationsgerichtes in 06.06.2002, II AKa 110/02, KZS 2002/7-8/45, auch Urteil des Appellationsgerichtes in Łódź vom 22.02.2002, II AKa 7/02, Prok. i Pr. 22/4/2004.

501 Warylewski, Przestępstwa przeciwko wolności seksualnej i obyczajności in: Wąsek (hrg.), Kodeks karny, Część Szczególna, Komentarz Tom I, Warszawa 2006, S. 845; Die Rspr. ist unterschiedlich - sogar das Oberste Gericht legt es unterschiedlich aus: Urteil vom 19.11.1973, II KR 276/73, OSNKW 1974, Nr. 3, pos. 46 und Urteil vom 3.9.1973, IV KR 194/73, OSNPG 1973, Nr. 12, pos. 173.

3. Ergebnisse

Der sexuellen Nötigung mit dem Spezialfall der Vergewaltigung (§177 StGB) entspricht die Vergewaltigung (Art.197 §1 kk) und die Veranlassung zu anderen sexuellen Handlungen (Art.197 §2 kk).

Im deutschen Recht stellt die sexuelle Nötigung einen Grundtatbestand dar. Vergewaltigung ist neben der gemeinschaftlichen Begehung einer sexuellen Nötigung ein besonderer schwerer Fall der sexuellen Nötigung. Im Gegensatz dazu stellt die Vergewaltigung im polnischen Recht ein selbständiges Delikt dar. Im Gegensatz zum deutschen Recht erfasst der polnische Tatbestand die sexuellen Handlungen auch ohne Kontakt und leistet damit den besseren Schutz für das Opfer.

Hierzu muss man gleich betonen, dass das deutsche Gesetz zwischen sexuellen Handlungen *an* dem Opfer bzw. des Opfers an dem Täter oder einem Dritten und *vor* dem Opfer des Opfers vor dem Täter oder einem Dritten unterscheidet. Damit wollte der deutsche Gesetzgeber die sexuellen Handlungen auf die mit körperlichem Kontakt und die ohne körperlichen Kontakt differenzieren. Im Hintergrund stand der Gedanke, dass in der körperlichen Berührung eine erhöhte Gefährdung und eine solche höher angedroht werden soll[502]. Der polnische Gesetzgeber begnügt sich nur mit dem Begriff „eine andere sexuelle Handlung“ und zumeist ohne darauf hinzuweisen, ob es sich um sexuelle Handlung an oder vor dem Opfer handelt.

Bei der Vergewaltigung müssen nach deutschen Recht der Beischlaf oder solche ähnliche sexuelle Handlungen mit dem Opfer vollzogen werden. Nach polnischem Recht reicht es aus, wenn das Opfer zum Geschlechtsverkehr veranlasst wird.

Die Begehungsweisen der Vergewaltigung und der sexuellen Nötigung sind in den beiden Rechtsystemen ähnlich. Der sichtbarste Unterschied folgt in der Bestimmung von den dritten Begehungsweisen der beiden Straftatbestände. Während das deutsche StGB die Ausnutzung einer Lage, in der das Opfer der Einwirkung des Täters schutzlos ausgeliefert ist (§ 177 Abs.1 StGB) vorsieht, beinhaltet der polnische Strafkodex Arglist (Art. 197 §1 kk). Dadurch jedoch, dass die Gewalt dem polnischen Recht nach breit ausgelegt wird und damit de facto Fälle, die im deutschen Recht unter Ausnutzung einer Lage, in der das Opfer der Einwirkung des Täters schutzlos ausgeliefert ist, umfasst werden, leistet das polnische Recht hier besseren Schutz für das Opfer.

Zu der gemeinschaftlichen Begehung einer sexuellen Nötigung im deutschen Recht gibt es keinen entsprechenden Straftatbestand im polnischen StGB,

502 Maurach/Schroeder/Maiwald, Strafrecht BT, S. 189 ff.

jedoch ist die mittäterschaftliche Begehung von Veranlassung zu anderen sexuellen Handlungen nach polnischem Recht möglich. Zu bemerken ist, dass die mittäterschaftliche Begehung der Vergewaltigung nach deutschem Recht nicht möglich ist, da wie der BGH begründet hatte, dieses Regelbeispiel (Vergewaltigung) eine eigenhändige Begehung erfordere[503]. Im Gegensatz dazu ist eine solche Begehung nach polnischem Recht im Gesetz festgelegt und stellt einen Qualifikationstatbestand (Art. 197 § 3 kk) zur Vergewaltigung dar.

Tabelle Nr. 1.

	Sexuelle Nötigung §177 Abs. 1 StGB	**Veranlassung zu anderen sexuellen Handlungen Art. 197 §2 KK**
Erfolg	Duldung sexueller Handlungen des Täters oder eines Dritten an sich durch das Opfer am Täter oder an einem Dritten	Das Opfer unterwirft sich einer sexuellen Handlung oder übt eine solche aus
Mittel	Nötigung mit Gewalt, durch Drohung mit gegenwärtiger Gefahr für Leib oder Leben oder unter Ausnutzung einer Lage, in der das Opfer der Einwirkung des Täters schutzlos ausgeliefert ist	Veranlassung mit Gewalt, durch rechtswidrige Drohung oder Arglist
Qualifikationen	- sog. Gefährliche sexuelle Nötigung (§177 Abs. 3 StGB): Beisichführen von Waffen oder anderen gefährlichen Werkzeugen, Beisichführen von Objekten, mit denen Widerstand verhindert oder überwunden werden soll und Herbeiführung der Gefahr einer schweren Gesundheitsschädigung - die besonders gefährliche sexuelle Nötigung (§177 Abs. 4 StGB): die sexuelle Nötigung unter Verwendung gefährlicher Werkzeuge, körperlich schwer Misshandlung des Opfers bei der Tat, Bringung des Opfers in die Gefahr des Todes durch die Tat - sog. Erfolgsqualifikation (§178 StGB): durch die sexuelle Nötigung §177 der Tod des Opfers leichtfertig herbeizuführen.	Bei der Tat mit besonderer Grausamkeit handeln (197 §4 i.V.m. §2 kk)

503 BGH NStZ-RR 2000, 326.

Tabelle Nr. 2.

	Vergewaltigung §177 Abs. 2 Nr. 1 StGB	**Vergewaltigung Art. 197 §1 KK**
Erfolg	Vollziehung des Beischlafs oder ähnlicher sexueller Handlungen, die das Opfer besonders erniedrigen, insbesondere wenn sie mit einem Eindringen in den Körper verbunden sind, oder deren Vornahme an dem Täter	Veranlassung des Opfers zum Geschlechtsverkehr
Mittel	Nötigung mit Gewalt, durch Drohung mit gegenwärtiger Gefahr für Leib oder Leben oder unter Ausnutzung einer Lage, in der das Opfer der Einwirkung des Täters schutzlos ausgeliefert ist	Veranlassung mit Gewalt, durch rechtswidrige Drohung und Arglist
Qualifikationen	-sog. Gefährliche sexuelle Nötigung (§177 Abs. 3 StGB): Beisichführen von Waffen oder anderen gefährlichen Werkzeugen, Beisichführen von Objekten, mit denen Widerstand verhindert oder überwunden werden soll und Herbeiführung der Gefahr einer schweren Gesundheitsschädigung - die besonders gefährliche sexuelle Nötigung (§177 Abs. 4 StGB): die sexuelle Nötigung unter Verwendung gefährlicher Werkzeuge, körperlich schwer Misshandlung des Opfers bei der Tat, Bringung des Opfers in die Gefahr des Todes durch die Tat - sog. Erfolgsqualifikation (§178 StGB): durch die sexuelle Nötigung §177 den Tod des Opfers leichtfertig herbeizuführen.	- gemeinsame Begehung einer Vergewaltigung (Art. 197 § 3 kk), - Vergewaltigung an dem Minderjährigen unter 15 Jahren (Art. 197 § 3 kk), -Vergewaltigung an einem Aszendenten, einem Deszendenten, einer Person, zu der ein Adoptionsverhältnis besteht, oder einem Brüder oder einer Schwester (Art. 197 § 3 kk), - Vergewaltigung mit besonderer Grausamkeit (197 §4 i.V.m. §1 kk), - gemeinsame Begehung einer Vergewaltigung mit besonderer Grausamkeit (Art. 197 § 4 i.V.m. § 3 kk), - Vergewaltigung an dem Minderjährigen unter 15 Jahren mit besonderer Grausamkeit (Art. 197 § 4 i.V.m. §3 kk), - Vergewaltigung an einem Aszendenten, einem Deszendenten, einer Person, zu der ein Adoptionsverhältnis besteht, oder einem Bruder oder einer Schwester mit besonderer Grausamkeit (Art. 197 § 4 i.V.m. § 3 kk).

B. Sexueller Missbrauch Widerstandsunfähiger (§ 179 StGB) und sexueller Missbrauch von hilflosen und nicht voll zurechnungsfähigen Personen (Art. 198 kk)

1. Sexueller Missbrauch Widerstandsunfähiger (§ 179 StGB)

Nach deutschem Recht missbraucht der Täter eine zum Widerstand gar nicht fähige Person zu sexuellen Handlungen dadurch, dass er sexuelle Handlungen an ihr vornimmt oder durch sie an sich selbst vornehmen lässt oder auch dadurch, dass er sie zu sexuellen Drittkontakten bestimmt.

Opfer der Tat kann nur sein, wer aufgrund einzelner, im Tatbestand des Absatzes 1 näher beschriebener Gegebenheiten unfähig ist, einen ausreichenden Widerstandswillen gegen das sexuelle Ansinnen des Täters zu bilden, zu äußern oder durchzusetzen. Das Opfer muss zum Widerstand gänzlich unfähig sein. Diese Widerstandsunfähigkeit muss der Täter ausnutzen, um mit ihrer Hilfe zu der sexuellen Handlung zu kommen, die sexuelle Handlung muss dem Täter gerade erst aufgrund der besonderen Situation des Opfers gelingen[504].

Das Gesetz weist auf die physischen oder psychischen Gründe hin und unterscheidet zwischen einer Unfähigkeit wegen bestimmter seelisch-geistiger Mängel und einer körperlichen Unfähigkeit (§ 179 StGB).

1.1. Die psychischen Gründe einer Widerstandsunfähigkeit

Das deutsche Gesetz nennt eine geistige (z.B. Intelligenzdefizite) oder seelische (z.B. Psychosen sowie Neurosen und andere Persönlichkeitsstörungen mit Krankheitswert) Krankheit oder Behinderung einschließlich einer Suchtkrankheit oder eine tiefgreifende Bewusstseinsstörung (insbesondere eine solche, die bereits die Handlungsfähigkeit ausschließen z.B. Ohnmacht, Hypnose, Bewusstlosigkeit, Narkose oder der schwere Alkoholrausch)[505].

Beispielweise kann sich auch aus dem Zusammentreffen einer besonderen Persönlichkeitsstruktur des Opfers eines sexuellen Übergriffs und seiner Beeinträchtigung durch die Tatsituation infolge Überraschung, Schreck oder Schock

---

504 BGH 3. Strafsenat; 28.10.2008; 3 StR 88/08.

505 Fischer, StGB Kommentar, §179 Rn. 9b; für Einzelheiten ist auf die Auslegung des § 20 StGB zurückzugreifen; BGH NStZ 98, 83.

eine geistig-seelische Beeinträchtigung ergeben und somit eine vorübergehende Widerstandsunfähigkeit [506].

Es ist aber zu betonen, dass aus der allgemeinen Feststellung, dass es dem Geschädigten an der Kompetenz zur Einschätzung alltäglicher Gefahrensituationen mangelt, nicht ohne weiteres abgeleitet werden kann, dass er nicht fähig ist, eine sexuelle Missbrauchssituation zu erkennen und einen entsprechenden Widerstandswillen zu bilden. Die Annahme einer Widerstandsunfähigkeit setzt voraus, dass der Geschädigte gerade aufgrund seines Zustands zum Zeitpunkt der Tat nicht in der Lage war sexuelle Übergriffe des Täters abzuwehren[507].

1.2. Die physischen Gründe einer Widerstandsunfähigkeit

Neben bestimmten seelisch-geistigen Mängeln wird im deutschen Gesetz auch auf körperliche Unfähigkeit (körperliche Entkräftung, Ermüdung oder aufgrund vorausgegangener Gewaltakte wie Fesselung oder infolge körperlicher Gebrechen eine Lähmung)[508] hingewiesen. In der Lehre betont man, dass die körperliche Widerstandsunfähigkeit sich praktisch nur auf die totale Lähmung oder Erschöpfung beschränkt, weil es bei der Gewalt auf die Erfolgsaussicht des Widerstandes nicht ankommt und somit Gewalt auch gegen gefesselte oder gelähmte Frauen möglich ist[509].

Der Erfolg der Tat bei Missbrauch von Widerstandsunfähigen (§ 179 StGB) sind Vornahme am Opfer oder Vornehmenlassen sexueller Handlungen am Täter. Notwendig ist hier unmittelbarer Körperkontakt zwischen Täter und Opfer. Dies ist ein eigenhändiges Delikt[510]. Zusätzlich werden im deutschen Gesetz sexuellen Handlungen des Täters mit dem Opfer solchen mit einem Dritten gleichgestellt, zu deren Vornahme oder Duldung der Täter das Opfer bestimmt[511]. Wenn der Täter das Opfer zu Drittkontakten bestimmt, braucht er bei den sexuellen Handlungen nicht anwesend zu sein[512].

---

506 BGH 4. Strafsenat, 22.02.2005, 4 StR 9/05.

507 BGH 2. Strafsenat, 26.01.2005, 2 StR 456/04.

508 Gössel, Das neue Sexualstrafrecht, S. 69.

509 Maurach/Schroeder/Maiwald, Strafrecht BT, S. 208.

510 Lenckner/Perron/Eisle, § 179 Rn. 8.

511 Über die fragwürdige Bestimmung einer widerstandsunfähigen Person zu sexuellen Handlungen an einem Dritten, kritisch Lenckner/Perron/Eisle, § 179 Rn. 8. m. w. N.

512 Fischer, StGB Kommentar, § 176 Rn. 7.

1.3. Missbrauch

Ein solches widerstandsunfähiges Opfer muss von dem Täter missbraucht werden. Welche Bedeutung dem Merkmal des Missbrauchs des anderen hinzukommt, ist in der deutschen Lehre umstritten[513].

1.4. Qualifikationstatbestände

Der deutsche Straftatbestand sieht sieben Qualifikationstatbestände (§ 179 Abs. 5 und Abs. 7) vor. Allgemein wirken hier qualifizierende Umstände, die z.B. als Regelbeispiel eines besonderen schweren Falles der sexuellen Nötigung benannt sind oder die gemeinschaftliche Vornahme sexueller Handlungen oder zu deren Bestimmung. Qualifizierend sind hier auch die Umstände der Herbeiführung der Gefahr entweder einer schweren Gesundheitsschädigung oder einer erheblichen Schädigung der körperlichen oder seelischen Entwicklung entsprechend § 225 Abs. 3 StGB.

2. Der sexuelle Missbrauch von hilflosen und nicht voll zurechnungsfähigen Personen (Art. 198 kk)

Der polnische Strafkodex sieht einen ähnlichen Straftatbestand vor, bei welchem der Täter zwar keinen Widerstand bricht, aber eine bereits vorliegende Widerstandsunfähigkeit ausnutzt. Das ist der sexuelle Missbrauch von hilflosen und nicht voll zurechnungsfähigen Personen (Art.198 kk). Dieser besteht darin, dass das Opfer zu demselben Erfolg wie bei einer Vergewaltigung und bei der Veranlassung zu anderen Handlungen veranlasst wird, aber mit anderen Mitteln, durch Ausnutzung seiner Hilflosigkeit oder seiner auf einer geistigen Behinderung

---

513 Nach der herrschenden Lehre angesichts des Erfordernisses der Ausnutzung komme dem Merkmal Missbrauch keine große Bedeutung mehr zu, da der Missbrauch des Opfers sich schon in der Regel daraus ergibt, dass der Täter dessen Widerstandsunfähigkeit in dem oben genannten Sinn ausnutzt, Maurach/Schroeder/Maiwald, Strafrecht BT, S. 209; gleich so Gössel, Das neue Sexualstrafrecht, S. 71; Lenckner/Perron/Eisle, § 179 Rn. 11, Die Mindermeinung behauptet, dass das Schwergewicht auf das Merkmal des Missbrauchs gelegt sei. Gleichwohl kann diesem Merkmal noch eine eigenständige Bedeutung zukommen. Der unter Ausnutzung der Widerstandsunfähigkeit zustande kommende Sexualkontakt muss einen Missbrauch der widerstandsunfähigen Person darstellen. Als wesentlicher Maßstab für die Beurteilung eines Sexualkontakts als Missbrauch solcher Person wird auf die innere Haltung des Täters gegenüber dem Opfer hingewiesen, wonach das Opfer nur zum Objekt eines Sexualwunsches reduziert wird, Laubenthal, Sexualstraftaten, S. 75.

oder einer psychischen Krankheit beruhenden Unfähigkeit, die Bedeutung ihrer Handlung zu erkennen oder ihr Verhalten zu steuern.

2.1. Die psychischen Gründe einer Widerstandsunfähigkeit

Der polnische Strafkodex bestimmt unter den Unfähigkeitsursachen zur Erkennung der Bedeutung der eigenen Handlung oder zur Steuerung von eigenem Verhalten nur die geistige Behinderung oder eine psychische Krankheit. Dadurch, dass der Art. 198 kk den Begriff „andere Störung der Geistestätigkeit“[514], unter der man beispielsweise Hypnose, Narkose, Ohnmacht versteht, nicht beinhaltet, wurde damit gleich der strafrechtliche Schutz der geistig Gesunden mit vorübergehenden psychischen Störungen in Frage gestellt (z.B. die Ausnutzung des schweren Alkoholrausches einer anderen Person). Um diese Strafbarkeitslücke zu schließen, hat die polnische Lehre eine Ansicht entwickelt, nach der „die anderen Störungen der Geistestätigkeit“ im Rahmen des Art.198 kk nur dann berücksichtigt werden können, wenn sie die Hilflosigkeitslage des Opfers verursachen[515], z.B. wenn das Opfer wegen seiner Trunkenheit unfähig ist, physischen Widerstand zu leisten. Dies ist dann ein Fall von Ausnutzung seiner Hilflosigkeit. Dieser Meinung hat später die Rechtsprechung zugestimmt[516].

2.2. Hilflosigkeit

Der polnische Straftatbestand weist neben einer psychischen Widerstandsunfähigkeit auch auf die Hilflosigkeit als Unfähigkeitsursache hin, unter der man eine Lage versteht, in der das Opfer keinen physischen Widerstand leisten kann, z.B. Fesselung, Trunkenheit, Narkose, Paralyse.[517] Der Begriff der Hilflosigkeit

---

514 „andere Störung der Geistestätigkeit“ wird neben einer psychischen Krankheit (z.B. Psychose, Schizophrenie), geistiger Behinderung (z.B. Intelligenzmängel) als Ursache von Schuldunfähigkeit im Art. 31 § 1 kk bezeichnet.

515 Marek, Prawo karne, S. 494.

516 Urteil des Appellationsgerichtes in Lublin vom 19.10.2000, II AKa 190/00 Prok. i Pr. 2001/9/18. Die Gegenansicht beschränkt den Begriff „Hilflosigkeit“ auf Zustände, die nur aus physiologischen und somatischen Gründen verursacht worden sind. Der Auslegung zufolge darf die Hilflosigkeit nicht von der „anderen Störung der Geistestätigkeit“ verursacht werden, in: Rodzynkiewicz, Przestępstwa, S. 539 ff. Eine zu weitgehende und gegen die grammatikalische Auslegung vertritt świenn wegen Störungen der Geistestätigkeiten irgendwelcher Art das Opfer voll unzurechnungsfähig ist, dann liegt hier de facto die hilflose Lage vor, in: Filar, Przestępstwa seksualne w nowym kodeksie karnym in: Nowa kodyfikacja karna. Kodeks karny. Krótkie komentarze, Nr. 2, Warszawa 1997, S. 26.

517 Gardocki, Prawo karne, Warszawa 2004, S. 251.

bedeutet auch die Unfähigkeit, einen Entschluss zu fassen und zu realisieren[518]. Da die Ursachen der Hilflosigkeit im Gesetz nicht bezeichnet sind (kein Numerus clausus), ist Hilflosigkeit sowohl die durch starkes Fieber oder eine Drogenvergiftung hervorgerufene Ohnmacht,[519] als auch - bei Bewusstsein des Opfers - seine Unfähigkeit zum Widerstand infolge der Paralyse oder eines Gebrechens.[520] Keine Straftat liegt vor, wenn eine Einwilligung in den Geschlechtsverkehr vermutet werden kann, z.B. wenn der Ehemann oder Freund den Geschlechtsverkehr mit seiner Frau oder Freundin fortsetzt, die zwischenzeitlich psychisch erkrankt ist.[521]

Der Erfolg der Tat bei dem Missbrauch Widerstandsunfähiger im polnischen Recht ist die Veranlassung zum Geschlechtsverkehr oder die Duldung oder Ausübung einer anderen sexuellen Handlung.

2.3. Der Missbrauch

In der polnischen Lehre wird angenommen, dass es für die Ausnutzung der Widerstandsunfähigkeit erforderlich ist, dass gerade die Widerstandsunfähigkeit dem Täter den sexuellen Zugriff ermöglicht oder erleichtert hat[522], er muss die Tatsache, dass der Zustand die Vornahme oder Duldung der sexuellen Handlung ermöglicht oder erleichtert, bewusst einkalkulieren.

2.4. Qualifikationstatbestand

Der polnische Strafkodex sieht keinen Qualifikationstatbestand zu Art. 179 kk vor.

3. Ergebnisse

Zu bemerken ist, dass in beiden Straftatbeständen auf die psychischen oder physischen Gründe einer Widerstandsunfähigkeit hingewiesen wurde, wobei sich für die Bestimmung der letzteren das deutsche Gesetz mit dem Begriff „körper-

---

518 Urteil des Appellationsgerichtes in Lublin vom 19.10. 2000, II Aka 190/00, Prok. i Pr. 2001, Nr. 9, pos. 18.

519 Urteil des Appellationsgerichtes in Katowice vom 15.05.2009, II Aka 102/09, LEX 533985.

520 Urteil des Obersten Gerichtes vom 02.07.2002, IV KKN 266/00 Lex Nr. 54406; Marek, Prawo karne, Auflage 7, S. 457.

521 Gardocki, Prawo karne, Warszawa 2004, S. 251.

522 Filar, Rozdział XXV „Przestępstwa przeciwko wolności seksualnej i obyczajności" in: Górniok (hrg.), Komentarz kodeksu karnego, Warszawa 2006, S. 651 vgl. Maurach/ Schroeder/Maiwald, Strafrecht BT, S. 209.

liche" Unfähigkeit und das polnische Gesetz mit dem Begriff „Hilflosigkeit" begnügen.

Nach der deutschen herrschenden Lehre hat die Widerstandsunfähigkeit wegen bestimmter seelisch-geistiger Mängel häufig eine körperliche Unfähigkeit zur Folge und die letztere ist subsidiär gemeint, so dass die erste Alternative die Willensbildungsfreiheit und die zweite die Willensbetätigungsunfreiheit erfasst[523]. Nach der polnischen Rechtsprechung wurde dem Tatbestandsmerkmal „Hilflosigkeit" gegenüber dem Tatbestandsmerkmal über den psychischen Widerstandsunfähigkeitsgründen eine ergänzende Funktion zugeschrieben[524].

Der polnische Strafkodex bestimmt unter den psychischen Unfähigkeitsursachen zur Erkennung von Bedeutung der eigenen Handlung oder zur Steuerung von eigenem Verhalten nur die geistige Behinderung oder eine psychische Krankheit. Die „andere Störung der Geistestätigkeit",[525] unter der man eine vorübergehende psychische Störung wie Hypnose, Narkose oder Ohnmacht versteht, wird hier nicht erfasst und nur dann berücksichtigt, wenn sie die Hilflosigkeitslage des Opfers verursacht[526].

Im Gegensatz zum deutschen StGB, das drei Qualifikationstatbestände (§ 179 Abs. 5 und Abs. 7) für den sexuellen Missbrauch Widerstandsunfähiger vorsieht, beinhaltet der polnische Strafkodex zum sexuellen Missbrauch von hilflosen und nicht voll zurechnungsfähigen Personen (Art. 198 kk) keine Qualifikationstatbestände.

---

523 Maurach/Schroeder/Maiwald, Strafrecht BT, S. 207.

524 Urteil des Appellationsgerichtes in Lublin vom 19.10.2000, II AKa 190/00, Prok. i Pr. 2001/9/18.

525 „andere Störung der Geistestätigkeit" wird neben einer psychischen Krankheit (z.B. Psychose, Schizophrenie) und geistiger Behinderung (z.B. Intelligenzmängel) als Ursache von Schuldunfähigkeit in Art. 31 § 1 kk bezeichnet.

526 Marek, Prawo karne, Auflage 7, S. 494.

Tabelle Nr. 3

	Sexueller Missbrauch widerstandsunfähiger Personen § 179 StGB	**Sexueller Missbrauch von hilflosen und nicht voll zurechnungsfähigen Personen Art. 198 kk**
Erfolg	-Sexuelle Handlungen an das Opfer, das wegen einer geistigen oder seelischen Krankheit oder Behinderung einschließlich einer Suchtkrankheit oder wegen einer tiefgreifenden Bewusstseinsstörung oder körperlich zum Widerstand unfähig ist, vornehmen oder an sich von ihm vornehmen lassen (§ 179 Abs. 1 StGB), -ein Opfer, das wegen einer geistigen oder seelischen Krankheit oder Behinderung einschließlich einer Suchtkrankheit oder wegen einer tiefgreifenden Bewusstseinsstörung oder körperlich zum Widerstand unfähig ist, dazu bestimmen, sexuelle Handlungen an einem Dritten vorzunehmen oder von einem Dritten an sich vornehmen zu lassen (§ 179 Abs. 2 StGB)	Das Opfer, das hilflos ist oder wegen einer geistigen Behinderung oder psychischen Krankheit, unfähig ist, die Bedeutung ihrer Handlung zu erkennen oder ihr Verhalten zu steuern, zum Geschlechtsverkehr veranlassen oder dazu verleiten, sich einer anderen sexuellen Handlung zu unterwerfen oder solche Handlung auszuüben
Mittel	Missbrauch unter Ausnutzung der Widerstandsunfähigkeit	Unter Ausnutzung seiner Hilflosigkeit oder seiner auf einer geistigen Behinderung oder psychischen Krankheit beruhenden Unfähigkeit, die Bedeutung seiner Handlung zu erkennen oder sein Verhalten zu steuern,
Qualifikationen	(§ 179 Abs. 5 StGB) 1. der Täter mit dem Opfer den Beischlaf vollzieht oder ähnliche sexuelle Handlungen an ihm vornimmt oder an sich von ihm vornehmen lässt, die mit einem Eindringen in den Körper verbunden sind (§ 179 Abs. 5 nr.1 StGB), 2. die Tat von mehreren gemeinschaftlich begangen wird oder 3. der Täter das Opfer durch die Tat in die Gefahr einer schweren Gesundheitsschädigung oder einer erheblichen Schädigung der körperlichen oder seelischen Entwicklung bringt.	-keine

C. Sexueller Missbrauch institutionellen (§§ 174 a Abs. 1, 174 b StGB) und psychotherapeutischen (§ 174 c StGB) Abhängigkeitsverhältnisses und sexueller Missbrauch eines Abhängigkeitsverhältnisses (Art. 199 § 1 alt. 1 kk)

1. Sexueller Missbrauch eines institutionellen (§§ 174 a Abs. 1, 174 b StGB) oder psychotherapeutischen (§ 174 c StGB) Abhängigkeitsverhältnisses

Das deutsche StGB unterscheidet im Bereich des Missbrauches von abhängigen Personen zwischen dem Missbrauch eines institutionellen (§§ 174a Abs. 1, 174 b StGB) und eines psychotherapeutischen (§ 174 c StGB) Abhängigkeitsverhältnisses.

1.1. Institutionelles Abhängigkeitsverhältnis

Zu den deutschen Tatbeständen des Missbrauchs eines institutionellen Abhängigkeitsverhältnisses zählt man sexuellen Missbrauch von Gefangenen und behördlich Verwahrten (§ 174 a Abs. 1) und sexuellen Missbrauch unter Ausnutzung einer Amtsstellung (§ 174 b StGB).

Der sexuelle Missbrauch von Gefangenen und behördlich Verwahrten liegt darin, dass der Täter sexuelle Handlungen an einer gefangenen[527] oder auf behördliche Anordnung verwahrten[528] Person, die ihm zur Erziehung, Ausbildung, Beaufsichtigung oder Betreuung anvertraut ist, unter Missbrauch seiner Stellung vornimmt oder an sich von der gefangenen oder verwahrten Person vornehmen lässt. Nicht alle sexuelle Handlungen zwischen Justizvollzugsbediensteten und Gefangenen sind strafbar. Dazu wird vorausgesetzt, dass der Gefangene dem

527 Gefangene sind alle Personen, denen in Ausübung staatlicher Gewalt die Freiheit entzogen ist und die sich im Gewahrsam einer zuständigen Behörde befinden, auch wenn sie sich z.B. als Strafgefangene vorübergehend etwa als Freigänger außerhalb der Anstalt aufhalten, Gössel, Das neue Sexualstrafrecht, S. 95; insbesondere sind das Personen in freiheits- oder Jugendstrafvollzug, U-Haft, Ordnungshaft, Fischer, StGB Kommentar, § 174a Rn. 4.

528 Im Grunde sind dies auch die Gefangenen. Die Abgrenzung ist nicht möglich und richtet sich nach dem Sprachgebrauch. Darunter sind alle Nichtgefangenen, denen die Freiheit entzogen wurde und die sich im Gewahrsam einer zuständigen Behörde befinden umgefasst, wie z.B. die Untergebrachten nach § 81 StPO oder Abschiebungshäftlinge, Maurach/Schroeder/Maiwald, Strafrecht BT, S. 214.

Täter „anvertraut“ ist und diese sexuellen Handlungen „unter Missbrauch“ seiner Stellung vornimmt[529].

Der Gefangene und auf behördliche Anordnung Verwahrte ist dem Täter zur Erziehung, Ausbildung (z. B. Anstaltslehrer), Beaufsichtigung oder Betreuung (z. B. Sozialarbeiter oder sogar freiwillige Mitarbeiter im Vollzug) anvertraut. Hier wird Missbrauch schon dann vorliegen, wenn der Täter die Gelegenheit, die seine Stellung bietet, unter Verletzung der mit diesen verbundenen Pflichten bewusst zu sexuellen Kontakten mit Gefangenen ausnutzt[530]. Hier sind nur sexuelle Handlungen mit körperlichem Kontakt erfasst.

Weiterhin ist noch sexueller Missbrauch unter Ausnutzung einer Amtsstellung (§ 174 b StGB) zu den deutschen Tatbeständen des Missbrauch institutionellen Abhängigkeitsverhältnisses zu zählen, der darin liegt, dass der Täter als Amtsträger einen Missbrauch durch die das Verfahren begründete Abhängigkeit sexuelle Handlungen an demjenigen, gegen den sich das Verfahren richtet vornimmt oder an sich von dem anderen vornehmen lässt. Der Täter kann nur ein Amtsträger sein, der zur Mitwirkung an einem Strafverfahren oder an einem Verfahren zur Anordnung einer freiheitsentziehenden Maßregel der Besserung und Sicherung oder einer behördlichen Verwahrung berufen ist. Beispielweise wird ein Arzt, der von der Polizei zur Durchführung einer körperlichen Untersuchung oder einer Blutentnahme nach StPO § 81a hinzugezogen wird nicht als Amtsträger im Sinne der StGB §§ 174 b und 11 Abs. 1 Nr. 2 tätig[531]. Hier sind nur sexuelle Handlungen mit körperlichem Kontakt erfasst.

1.2. Psychotherapeutisches Abhängigkeitsverhältnis

Neben dem sexuellen Missbrauch des institutionellen Abhängigkeitsverhältnisses sieht das deutsche StGB einen sexuellen Missbrauch des psychotherapeutischen Abhängigkeitsverhältnisses vor, den man zu dem sexuellen Missbrauch wegen geistiger oder seelischer Krankheit oder Behinderung zur Behandlung Anvertrauten (§ 174 c Abs. 1) und den sexuellen Missbrauch eines psychotherapeutischen Behandlungsverhältnisses (§174 c Abs. 2) hinzuzählt.

In § 174 c Abs. 1 geht es um spezifische Beratungs-, Behandlungs- und Betreuungsverhältnisse, die wegen einer geistigen, seelischen oder körperlichen Krankheit oder Behinderung des Opfers bestehen. Das Opfer muss dem Täter zu den oben genannten Verhältnissen anvertraut sein. Es geht hier darum, dass sich

529 BGH 4. Strafsenat, 15.06.2000,, 4 StR 156/00, Urteil.

530 Lenckner/Perron/Eisle, § 174a Rn. 6.

531 Saarländisches Oberlandesgericht Saarbrücken 1. Strafsenat, 21.08.1991, Ss 26/91, Ss 26/91 (78/91).

der Täter gerade diese Umstände für sexuelle Ziele zu Nutze macht. Wenn er beispielweise sexuelle Kontakte als sachgerechten Teil der Behandlung darstellt[532]. Hier sind nur sexuelle Handlungen mit körperlichem Kontakt erfasst.

In § 174 c Abs. 2 handelt es sich um sexuellen Missbrauch eines psychotherapeutischen Behandlungsverhältnisses. Nach der herrschenden Lehre sind unter psychotherapeutischer Behandlung alle psychologischen Behandlungen wegen einer auch nur vermeintlichen psychischen oder psychosomatischen Störung oder Erkrankung erfasst. Voraussetzung ist, dass die Behandlung der Feststellung, Behebung oder Linderung eines konkreten psychischen Leidens dient[533], deswegen sind hier auch „Außenseitermethoden" und „alternative Therapieformen" erfasst. Das Opfer muss dem Täter zu der psychotherapeutischen Behandlung anvertraut sein. Die deutsche Rechtsprechung betont, dass ein Anvertraut sein i.S.d. § 174 c Abs. 2 StGB nicht mehr gegeben ist, wenn es zwischen dem Psychotherapeuten und seinem Patienten zu sexuellen Kontakten kommt, nachdem die Therapie regulär beendet worden ist. Es ist unbeachtlich, ob zu diesem Zeitpunkt noch ein therapeutisches Abhängigkeitsverhältnis besteht[534]. Hier kann nur Täter sein, wer zum Führen der Bezeichnung „Psychotherapeut" berechtigt ist und sich bei der Behandlung wissenschaftlich anerkannter psychotherapeutischer Verfahren bedient[535]. Hier sind nur sexuelle Handlungen mit körperlichem Kontakt erfasst.

2. Sexueller Missbrauch eines Abhängigkeitsverhältnisses (Art. 199 § 1 Satz 1 kk)

Im Gegensatz zum deutschen Recht regelt der polnische Strafkodex den Missbrauch abhängiger Personen nur in einem Straftatbestand (Art. 199 § 1 Alt. 1 kk). Demnach veranlasst der Täter eine andere Person unter Missbrauch eines Abhängigkeitsverhältnisses zum Geschlechtsverkehr oder zu einer anderen sexuellen Handlung.

2.1. Abhängigkeitsverhältnis

Nach Ansicht der polnischen Lehre versteht man unter dem im Gesetz beinhalteten Begriff „eines Abhängigkeitsverhältnisses" solche Rechtsverhältnisse oder tatsächliche Verhältnisse, in denen wichtige Angelegenheiten/Interessen (Ar-

---

532 Fischer, StGB Kommentar, 57, § 174 c, Rn. 10a.

533 Lenckner/Perron/Eisle, § 174c Rn. 8.

534 LG Offenburg 3. Strafkammer, 30.11.2004, 3 Qs 121/04.

535 BGH 1. Strafsenat, 29.09.2009, 1 StR 426/09.

beitssituation, Gesundheitszustand, Vermögensbestand) einer Person von dem Willen der anderen (Arbeitgeber, Arzt) abhängen[536]. Die Abhängigkeit braucht nicht unmittelbar zu sein, es reicht aus, wenn z.B. eine Arbeitnehmerin Gehorsam gegen den Sohn des Inhabers der Firma zeigt, in der sie angestellt ist.[537] Die Abhängigkeit kann dauerhaft (dienstliche Unterstellung) oder vorläufig (Polizist - Festgenommene, Tourist - Reiseführer während des Bergsteigens) sein.[538]

Diese so allgemeine und abstrakte Bestimmung eines Abhängigkeitsverhältnisses im Gesetz hat zur Folge, dass hier alle möglichen Konstellationen eines solchen Über- Unterstellungsverhältnisses erfasst werden können. In der Vergangenheit wurde dies durch die polnische Lehre interessanterweise immer mit einem Arbeitsverhältnis identifiziert[539]. Heutzutage stellt die polnische Lehre eine solche generell-abstrakte Bestimmung von dem Straftatbestand nicht in Frage, sondern sucht nach allen möglichen Beispielen solcher Über-Unterstellung, die unter den Begriff des Abhängigkeitsverhältnisses fallen könnten. De facto versucht die Lehre ein beliebiges Abhängigkeitsverhältnis für sexuelle Zwecke unter Strafe zu stellen.

Die Versuche nach rationaler Konkretisierung/Beschränkung des Begriffes wurden durch die Rechtsprechung vorgenommen: „ob ein Abhängigkeitsverhältnis vorliegt ist so feststellbar, dass das Schicksal einer Person (d.h. ihre wirtschaftliche Lage oder eine andere Lebenslage) überwiegend von dem Willen des Täters abhängt“[540].

2.2. Qualifikation

Der polnische Strafkodex beinhaltet einen Qualifikationstatbestand zu Art. 199 kk. Qualifizierend wirkt hier das Alter des Opfers, es muss ein Minderjähriger sein. Der Qualifikationstatbestand liegt vor, wenn der Missbrauch eines

---

536 Postanowienie SN z dnia 18.12.2008, V KK 304/08, LEX 485036.

537 Marek, Prawo karne, Auflage 7, S. 495, Liegt ein Arbeitsverhältnis vor, so bedeutet das nicht zugleich, dass ein Abhängigkeitsverhältnis vorliegt. Hier muss festgestellt werden, dass das Schicksal einer Person (z.B. finanzielle Lage) überwiegend von dem Willen des Täters abhängt in: (Urteil des Obersten Gerichtes vom 29.5.1933 in: Zbiór Orzecznictwa SN Nr. 155/33).

538 Kunicka-Michalska/Wojciechowska, Przestępstwa przeciwko wolności, wolności sumienia i wyznania, wolności seksualnej i obyczajności oraz czci i nietykalności cielesnej, S. 106.

539 Bafia, Polskie prawo karne, Warszawa 1989, S. 338; Popławski, Podstawy prawa karnego, S. 240.

540 Urteil des Obersten Gerichtes vom 29.5.1933 r, 3 K 264/33 in: Zbiór Orzecznictwa SN Nr. 155, pos. 33.

Abhängigkeitsverhältnisses, um eine andere Person zum Geschlechtsverkehr oder zu einer sexuellen Handlung zu veranlassen, zum Nachteil des Minderjährigen begangen wird.

3. Ergebnisse

Das deutsche StGB unterscheidet im Bereich des Missbrauches abhängiger Personen zwischen dem Missbrauch institutionellen (§§ 174 a Abs.1 Sexueller Missbrauch von Gefangenen und behördlich Verwahrten und 174 b StGB Sexueller Missbrauch unter Ausnutzung einer Amtsstellung) und psychotherapeutischen (§§174 c Abs. 1 StGB Sexueller Missbrauch von wegen geistiger oder seelischer Krankheit oder Behinderung zur Behandlung Anvertrauten und 174 c Abs. 2 StGB Sexueller Missbrauch eines psychotherapeutischen Behandlungsverhältnisses) Abhängigkeitsverhältnisses.

Im Gegensatz dazu regelt der polnische Strafkodex den Missbrauch abhängiger Personen nur in einem Straftatbestand (Art. 199 § 1 Alt. 1 kk).

Im deutschen Recht beschränkt sich der Missbrauch von abhängigen Personen auf die eng spezialisierte Täter-Opfer Beziehung. Aus §174 a Abs. 1 StGB ergibt sich das Abhängigkeitsverhältnis aus der Einschließung in ein Strafverfahren.[541] Hier wird das Opfer in ein besonderes Gewaltverhältnis eingegliedert und in ihrer Entscheidungs- und Handlungsfreiheit eingeschränkt und ist so dem Täter in besonderem Maße ausgeliefert[542]. In § 174 b StGB ergibt sich das Abhängigkeitsverhältnis aus der Einspannung in ein Strafverfahren[543]. Hier ist das Opfer in bestimmte Verfahren verwickelt. Hier genügt es nicht, dass der Täter seine Stellung missbraucht, vielmehr muss er die Tat unter Missbrauch der durch das Verfahren begründeten Abhängigkeit begehen. In § 174c Abs. 1 StGB gerät das Opfer in Abhängigkeit zu den sie beratenden, behandelnden oder betreuenden Personen. Deswegen bedarf es diesen gegenüber eines besonderen Schutzes vor sexuellen Übergriffen[544]. In § 174c Abs. 2 ergibt sich die besondere Schutzbedürftigkeit aus der Eigenart der psychotherapeutischen Behandlung, die den Patienten in eine tiefgreifende Abhängigkeit zum Therapeuten geraten lässt und dem Therapeuten eine große Machtstellung verleiht[545].

Das polnische Recht dagegen begnügt sich bloß mit dem Begriff „ein Abhängigkeitsverhältnis" In der polnischen Lehre wird der Missbrauch des Abhän-

---

541 Maurach/Schroeder/Maiwald, Strafrecht BT, S. 212.

542 Lenckner/Perron/Eisle, § 174b Rn. 2.

543 Maurach/Schroeder/Maiwald, Strafrecht BT, S. 212.

544 P/E § 174c Rn.1.

545 P/E § 174 c Rn 7.

gigkeitsverhältnisses in der sexuellen Therapie, in der Ärzte (Psychiater, Sexualwissenschaftler) unter Ausnutzung ihrer Position mit den Patienten in sexuelle Beziehungen eingehen, als besonders sozialschädlich bezeichnet. Die polnische Lehre betont, dass es schwer sei, wegen der Eigenart von solchen Therapien zwischen der Arglist (Nötigungsmittel bei der Vergewaltigung) und dem Missbrauch des Abhängigkeitsverhältnisses zu unterscheiden und erwägt die strafrechtliche Verantwortung des Täters eines solchen Missbrauches nicht wegen Art. 199 §1 kk, sondern wegen Art. 197 §1 kk (Vergewaltigung)[546].

So eine allgemeine und abstrakte Bestimmung eines Abhängigkeitsverhältnisses im Gesetz hat zur Folge, dass hier alle mögliche Konstellationen von solchen Über- Unterordnungsverhältnisses umfasst werden können, was auch gleich die Bedenken mit sich bringen, ob die Vorschrift mit dem verfassungsrechtlichen Bestimmtheitsgrundsatz (Art. 42 poln. GG) zu vereinbaren ist.

Man kommt zu dem Schluss, dass der im deutschen StGB beinhaltende Missbrauch von Abhängigkeitsverhältnissen bestimmter Art vom polnischen Straftatbestand vollständig umfasst wird. Es wird hier auch der Missbrauch solcher Abhängigkeitsverhältnisse umfasst, die im deutschen StGB nicht werden.

Im deutschen Gesetz werden in allen Fällen des Missbrauchs von Abhängigkeitsverhältnissen (§ 174 a, § 174 b, § 174 c) nur sexuelle Handlungen mit Körperkontakt zwischen Täter und Opfer erfasst. Nach polnischem Recht wird das Opfer vor der Veranlassung zum Geschlechtsverkehr und vor dem gleichen wie bei sexueller Nötigung mit Erfolg geschützt.

Das deutsche StGB sieht für die deutschen Straftatbestände abhängiger Personen keine Qualifikationstatbestände vor. Der polnische Strafkodex beinhaltet einen Qualifikationstatbestand zu Art. 199. Qualifizierend wirkt hier das Alter des Opfers.

---

546 Warylewski, Przestępstwa przeciwko wolności seksualnej i obyczajności in: Wąsek (hrg.), Kodeks karny, Część Szczególna, Komentarz Tom I, Warszawa 2006, S. 912.

Tabelle Nr.4

	Sexueller Missbrauch institutionellen (§§ 174 a Abs. 1, 174 b StGB), psychotherapeutischen (§ 174 c StGB) Abhängigkeitsverhältnisses	**Sexueller Missbrauch eines Abhängigkeitsverhältnisses (Art. 199 § 1 Alt. 1 kk)**
Erfolg	**§ 174 a Abs. 1**-Sexuelle Handlungen an einer gefangenen oder auf behördliche Androhung verwahrten Person, die dem Täter zur Erziehung, Ausbildung, Beaufsichtigung oder Betreuung anvertraut ist, vornehmen oder an sich von der gefangenen oder verwahrten Person vornehmen lassen, **§174b**- Wer als Amtsträger, der zur Mitwirkung an einem Strafverfahren oder an einem Verfahren zur Anordnung einer freiheitsentziehenden Maßregeln der Besserung und Sicherung oder einer behördlichen Verwahrung berufen ist, sexuelle Handlungen an demjenigen, gegen den sich das Verfahren richtet, vornimmt oder an sich von dem anderen vornehmen lässt, **§174c Abs.1**- Sexuelle Handlungen an einer Person, die dem Täter wegen einer geistigen oder seelischen Krankheit oder Behinderung einschließlich einer Suchtkrankheit oder wegen einer körperlichen Krankheit oder Behinderung zur Beratung, Behandlung oder Betreuung anvertraut ist, vornimmt oder an sich von ihm vornehmen lässt, **§ 174 c Abs. 2**- Sexuelle Handlungen an einer Person, die dem Täter zur psychotherapeutischen Behandlung anvertraut ist, vornimmt oder an sich von ihr vornehmen lässt.	Das Opfer zum Geschlechtsverkehr veranlassen oder dazu verleiten, sich einer anderen sexuellen Handlung zu unterwerfen oder solche Handlung auszuüben
Mittel	**zu § 174 a Abs. 1**- Unter Missbrauch seiner Stellung **zu § 174 b**- Unter Missbrauch der durch das Verfahren begründeten Abhängigkeit **zu § 174 c Abs .1**- Unter Missbrauch des Beratungs-, Behandlungs- oder Betreuungsverhältnisses **zu § 174c Abs. 2**- Unter Missbrauch des Behandlungsverhältnisses	Unter Missbrauch eines Abhängigkeitsverhältnisses
Qualifikationen	-keine	- Die Tat gleich zu des Minderjährigen Nachteil begehen (Art. 199 § 2 kk)

D. TATBESTÄNDE OHNE ENTSPRECHUNG

Bei der Zusammenstellung der polnischen und deutschen Straftaten gegen die sexuelle Freiheit und den Missbrauch abhängiger Personen sind noch zwei Straftatbestände übrig geblieben: Sexueller Missbrauch von Kranken und Hilfsbedürftigen in Einrichtungen § 174 a Abs. 2 StGB und die Ausnutzung einer kritischen Lage Art. 199 § 1 Alt. 2 kk. Diesen beiden kann man keine entsprechenden Regelungen in den jeweiligen Rechtssystemen gegenüberstellen.

1. Deutsche Besonderheit- Sexueller Missbrauch von Kranken und Hilfsbedürftigen in Einrichtungen § 174 a Abs. 2

Zu einer Besonderheit des deutschen Rechts, aus der Sicht des polnischen Rechts, zählt man den sexuellen Missbrauch von Kranken und Hilfsbedürftigen in Einrichtungen (§ 174 a Abs. 2). Hier missbraucht der Täter eine in einer Einrichtung[547] für kranke oder hilfsbedürftige Menschen aufgenommene und ihm zur Beaufsichtigung[548] oder Betreuung[549] anvertraute Person dadurch, dass er unter Ausnutzung ihres Zustandes die sexuellen Handlungen an ihr vornimmt oder an sich von ihr vornehmen lässt. Täter kann nur sein, wem die Aufgenommenen zur Beaufsichtigung oder Betreuung anvertraut sind. Ohne Bedeutung ist, aus welchem Grund (Gesetz, Verwaltungsakt, ungültiger Vertrag) das Anvertrauen erfolgt[550]. Es wird stets in der deutschen Lehre der bestimmte Täterkreis kritisiert, wonach Täter nur sein kann, wem die Aufgenommenen zur Beaufsich-

---

547 Für den Begriff der Einrichtung schlägt Schroeder die teleologische Auslegung vor (BGH 19,133) und betont, dass entscheidend ist, dass der Insasse aus seinem gewohnten Lebenskreis herausgerissen ist, z.B. Krankhäuser, Altenheime usw. siehe: Maurach/Schroeder/Maiwald, Strafrecht BT, S. 211; Der herrschenden Lehre nach umfasst der Begriff auch teilstationäre Einrichtungen, wie Tageskliniken. Solche Einrichtungen sind nur jene, die eine gewisse organisatorische Selbstständigkeit aufweisen und bei denen das Verhältnis zu ihrem Nutzer einer einheitlichen rechtlichen Regelung unterliegt, unabhängig davon, ob sie privat- oder öffentlichrechtlich organisiert sind, Gössel, Das neue Sexualstrafrecht, S. 96.

548 Beaufsichtigung bedeutet Überwachen einer Person, damit sie sich der vorgegeben Ordnung gemäß in einer Einrichtung aufhält, sind insbesondere die Patienten in psychischen Krankenhäuser betroffen, Laubenthal, Sexualstraftaten, S. 79.

549 Bei Betreuung trägt der Täter für eine gewisse Dauer die Verantwortung für das körperliche und psychische Wohl des Opfers. Es genügt bereits eine Betreuung in Teilbereichen (z.B. Masseur), Laubenthal, Sexualstraftaten, S. 79.

550 Maurach/Schroeder/Maiwald, Strafrecht BT, S. 211.

tigung oder Betreuung anvertraut sind. Nach Schroeder ist dieses Merkmal mindestens seiner objektiven Fassung nach der modernen Schutzrichtung sinnwidrig (Schutz der Freiheit siehe BTD VI/3521 S.27), da die Beeinträchtigung der Freiheit die gleiche ist, wenn der Täter das Betreuungsverhältnis nur spielt[551]. Der Missbrauch erfolgt zwar im Rahmen bestimmter Obhutsverhältnisse, jedoch missbraucht der Täter, zwar nicht seine Stellung, wohl aber das Opfer gerade unter Ausnutzung von dessen Krankheit oder Hilfsbedürftigkeit. Auf die Art der Krankheit oder den Grund der Hilfsbedürftigkeit kommt es nicht an, sie müssen aber tatsächlich gegeben sein und zwar ergibt es sich aus dem Erfordernis des Ausnutzens dieses Zustands[552]. Der herrschenden Lehre nach kommt es auf den Ort des sexuellen Kontakts (z.B. außerhalb der Einrichtung) nicht an[553]. Sexueller Missbrauch eines Kranken liegt auch dann vor, wenn eine sexuelle Handlung unter dem Deckmantel medizinischer Betreuung vorgenommen wird, der sich der Kranke freiwillig, in der Annahme, sie sei medizinisch indiziert unterwirft. Das Tatbestandsmerkmal „unter Ausnutzung der Krankheit oder Hilfsbedürftigkeit“ ist schon bei jedem Ausnutzen der mit der Krankheit verbundenen besonderen Situation des Opfers erfüllt, so auch wenn der stationär untergebrachte Patient (hier: in einer neurologischen Universitätsklinik) unter Vortäuschung einer erforderlichen Untersuchung zur Duldung sexueller Handlungen durch den behandelnden Arzt veranlasst wird[554]. Der herrschenden Meinung nach kommt dem Missbrauchsmerkmal eine eigenständige Bedeutung nicht[555]. Die eigene Initiative des Opfers schließt den Missbrauch dann nicht aus, wenn sie unmittelbar krankheitsbedingt ist oder auf der erkennbaren Sorge um die Betreuung beruht. Der herrschenden Meinung nach entfällt ein Ausnutzen nur bei einem wirklich freien, durch die Hilfsbedürftigkeit nicht beeinflussten Einverständnis[556]. Das Opfer ist hier vor sexuellen Kontakten mit unmittelbarem Körperkontakt des Täters geschützt.

2. Polnische Besonderheit- Die Ausnutzung der kritischen Lage Art. 199 § 1 Satz 2 kk

Zu der Besonderheit des polnischen Rechts, aus Sicht des deutschen Rechts, zählt man die Ausnutzung einer kritischen Lage (Art. 199 §1 Satz 2), die dann

---

551 Maurach/Schroeder/Maiwald, Strafrecht BT, S. 211.

552 Fischer, StGB Kommentar, § 174a Rn. 8a.

553 Lenckner/Perron/Eisle, §174a Rn. 8.

554 BGH 2. Strafsenat, 18.02.2004, 2 StR 462/03, Beschluss.

555 Laubenthal, Sexualstraftaten, S. 80.

556 Lenckner/Perron/Eisle, §174a Rn. 10.

vorliegt, wenn der Täter eine kritische Lage einer anderen Person ausnutzt, um sie zum Geschlechtsverkehr zu veranlassen oder sie dazu zu verleiten, sich einer anderen sexuellen Handlung zu unterwerfen oder eine solche Handlung auszuüben.

Unter einer kritischen Lage versteht die polnische Lehre eine Situation, in der dem Opfer ernste Vermögens- oder Persönlichkeitsschäden drohen, bloße Bedürftigkeit oder finanzielle Probleme reichen nicht aus[557]. Zu beachten ist, dass man im Einzelnen die Möglichkeiten des Opfers (z.B. eine neue Arbeit zu bekommen) genau prüft. Wenn das Opfer hoch qualifiziert ist und anzunehmen ist, dass es leicht eine neue Arbeit bei einem anderen Arbeitgeber finden kann, besteht keine kritische Lage[558].

Die Ausnutzung der kritischen Lage besteht darin, dass der Täter die Hilfeleistung oder die Besserstellung in einer Angelegenheit von der Zustimmung des Opfers zum Geschlechtsverkehr oder zu anderen sexuellen Handlungen abhängig macht.[559] Hier ist das Motiv der Befriedigung von sexuellen Trieben keine Voraussetzung für die Bestrafung.[560]

Zum Unterschied zwischen einem Abhängigkeitsverhältnis und einer kritischen Lage hat die Lehre darauf hingewiesen, dass ein Abhängigkeitsverhältnis ein zwischen-menschliches Verhältnis ist. Die kritische Lage ist eine unabhängige Tatsache. Die Ausnutzung der kritischen Lage kann eine besondere Form eines tatsächlichen Abhängigkeitsverhältnis sein[561]. Sowohl ein Abhängigkeitsverhältnis als auch eine kritische Lage dürfen nicht vom Täter hervorgerufen werden, sie müssen objektiv vorliegen[562].

Hier wird das Opfer vor der Veranlassung zum Geschlechtsverkehr und vor dem gleichen Erfolg wie bei sexueller Nötigung geschützt.

---

557 Marek, Prawo karne, Auflage 7, S. 495.

558 Warylewski, Przestępstwa przeciwko wolności seksualnej i obyczajności in: Wąsek (hrg.), Kodeks karny, Część Szczególna, Komentarz Tom I, Warszawa 2004, S. 852.

559 Marek, Prawo karne, Auflage 7, S. 495.

560 Marek, Prawo karne, Auflage 7, S. 495.

561 Śliwowski, Prawo karne, Warszawa 1975, S. 401.

562 Urteil des Appellationsgerichtes in Lublin vom 06.05.2003, II AKa 109/03 Prok. i Pr. 2004/11-12/25; Hätte der Täter sie hervorgerufen und danach benutzt, müsste er sich wegen Vergewaltigung verantworten, Filar, Rozdział XXV „Przestępstwa przeciwko wolności seksualnej i obyczajności" in: Górniok (hrg.), Komentarz kodeksu karnego, Warszawa 2006, S. 603; Dies ist außerdem der Fall, wenn der Täter bei dem Opfer einen Irrtum hervorruft oder bewirkt, dass das Opfer glaubt, sich in einem Abhängigkeitsverhältnis oder in einer kritischen Lage zu befinden, was aber in Wirklichkeit nicht stimmt, z.B. der Täter hat sich als Vorsteller (Chef) ausgegeben (Urteil des Obersten Gerichtes vom 14.5.1936, IK 208/36, Zbiór Orzecznictw SN 1937 Nr. I pos. II C).

Der polnische Strafkodex sieht hier den gleichen Qualifikationstatbestand wie für den Missbrauch eines Abhängigkeitsverhältnisses vor (Art. 199 § 2 kk).

Kapitel 2
Die sexuelle Straftaten gegen Kinder und Jugendliche

1. Überblick und Systematik

Das deutsche StGB regelt die sexuellen Straftaten gegen Minderjährige in den §§ 174, 176-176 b, 180, 180 a, 182 und 184 b. Das Gesetz staffelt den Jugendschutz nach dem Alter des Opfers, wobei bei zunehmendem Alter zusätzliche Kriterien für die Schutzbedürftigkeit hinzutreten[563]. Es wird damit zwischen dem absoluten Schutz von Kindern unter 14 Jahren (Sexueller Missbrauch von Kindern § 176, Schwerer sexueller Missbrauch von Kinder § 176 a, Sexueller Missbrauch von Kindern mit Todesfolge § 176 b StGB) und dem eingeschränkt Schutz von Jugendlichen unter 16 Jahren (Sexueller Missbrauch von Jugendlichen § 182 Abs. 3, Sexueller Missbrauch von Schutzbefohlenen § 174 Abs. 1 Nr. 1, Förderung sexueller Handlungen Minderjähriger § 180 Abs.1) und unter 18 Jahren (Sexueller Missbrauch von Schutzbefohlenen § 174 Abs.1 Nr. 3 und Abs.1 Nr. 2, Förderung sexueller Handlungen Minderjähriger 180 Abs. 3, § 180 Abs.1 und 2, Ausbeutung von Prostituierten § 180 a Abs. 2 Nr. 1 und Ausübung der verbotenen Prostitution § 184 c StGB) unterschieden.

Der polnische Strafkodex regelt die sexuellen Straftaten gegen Minderjährige in den Art. 199 § 2, § 3, Art. 200, Art. 200 a, Art. 200 b kk. Außerdem beinhaltet er zur Vergewaltigung, zum sexuellen Missbrauch in einem Abhängigkeitsverhältnis sowie zur Kuppelei und Zuhälterei Qualifikationstatbestände, bei denen das Alter des Opfers qualifizierend wirkt. Damit stellen die Vergewaltigung an einem Minderjährigen unter 15 Jahren (Art. 197 § 3 Pkt. 2 kk), sexueller Missbrauch in einem Abhängigkeitsverhältnissen zum Nachteil eines Minderjährigen (Art. 199 §2 kk) sowie Kuppelei und Zuhälterei an Minderjährigen (Art.204 §3 kk) nur Qualifikationstatbestände zu den jeweiligen Straftatbeständen dar.

Im polnischen Gesetz lassen sich die sexuellen Straftaten, die allein dem Minderjährigenschutz dienen (Art. 199 § 3, Art. 200, Art. 200 a, Art. 200 b kk), auch nach dem Schutzalter gruppieren. Der polnische Strafkodex sieht einen absoluten Schutz von Minderjährigen unter 15 Jahren (Sexueller Missbrauch von Minderjährigen Art. 200 §§ 1, 2 kk, Kontaktaufnahme mit Minderjährigen zwecks sexuellem Missbrauch Art. 200 a kk, Propagieren von Pädophilie

563 Maurach/Schroeder/Maiwald, Strafrecht BT, § 20 I Rn. 2.

Art. 200 b kk) und einen beschränkten Schutz von Minderjährigen (Sexueller Missbrauch vom Vertrauensverhältnis Art. 199 § 3 und Sexueller Missbrauch durch Übergabe oder Zusage von materiellen Vorteilen Art. 199 § 3) vor.

Während das StGB ein Kind als eine Person unter 14 Jahren ausdrücklich nennt (§ 176 Abs. 1 StGB), begnügt sich der polnische Strafkodex mit Begriff „Minderjährige unter 15 Jahren". Nach dem polnischen Zivilrecht ist eine Person minderjährig, welche noch nicht das 18. Lebensjahr vollendet hat.

Die sexuellen Straftaten der beiden Rechtsysteme werden nach dem Schutz von Kindern und Minderjährigen unter 15 Jahren, sowie von Jugendlichen und Minderjährigen zusammengestellt und weiter verglichen.

2. Die Straftaten im Einzelnen

A. Sexueller Missbrauch von Kindern (§ 176 StGB) und Sexueller Missbrauch von Minderjährigen unter 15 Jahren (Art. 200, Art. 200 b kk)

1. Sexueller Missbrauch von Kindern § 176-176 b StGB

Im deutschen Recht besteht der sexuelle Missbrauch von Kindern (§ 176 StGB) in der Vornahme sexueller Handlungen des Täters am Kind oder des Kindes am Täter (Abs. 1), der Bestimmung des Kindes zu sexuellen Handlungen mit Dritten (Abs. 2), Handlungen des Täters vor dem Kind (Abs. 4 Nr. 1), der Bestimmung des Kindes zu Handlungen (Abs. 4 Nr.2) in sonstigen sexualbezogenen (Abs. 4 Nr. 4) sowie vom Täter als solche angesehenen (Abs. 4 Nr. 3) Einwirkungen.

1.1. Vornahme sexueller Handlungen

Das deutsche Gesetz begnügt sich mit der Aufzählung der aufgegliederten Formen sexueller Betätigung mit Wendungen „sexuelle Handlungen an" und „sexuelle Handlungen vor", im ersten Fall ist die körperliche Berührung des Kindes erforderlich und im zweiten Fall muss eine bloße Wahrnehmungsbeziehung zwischen dem Kind und dem Täter oder dem Dritten vorliegen[564].

564 Fischer, StGB Kommentar, § 176 Rn 4.

a) mit unmittelbarem Körperkontakt

Der deutsche Straftatbestand des sexuellen Missbrauchs von Kindern erfasst die Vornahme sexueller Handlungen an einem Kind oder das Vornehmenlassen von Handlungen des Kindes am Täter (§ 176 Abs. 1 StGB).

Nach der deutschen Rechtsprechung braucht das Kind die Bedeutung des Vorgangs weder zu verstehen, noch die sexuellen Handlungen als sexuelle zu erkennen[565]. Es spielt hier keine Rolle von wem die Initiative zu der sexuellen Handlung ausgeht. Das Kind muss die sexuellen Handlungen auch nicht wahrnehmen. Deswegen macht sich auch derjenige strafbar, der sexuelle Handlungen an einem schlafenden Kind vornimmt[566].

Bei der Feststellung, ob eine Vornahme sexueller Handlungen an dem Kind im Sinne von § 176 Abs. 1 vorliegt muss immer im Einzelfall beurteilt werden. Dabei stellt die deutsche Rechtsprechung auf die Erheblichkeitsschwelle ab[567].

Beispielweise handelt es sich um eine erhebliche sexuelle Handlung im Sinne der §§ 176 Abs. 1, 184 f Nr. 1 StGB, wenn ein 41-jähriger Mann ein fremdes 7-jähriges Mädchen in Abwesenheit weiterer Personen an einer abgelegenen Örtlichkeit - in einem Reitstall - unvermittelt auf den Mund küsst und zugleich an Bauch und Rücken streichelt[568]. Die deutsche Rechtsprechung verneint Handlungen wie flüchtiges Greifen unter den Rock[569], einen Griff zwischen die Beine, um ein Kind hochzuheben[570], kurze Griffe über der Kleidung an die Brust oder dem Gesäß,[571] als sexuelle Art im Sinne des § 176 Abs. 1 StGB[572]. Danach liegt auch keine sexuelle Handlung vor, wenn eine nicht mehr stillende Frau es zulässt, dass ihr 6-jähriger Sohn und ihre 9-jährige Nichte ihre Brust entkleiden und daran saugen, indem sie während des kurzen Vorgangs ihre Hand zärtlich um den Kopf oder den Rücken des Kindes legt, ohne es zurückzuweisen[573].

---

565 BGH 29, 339, 30, 144.

566 Fischer, StGB Kommentar, § 176 Rn. 6 mit dort zitierter Rechtsprechung.

567 Ob eine sexuelle Handlung i.S.v. § 184 f Nr. 1 StGB erheblich ist, richtet sich nach dem Grad ihrer Gefährlichkeit für das betroffene Rechtsgut, BGH 1. Strafsenat 14 August 2007, 1 StR 201/07.

568 LG Freiburg (Breisgau) 7. Kleine Strafkammer 26 Mai 2008, 7 Ns 160 Js 22075/07 AK 31/08, 7 Ns 160 Js 22075/07, AK 31/08.

569 2 StR 765/ 80.

570 NStZ-RP 99, 357 Nr. 49.

571 NStZ 99, 45.

572 Fischer, StGB Kommentar, § 176 Rn. 5 mit dort angegebener Rechtsprechung.

573 OLG Oldenburg (Oldenburg) 1. Strafsenat 22 Dezember 2009, 1 Ss 210/09 Beschluss.

b) ohne körperliche Berührung

Der deutsche Straftatbestand des sexuellen Missbrauchs von Kindern erfasst auch die Vornahme sexueller Handlungen vor dem Kind (§ 176 Abs. 4 Nr. 1 StGB). Hier werden diejenigen sexuellen Handlungen vor einem Kind erfasst, die der Täter entweder an sich selbst (z.B. Masturbation oder andere als sexuell einzustufende Manipulationen am eigenen Körper) oder an einem Dritten vornimmt[574].

Im Gegensatz zum Missbrauch mit körperlichem Kontakt muss hier das Kind den Vorgang wahrnehmen. Das Kind muss sich aber seiner sexuellen Bedeutung nicht bewusst sein.

Die deutsche Rechtsprechung betont, dass für den Täter von handlungsbestimmender Bedeutung die Wahrnehmung durch das Kind sein muss. Deswegen bleib derjenige, der die sexuelle Handlung nur gelegentlich bei Anwesenheit eines Kindes ohne subjektiven Bezug hierauf vornimmt, straffrei[575].

Die neuste Rechtsprechung bestätigt, dass der Täter, um sexuelle Handlungen vor dem Kind vorzunehmen, nicht am selben Ort wie das Opfer zu sein braucht. Es genügt, wenn das Kind mittels einer Webcam über das Internet die sexuellen Handlungen des Täters beobachten kann[576].

1.2. Bestimmung des Kindes zu sexuellen Handlungen

a) mit Dritten

Der sexuelle Missbrauch von Kindern besteht auch in dessen Bestimmung zu sexuellen Handlungen mit Dritten (§ 176 Abs. 2 StGB).

Nach der deutschen Lehre setzt ein Bestimmen voraus, dass der Täter unmittelbar auf das Kind einwirkt. Auf welche Weise das Bestimmen geschieht (z.B. Überredung, Versprechen von Geschenken, Drohung, Täuschung, Wecken von Neugier) ist gleichgültig,[577] wenn das Kind infolgedessen aktiv an jemand anderem die sexuellen Handlungen vornimmt oder die sexuellen Handlungen des Dritten erduldet. Bei der Bestimmung des Kindes zur Vornahme sexueller Handlungen mit Dritten werden auch solche Fälle erfasst, in denen das Kind an einem schlafenden Dritten sexuelle Handlungen vornimmt[578].

574 Hörnle, § 176 Rn. 74.

575 BGH 49, 376. BGH 49, 376- Schroeder, JR 05, 256.

576 BGH NJW 2009, 1892.

577 Lenckner/Perron/Eisle, § 176 Rn. 8.

578 Lenckner/Perron/Eisle, § 176 Rn. 7.

b) Bestimmung des Kindes zu sexuellen Handlungen

Weiterhin besteht der sexuelle Missbrauch von Kindern auch in Bestimmung des Kindes zu sexuellen Handlungen (§ 176 Abs. 4 Nr.2 StGB). Das deutsche Gesetz weist nicht darauf hin, ob es sich hier um die sexuellen Handlungen an sich oder an dem Täter oder einem Dritten, sowie vor dem Täter oder vor dem Dritten handele. Die neue Fassung des § 176 Abs. 4 Nr. 2 StGB erfasst die Bestimmung des Kindes zu jeglichen sexuellen Handlungen[579].

Damit ist die Bestimmung des Kindes zu sexuellen Handlungen durch Telefon (sog. Verbalerotiker) sowie die Bestimmung des Kindes zum aufreizenden Posieren strafbar[580]. Stets erfasst sind auch Masturbationshandlungen.

Die deutsche Lehre hält es für möglich, dass hier die sexuellen Handlungen des Kindes erfasst werden, die nicht nur unmittelbar vom Täter, sondern mittels Übertragung durch Webcam oder Telefon vorgenommen werden, so dass der Täter sie sehen oder akustisch wahrnehmen kann[581]. Problematisch findet die deutsche Lehre, dass hier auch die Handlungen erfasst werden, die das Kind auf Veranlassung des Täters vornimmt, ohne dass dies von irgendjemand unmittelbar, durch technische Übertragung oder Aufzeichnung, wahrgenommen werden kann. Ein Teil der Lehre schlägt eine Lösung vor, solche sozialadäquate Handlungsweisen aus § 184 g Nr. 1 StGB auszunehmen[582].

Die deutsche Rechtsprechung weist darauf hin, dass das Kind den Charakter der Handlung nicht erkennen muss[583] und nur solche Handlungen erfasst sind, die nach außen und objektiv sexuell sind. Deswegen sind Handlungen, die der Täter selbst als sexuelle ansieht, z.B. das Nacktbaden oder den Rock ohne Entblößung des Geschlechtsteils hochheben, ausgeschlossen[584].

1.3. Einwirkung auf das Kind

a) durch Schriften

Der sexuelle Missbrauch von Kindern erfolgt durch Einwirkung auf das Kind durch Schriften (§ 176 Abs. 4 Nr. 3 StGB). Von der Strafbestimmung ergibt sich, dass der Täter auf ein bestimmtes individualisiertes Kind durch eine Schrift

---

579 § 176 Abs.4 Nr.2 StGB a. F. setzte voraus, dass der Täter das Kind bestimmt, eine sexuelle Handlung an sich selbst vorzunehmen. Das Bestimmen eines Kindes für pornographische Fotos zu posieren wurde nicht erfasst (BGH 50,370,372).

580 Fischer, StGB Kommentar, § 176 Rn. 10.

581 Fischer, StGB Kommentar, § 176 Rn. 12.

582 Fischer, StGB Kommentar, § 176 Rn. 12.

583 BGH 29, 336.

584 Fischer, StGB Kommentar, § 176 Rn. 11.

einwirkt, um es zu sexuellen Handlungen an oder vor dem Täter oder dem Dritten zu bringen[585]. Die Schrift kann jeden beliebigen Inhalt haben und muss keinen sexualbezogenen Inhalt haben. Schriften umfassen auch den Datenspeicher“[586].

Der Tatbestand wird wegen der vollständigen Verlagerung in den subjektiven Bereich von der deutschen Lehre stets kritisiert; „Da das täuschende Kontakte-Knüpfen von Pädophilen in Chatrooms, Badeanstalten, Autobussen oder Sportstätten sich äußerlich von sozialadäquatem Verhalten schwer unterscheiden lässt, hat im Ergebnis der Tatbestand den Charakter einer Drohgebärde und mit Strafrecht kaum etwas zu tun. Man könnte ebenso gut „Kinder in sexueller Absicht anzusprechen“[587] unter Strafe stellen.

b) durch Vorzeigen pornographischer Abbildungen

Der sexuelle Missbrauch von Kindern kann auch durch Einwirken auf das Kind durch Vorzeigen pornographischer Abbildungen oder durch Abspielen von Tonträgern pornographischen Inhalts oder durch entsprechende Reden bestehen (§ 176 Abs. 4 Nr. 4 StGB).

Hier geht es darum, dass der Täter mittels Gedankenäußerung mit pornographischem Inhalt auf ein Kind einwirkt[588]. Die deutsche Rechtsprechung weist darauf hin und betont, dass der Tatbestand solche Äußerungen voraussetzt, die nach Art und Intensität dem pornografischen Material entsprechen. Deswegen genügen hier die oberflächlichen sexualbezogenen Äußerungen oder lediglich grob sexuelle Reden nicht[589].

In der Praxis ist es problematisch, wie man Missbrauchshandlungen und pädagogisches oder aufklärendes Handeln voneinander abgrenzen kann. Die herrschende Meinung stellt zur Abgrenzung auf die Motivation des Täters ab[590].

Auch hier ist die räumliche Anwesenheit des Täters nicht erforderlich. Hier ist die fernmündliche Einwirkung durch Reden möglich[591].

---

585 Fischer, StGB Kommentar, § 176 Rn. 14.
586 Krit. Schroeder, Maurach/Schroeder/Maiwald, Strafrecht BT, § 20, Rn. 11.
587 Fischer, StGB Kommentar, § 176 Rn. 15.
588 Fischer, StGB Kommentar, § 176 Rn. 16.
589 LG Berlin 7. Große Strafkammer, 16.02.2007, (507) 5 Ju Js 2984/05 Ls Ns (99/06).
590 Fischer, StGB Kommentar, § 176 Rn. 16.
591 Lenckner/Perron/Eisle, § 176 Rn. 17.

1.4. Sondertatbestand für Äußerungen und Vorbereitungshandlungen

Außerdem beinhaltet § 176 StGB einen Sondertatbestand, indem auch die Vorbereitung des sexuellen Missbrauchs unter Strafe gestellt wurde (Abs. 5), das Anbieten von Kindern zum sexuellen Missbrauch, das Versprechen des Nachweises und das Verabreden zum sexuellen Missbrauch.

Anbieten von Kindern erfordert eine auf ein bestimmtes individualisiertes Kind bezogene mündliche oder schriftliche Äußerung gegenüber einer anderen Person, wonach der Anbietende willens und in der Lage ist, das Kind zur Verfügung zu stellen. Denkbar sind auch Erklärungen der Vorab-Zustimmung hinsichtlich eines Kindes, das sich bereits bei dem Dritten befindet. Ob das Angebot angenommen wird ist gleichgültig[592].

Versprechen des Nachweises liegt nur dann vor, wenn der Täter einen Erfolg oder eine Tätigkeit gegenüber einer bestimmten Person zusagt[593]. Das Versprechen muss sich auf den Nachweis eines Kindes beziehen. Hier ist nicht erforderlich, dass das Versprechen individualisiert ist oder der Täter schon weiß auf welche Weise er das Versprechen erfüllen kann[594].

1.5. Qualifikationstatbestände

Das deutsche StGB regelt die Qualifikationstatbestände zum sexuellen Missbrauch von Kindern im § 176 a und § 176 b. Als qualifizierend wirken beispielweise: Wiederholungstaten nach § 176 I und II, Vornahme des Beischlafs und ähnlicher sexueller Handlungen, die mit dem Eindringen in den Körper verbunden sind; eine von mehreren gemeinschaftlich begangene Tat nach § 176 I und II, Rückfallklausel, konkrete Opfergefährdung und Todesfolge.

2. Sexueller Missbrauch von Kindern unter 15 Jahren Art. 200, 200 a und 200 b kk

Der sexuelle Missbrauch von Kindern unter 15 Jahren wurde im polnischen Strafkodex in den Art. 200, Art. 200 a kk geregelt. Demnach besteht der sexuelle Missbrauch von Kindern in dem Vollzug sexueller Handlungen oder des Geschlechtsverkehrs mit dem Kind sowie in der Veranlassung des Kindes zur Duldung oder zur Ausübung einer anderen sexuellen Handlung (Art. 200 § 1 kk). Weiterhin besteht der sexuelle Missbrauch von Kindern in der Präsentation einer

592 Fischer, StGB Kommentar, § 176 Rn. 22.
593 Fischer, StGB Kommentar, § 176 Rn. 25.
594 Fischer, StGB Kommentar, § 176 Rn. 26.

sexuellen Handlung an einem Kind (Art. 200 § 2 kk) sowie in der Kontakt-Knüpfung zum sexuellen Missbrauch von Kindern (Art. 200 a kk). Außerdem beinhaltet der polnische Strafkodex noch einen besonderen Straftatbestand - sog. Pädophilielobung Art. 200 b kk.

2.1. Vollzug des Geschlechtsverkehrs oder einer anderen sexuellen Handlung

Nach polnischem Recht wird der Vollzug des Geschlechtsverkehrs oder einer anderen sexuellen Handlung mit einer minderjährigen Person unter 15 Jahren bestraft (Art. 200 § 1 Altern. 1 kk)[595]. Die Rechtsprechung bestätigt, dass es sich hier um solche sexuelle Handlungen handeln muss, bei denen ein körperlicher Kontakt zwischen dem Opfer und dem Täter oder mindestens die körperliche Aktivität des Opfers vorliegt[596]. Die Zustimmung des Opfers ist irrelevant[597].

2.2. Veranlassung des Kindes zur Duldung oder zur Ausübung einer anderen sexuellen Handlung

Der sexuelle Missbrauch von Minderjährigen unter 15 Jahren besteht auch in der Veranlassung des Opfers zur Ausübung sexueller Handlungen (Art. 200 § 1 Alt. 2 kk). Es wird hier auch der Fall erfasst, in dem das Kind dazu veranlasst wird, sexuelle Handlungen an sich selbst auszuüben. Voraussetzung hierfür ist mindestens die körperliche Aktivität des Opfers. Das Kind duldet oder übt sexuelle Handlungen auf Initiative des Täters aus.

2.3. Präsentation sexueller Handlungen an Minderjährigen unter 15 Jahren

Der Täter präsentiert dem Minderjährigen unter 15 Jahren die Ausübung der sexuellen Handlung, in der Absicht sich selbst sexuell zu befriedigen (Art. 200 § 2 kk)[598]. Der Täter kann sexuelle Handlungen selbst oder mit Dritten vornehmen.

---

595 Marek, Prawo karne, 7 Auf. , S. 459.

596 Filar, Rozdział XXV „Przestępstwa przeciwko wolności seksualnej i obyczajności" in: Górniok (hrg.) Komentarz kodeksu karnego, Warszawa 2006, S. 604.

597 Czekaj, Karnoprawna ochrona dziecka przed wykorzystaniem seksualnym in: Leszczyński/Skrętowicz/ Hołda (hrg.), W kręgu teorii i praktyki prawa karnego. Księga poświęcona pamięci Profesora Andrzeja Wąska, Lublin 2005, S. 448 und ff.

598 Für Entstehungsgeschichte: Man wollte auch die sexuelle Handlungen ohne Körperkontakt erfassen, siehe in: Warylewski, Przestępstwa przeciwko wolności seksualnej i obyczajności in: Wąsek (hrg.), Kodeks karny, Część Szczególna, Komentarz Tom I, Warszawa 2006, S. 926.

Obwohl aus der Straftatbestimmung nicht hervorgeht, ob der Täter die sexuellen Handlungen selbst in Anwesenheit des Minderjährigen ausüben soll, wird angenommen, dass es sich hier um die Live-Handlungen des Täters vor dem Minderjährigen handelt. Das Vorzeigen sexueller Abbildungen oder Darstellungen fällt unter Art. 202 § 2 kk[599]. Hier werden das Onanieren des Täters in Anwesenheit der minderjährigen Person[600] sowie exhibitionistische Handlungen des Täters erfasst[601].

2.4. Kontakt-Knüpfung zum sexuellen Missbrauch, sog. Grooming Art. 200a kk

Hier wird die mittels Telekommunikationsnetzwerk und Rechnernetzwerken getäuschte Kontaktaufnahme mit einem Minderjährigen unter 15 Jahren in der Absicht eine in Art. 197 § 3 Pkt. 2 oder Art. 200 bezeichnete Straftat zu begehen, sowie in der Absicht die pornographischen Inhalte herzustellen oder sie aufzunehmen, unter Strafe gestellt[602].

Der Täter muss dabei das Treffen mit dem Opfer anstreben (Art. 200 a § 1kk). Hier werden die Vorbereitungshandlungen zum sexuellen Missbrauch pönalisiert, die besonders in der täuschenden Kontakt-Knüpfung besteht.

Noch im Gesetzgebungsverfahren erhielt die Vorschrift negative Gutachten und Bewertungen, trotzdem ist es Gesetz geworden. Die Vorwürfe waren, dass der Täter nicht in der Lage ist mittels Internet festzustellen, ob das Opfer minderjährig ist. Diese Straftatbestimmung ist unklar und in dieser Gestalt nicht anzuwenden[603].

2.5. Das sexuelle Angebot an Minderjährige unter 15 Jahren

Der Täter bietet dem Minderjährigen unter 15 Jahren mittels Telekommunikationsnetzwerk und Rechnernetzwerken ein Angebot zum Geschlechtsverkehr, der Duldung oder der Ausübung einer anderen sexuellen Handlung oder der Teil-

599 Filar, Rozdział XXV „Przestępstwa przeciwko wolności seksualnej i obyczajności" in: Górniok (hrg.), Komentarz kodeksu karnego, Warszawa 2006, S. 655.

600 Marek, Prawo karne, Auflage 7, S. 383.

601 Marek, Komentarz, S. 459; so auch Filar, Rozdział XXV „Przestępstwa przeciwko wolności seksualnej i obyczajności" in: Górniok (hrg.), Komentarz kodeksu karnego, Warszawa 2006, S. 604.

602 Erst seit 2009 im Strafkodex. Es wurde im Zusammenhang mit der Anpassung an die Konvention des Europarats von Lanzarote aufgenommen (von Polen am 25.10.2007 unterzeichnet).

603 Gutachten des polnischen Anwalt Vereines zu dem Entwurf Ds Nr. 1465 vom 9.12.2008.

nahme an der Herstellung und Aufnahme von pornographischen Inhalten an und strebt dabei deren Verwirklichung an. Das Angebot muss ernst gemeint sein (Art. 200 a § 2 kk)[604].

2.6. Sondertatbestand

In einem Sondertatbestand ist geregelt, wer öffentlich ein Verhalten pädophiler Art propagiert oder lobt (Art. 200 b kk). Die Vorschrift ist heftig kritisiert, weil es sehr unklar formuliert ist und alle Auslegungen offen lässt. Es ist nicht der Meinung zuzustimmen, dass es im polnischen Recht am Schutz vor solchen Verhaltensweisen fehlt. Es gibt Art. 255 kk § 3 – die öffentliche Lob einer Straftat[605].

3. Ergebnisse

Dem sexuellen Missbrauch von Kindern in dem deutschen Recht (§ 176 StGB) entspricht im polnischen Recht Art. 200 und 200 a kk. Während das deutsche Recht das Alter auf 14 Jahre bestimmt, werden im polnischen Recht mit dem absoluten Schutz noch die Minderjährigen unter 15 Jahren umfasst.

Im Bereich des Missbrauchs von Kindern mit Körperkontakt lassen sich keine größeren Unterschiede feststellen. Der deutsche Straftatbestand des sexuellen Missbrauchs von Kindern mit Körperkontakt erfasst die Vornahme sexueller Handlungen an einem Kind oder das Vornehmen-Lassen von Handlungen des Kindes am Täter (§ 176 Abs. 1 StGB) und die Bestimmung des Kindes zur Vornahme sexueller Handlungen an Dritten (§ 176 Abs.2 StGB). Ähnlich sieht der polnische Straftatbestand in Art. 200 § 1 kk[606] den Vollzug der sexuellen Handlung am Kind und die Veranlassung des Kindes, sich sexuellen Handlungen zu unterwerfen oder solche auszuüben. Zu betonen ist, dass Art. 200 § 1 kk den Vollzug des Geschlechtsverkehrs mit Kindern beinhaltet. Im Gegensatz dazu stellt im deutschen Recht eine vergleichbare Tathandlung des Beischlafs oder eine ihm ähnliche sexuelle Handlung einen Qualifikationstatbestand zum sexuellen Missbrauch von Kindern dar. Sowohl die deutsche als auch die polnische

---

604 Marek, Komentarz, S. 459.

605 Gutachten DS 1289 vom 17.12.2008.

606 Die Rechtsprechung bestätigt, dass es sich in Art. 200 §1 um solche sexuelle Handlungen handelt, bei denen ein körperlicher Kontakt zwischen dem Opfer und dem Täter oder mindestens die körperliche Aktivität des Opfers, vorliegen, Filar, Rozdział XXV „Przestępstwa przeciwko wolności seksualnej i obyczajności" in: Górniok (hrg.), Komentarz kodeksu karnego, S. 604.

Lehre sind der Meinung, dass es beim Vornehmen-Lassen von Handlungen des Kindes am Täter keine Rolle spielt, von wem die Initiative ausgeht[607].

Im Bereich des Missbrauchs von Kindern ohne Körperkontakt lassen sich kleine Unterschiede feststellen.

Dem deutschen Straftatbestand, der Vornahme sexueller Handlungen vor einem Kind (§ 176 Abs. 4 Nr. 1. StGB) entspricht im polnischen Strafkodex die Präsentation sexueller Handlungen vor dem Minderjährigen unter 15 Jahren (Art. 200 § 2 kk). Im Gegensatz zum deutschen Recht wird nach der polnischen Straftatbestimmung verlangt, dass der Täter in der Absicht handelt, sich sexuell zu befriedigen. Trotz der Streichung des Absichtserfordernisses in § 176 Abs. 4 Nr. 1 StGB reicht es nach der deutschen Rechtsprechung nicht aus, dass der Täter eine sexuelle Handlung nur gelegentlich bei der Anwesenheit eines Kindes ohne subjektiven Bezug hierauf vornimmt. Die Wahrnehmung durch das Kind soll, auch nach dem deutschen Recht, für den Täter von handlungsbestimmender Bedeutung sein[608]. Keine Unterschiede lassen sich zwischen der Bestimmung des Kindes zu sexuellen Handlungen (§ 176 Abs. 4 Nr. 2 StGB) und Veranlassung des Kindes zu sexuellen Handlungen (Art. 200 § 1 Alt. 2 kk) feststellen.

Die größten Unterschiede lassen sich bei den Vorbereitungshandlungen der beiden Straftaten feststellen.

Unter strafbaren Handlungen erfasst das deutsche StGB schon die Einwirkung durch Schriften, um das Kind zu sexuellen Handlungen zu bringen. Es handelt sich de facto um Vorbereitungshandlungen zum sexuellen Missbrauch (Abs. 4 Nr. 3). Damit wollte der deutsche Gesetzgeber die Verabredung in sog. Chatrooms erfassen. Der polnische Strafkodex stellt dagegen die Einwirkungen unter Strafe, die nur mittels Telekommunikationsnetzwerken und Rechnerwerken erfolgen können (Art. 200 a kk.). Weiterhin bestraft das deutsche StGB das Anbieten oder Versprechen des Nachweises eines Kindes für Kindesmissbrauch oder die Verabredung eines Kindesmissbrauchs (§ 176 Abs. 5 StGB). Im polnischen Strafkodex wird keine solche strafbare Vorbereitungshandlung vorgesehen. Stattdessen wird dem Minderjährigen unter 15 Jahren das Anbieten von sexuellen Handlungen unter Strafe gestellt (Art. 200 a § 2 kk).

Außer der zusammengestellten Straftaten sind noch die sog. Einwirkung auf das Kind durch Vorzeigen pornographischer Abbildungen im deutschen StGB (§ 176 Abs. 4 Nr. 4 StGB) und die Pädophilenlobung im polnischen Strafkodex (Art. 200 b kk) übrig geblieben.

---

607 Fischer, StGB Kommentar, § 176 Rn. 6; Marek, Komentarz, S. 393.

608 Fischer, StGB Kommentar, § 176 Rn. 9.

Zur deutschen Besonderheit zählt man die Einwirkung auf das Kind durch Vorzeigen pornographischer Abbildungen oder Darstellungen, durch Abspielen von Tonträgern pornographischen Inhalts oder entsprechende Reden (§ 176 Abs. 4 Nr. 4), weil sie keine entsprechende Regelung im polnischen Strafkodex hat. Zur polnischen Besonderheit zählt man hier Pädophilenlobung (Art. 200 b kk).

Das polnische Gesetz sieht keinen Qualifikationstatbestand zum sexuellen Missbrauch von Kindern vor. Im Gegensatz dazu regelt das deutsche StGB im § 176 a und §176 b die Qualifikationstatbestände zum sexuellen Missbrauch von Kindern.

Tabelle Nr.5

	Sexueller Missbrauch von Kindern §§ 176, 176 a, 176 b StGB	**Die sexuelle Handlung mit Minderjährigen unter 15 Jahren Art. 200 § 1 und § 2, 200 a, 200 b kk**
Grundtatbestände	*(Vornahme sexueller Handlungen)* - sexuelle Handlungen an einer Person unter 14 Jahren (Kind) vorzunehmen oder an sich von dem Kind vornehmen zu lassen (§ 176 Abs. 1 StGB), - sexuelle Handlungen vor einem Kind vorzunehmen (§ 176 Abs. 4 Nr. 1), *(Bestimmung des Kindes zu sexuellen Handlungen)* - ein Kind dazu zu bestimmen, dass es sexuelle Handlungen an einem Dritten vornimmt oder von einem Dritten an sich vornehmen lässt (§ 176 Abs. 2 StGB), - ein Kind dazu zu bestimmen, dass es sexuelle Handlungen vornimmt, soweit die Tat nicht nach Absatz 1 oder Absatz 2 mit Strafe bedroht ist (§ 176 Abs. 4 Nr. 2 StGB), *(Einwirkung auf das Kind)* - auf ein Kind durch Vorzeigen pornographischer Abbildungen oder Darstellungen, durch Abspielen von Tonträgern pornographischen Inhalts oder durch entsprechende Reden einzuwirken. (§ 176 Abs. 4 Nr. 4 StGB), *(Vorbereitungshandlungen, Sondertatbestand)* - auf ein Kind durch Schriften (§ 11 Abs. 3 StGB) einzuwirken, um es zu sexuellen Handlungen zu bringen, die es an oder vor dem Täter oder einem Dritten vornehmen oder von dem Täter oder einem Dritten an sich vornehmen lassen soll (§ 176 Abs. 4 Nr. 3), - ein Kind für eine Tat nach den Absätzen 1 bis 4 anzubieten oder nachzuweisen zu versprechen oder sich mit einem anderen zu einer solchen Tat zu verabreden (§ 176 Abs. 5)	*(Vollzug sexueller Handlungen)* -mit dem Minderjährigen unter 15 Jahren geschlechtlich zu verkehren oder mit einer solchen Person eine andere sexuelle Handlung zu vollziehen oder sie dazu zu verleiten, dass sie sich einer anderen sexuellen Handlungen unterwirft oder eine solche Handlung ausübt (Art. 200 § 1 Alt.1 kk), *(Veranlassung des Kindes zu sexuellen Handlungen)* -mit dem Minderjährigen unter 15 Jahren geschlechtlich zu verkehren oder mit einer solchen Person eine andere sexuelle Handlung zu vollziehen oder sie dazu zu verleiten, dass sie sich einer anderen sexuellen Handlung unterwirft oder eine solche Handlung ausübt (Art. 200 § 1 Alt., 2 kk), *(Vorbereitungshandlungen, Sondertatbestand)* - mittels Telekommunikationsnetzwerk und Rechnernetzwerken mit dem Minderjährigen unter 15 Jahren den Kontakt aufzunehmen, in der Absicht eine in Art. 197 § 3 Pkt. 2 oder Art. 200 bezeichnete Straftat zu begehen, sowie in der Absicht die pornographischen Inhalte herzustellen oder sie aufzunehmen, und dabei unter Irrtumsführung bei Opfer oder unter Ausnutzung von Irrtum des Opfers oder von seiner Unfähigkeit, die Situation, Verhalten zu erkennen, oder durch rechtswidrige Drohung an das Treffen mit ihm (mit dem Kind) anzustreben (Art. 200 a § 1 kk), -mittels Telekommunikationsnetzwerk und Rechnernetzwerken dem Minderjährigen unter 15 Jahren ein Angebot anzubieten, Geschlechtsverkehr, Duldung oder Ausübung einer anderen sexuellen Handlung oder Teilnahme an Herstellung und Aufnahme von pornographischen Inhalten und dabei an deren Verwirk-

		lichung anzustreben (Art. 200 a § 2 kk). - wer öffentlich das Verhalten pädophiler Art propagiert oder lobt (Art. 200 b kk)
Qualifikationstatbestände	**176 a StGB Schwerer sexueller Missbrauch von Kindern** - in den Fällen des § 176 Abs. 1 und 2, wenn der Täter innerhalb der letzten fünf Jahre wegen einer solchen Straftat rechtskräftig verurteilt worden ist. (Abs.1) - in den Fällen des § 176 Abs. 1 und 2, wenn 1. eine Person über achtzehn Jahren mit dem Kind den Beischlaf vollzieht oder ähnliche sexuelle Handlungen an ihm vornimmt oder an sich von ihm vornehmen lässt, die mit einem Eindringen in den Körper verbunden sind (Abs. 2), 2. die Tat von mehreren gemeinschaftlich begangen wird (Abs. 2) oder 3. der Täter das Kind durch die Tat in die Gefahr einer schweren Gesundheitsschädigung oder einer erheblichen Schädigung der körperlichen oder seelischen Entwicklung bringt (Abs. 2), -wer in den Fällen des § 176 Abs. 1 bis 3, 4 Nr. 1 oder Nr. 2 oder des § 176 Abs. 6 als Täter oder anderer Beteiligter in der Absicht handelt, die Tat zum Gegenstand einer pornographischen Schrift (§ 11 Abs. 3) zu machen, die nach § 184b Abs. 1 bis 3 verbreitet werden soll (Abs. 3), -wer das Kind in den Fällen des § 176 Abs. 1 bis 3 bei der Tat körperlich schwer misshandelt oder durch die Tat in die Gefahr des Todes bringt (Abs. 5), **176 b StGB Sexueller Missbrauch von Kindern mit Todesfolge** -der Täter verursacht durch den sexuellen Missbrauch (§§ 176 und 176a) wenigstens leichtfertig den Tod des Kindes.	-keine

B. SEXUELLER MISSBRAUCH VON JUGENDLICHEN ÜBER 14 bzw. 15 JAHREN (§§ 174, 180, 180 a, 182, 184e StGB UND Art. 199 § 2, 204 § 3 kk)

Wie schon erwähnt staffelt das deutsche Gesetz den Schutz von Jugendlichen nach dem Alter des Opfers und unterscheidet damit Jugendschutz unter 16 und 18 Jahren. Die Jugendlichen unter 16 Jahren sind geschützt gegen die Ausnutzung von Zwangslagen, die Selbstbestimmungsunfähigkeit und Handeln gegen Entgelt (§ 182 Abs. 1 und 3), sexuelle Handlungen von Personen, denen sie zur Erziehung, Ausbildung oder Betreuung in der Lebensführung anvertraut sind (§ 174 Abs. 1 Nr. 1) und die Vermittlung, Gewährung oder Verschaffung von einer Gelegenheit zu einer sexuellen Handlung (§ 180 Abs.1). Jugendliche unter 18 Jahren werden geschützt vor sexuellen Handlungen von seitens der Eltern oder Adoptiveltern (§ 174 Abs. 1 Nr. 3 StGB), sexuellen Handlungen sowie der Bestimmung hierzu von Personen, denen sie zur Erziehung, Ausbildung oder Betreuung in der Lebensführung anvertraut oder im Rahmen eines Dienst- oder Arbeitsverhältnisses untergeordnet sind, sofern ein Missbrauch der Abhängigkeit vorliegt (§§ 174 Abs. 1 Nr. 2, 180 Abs. 3 StGB), der Bestimmung zu sexuellen Handlungen unter Ausnutzung einer Zwangslage oder gegen Entgelt (§ 180 Abs. 1 und Abs.2 StGB), der Förderung der Prostitution (§ 180 a Abs. 2 Nr. 1 StGB) und sittlich gefährdender Prostitution (§ 184 e StGB)[609]

Zu den polnischen Straftatbeständen, die allein dem Jugendschutz unter 18 Jahren dienen, zählt man: Missbrauch des Vertrauensverhältnisses (Art. 199 § 3 S.1) und Veranlassung zur sexuellen Handlung unter Versprechen von materiellem Vorteil (Art. 199 § 3 S. 2). Außerdem stellen Missbrauch eines Abhängigkeitsverhältnisses und einer kritischen Lage zum Nachteil des Minderjährigen (Art. 199 § 2) sowie Förderung eines Minderjährigen zur Prostitution und Gewinnerzielung von der Prostitution (Art. 204 § 3) solche Tatbestände dar. Es gibt Qualifikationen zu jeweiligen Straftatbeständen, bei denen das Alter des Opfers qualifizierend wirkt.

609 Maurach/Schroeder/Maiwald, Strafrecht BT, § 20, Rn. 2.

1. Missbrauch von Jugendlichen §§ 174, 180, 180 a, 182, 184 b StGB

1.1. Sexueller Missbrauch von Jugendlichen unter 16 Jahren

a) sexuelle Handlungen mit oder vor Schutzbefohlenen (§ 174 Abs. 1 Nr. 1, Abs. 2-4)

Hier werden die Jugendlichen unter 16 Jahren vor sexuellen Handlungen von Personen, denen sie zur Erziehung, Ausbildung oder Betreuung in der Lebensführung anvertraut sind (§ 174 Abs. 1 Nr. 1, Abs. 2-4) geschützt. Es werden hier sexuelle Handlungen an (Abs. 1 Nr. 1) und vor (Abs. 2 Nr. 1) Jugendlichen sowie deren Bestimmung zur Vornahme sexueller Handlungen vor Tätern (Abs. 2 Nr. 2) erfasst. Bei den sexuellen Handlungen mit bloßer Wahrnehmungsbeziehung ist die Absicht erforderlich, sich oder den Schutzbefohlenen hierdurch sexuell zu erregen. Damit werden solche Handlungen nicht erfasst, die aus fehlendem Schamgefühl oder fehlender Aufklärung erfolgen[610].

Der deutschen Rechtsprechung nach ist die Art der Begründung dieses Obhutsverhältnisses gleichgültig, sie kann durch Gesetz, Verwaltungsakt oder bloße tatsächliche Übernahme[611] erfolgen. Der Tatbestand setzt die Betreuung in der Lebensführung voraus. Eine solche verlangt eine Verantwortlichkeit für das seelische und charakterliche Wohl des Minderjährigen während einer gewissen Dauer.[612] Die ärztliche Behandlung wird hier nicht erfasst. Jedoch sind bei hygienischen bzw. medizinischen Maßnahmen[613] sexualbezogene Handlungen eines Arztes oder durch sonstiges medizinisches Personal nur dann eine sexuelle Handlung, wenn sie in der Form, in der sie vorgenommen werden, medizinisch nicht indiziert oder nicht "lege artis" ausgeführt werden. Täter können beispielsweise Pflegeeltern, Stiefeltern, Lehrer, Pfarrer und auch Fahrlehrer sein[614]. Ein Obhutsverhältnis besteht nicht, wenn sich die Trainertätigkeit auf die Vermittlung der turnerischen Fähigkeiten und der für den Wettkampfbetrieb erforderlichen Disziplin beschränkt hat[615].

---

610 Maurach/Schroeder/Maiwald, Strafrecht BT, §20 III Rn. 23.

611 Maurach/Schroeder/Maiwald, Strafrecht BT, §20 III Rn. 19.

612 Maurach/Schroeder/Maiwald, Strafrecht BT, §20 III Rn. 22.

613 Urteil, LG Kaiserslautern 1. Große Strafkammer, 22.08.2008, 6039 Js 17547/07 - 1 KLs,

614 BGH 21, 196.

615 BGH 5. Strafsenat, 10.06.2008, 5 StR 180/08.

Vermag sich das Opfer lediglich der väterlichen Autorität nicht entgegenzustellen, so wird dies gerade von der Strafvorschrift des sexuellen Missbrauchs nach § 174 Abs. 1 Nr. 3 StGB erfasst[616].

b) sexueller Handlungen (§ 180 Abs.1 StGB)

Hier wird das Vorschubleisten durch Vermittlung (Abs. 1 Nr. 1) oder Gewährung oder Verschaffung von Gelegenheit (Abs. 1 Nr. 2) zu sexuellen Handlungen von Jugendlichen unter 16 Jahren unter Strafe gestellt. Das Vorschubleisten im Sinne des § 180 Abs. 1 S 1 Nr. 2 StGB setzt voraus, dass die geförderten sexuellen Handlungen nicht nur örtlich, sondern auch zeitlich und hinsichtlich des Opfers hinreichend konkretisiert sind. Es reicht daher zur Tatbestandsverwirklichung nicht aus, wenn der Vermieter eines Zimmers mit der Möglichkeit rechnet und es billigt, dass der Mieter das Zimmer zu sexuellen Kontakten mit Jugendlichen unter 16 Jahren nutzen wird[617]. Anders, wenn er mit Absicht handelt[618]. Der Tatbestand des § 180 Abs. 1 StGB ist auch dann erfüllt, wenn der Täter nicht nur fremden sexuellen Handlungen Vorschub leistet, sondern zugleich auch eigene sexuelle Handlungen an der minderjährigen Person vornehmen will[619].

Das deutsche StGB sieht hier noch ein Privileg vor. Die Gewährung oder Verschaffung der Gelegenheit durch Personensorgeberechtigte bleibt nach § 180 Abs. 1 S. 2 außerhalb des Tatbestands, sofern nicht eine gröbliche Verletzung der Erziehungspflicht vorliegt. In der deutschen Lehre gab es viele Zweifel am „Erzieherprivileg“[620].

c) Ausnutzung der Selbstbestimmungsunfähigkeit (§ 182 Abs. 2)

Der Täter macht sich strafbar, wenn er unter Ausnutzung der fehlenden Selbstbestimmungsfähigkeit des Jugendlichen sexuelle Handlungen an ihm vornimmt oder ihn dazu bestimmt, dass er sexuelle Handlungen an Dritten vornimmt. Die strafbare Vornahme sexueller Handlungen erfordert hier die Ausnutzung der fehlenden Fähigkeit des Opfers zur sexuellen Selbstbestimmung. Damit wollte der deutsche Gesetzgeber echte Liebesbeziehungen außerhalb des Tatbestandes lassen. Der Tatbestand ist auf Täter über 21 Jahre beschränkt, ein erheblicher

---

616 BGH 3. Strafsenat, 09.08.2005, 3 StR 464/04.

617 KG Berlin 4. Strafsenat, 16.07.1998, (4) 1 Ss 308/97 (126/97).

618 BGH GA 66, 33.

619 BGH 4. Strafsenat, 21.06.2005, 4 StR 28/05.

620 Maurach/Schroeder/Maiwald, Strafrecht BT, §20 III Rn. 30.

Altersunterschied zwischen Täter und Opfer ist ein Indiz für ein Machtgefälle zwischen den Partnern[621].

1.2. Sexueller Missbrauch von Jugendlichen unter 18 Jahren

a) Sexuelle Handlungen mit eigenen Kindern (§ 174 Abs. 1 Nr. 3, Abs. 2)

Hier werden die Jugendlichen unter 18 Jahren vor sexuellen Handlungen der Eltern oder Adoptiveltern geschützt. Es werden die Vornahme sexueller Handlungen an oder vor Jugendlichen sowie die Bestimmung der Jugendlichen zur Vornahme sexueller Handlungen unter Strafe gestellt.

b) Sexueller Missbrauch einer Abhängigkeit bei Schutzbefohlenen (§§ 174 Abs. 1 Nr. 2, Abs. 2, 180 Abs. 3)

Hier werden die Jugendlichen unter 18 Jahren vor sexuellen Handlungen sowie der Bestimmung hierzu von Personen, denen sie zur Erziehung, Ausbildung oder Betreuung in der Lebensführung anvertraut oder im Rahmen eines Dienst- oder Arbeitsverhältnisses untergeordnet sind, sofern ein Missbrauch der Abhängigkeit vorliegt geschützt (§ 174 Abs. 1 Nr. 2). Der Täter muss zu sexuellen Handlungen das Abhängigkeitsverhältnis missbrauchen. Nicht strafbar macht sich derjenige, der sexuelle Handlungen mit dem Schutzbefohlenen auf dessen Initiative vornimmt. Der Tatbestand erfasst damit nicht echte Liebesbeziehungen[622]. Beispielweise begründet ein gelegentliches Babysitte kein Arbeitsverhältnis[623]. Infolge der höheren Altersgrenze kommen hier noch andere Personengruppen in Betracht, in Kasernen untergebrachte Soldaten[624].

§ 180 Abs. 3 StGB wird als eine flankierende Vorschrift zu § 174 Abs. 4 Nr. 2 und Abs. 2 bezeichnet, da hier zusätzlich die Bestimmung zur Vornahme an oder vor einem Dritten sowie zu dem An-sich-vornehmen-Lassen durch einen Dritten erfasst wird[625].

c) einer Zwangslage (§ 182 Abs. 1 StGB)

Hier werden die Jugendlichen unter 18 Jahren vor der Ausnutzung einer Zwangslage geschützt.

Für das Merkmal "Zwangslage" im Sinne des § 182 Abs. 1 Nr. 1 1. Alt. StGB ist ein ernstes persönliches oder wirtschaftliches Bedrängnis des Opfers

---

621 Maurach/Schroeder/Maiwald, Strafrecht BT, §20 III Rn. 36.

622 BGH 28, 367.

623 OLG Düsseldorf, NStZ-RP 01, 201.

624 Maurach/Schroeder/Maiwald, Strafrecht BT, §20 III Rn. 41; OLG Hamm NJW 66, 559.

625 Maurach/Schroeder/Maiwald, Strafrecht BT, § 20 III Rn. 44.

kennzeichnend. Beispielsweise Drogenabhängigkeit oder bestehende oder drohende Obdachlosigkeit. Allein die Tatsache, dass der Jugendliche, den der Täter zu einem Waldstück gebracht hatte, sich hilflos fühlte, zunehmend Angst bekam und schließlich weinte, begründet noch nicht den erforderlichen gravierenden Umstand[626].

d) Sexuelle Handlungen gegen Entgelt (§ 180 Abs. 2 StGB)

Der Tatbestand erfasst nur die Bestimmung zu und die Forderung von sexuellen Handlungen gegen Entgelt an oder vor einem Dritten, nicht mit dem Täter selbst. Abs. 2 enthält zwei Alternativen: Vorschubleisten durch Vermittlung (die Mitnahme auf eine Sexparty[627]) und Bestimmen des Jugendlichen zur Vornahme sexueller Handlungen an oder vor einem Dritten gegen Entgelt. Der deutschen Rechtsprechung nach ist Entgelt i.S.v. § 182 Abs. 1 Nr. 1 Alt. 2 StGB jede in einem Vermögensvorteil bestehende Gegenleistung, z.B. Freizeitaktivitäten, Süßigkeiten, Geschenke und auch finanzielle Zuwendungen [628].

Es wird hier vorausgesetzt, dass der Vermögensvorteil eine Gegenleistung sein muss, es muss ein Beziehungsverhältnis zwischen Vorteil und sexuellen Handlungen gegeben sein, Einladungen zum Essen oder zu Reisen, wenn sie geeignet sind, den Jugendlichen zu beeinflussen[629]. Als vermögenswerte Gegenleistung hat die deutsche Rechtsprechung für das Dulden der sexuellen Handlungen bereits das Angebot des Angeklagten, dem Jugendlichen eine gut dotierte Rolle in einem Pornofilm verschaffen zu wollen anerkannt[630].

e) Förderung der Prostitution (§ 180 a Abs. 2 Nr.1 StGB)

Hier geht es um das Verbot der Wohnungsgewährung und der gewerbsmäßigen Unterkunftsgewährung zur Ausübung der Prostitution des Minderjährigen, das sich im Wesentlichen darauf beschränkt, die Aufnahme des Minderjährigen in Prostituiertenwohnheime, Eros-Centern und Absteigequartiere zu verbieten und sie damit auf die Straße zu treiben[631].

f) Sittlich gefährdende Prostitution (§ 184b StGB)

Es wird zwischen der konkret (§ 184 f StGB) und abstrakt (§ 184 e StGB) jugendgefährdenden Prostitution unterschieden.

---

626 BGH 5. Strafsenat, 16.04.2008, 5 StR 589/07.

627 Maurach/Schroeder/Maiwald, Strafrecht BT, § 20 III Rn. 49.

628 BGH 5. Strafsenat, 12.10.2005, 5 StR 315/05.

629 Maurach/Schroeder/Maiwald, Strafrecht BT, §20 III Rn. 50.

630 BGH 4. Strafsenat, 01.07.2004, 4 StR 5/04, Beschluss.

631 Maurach/Schroeder/Maiwald, Strafrecht BT, §20 III Rn. 53

Das deutsche StGB verbietet in § 184 f die Prostitution in der Nähe einer Schule oder sonstigen zum Besuch durch Minderjährige bestimmte Örtlichkeiten, z.B. Jugendheime oder in dem Haus, in dem sie wohnen nachzugehen. Erforderlich ist hier, dass das Nachgehen in einer Weise erfolgt, die die Minderjährigen *sittlich gefährdet*[632].

Bei § 184e handelt es sich um sog. Sperrbezirke. Die Prostitutionsausübung wird in bestimmten Gebieten verboten. *Nr. 1* erfasst neben Schulen insbesondere Kindergärten, Spielplätze und Jugendheime. „In der Nähe“ meint den räumlichen Bereich, in dem sich Minderjährige wegen der besonderen Art der Örtlichkeit in größerer Zahl aufzuhalten pflegen[633]. *Nr. 2* erfasst jedes Gebäude, in dem ein Minderjähriger wohnt; auch die Kinder von Prostituierten fallen darunter. Durch die Prostitutionsausübung muss zumindest eine minderjährige Person *sittlich gefährdet* werden; gemeint ist die konkrete Gefährdung ethischer Wertvorstellungen[634]. Dies setzt die Wahrnehmung der Prostitution und die Erfassung ihres Wesens voraus, nämlich sexuelle Handlungen gegen Entgelt anzubieten und vorzunehmen[635]. Hieran fehlt es bei Ausübung der Prostitution zu einem Zeitpunkt, in dem sich an den genannten Orten keine Minderjährigen befinden oder Vorkehrungen gegen Beobachtung getroffen wurden.

Dies setzt nicht voraus, dass es bereits zu sexuellen Kontakten gekommen ist. Es genügen vielmehr alle Handlungen, die unmittelbar hierauf abzielen, insbesondere Anbahnungsgespräche oder das Anbieten sexueller Dienste durch bloße Präsenz[636]. Die Tätigkeiten der Freier oder Vermittler werden nicht erfasst.

2. Sexueller Missbrauch von Jugendlichen unter 18 Jahren Art. 199 § 3 kk

2.1. Missbrauch des Vertrauensverhältnisses Art. 199 § 3 S. 1 kk

Laut Art. 199 § 3 Satz 1 kk veranlasst der Täter unter Missbrauch eines Vertrauensverhältnisses den Minderjährigen zu sexuellen Handlungen.

Das Vertrauensverhältnis soll sich aus der zwischen dem Minderjährigen und dem Täter bestehenden engen Beziehung ergeben[637]. Die polnische Lehre

632 Maurach/Schroeder/Maiwald, Strafrecht BT, §20 III, Rn. 54. Fischer StGB § 184f Rn 4
633 Fischer, StGB Kommentar, §184 Rn. 3f.
634 Fischer, StGB § 184f Rn 4.
635 Fischer, StGB § 184f Rn 4.
636 BGHSt 23, 167, 173 = NJW 1970, 338)
637 Marek, Komentarz, S. 382.

behauptet, es handele sich hier um ein besonderes psychisch-emotionales Verhältnis. Ein solches Verhältnis kann sich aus den Familien-, Nachbar- und Freundschaftsverhältnissen sowie aus anderen Unterordnungsverhältnissen, wie Schüler-Lehrer, Schutzbefohlenen-Betreuer, Spieler- Trainer ergeben. Der Tatbestand setzt voraus, dass der Täter das zwischen ihm und dem Opfer bestehende Verhältnis bewusst ausnutzt, um den Minderjährigen zu sexuellen Handlungen zu veranlassen.

Dabei werden die sexuellen Handlungen des Täters erfasst, die er unter Ausnutzung der Naivität des Minderjährigen oder dessen Zuversicht vorgenommen hatte[638]. Die hier beinhaltete Tathandlung erinnert an die Arglist beim Vergewaltigungstatbestand[639]. Die polnische Lehre kritisiert den Straftatbestand, da es schwierig wird, einen solchen Missbrauch des Vertrauens zu beweisen. Außerdem wird nach dem kriminalpolitischen Zweck gefragt[640].

2.2. Veranlassung zur sexuellen Handlung durch Zusage von materiellen Vorteil Art. 199 § 3 S. 2

Hier veranlasst der Täter unter Zusage der Vermögens- oder Persönlichkeitsvorteilserteilung den Minderjährigen zu sexuellen Handlungen (Art. 199 § 3 Satz 2 kk). Es geht hier um die sog. Bestechung von Minderjährigen durch Geld oder Geschenke. Solche Handlungen sind typische Strategien von Pädophilen[641].

Der polnische Gesetzgeber begründete, es handele sich hier um eine Regelung, die ein erfolgreiches Mittel zur Bekämpfung der Jugendprostitution darstellt. Dieser Ansicht ist nicht zuzustimmen. Da der Täter hier das Opfer zu sexuellen Handlungen veranlassen muss, werden damit die Fälle ausgeschlossen, in denen die Initiative vom Jugendlichen ausgeht, was eigentlich bei der Jugendprostitution immer der Fall ist.

Die Mindermeinung bezweifelt die Notwendigkeit der Strafbarkeit solcher Handlungen, weil dem 15-jährigen das Recht auf Selbstbestimmung im Bereich des Sexuallebens zusteht[642]. Außerdem wird hier kritisiert, dass der Tatbestand

---

638 Marek, Komentarz, S. 382.

639 Filar, Rozdział XXV „Przestępstwa przeciwko wolności seksualnej i obyczajności" in: Górniok (hrg.), Komentarz kodeksu karnego, S. 654.

640 Filar, Rozdział XXV „Przestępstwa przeciwko wolności seksualnej i obyczajności" in: Górniok (hrg.), Komentarz kodeksu karnego, S. 654.

641 Marek, Komentarz, S. 382.

642 Filar, Rozdział XXV „Przestępstwa przeciwko wolności seksualnej i obyczajności" in: Górniok (hrg.), Komentarz kodeksu karnego, S. 654.

die sexuellen Handlungen zwischen Personen umfasst, bei denen der Täter 17 Jahre und das Opfer fast 18 Jahre alt ist[643].

3. Ergebnisse

Das deutsche Recht unterscheidet den Jugendschutz zwischen unter 16 und unter 18 Jährigen. Der polnische Strafkodex regelt nur den Minderjährigenschutz unter 18 Jahren.

Während das deutsche StGB die verschiedenen Straftatbestände, die dem Minderjährigenschutz dienen, in verschiedenen Paragraphen aufzählt, regelt der polnische Strafkodex zwei Straftatbestände in einem Artikel (Art. 199 § 3 kk).

Nach dem polnischen Recht werden die Minderjährigen vor sexuellem Missbrauch unter Ausnutzung eines Vertrauensverhältnisses (Art. 199 § 3 Alt. 1) und vor sexuellen Handlungen gegen Entgelt geschützt (Art. 199 § 3 Alt. 2).

Im Fall des sexuellen Missbrauchs unter Ausnutzung des Vertrauensverhältnisses kritisiert die polnische Lehre die Straftatbestimmung und weist darauf hin, dass die Formulierung „unter Ausnutzung des Vertrauensverhältnisses" einen zu weit formulierten und unklaren Begriff darstellt[644]. Im Gegensatz zum deutschen Recht beinhaltet der polnische Straftatbestand keine Altersgrenze für Täter, so dass sexuelle Handlungen zwischen Personen umfasst werden, bei denen der Täter 17 Jahre und das Opfer fast 18 Jahre alt ist[645]. De lege ferenda soll der polnische Gesetzgeber für den Täter eine Altersgrenze einführen.

Der zweite polnische Straftatbestand besteht in der Vornahme sexueller Handlungen an und vor Minderjährigen unter Versprechen eines Vermögens- oder Persönlichkeitsvorteils. Nach Art. 199 § 3 Satz 2 veranlasst der Täter das Opfer zu sexuellen Handlungen, dadurch dass er ihm einen Vorteil verschafft oder dessen Erteilung verspricht (Art. 199 § 3 Satz 2). Die beiden polnischen Straftatbestände haben keine entsprechenden Straftatbestimmungen im deutschen Recht. Das bedeutet aber nicht, dass alle Handlungen, die unter Art. 199 § 3 kk fallen nach deutschem Recht straffrei sind.

Im deutschen StGB sind § 174 Abs. 1 Nr. 1, Abs. 2-4 und § 182 Abs. 1 StGB den polnischen Straftatbestimmungen ähnlich. Wenn der sexuelle Missbrauch unter Ausnutzung eines Vertrauensverhältnisses (Art. 199 § 3 kk), das sich z.B. aus bestimmten Unterordnungsverhältnissen wie z.B. Schüler-Lehrer, Schutzbefohlenen-Betreuer, Spieler-Trainer hervorgeht, besteht, ist er nach

643 Marek, Komentarz, S. 382.

644 Szyrmer, Nowelizacja, S. 68.

645 Marek, Komentarz, S. 382.

deutschem Recht auch strafbar. Die polnische Lehre zählt zu dem sexuellen Missbrauch unter Ausnutzung eines Vertrauensverhältnisses beispielsweise auch einen Fall, in dem der Täter sexuelle Handlungen unter Ausnutzung der Naivität des Minderjährigen an ihm vornimmt. Der Fall wird im deutschen Recht nach § 182 Abs. 1 bestraft.

Dem zweiten polnischen Straftatbestand, der in der Vornahme sexueller Handlungen an und vor Minderjährigen unter Versprechen eines Vermögens- oder Persönlichkeitsvorteils besteht, entspricht im deutschen Recht den §§ 180 Abs. 2, 182 Abs. 1 StGB.

Tabelle Nr.6

	Sexueller Missbrauch von Schutzbefohlenen § 174 Abs. 1 Nr. 1-3, Förderung sexueller Handlungen Minderjähriger §180 Abs. 1-3, Ausbeutung von Prostituierten § 180 a Abs. 2 Nr. 1, Sexueller Missbrauch von Jugendlichen § 182 Abs. 1-2, Jugendgefährdende Prostitution 184 e-f StGB	**Sexueller Missbrauch von Minderjährigen Art. 199 § 3 kk**
Grundtatbestände	**Minderjährige unter 16 Jahren:** ***(Vornahme sexueller Handlungen an oder vor Jugendlichen, die dem Täter anvertraut sind)*** - sexuelle Handlungen an einer Person unter sechzehn Jahren, die ihm zur Erziehung, zur Ausbildung oder zur Betreuung in der Lebensführung anvertraut ist, vorzunehmen oder an sich von dem Schutzbefohlenen vornehmen zu lassen(§ 174 Abs. 1 Nr. 1 StGB), -unter den Voraussetzungen des Absatzes 1 Nr. 1 bis 3 sexuelle Handlungen vor dem Schutzbefohlenen vornimmt, um sich oder den Schutzbefohlenen hierdurch sexuell zu erregen (§ 174 Abs. 2. Nr. 1. StGB), *(Vornahme sexueller Handlungen* ***an*** *Jugendlichen unter Ausnutzung seiner Selbstbestimmungsunfähigkeit)* -eine Person über einundzwanzig Jahre, die eine Person unter sechzehn Jahren dadurch missbraucht, dass sie 1. sexuelle Handlungen an ihr vornimmt oder an sich von ihr vornehmen lässt (§ 182 Abs. 3 Nr. 1 StGB) *(Bestimmung des Jugendlichen, die dem Täter anvertraut sind, zu sexuellen Handlungen)* -unter den Voraussetzungen des Absatzes 1 Nr. 1 bis 3 den Schutzbefohlenen dazu zu bestimmen, dass er sexuelle Handlungen vor ihm vornimmt, um sich oder den Schutzbefohlenen hierdurch sexuell zu erregen (§ 174 Abs. 2. Nr. 2. StGB), *(Bestimmung des Jugendlichen zu sexuellen Handlungen unter Ausnutzung seiner Selbstbestimmungsunfähigkeit)* -eine Person über einundzwanzig Jahre, die eine Person unter sechzehn Jahren	*(Veranlassung des Minderjährigen zu sexuellen Handlungen unter Missbrauch eines Vertrauensverhältnisses oder unter Versprechen von Vorteil)* -unter Missbrauch des Vertrauens oder unter der Erteilung eines Vermögens- oder Persönlichkeitsvorteils oder dessen Zusage, den Minderjährigen zum Geschlechtsverkehr oder zur Duldung einer anderen sexuellen Handlung veranlasst, oder ihn dazu verleitet dass er eine solche ausübt.

	dadurch missbraucht, dass sie diese dazu bestimmt, sexuelle Handlungen an einem Dritten vorzunehmen oder von einem Dritten an sich vornehmen zu lassen und dabei die fehlende Fähigkeit des Opfers zur sexuellen Selbstbestimmung ausnutzt (§ 182 Abs. 3 Nr. 2 StGB), *(Sexuellen Handlungen eines Jugendlichen Vorschub-Leisten)* -sexuellen Handlungen einer Person unter sechzehn Jahren an oder vor einem Dritten oder sexuellen Handlungen eines Dritten an einer Person unter sechzehn Jahren 1. durch seine Vermittlung oder 2. durch Gewähren oder Verschaffen von Gelegenheit Vorschub zu leisten (§ 180 Abs. 1), Satz 1 Nr. 2 ist nicht anzuwenden, wenn der zur Sorge für die Person Berechtigte handelt; dies gilt nicht, wenn der Sorgeberechtigte durch das Vorschubleisten seine Erziehungspflicht gröblich verletzt. **Minderjährige unter 18 Jahren:** *(Vornahme sexueller Handlungen* ***an oder vor*** *Jugendlichen unter Missbrauch des bestimmten Abhängigkeitsverhältnisses)* - sexuelle Handlungen an einer Person unter achtzehn Jahren, die ihm zur Erziehung, zur Ausbildung oder zur Betreuung in der Lebensführung anvertraut oder im Rahmen eines Dienst- oder Arbeitsverhältnisses untergeordnet ist, unter Missbrauch einer mit dem Erziehungs-, Ausbildungs-, Betreuungs-, Dienst- oder Arbeitsverhältnis verbundenen Abhängigkeit (§ 174 Abs. 1 Nr. 2 StGB), -unter den Voraussetzungen des Absatzes 1 Nr. 2 sexuelle Handlungen vor dem Schutzbefohlenen vornimmt, um sich oder den Schutzbefohlenen hierdurch sexuell zu erregen (§ 174 Abs. 2. Nr. 1. StGB) *(Vornahme sexueller Handlungen* ***an oder vor*** *leiblichen oder angenommenen Kinder)* -an seinem noch nicht achtzehn Jahre alten leiblichen oder angenommenen	

	Kind vornimmt oder an sich von dem Schutzbefohlenen vornehmen lässt (§ 174 Abs.1 Nr. 3 StGB), -unter den Voraussetzungen des Absatzes 1 Nr. 2 sexuelle Handlungen vor dem Schutzbefohlenen vornimmt, um sich oder den Schutzbefohlenen hierdurch sexuell zu erregen (§ 174 Abs. 2. Nr. 1. StGB) *(Vornahme sexueller Handlungen **an** Jugendlichen unter Ausnutzung einer Zwangslage)* - eine Person unter achtzehn Jahren dadurch missbraucht, dass er unter Ausnutzung einer Zwangslage 1. sexuelle Handlungen an ihr vornimmt oder an sich von ihr vornehmen lässt (§ 182 Abs. 1 Nr. 1 StGB), *(Vornahme sexueller Handlungen **an** Jugendlichen gegen Entgelt)* - eine Person über achtzehn Jahren, die eine Person unter achtzehn Jahren dadurch missbraucht, dass sie gegen Entgelt sexuelle Handlungen an ihr vornimmt oder an sich von ihr vornehmen lässt (§182 Abs. 2 StGB), *(Bestimmung des abhängigen Jugendlichen, leiblichen oder angenommen Kindes zu sexuellen Handlungen)* -unter den Voraussetzungen des Absatzes 1 Nr. 1 bis 3 den Schutzbefohlenen dazu zu bestimmen, dass er sexuelle Handlungen vor ihm vornimmt, um sich oder den Schutzbefohlenen hierdurch sexuell zu erregen (§ 174 Abs. 2. Nr. 2. StGB), *(Bestimmung des Jugendlichen zu sexuellen Handlungen unter Missbrauch des bestimmten Abhängigkeitsverhältnisses)* - wer eine Person unter achtzehn Jahren, die ihm zur Erziehung, zur Ausbildung oder zur Betreuung in der Lebensführung anvertraut oder im Rahmen eines Dienst- oder Arbeitsverhältnisses untergeordnet ist, unter Missbrauch einer mit dem Erziehungs-, Ausbildungs-, Betreuungs-, Dienst- oder Arbeitsverhältnis verbundenen Abhängigkeit bestimmt,	

	sexuelle Handlungen an oder vor einem Dritten vorzunehmen oder von einem Dritten an sich vornehmen lässt (§ 180 Abs. 3 StGB), *(Bestimmung des Jugendlichen zu sexuellen Handlungen gegen Entgelt, solchen Handlungen Vorschub leisten)* - wer eine Person unter achtzehn Jahren bestimmt, sexuelle Handlungen gegen Entgelt an oder vor einem Dritten vorzunehmen oder von einem Dritten an sich vornehmen zu lassen, oder wer solchen Handlungen durch seine Vermittlung Vorschub leistet (§ 180 Abs. 2 StGB), *(Bestimmung des Jugendlichen zu sexuellen Handlungen unter Ausnutzung einer Zwangslage)* - eine Person unter achtzehn Jahren dadurch missbraucht, dass er unter Ausnutzung einer Zwangslage diese dazu bestimmt, sexuelle Handlungen an einem Dritten vorzunehmen oder von einem Dritten an sich vornehmen zu lassen, (§182 Abs. 1 Nr. 2 StGB), *(Wohnungsgewährung zur Prostitutionsausübung)* - einer Person unter achtzehn Jahren zur Ausübung der Prostitution Wohnung, gewerbsmäßig Unterkunft oder gewerbsmäßig Aufenthalt gewährt (§ 180 a Abs. 2 Nr. 1 StGB), *(der Prostitution in der bestimmten Orten nachgehen)* 1. in der Nähe einer Schule oder anderen Örtlichkeit, die zum Besuch durch Personen unter achtzehn Jahren bestimmt ist, oder 2. in einem Haus, in dem Personen unter achtzehn Jahren wohnen, in einer Weise nachgeht, die diese Personen sittlich gefährdet(§ 184 f StGB),	
Qualifikationstatbestände	Keine	keine

Der sexuelle Missbrauch von Kindern und dessen Qualifikationen wurden in §§ 176 bis 176 b StGB geregelt.

Sowohl im deutschen als auch im polnischen Recht ergibt sich aus dieser Staffelung einerseits, dass die Tatbestände mit erhöhter Altersgrenze auch den Schutz jüngerer Jahrgänge umfassen, anderseits liegt im Verhältnis zu den Tatbeständen mit niedrigerer Altersgrenze regelmäßig Idealkonkurrenz vor[646].

Das deutsche Gesetz begnügt sich, außer in § 176 Abs. 4 Nr. 2 StGB, mit den Begriffen „sexuelle Handlungen an" und „sexuelle Handlungen vor". Im Gegensatz dazu verwendet das polnische Gesetz bloß den Begriff „sexuelle Handlungen". Demzufolge wird in den meisten polnischen Straftatbestimmungen nicht bestimmt, wessen sexuelle Handlungen das Kind dulden und wem es gegenüber solche Handlungen ausüben soll. Es wird angenommen, dass das Kind die sexuellen Handlungen des Täters und des Dritten duldet und dass das Kind solche Handlungen sowohl am Täter oder am Dritten als auch an sich selbst ausübt.

Außerdem stellen im polnischen Recht Missbrauch eines Abhängigkeitsverhältnisses und einer kritischen Lage zum Nachteil des Minderjährigen (Art. 199 § 2 kk), sowie Förderung eines Minderjährigen zur Prostitution und Gewinnerzielung von der Prostitution (Art. 204 § 3 kk) Qualifikationen zu den jeweiligen Straftatbeständen dar, bei denen das Alter des Opfers qualifizierend wirkt.

Im Kinderschutz ergeben sich nicht so große Unterschiede. Die sichtbarsten Unterschiede erscheinen bei den Vorbereitungshandlungen.

Weitgehende Unterschiede zwischen dem polnischen und deutschen Recht lassen sich im Bereich des beschränkten Schutzes von Jugendlichen feststellen.

Zu bemerken ist, dass unter den polnischen Straftatbeständen gegen Jugendschutz außer dem Missbrauch des Vertrauens oder Vorteil oder dessen Versprechen zu erteilen (Art. 199 § 3 kk), die übrigen Straftatbestände nur Qualifikationstatbestände zu den anderen Straftatbeständen darstellen. Missbrauch eines Abhängigkeitsverhältnis[647] oder einer kritischen Lage[648] zum Nachteil des Minderjährigen (Art. 199 § 2 Satz 1 kk) stellt einen Qualifikationstatbestand zum Missbrauch eines Abhängigkeitsverhältnis oder einer kritischen Lage (Art. 199 § 1 kk) dar. Das gleiche betrifft die Prostitutionsausbeutung von Minderjährigen (Art. 204 § 3 kk), unter der die Bestimmung des Minderjährigen zur Prostitution, die Erleichterung der Prostitutionsausübung von Minderjährigen und die Gewinnerzielung aus der Prostitutionsausübung von Minderjährigen zu verste-

646 Maurach/Schroeder/Maiwald, Strafrecht BT, S. 207.

647 Filar, Komentarz, S. 653; Marek, Komentarz, S. 381.

648 Filar, Rozdział XXV „Przestępstwa przeciwko wolności seksualnej i obyczajności" in: Górniok (hrg.), Komentarz kodeksu karnego, S. 653.

hen ist. Dieses wird wiederum als Qualifikationstatbestand zum Art. 204 § 1 und § 2 angesehen[649].

C. POLNISCHE BESONDERHEIT- DIE ÖFFENTLICHE PÄDOPHILIE-PROPAGIERUNG (ART. 200 b kk)

Zur polnischen Besonderheit zählt man Art. 200 b kk, das öffentliche Propagieren von Pädophilie. Diese Vorschrift wurde trotz kritischer Gutachten mit der Novelle vom 9. November 2009 in den Strafkodex eingeführt und ist ab Juni 2010 in Kraft getreten.

Nach Fassung des polnischen Gesetzgebers soll die strafbare Handlung im Propagieren von Pädophilie bestehen. Es ist erforderlich, dass das Propagieren von Pädophilie öffentlich erfolgt.

Das Propagieren bedeutet Vermitteln oder Verbreiten. Loben bedeutet eine positive Äußerung über etwas zu verbreiten oder auf Vorteile einer Handlung hinzuweisen oder aufmerksam zu machen[650]. Das Problem besteht dann, dass es sich um das Wort Pädophilie handelt. Im polnischen Strafkodex gibt es keine legale Definition von der Pädophilie. Damit entsteht eine große Rechtsunsicherheit, die im Strafrecht nicht vorkommen sollte. Die Straftatbestimmung ist zu abstrakt formuliert, so dass es zu einem Verstoß des verfassungsrechtlichen Grundsatzes des Gesetzbestimmungsgebots sowie zu einem Verstoß gegen die Meinungsfreiheit kommen könnte. Die Vorschrift ist in dieser Gestalt unanwendbar.

---

649 Marek, Komentarz, S. 390.
650 Marek, Komentarz, S. 459.

Kapitel 3
Pornographie

1. Überblick und Systematik

Das deutsche StGB beinhaltet fünf Paragraphen zur Pornographie. Diese sind: Verbreitung pornographischer Schriften (§ 184 StGB), Verbreitung gewalt- oder tierpornographischer Schriften (§ 184 a StGB), Verbreitung, Erwerb und Besitz kinderpornographischer Schriften (§ 184 b StGB) und Verbreitung, Erwerb und Besitz jugendpornographischer Schriften (§ 184 c StGB) Verbreitung pornographischer Darbietungen durch Rundfunk, Medien- oder Teledienste (§ 184 d StGB).

Der polnische Strafkodex regelt alle Pornographieverbote in nur einem Artikel. Der Artikel 202 kk beinhaltet folgende Pornographieverbote: die öffentliche Präsentation pornographischer Inhalte (Art. 202 § 1 kk), die Präsentation von pornographischen Inhalten gegenüber Minderjährigen unter 15 Jahren und Zugänglichmachen solcher an unbestimmte Minderjährige (Art. 202 § 2 kk), die sog. harte Pornographie (Art. 202 § 3 kk), die Aufzeichnung der pornographischen Inhalte, bei denen eine Person unter fünfzehn Jahren mitwirkt (Art. 202 § 4 kk) und die Anschaffung und der Besitz von bestimmten pornographischen Inhalten (Art. 202 § 4 a und Art. 202 § 4 b kk).

Aus der Zusammenstellung ergibt sich, dass sich die Gruppe der Straftatbestände in Deutschland und Polen zwischen dem beschränkten Verbreitungsverbot einfacher (§ 184, 184 d und Art. 202 §§ 1,2 kk) und dem absoluten Verbreitungsverbot harter (§ 184 a, 184 b Abs. 1, und Art. 202 § 3 kk) Pornographie zu unterscheiden ist. Im Gegensatz zum polnischen Recht gilt das absolute Verbreitungsverbot im deutschen Recht auch für jugendpornographische Pornographie (184 c Abs. 1 StGB). Weiterhin lassen sich in den beiden Rechtssystemen die Straftatbestände über Verschaffung und Besitz von Kinderpornographie (§ 184 b StGB und Art. 202 § 4 a und Art. 202 § 4 b kk) unterscheiden. Daneben beinhaltet das deutsche StGB zusätzlich das Verschaffungs- und Besitzverbot für Jugendpornographie (§ 184 c StGB). Der polnische Strafkodex beinhaltet noch die Sonderstraftatbestimmung „die Aufzeichnung pornographischer Inhalte mit Kindern".

Während sich das deutsche Gesetz mit dem Begriff „pornographische Schriften" begnügt, unter denen Ton- und Bildträger, Datenspeicher, Abbildungen und andere Darstellungen (§11 Abs. 3 StGB) erfasst werden, benutzt das polnische Strafkodex den Begriff „pornographische Inhalte".

Nicht zufällig wurde der Begriff „pornographischen Inhalte“ in den polnischen Strafkodex eingeführt. Im früheren StGB von 1969 wurde der Begriff „Gegenstände, die pornographischen Charakter haben“ gebraucht. Der damalige Art. 173 kk pönalisierte sowohl die Verbreitung pornographischer Bilder, Fotos, Schriften und anderer Gegenstände solchen Charakters als auch die Aufbewahrung, das Tragen, das Senden und die Lieferung, in der Absicht sie zu verbreiten. De facto betraf das absolute Pornographieverbreitungsverbot die Träger von solchen Inhalten, nicht die Inhalte selbst[651]. Das hatte zur Folge, dass die Verbreitung im Internet nicht strafbar war, z.B. konnte eine JPEG-Graphikdatei, die immateriell ist nicht als Gegenstand angesehen werden. Es gibt auch materielle Datenträger, z.B. die Diskette, aber diese hat als solche keinen pornographischen Charakter[652]. Den pornographischen Vortrag zu halten, konnte auch früher nicht als Verbreiten der harten Pornographie angesehen werden - da war die Rede von pornographischen Gegenstände[653].

Bevor die Straftatbestimmungen der beiden Rechtssysteme miteinander verglichen werden, muss zuerst der ihnen zugrunde liegende unbestimmte Begriff „Pornographie“ näher gebracht werden. Sowohl im deutschen als auch im polnischen Recht ist der Begriff gesetzlich nicht definiert.

A. Pornographiebegriff

1. Nach deutschem Recht

Pornographie liegt nach der deutschen Rechtsprechung vor, wenn eine Darstellung unter Ausklammerung aller sonstigen menschlichen Bezüge sexuelle Vorgänge in grob aufdringlicher Weise in den Vordergrund rückt und ihre Gesamttendenz ausschließlich oder überwiegend auf die Erregung eines sexuellen Reizes abzielt[654].

Zur Bestimmung der pornographischen Eigenschaft wurden in deutscher strafrechtlicher Lehre neue Kriterien herausgearbeitet. Das *Stimulierungstendenzkriterium,* d.h. die Darstellung zum Ausdruck bringen, dass sie ausschließlich oder überwiegend auf die Erregung eines sexuellen Reizes bei dem Betrachter abzielen und das *Anstandsverletzungskriterium*, d.h. die Darstellung, die im Einklang mit allgemeinen gesellschaftlichen Wertvorstellungen gezogenen

---

651 Kozłowska/Kucharska, Prawo karne aspekty pornografii, Prok. i Pr. 4/1999, S. 12.

652 Warylewski, Pornografia w Internecie, Prok. i Pr. 4/2002, S. 53.

653 Warylewski, Przestępstwa przeciwko wolności seksualnej i obyczajności in: Wąsek (hrg.), Kodeks karny, Część Szczególna, Komentarz Tom I, Warszawa 2004, S. 967.

654 Fischer, StGB Kommentar, § 184 Rn. 7.

Grenzen des sexuellen Anstandes eindeutig überschreiten, wurden als Vorschlag des Sonderausschusses für die Strafrechtreform des 4. StrRG vorgelegt[655]. Weitere Kriterien werden in Rechtsprechung und Schrifttum herausgearbeitet. Zu diesen zählt man:[656] *Unrealistische Darstellungsweise*, d.h. die Darstellungen, in denen sexuelle Vorgänge in „unrealistischer Darstellungsweise" „aufdringlich vergröbernd" „verzerrt" geschildert werden; *Isolierung der Sexualität,* d.h. die Darstellungen sexueller Vorgänge „ohne Sinnzusammenhang mit anderen Lebensäußerungen", die Sexualität wird „auf sich selbst" reduziert, der Mensch bei der Pornographie „auf ein physiologisches Reiz-Reaktions-Wesen" reduziert; *Degradierung des Menschen zum Objekt*, d.h. Darstellung des Sexuellen, die den Menschen zum bloßen (auswechselbaren) Objekt geschlechtlicher Begierde degradiert; *Erniedrigung eines Geschlechts*, d.h. von feministischer Seite vorgebracht, ist aber nicht auf die Darstellung von Frauen beschränkt; *Wesensverfälschung*, d.h. die Darstellungen, die das Wesen der Sexualität verfälschen; *Inhumanität*, d.h. die Inhumanität der Darstellung. Weiterhin von großer Bedeutung bei der Definition der Pornographie sind die in BGH 23, 40 entwickelten Kriterien der aufdringlich vergröbernden verzerrenden Darstellung, die ohne Sinnzusammenhang mit anderen Lebensäußerungen bleibt oder gedankliche Inhalte zum bloßen Vorwand für die Darstellung sexuellen Verhaltens nimmt[657].

2. Nach polnischem Recht

In der polnischen Lehre wurden zwei Gruppen von Definitionen bezüglich der Pornographie herausgearbeitet[658]. Die sog. subjektiv-moralistischen Definitionen, nach denen die Absicht des Täters, der die Sexualanregung bezweckt entscheidet, ob eine Schrift oder ein Bild pornographisch ist.[659]. Oder es sind Ge-

---

655 Der Sonderausschuss für die Strafrechtreform verstand in der Begründung für das 4. StrRG unter Pornographie Darstellungen, die durch die Stimulierungstendenz und die Anstandsverletzung definiert worden sind. Von der Einführung dieser Definition in das Gesetz als Legaldefinition hat sich der Gesetzgeber noch zurückgehalten, Schroeder, Pornographie, Jugendschutz und Kunstfreiheit, S. 16 und ff.

656 Schroeder, Pornographie, Jugendschutz und Kunstfreiheit, S. 18 und ff.

657 Fischer, StGB Kommentar, § 184 Rn. 7.

658 Mozgawa, Kodeks karny, Praktyczny Komentarz, S. 10.

659 Marek, Prawo karne, Auflage 7, S. 499, Fehlt dem Täter die Absicht eine Sexualanregung zu erreichen, dann wurde die betroffene Sache als nicht pornographisch angesehen. Zu der Pornographie wurden die folgenden Werke nicht hinzuzugezählt; die Werke über Anatomie des Leibs oder die über die Prostitution aus dem soziologischen Standpunkt betrachteten. Aus einem wissenschaftlichen Buch ausgenommenes Foto, das zum Gegenstand pornographische Inhalte hatte, in die Illustrierte einzutragen bedeutet so ei-

genstände, die sexuelle Erregung bezwecken[660]. Diese Theorien waren im StGB von 1932 und noch lange nach dem zweiten Weltkrieg vorherrschend. Die Begründung dieser Theorien hat zum verfehlten Gedanken geführt, dass die Sexualanregung oder die sexuelle Überanregung ein Übel darstellt[661]. In der Praxis waren sie aber ohne Bedeutung, denn sie sahen von den Eigenschaften der Gegenstände ab und stützten sich auf ein nicht nachweisbares Merkmal, das keine Voraussetzung der Strafbarkeit sein konnte[662].

Die zweite Gruppe, die sog. objektiv-pragmatischen Definitionen besagen, dass diejenigen Gegenstände pornographisch sind, die bei durchschnittlichen Personen eine sexuelle Überreizung herbeiführen können[663]. Die Eigenschaften der Gegenstände (objektives Kriterium), nicht die Absichten des Täters sollen über ihren pornographischen Charakter entscheiden[664].

Die herrschende Lehre stützt sich auf die von Filar herausgearbeiteten Kriterien, die nach seiner Meinung bei der Feststellung, ob der jeweilige Inhalt pornographisch ist, gleichzeitig und zusammen vorliegen müssen: 1) der Inhalt muss das Sexualleben betreffen 2) die Betonung liegt ausschließlich auf den technisch-biologischen Aspekten des Sexuallebens, ohne Berücksichtigung des emotionalen Hintergrundes 3) die Zurschaustellung der Geschlechtsteile in ihrer Ausübung, die gleichzeitig eine sehr unpersönliche und inhumane Darstellung der Sexual-Praktiken ist 4) die Herbeiführung des Reizes entspricht der Absicht des Täters 5) niedrige Ästhetik des Inhalts (je niedriger diese ausfällt, desto näher kommt der Inhalt der Pornographie)[665].

Um festzustellen, ob die Inhalte pornographisch sind, muss man von der sog. Konstruktion der normativen Personalitätsmuster ausgehen, d.h. man muss einen Fall vom Standpunkt einer Person bewerten, die durchschnittlich sensibel, gesellschaftlich integriert und sich der allgemein akzeptierten Personalitätsmuster bewusst ist[666]. Ob die Inhalte pornographisch sind, muss in concreto der

---

nen Bruch des Zusammenhangs zwischen dem Foto und dessen gerechten Ziel/Bestimmung; so auch Śliwiński, Prawo karne materialne. Część ogólna, 1946, S. 136-137.

660 Śliwowski, Prawo karne, Warszawa 1975, S. 394.

661 Gardocki, Prawo karne, Warszawa 2004, S. 254.

662 Marek, Prawo karne, Auflage 7, S. 462.

663 Buchała/Zoll, Polskie prawo karne, S. 645.

664 Marek, Prawo karne, Auflage 7, S. 499.

665 Filar, Rozdział XXV „Przestępstwa przeciwko wolności seksualnej i obyczajności in: Górniok (hrg.), Komentarz kodeksu karnego, S. 608; so auch Marek, Komentarz, S. 386.

666 Mozgawa/Kozłowska, Prawnokarne aspekty rozpowszechniania pornografii, Prok. i Pr 3/2002, S. 17; so auch Rodzynkiewicz, Komentarz, S. 670.

Richter feststellen. Er ist ein Spruchkörper, der eine juristische Bewertung macht. Bei der Feststellung solle der Richter mit der von Filar herausgearbeiteten Kriterien richten/suggerieren[667]. Bei einem bedenklichen Fall müsste man sich mit den Gutachten von Sachverständigen begnügen[668].

B. Kunst und Pornographie

1. Nach deutschem Recht

Nach heute einhelliger Meinung kann eine pornographische Schrift ein Kunstwerk sein. Die früher vertretene These eines exklusiven Verhältnisses von Kunst und Pornographie ist aufgegeben worden[669].

Seit 1990[670] vertritt die neue Rechtsprechung die Ansicht, dass Kunst und Pornographie sich begrifflich nicht ausschließen (BGH 37, 57 opus pistorium Fall). Nach dem wesentlich nach formalen Kriterien bestimmten Kunstbegriff des BVerfG BVerfGE 83,130 schließen sich Kunst und Pornographie nicht begrifflich aus. Dieser neueren Rspr. liegt ein offener Kunstbegriff zu Grunde, der auf die schöpferische Formgestaltung eines bestimmten Werktyps und nicht auf materielle Inhalte oder das „Niveau" von Gestaltungen abstellt.

Außerdem ist es unmöglich eine allgemeingültige Definition von Kunst zu bestimmen.

Hieraus folgt, dass auch Schriften, die dem Pornographiebegriff entsprechen zugleich Kunstcharakter haben können, so dass eine strikte Trennung zwischen Kunst und Pornographie nicht möglich ist und insoweit Überschneidungen anzuerkennen sind[671]. In BGH 37,57 und BVerfG 83 findet man differenziertere

---

667 Filar, Rozdział XXV „Przestępstwa przeciwko wolności seksualnej i obyczajności" in: Górniok (hrg.), Komentarz kodeksu karnego, S. 659.

668 Rodzynkiewicz, Komentarz, S. 670.

669 Zur Geschichte: sog. Exklusivitätslehre, die besagte, dass sich Kunst und Pornographie ausschließen. Demgegenüber vertrat das BVerwG 1966 (BVerwGE 23, 104, 110) die Auffassung Kunstschutz geht vor Jugendschutz. 1971 änderte es seine Auffassung unter dem Eindruck der Rechtsprechung des (BVerwGE 39, 197,203) dahingehend, dass die Kunst bei einem bestimmten Maß an künstlerischem Niveau vorgehe. Später sog. Vorranglehren, ab 1987 schließlich sprach es den Verbot „offensichtlich schwer jugendgefährdender Darstellungen" nach § 6 GjS, darunter auch pornographischer Schriften, den Vorrang vor der Kunstfreiheit zu (BVerwGE, 77, 75,83). Laubenthal, Sexualstraftaten, S. 221.

670 Maurach/Schroeder/Maiwald, Strafrecht BT, S. 250 , Laubenthal, Sexualstraftaten, S. 221.

671 Fischer, StGB Kommentar, §184 Rn. 8

Abwägungssysteme, die fehlende Rechtsicherheit bedingen[672]. Wie Schroeder bemerkt, belastet im Einzelfall die Abwägung nicht nur Staatsanwalt und Gerichte, sondern macht die Rechtslage unberechenbar und Verbotsirrtümer zur Regel.

Im Konflikt zwischen Kunstfreiheit und Jugendschutz ist der jeweilige Vorrang durch einzelfallbezogene Abwägung zu finden[673].

2. Nach polnischem Recht

In der herrschenden polnischen Lehre wird die Exklusivitätslehre vertreten. Demnach schlossen sich Kunst und Pornographie aus. Es ist allgemein anerkannt, dass sich das Kunstwerk von der Pornographie dadurch unterscheidet, dass es die Erreichung eines künstlerischen Eindrucks bezweckt und falls eine Sexualanregung auftritt, dies nur eine Nebenwirkung darstellt[674].

Die polnische Lehre bemüht sich, auf die weiteren Abgrenzungskriterien hinzuweisen:

- das Kunstwerk unterscheidet sich von der Pornographie dadurch, dass es die Erreichung eines künstlerischen Eindrucks bezweckt und falls eine Sexualanregung auftritt, diese nur eine Nebenwirkung darstellt[675]
- zur Unterscheidung der Kunst von Pornographie spielt das Ästhetikkriterium eine große Rolle. Ohne Zweifel stellt auch die moderne Kunst in der erregenden Weise die erotischen Inhalte dar, die auf das sexuelle Gefühl des Betrachters wirkt. Wenn ein solches Werk als Kunst angesehen wird, wird es gleich als Pornographie ausgeschlossen[676]
- als Abgrenzungskriterium zwischen Kunst und Pornographie ist die Absicht des Artisten entscheidend, auch wenn sein Werk bei den anderen Sexualanregung verursacht[677].

Die Mindermeinung behauptet, dass sich ein pornographische Werk und ein Kunstwerk nicht ausschließen[678]. Auch wenn ein pornographisches Werk als

672 Laubenthal, Sexualstraftaten, S. 223.

673 Otto, Grundkurs Strafrecht, S. 371.

674 Marek, Prawo karne, Auflage 7, S. 499.

675 Marek, Prawo karne, Auflage 7, S. 499.

676 Filar, Przestępstwa w dziedzinie stosunków seksualnych, S. 216; es ist streitig: Nalewajko/Kubiak, Sztuka jako okoliczność wyłączająca bezprawność, Palestra 9/2000, Morawski, Sztuka i pornografia, Studia socjologiczne 4/1965, S. 222 und ff.; Warylewski, Przestępstwa seksualne, S. 265.

677 Śliwiński, Prawo karne materialne. Część ogólna, 1946, S. 137.

Kunst angesehen wird, schließt es seine Pornographieeigenschaft nicht aus, sondern schließt nur seine Rechtswidrigkeit aus[679]. Man spricht hier vom außergesetzlichen Contratyp von Kunst und Wissenschaft. Dieser liegt vor, wenn folgende Voraussetzungen erfüllt werden:

- Kunstziel – ein künstlerisches Ziel (der Künstler bezweckt, eine künstlerische Idee, seine Gefühle und sein Erleben zu übermitteln)
- Werk artistischer Art (Meisterhafte Verarbeitung und Befriedigung von sozialen Bedürfnissen)
- Die persönlichen besonderen Eigenschaften des Künstlers (Fachkunde und Kenner auf einem bestimmten Gebiet der Kunst)[680].

2. Die Straftaten im Einzelnen

A Verbreitung einfacher Pornographie (§§ 184, 184 StGB und Art. 202 §§ 1,2 kk)

1. Verbreitung pornographischer Darstellungen §§ 184, 184d StGB

In § 184 Abs. 1 StGB werden verschiedene Verbreitungsverbote der einfachen Pornographie aufgezählt. In Nr. 1 wird das Verbreiten an einen Minderjährigen geregelt. Nr. 2 enthält Verbote für Orte, die Personen unter 18 zugänglich sind oder von ihnen eingesehen werden können. Nr. 3 enthält das Anbieten und Überlassen im Einzelhandel außerhalb von Geschäftsräumen. Nr. 3 a Gewerbliche Vermietung, Nr. 4 Unternehmen der Einfuhr im Versandhandel, im Nr. 5 öffentliche Werbung, Nr. 6 ungewollte Konfrontation, Nr. 7 öffentliche Filmvorführung, dann noch die Vorbereitungshandlungen zu Nr. 1-7 (Nr. 8) und sogar das Verbot des Unternehmens der Ausfuhr zur Verbreitung im Ausland un-

678 Seiner Meinung nach soll im Fall des Art. 202 §2 Jugendschutz vor Kunstfreiheit Vorrang haben, Warylewski, Przestępstwa przeciwko wolności seksualnej i obyczajności in: Wąsek (hrg.), Kodeks karny, Część Szczególna, Komentarz Tom I, Warszawa 2004, S. 963.

679 Warylewski, Przestępstwa przeciwko wolności seksualnej i obyczajności in: Wąsek (hrg.), Kodeks karny, Część Szczególna, Komentarz Tom I, Warszawa 2004, S. 963.

680 Krit. Warylewski-er meint, die Verfasser haben zu hohe Anforderungen bestimmt, da Fachkunde und Kenntnis bei den Debütanten entfallen, Warylewski, Przestępstwa przeciwko wolności seksualnej i obyczajności in: Wąsek (hrg.), Kodeks karny, Część Szczególna, Komentarz Tom I, Warszawa 2006, S. 963.

ter Verstoß gegen die dort geltenden Strafvorschriften (Nr. 9). In § 184 c erfasst das deutsche StGB Darbietungen im Rundfunk. Bei allen Verbreitungsverboten einfacher Pornographie liegt auch der Schutz vor ungewollter Konfrontierung oder Jugendschutz zugrunde[681].

1.1. Ungewollte Konfrontation

a) Gelangenlassen von pornographischen Schriften an einen anderen ohne (vorherige) Aufforderung

Im deutschen StGB besteht der Kerntatbestand von ungewollter Konfrontation im Zugänglichmachen von pornographischen Schriften an einen anderen ohne (vorherige) Aufforderung (§ 184 StGB Nr.6). Das Aufdrängen der Kenntnisnahme erfolgt im deutschen StGB durch Gelangenlassen von pornographischen Schriften an einen anderen ohne (vorherige) Aufforderung. Das liegt beispielsweise vor bei unverlangtem Zusenden oder Liegenlassen in einer fremden Wohnung (bei Warnungen vor dem Inhalt und Liegenlassen verschlossenen Materials greift der Tatbestand nicht ein) vor[682]. Der Tatbestand des § 184 Abs. 1 Nr. 6 StGB ist nicht erfüllt, wenn das pornographische Material in der Weise zum Kauf angeboten wird, dass es zunächst mündlich oder schriftlich angeboten und erst nach entsprechender Bestellung übersandt oder sonst zugänglich gemacht wird[683]. Nicht strafbar ist nach dem deutschen Recht das Versenden von Emails mit einem eindeutigen Hinweis auf den pornographischen Inhalt und deren Kenntnisnahme einen aktiven Zugriff des Empfängers auf eine Internetseite über Links erfordert (dies könnte jedoch im Hinblick auf BGH 47,55 fraglich sein, ist aber selbst bei der dort vorgenommenen Ausdehnung der Begriffe Datenträger und Verbreiten abzulehnen[684]).

b) Anbieten und Überlassen im gewerblichen Vertrieb

Laut Nr. 3 des Abs. 1 § 184 bestraft das deutsche StGB den Täter, der im Rahmen eines gewerblichen Vertriebs die Schrift einer anderen Person anbietet oder

---

681 Dem Jugendschutz dienen unmittelbar Abs. 1 Nr. 1, 2, 3a, 5 (mittelbar Abs. 1 Nr. 3, 4, 6, 7) Bei Abs. 1 Nr. 6, 5, 7, Fischer, StGB Kommentar, § 184 Rn. 2.

682 Maurach Maurach/Schroeder/Maiwald, Strafrecht BT, S. 250 unf ff. Das Liegenlassen in öffentlichen Verkehrsmitteln ist strittig. Wird hier nicht erfasst, da die anderen nur durch einen zusätzlichen eigenen Akt die Verfügungsgewalt erlangen können; so auch Lenckner/Perron/Eisle, § 184 Rn. 36 m. w. H.; anders Laubenthal, Sexualstraftaten, S. 249.

683 BGH 5. Strafsenat, 30.06.2005, 5 StR 156/05, Beschluss.

684 Fischer, StGB Kommentar, § 184 Rn. 17.

überlässt. Das Anbieten und Überlassen muss im Einzelhandel außerhalb von Geschäftsräumen, in Kiosken oder anderen Verkaufsstellen, die der Kunde nicht zu betreten pflegt, im Versandhandel oder in gewerblichen Leihbüchereien oder Lesezirkeln (Abs. 1 Nr. 3 Alt. 2) erfolgen.

c) Öffentliche Filmvorführung

Nach dem deutschen StGB wird auch derjenige bestraft, der einen pornographischen Film in einer öffentlichen, d.h. von jedermann oder von unbestimmt vielen Angehörigen eines persönlich nicht verbundenen Menschenkreises zugänglichen, Vorführung zeigt und zwar gegen ein Entgelt (§ 184 Abs.1 Nr. 7 StGB). Das Entgelt wird ganz oder jedenfalls überwiegend für diese Vorführung von dem Veranstalter verlangt. Die Aufstellung von Vorführapparaten mit Selbstbedienung ist jedenfalls kein „Zeigen in einer Filmvorführung“[685]. Nicht erfasst sind unentgeltliche öffentliche Vorführungen oder entgeltliche in privatem Kreis oder in einem geschlossenen Klub[686].

d) Darbietungen im Rundfunk

Im § 184c erfasst das deutsche StGB Darbietungen im Rundfunk. Die Vorschrift ist keine Sondervorschrift für die Medien Rundfunk, Medien- und Teledienste, sondern nur für Live-Sendungen und damit eine Ausweitung der Verweisung auf § 11 Abs. 1 StGB[687].

1.2. Jugendschutz

a) Zugänglichmachen an einen bestimmten Minderjährigen

Der Kerntatbestand des Jugendschutzes besteht im direkten Anbieten, Überlassen oder Zugänglichmachen von pornographischen Schriften an Personen unter 18 Jahren (§ 184 Nr. 1 StGB). Unter Zugänglichmachen fällt auch die Online-Kommunikation, insbesondere im Internet[688]. Nach der Meinung der deutsche

---

685 Maurach/Schroeder/Maiwald, Strafrecht BT, S. 251.

686 Fischer, StGB Kommentar, § 184 Rn. 19.

687 Maurach/Schroeder/Maiwald, Strafrecht BT, § 23 I Rn. 2.

688 Die Strafbarkeit von Providern wird durch §§ 8 ff. TDG/§5 Mediendienste- Staatsvertrag teilweise eingeschränkt (vieldiskutierter Fall CompuServe LG München NJW 00,1051, Anm. Kühne 1003, Vassilaki NStZ 00, 535). Die Rechtsnatur dieser Einschränkungen (TB- Einschränkung, Schuldausschließungsgrund oder gar der strafrechtlichen Prüfung vorgelagerter Vorfilter ist lebhaft umstritten)- siehe La/Kühl 7a; Lenckler/Perron S/S 66e; Haft, Fritjof, Eisele, Jörg, Einführung in die Rechtsfragen des Datenverkehrs im Internet, Juristische Schulung, JuS 2001, S. 117, Popp, Die strafrecht-

Lehre kann der Tatbestand auch durch die bloße Einräumung von Zugangsmöglichkeiten zu pornographischen Angeboten in Medien- und Telediensten erfüllt sein[689]. Der Internet-Zugangsvermittler ist für den jugendgefährdenden Inhalt auf Webseiten Dritter nicht mitverantwortlich[690]. Ein Verwalter-C einer Internet-Domain macht sich wegen des Zugänglich machens pornografischer Inhalte für Minderjährige nach § 184 Abs. 1 Nr. 1 StGB strafbar, wenn der Domain-Inhaber die frei zugängliche Möglichkeit eröffnet, in pornografischen Chaträumen zu chatten sowie Live-Cam- und Live-Chatangebote in Anspruch zu nehmen[691].

Der deutsche Gesetzgeber hat zu dem oben genannten Verbot des Zugänglichmachens von pornographischen Schriften an Minderjährige ein sog. tatbestanssausschließendes Erzieherprivileg (§ 184 Abs. 2 StGB) eingeführt. Damit wollte man den Eltern die Aufklärung ermöglichen. Wenn der zur Sorge für die Person Berechtigte handelt, bleibt er straflos. Dies gilt jedoch nicht, wenn dieser durch Anbieten, Überlassen oder Zugänglichmachen seine Erziehungspflicht gröblich verletzt.

b) Zugänglichmachen an unbestimmten Minderjährigen § 184 Abs. 1 Nr. 2

Das deutsche StGB sieht weiter vor, dass der Täter die Schrift an einem beliebigen Ort, der während der Tatzeit minderjährigen Personen unter 18 Jahren tatsächlich und ohne Verletzung rechtlicher Verbote zugänglich ist oder aber von einem anderen Ort aus ohne besondere technische Hilfsmittel eingesehen werden kann, ausstellt, anschlägt, vorführt oder sonst zugänglich macht (*§ 184 Abs. 1 Nr. 2 StGB)*. Dem deutschen Recht nach reicht die abstrakte Gefährdung durch Zugänglichkeit des Ortes oder dessen Einsehensmöglichkeit aus. Eine solche ist nach der deutschen Lehre nicht gegeben, wenn Vorkehrungen einer „effektiven Barriere“ getroffen werden, die den visuellen Zugang Minderjähriger regelmäßig verhindern[692].

---

liche Verantwortung von Internet-Providern, StrAbh. n.F. 143,2002, 89ff Für Strafausschließungsgrund Heghmanns JA 01,78.

689 Hier ergeben sich Abgrenzungsprobleme etwa im Bereich des Zugangs zu Pay TV-Programmen und PCs mit Internetzugang im privaten (familiären) Bereich, aber auch in Schulen, Hotels, Jugendclubs, Internet-Cafés, die durch Abs. II S.1 nur teilweise gelöst sind.

690 LG Frankfurt 12. Kammer für Handelssachen, 08.02.2008.

691 AG Waldshut-Tiengen, 14.03.2007, 5 Cs 23 Js 2841/06.

692 Heutzutage gibt es weniger Probleme mit Filmplakaten oder verbotenen Büchern als Fragen des Zugangs zu Medien- und Telediensten, insbesondere zum Internet und zu TV-Angeboten. Ort ist kein Datennetz selbst, sondern eine Örtlichkeit. Die Ausstrahlung in codierten Fernsehprogrammen ist kein Zugänglichmachen, wenn die Dekodie-

Die deutsche Rechtsprechung verneint die Verbreitung pornographischer Internetinhalte bei effektivem Altersverifikationssystem, wenn die Überprüfung eines Nutzers darin besteht, dass er seine Personalausweisnummer eingibt. Das Altersverifikationssystem von "ueber 18.de" genügt bei pornographischen Angeboten im Internet nicht den Anforderungen an die Sicherstellung des ausschließlichen Zugangs von Erwachsenen. Denn dieses System stellt keine effektive Barriere zwischen dem Inhalt der Internetseiten und einem minderjährigen Nutzer dar, weil der Zugang durch die Schlüssigkeitsprüfung der Ausweisnummer nicht ernsthaft behindert wird[693].

c) Gewerbliche Gebrauchsüberlassung § 184 Abs. 1 Nr. 3a StGB

Der deutsche Tatbestand erfasst hier insbesondere Videotheken und vergleichbare Gewerbebetriebe, die nicht von Nr. 3 erfasst sind[694]. Hier muss der Täter die Schrift einer anderen Person anbieten oder im Wege gewerblicher Vermietung (d.h. einer Überlassung in Gewinnerzielungsabsicht) überlassen oder im Wege vergleichbarer gewerblicher Gewährung des Gebrauchs überlassen (damit wollte der deutsche Gesetzgeber mietähnliche Umgehungsgeschäfte auf dem Videomarkt verhindern - wie z. B. den Verkauf mit Rückkaufsvorbehalt)[695]. Ausgenommen sind solche Ladengeschäfte, die für Minderjährige nicht zugänglich sind und von ihnen nicht eingesehen werden können, z.B. räumlich selbstständige Geschäftslokale mit eigenem Zugang von außen[696].

d) Öffentliche Werbung § 184 Abs. 1 Nr. 5 StGB

Im deutschen Recht wird auch das öffentliche oder durch Verbreiten von Schriften außerhalb des Geschäftsverkehrs mit dem einschlägigen Handel erfolgende Anbieten, Ankündigen oder Anpreisen, wobei jedoch der pornographische Charakter des Angepriesenen erkennbar sein muss, erfasst (§ 184 Abs. 1 Nr. 5 StGB). Nach der deutschen Lehre genügt ein bloßes Zutrittsverbot ohne Siche-

---

rung nur durch Erwachsene sichergestellt werden kann. Eine das Zugänglichmachen ausschließende effektive Barriere ist aber bei Pay-TV-Angeboten nicht schon dadurch gegeben, dass Sendungen zur Nachtzeit ausgestrahlt werden, bei Internet Angeboten nicht, wenn der Nutzer die ID-Nummer eines deutschen Personalausweis angeben muss. Setzt die Möglichkeit der Kenntnisnahme, d.h. das Ausstellen in Plastikfolie verschweißter Pornohefte fällt nicht darunter (OLG Karlsruhe NJW 84, 1975), Fischer, StGB Kommentar, § 184 Rn. 11a.

693 KG Berlin 4. Strafsenat, 13.09.2004, 4) 1 Ss 295/04 (113/04), Beschluss.

694 BGH 27, 52.

695 Fischer, StGB Kommentar, §184 Rn. 13.

696 Fischer, StGB Kommentar, §184 Rn. 14.

rung der Durchsetzung nicht; jedoch soll die Tatbestandsfassung die Errichtung besonderer Verkaufs- oder Ausstellungsräume ermöglichen[697].

1.3. Vorbereitungshandlungen, Ein- und Ausfuhr

Das deutsche StGB erfasst auch das Verbreiten pornographischen Inhalts mit dem Herstellen, Beziehen, Liefern, Vorrätighalten oder Unternehmen der Einfuhr zum Zwecke der Verwendung der Schriften oder aus ihnen gewonnener Stücke nach Nr.1-7 oder von deren Ermöglichung bloße Vorbereitungshandlungen (§ 184 Abs. 1 Nr. 8 StGB). Mit Nr. 4 erfasst das deutsche StGB Unternehmen die Einfuhr im Versandhandel. Hier dient die Vorschrift der Beschlagnahme durch die Zollbehörden. Der Besteller führt diese nicht im Wege des Versandhandels ein. Nr. 9 beinhaltet das Verbot des Unternehmens der Ausfuhr zur Verbreitung im Ausland unter Verstoß gegen dort geltende Strafvorschriften. Das ist keine Straftat gegen die sexuelle Selbstbestimmung, sondern dient dem Schutz der Beziehungen zu ausländischen Staaten[698].

2. Verbreitung einfacher Pornographie Art. 202 § 1 kk

Die polnische Strafvorschrift ist im Vergleich zum deutschen § 184 StGB nicht so detailliert aufgebaut und regelt allgemein die Verbreitung einfacher Pornographie in § 1 und § 2 des Art. 202 kk. In §1 regelt der polnische Strafkodex die sog. ungewollte Konfrontation. Demnach wird derjenige bestraft, der öffentlich pornographische Inhalte in einer Art und Weise präsentiert, durch die einer Person, die dies nicht wünscht, deren Wahrnehmung aufgedrängt wird. § 2 enthält das Verbreitungsverbot an Minderjährige. Demnach wird bestraft, wer einem Minderjährigen unter fünfzehn Jahren pornographische Inhalte präsentiert oder Gegenstände solchen Charakters zugänglich macht oder in derartiger Weise verbreitet, die der minderjährigen Person unter fünfzehn Jahren die Möglichkeit gibt, sich mit ihnen vertraut zu machen.

2.1. Ungewollte Konfrontation

Der polnische Straftatbestand setzt die öffentliche Präsentation pornographischer Inhalte in einer Art und Weise voraus, durch die einer Person, die dies nicht wünscht, deren Wahrnehmung aufgedrängt wird (Art. 202 § 1 kk).

697 Maurach/Schroeder/Maiwald, Strafrecht BT, § 23 II Rn.9.
698 Maurach/Schroeder/Maiwald, Strafrecht BT, § 23 II Rn. 17-19.

Die geltende Fassung des Art. 202 kk entspricht den Technikentwicklungen im Informatikbereich, da der verwendete Begriff „pornographische Inhalte[699]“ von irgendwelchen Trägern unabhängig ist[700]. Die pornographischen Inhalte besitzen Eigenschaften der Informationsübermittlung, sie können in materieller oder immaterieller Form vorliegen. Sie bilden entweder ein wirkliches oder ein veranschaulichendes, sexualbezogenes Geschehen ab[701].

2.2. Minderjährigenschutz

a) Zugänglichmachen an einen bestimmten Minderjährigen Art. 202 § 2 Satz 1 und 2 kk

Im polnischen Strafkodex findet man einen ähnlichen Straftatbestand, in dem der Täter einem bestimmten Jugendlichen die unmittelbare Möglichkeit der Kenntnisnahme von pornographischen Inhalten verschafft. In diesem Fall wird der Jugendliche mit solch einer Möglichkeit der Kenntnisnahme tatsächlich konfrontiert. Der polnische Straftatbestand setzt voraus, dass einem Minderjährigen unter 15 Jahren pornographische Inhalte präsentiert oder Gegenstände solchen Charakters zugänglich gemacht werden (Art. 202 § 2 Satz 1 und Satz 2 kk).

Der polnische Straftatbestand beschränkt sich das Zugänglichmachen (z.B. Verkauf, Ausleihen von pornographischen Schriften, Videos)[702] nur auf Gegenstände, die solchen pornographischen Charakter haben. Demzufolge ist hier von diesem Straftatbestand der Fall nicht erfasst, in dem der Täter dem Minderjährigen eine Diskette mit einer Graphik-Datei JPEG überlässt (jedoch nach Art. 202 § 2 Satz 2 kk strafbar).

Neben dem Zugänglichmachen von Gegenständen, die pornographischen Charakter haben, sieht der polnische Straftatbestand das Präsentieren von pornographischen Inhalten vor.

---

699 Unter Inhalten versteht man das immaterielle und intellektuelle Dasein. Es geht um die Übermittlung von bestimmten Ideen , in: Filar, Rozdział XXV „Przestępstwa przeciwko wolności seksualnej i obyczajności“ in: Górniok (hrg.), Komentarz kodeksu karnego, S. 610.

700 Warylewski, Pornografia w Internecie, Prok. i Pr. 4/2002, S. 53: z.B. literalische Werke, Töne, Liede, sogar Lebensmitteln; Warylewski, Przestępstwa przeciwko wolności seksualnej i obyczajności in: Wąsek (hrg.), Kodeks karny, Część Szczególna, Komentarz Tom I, Warszawa 2006, S. 960.

701 Warylewski, Pornografia w Internecie, Prok. i Pr. 4/2002, S. 54.

702 Zugänglichmachen wird gleich definiert wie in der deutschen Lehre, Filar, Rozdział XXV „Przestępstwa przeciwko wolności seksualnej i obyczajności“ in: Górniok (hrg.), Komentarz kodeksu karnego, S. 608.

Die polnische Lehre behauptet, ob sich der Minderjährige bei der Präsentation von pornographischen Inhalten mit diesen vertraut gemacht hat[703], ist gleichgültig, obwohl die Präsentation von pornographischen Inhalten die Möglichkeit gibt, sich mit ihnen vertraut zu machen (z.B. Fotos oder einen Film zeigen, Texte lesen)[704]. Die Präsentation soll gleich wie bei ungewollter Konfrontation ausgelegt werden - jedoch muss diese hier nicht öffentlich erfolgen und die Zustimmung des Minderjährigen ist irrelevant, auch die Präsentation auf Wunsch des Minderjährigen wird hier erfasst[705]. Die Präsentation muss hier nicht öffentlich erfolgen. Die Einwilligung des Minderjährigen ist irrelevant.

b) Zugänglichmachen an unbestimmte Minderjährigen Art. 202 § 2 Satz 3 kk

Im polnischen Strafkodex wird das Verbot des Zugänglichmachens pornographischer Inhalte an unbestimmte Jugendliche in Art. 202 § 2 Satz 3 geregelt, in dem es auch um die abstrakte Möglichkeit der Kenntnisnahme durch Jugendliche geht. Der Straftatbestand setzt voraus, dass die pornographischen Inhalte in derartiger Weise verbreitet werden, die der minderjährigen Person unter 15 Jahren die Möglichkeit gibt, sich mit ihnen vertraut zu machen.

Im polnischen Recht wird die abstrakte Gefährlichkeit durch die Verbreitungsweise bestimmter Art begründet, solch eine, die es dem Minderjährigen unter 15 Jahren ermöglicht, sich mit pornographischen Inhalten vertraut zu machen[706]. Im Zusammenhang damit ist die polnische Lehre auf der Suche nach der Bestimmung einer effektiven Barriere[707]. Die Entgeltlichkeit von pornographischem Angebot im Internet (meistens werden die Bankkartennummer und ande-

---

703 Warylewski, Przestępstwa przeciwko wolności seksualnej i obyczajności in: Wąsek (hrg.), Kodeks karny, Część Szczególna, Komentarz Tom I, Warszawa 2004, S. 966.

704 Filar, Rozdział XXV „Przestępstwa przeciwko wolności seksualnej i obyczajności" in: Górniok (hrg.), Komentarz kodeksu karnego, S. 608.

705 Warylewski, Przestępstwa przeciwko wolności seksualnej i obyczajności in: Wąsek (hrg.), Kodeks karny, Część Szczególna, Komentarz Tom I, Warszawa 2006, S. 966.

706 Filar, Rozdział XXV „Przestępstwa przeciwko wolności seksualnej i obyczajności" in: Górniok (hrg.), Komentarz kodeksu karnego, S. 661.

707 Man versucht ausreichende Barrieren zu bestimmen und betont, dass es hier darum geht, welche Maßnahmen der Minderjährige vornehmen muss, um sich den Zugang zu den pornographischen Inhalten zu verschaffen. Wenn die pornographischen Inhalte in der Art und Weise verbreitet sind, dass der Minderjährige es schafft, sich mit Hilfe der üblichen Maßnahmen, mit diesen Inhalten vertraut machen kann, wird es bestraft, Filar, Rozdział XXV „Przestępstwa przeciwko wolności seksualnej i obyczajności" in: Górniok (hrg.), Komentarz kodeksu karnego, S. 660.

re Daten des Kunden gefordert[708] oder es wird mit einer Telefonrechnung bezahlt)[709] stellt nach Ansicht der polnischen Lehre keine ausreichende Barriere dar. Beispielweise ist der Verkäufer verantwortlich, wenn er die pornographischen Zeitschriften so ausgestellt hat, dass der Minderjährige ungehinderten Zugang zu ihnen hat. Nicht vom Tatbestand erfasst ist der Fall, in dem der Verkäufer solche Zeitschriften aushändigt[710].

Nach der herrschenden Meinung erfüllt das Einstellen von pornographischen Inhalten ins Internet den Tatbestand des Art. 202 § 2 Satz 2 kk, es sei denn diese Inhalte wurden verschlüsselt[711]. Es gibt auch die Meinung, dass der Tatbestand des Art. 202 § 2 kk nur dann vorliegt, wenn der Täter dem Minderjährigen eine E- Mail mit pornographischem Inhalt schickt[712].

3. Ergebnisse

Aus der Zusammenstellung ergibt sich, dass der polnische Strafkodex- im Vergleich zum deutschen StGB- eine geringere Zahl von Verbreitungsverboten der einfachen Pornographie beinhaltet. Nämlich nur drei, die sog. ungewollte Konfrontation (Art. 202 §1 kk), die Verbreitung an den bestimmten Minderjährigen (Art. 202 § 2 Satz 1 kk) und die Verbreitung an unbestimmte Minderjährigen (Art. 202 § 2 Satz 2 kk). Alle drei polnischen Straftatbestände haben ein Gegenüber im deutschen StGB.

Im Einzelnen lassen sich folgende Unterschiede feststellen: die deutsche herrschende Lehre behauptet, dass nach dem deutschen Recht Konfrontation mit Pornographie durch ungewolltes Vorführen oder Vorlesen nicht genügen[713]. Im Gegensatz dazu wird eine solche Konfrontation mit Pornographie durch ungewolltes Vorführen oder Vorlesen von dem polnischen Straftatbestand erfasst, da hier erforderlich ist, dass die Präsentation/Vorführung[714] von pornographischen

708 Kunicka-Michalska/Wojciechowska, Przestępstwa przeciwko wolności, wolności sumienia i wyznania, wolności seksualnej i obyczajności oraz czci i nietykalności cielesnej, S. 90.

709 Rodzynkiewicz, Komentarz, S. 675.

710 So auch Marek, Komentarz, S. 387.

711 Filar, Rozdział XXV „Przestępstwa przeciwko wolności seksualnej i obyczajności" in: Górniok (hrg.), Komentarz kodeksu karnego, S. 662.

712 Warylewski, Pornografia w Internecie, Prok. i Pr. 4/2, S. 56; so auch Kunicka-Michalska/Wojciechowska, Przestępstwa przeciwko wolności, wolności sumienia i wyznania, wolności seksualnej i obyczajności oraz czci i nietykalności cielesnej, S. 124.

713 Lenckner/Perron/Eisle, § 184 Rn. 36.

714 Präsentieren heißt Ausstellen, die Kenntnisnahme von solchen Inhalten zu ermöglichen, auch zugänglich zu machen, Góral, Komentarz, S. 320.

Inhalten in einer Art und Weise stattfindet, durch die einer Person, die dies nicht wünscht, deren Wahrnehmung aufgedrängt wird, d.h. eine Situation, in der jeder mit den Inhalten Kontakt haben kann, ohne sich darum zu bemühen[715]. Die Präsentation ermöglicht die Wahrnehmung solcher Inhalte auch durch Hören/Abspielen?[716]. Zusätzlich aber muss Aufdrängen der Kenntnisnahme nach dem polnischen Recht noch öffentlich[717] erfolgen. Danach müssen die pornographischen Inhalte für einen breiten und unbestimmten Personenkreis zugänglich gemacht werden[718]. Anders als im deutschen Recht bezweckt das polnische Recht den Schutz vor ungewollter Konfrontation in der Öffentlichkeit und demzufolge wird durch das polnische Recht beispielweise das Liegenlassen in einer fremden Wohnung nicht erfasst. Einstellen von einfacher Pornographie in das Internet beeinträchtigt ungewollte Konfrontation weder nach deutschem noch nach polnischem Recht. Die unverlangte Versendung von einfacher Pornographie als Anhang von E-Mails[719] ist nur nach deutschem Recht strafbar, da - wie schon früher erwähnt - das Aufdrängen der Kenntnisnahme nach polnischem Recht öffentlich erfolgen muss.

Beim Zugänglichmachen an einen bestimmten Minderjährigen (§ 184 Nr. 1 und Art. 202 § 2 Satz 1 und 2) ist auf den ersten Blick zu bemerken, dass das Alter von Jugendlichen im deutschen Recht auf 18 Jahre und im polnischen auf 15 Jahre bestimmt wurde. Demzufolge ist- im Gegensatz zum deutschen Recht- nach polnischem Recht Zugänglichmachen pornographischer Inhalte an den Jugendlichen zwischen 15 und 18 Jahren nicht strafbar. Es scheint so, dass der deutsche Straftatbestand hier breiteren Jugendschutz gewährleistet, da der Min-

715 Filar, Rozdział XXV „Przestępstwa przeciwko wolności seksualnej i obyczajności" in: Górniok (hrg.), Komentarz kodeksu karnego, S. 607.

716 Warylewski, Przestępstwa przeciwko wolności seksualnej i obyczajności in: Wąsek (hrg.), Kodeks karny, Część Szczególna, Komentarz Tom I, Warszawa 2004, S. 965.

717 Öffentlich Handeln heißt wenn deren Wahrnehmung von einem unbestimmten Personenkreis erfolgt. Dieses kann sowohl an einem öffentlichen Platz als auch an einem geschlossenen Ort, wie z.B. einer Schule oder in einem Betrieb möglich sein, Warylewski, Przestępstwa przeciwko wolności seksualnej i obyczajności in: Wąsek (hrg.), Kodeks karny, Część Szczególna, Komentarz Tom I, Warszawa 2006, S. 964. Vgl. Urteil des Obersten Gerichtes vom 1.7.1988, WR 272/88, OSNKW 1988, Nr. 11-12, pos. 82; Urteil des Obersten Gerichtes vom 3.8.1972, Rw 743/72.

718 Filar, Rozdział XXV „Przestępstwa przeciwko wolności seksualnej i obyczajności" in: Górniok (hrg.), Komentarz kodeksu karnego, S. 607; Urteil des Obersten Gerichtes vom 16.02.1987, WR 28/87 OSNKW 1987, Nr. 9-10, pos. 85, Nach der Rechtsprechung muss dem Täter bewusst sein, dass sein Verhalten öffentlich erfolgt oder sich der Täter darauf ein versteht, Mozgawa, Kodeks karny, Praktyczny Komentarz , S. 390.

719 Fischer, StGB Kommentar, § 184 Rn. 17.

derjährige dem deutschen Recht nach schon vor Anbieten solcher pornographischer Inhalte geschützt wird. Weiterhin beinhaltet der deutsche Straftatbestand noch das Überlassen oder das Zugänglichmachen von pornographischen Schriften. Überlassen bedeutet Übertragung der tatsachlichen Sachherrschaft und stellt gleich ein Beispiel für das Zugänglichmachen, dass außer Überlassen noch sonstige Ermöglichung der Inhaltswahrnehmung umfasst[720].

Beim Zugänglichmachen an unbestimmte Minderjährige (§ 184 Nr. 2 und Art. 202 § 2 Satz 2 kk) scheint es so zu sein, dass das Einstellen ins Internet durch den deutschen Straftatbestand hier nicht erfasst wird, da er sich auf die Örtlichkeit beschränkt und das Internet als solche nicht angesehen wird.

Außerdem beinhaltet das deutsche StGB noch andere Straftatbestände über Verbreitung einfacher Pornographie, die im polnischen Strafkodex nicht vorhanden sind. Das Anbieten oder Überlassen pornographischer Schriften in bestimmten Vertriebsformen: im Einzelhandel[721], an Kiosken oder anderen Verkaufsstellen, die der Kunde beim Kauf nicht zu betreten pflegt[722], im Versandhandel[723] oder in gewerblichen Leihbüchereien[724] (§ 184 Nr. 3 StGB). Weiterhin ist die sog. gewerbliche Gebrauchsüberlassung (§ 184 Nr. 3 a StGB), die Videotheken und vergleichbare Gewerbebetriebe erfasst, die nicht unter Nr. 3 fallen[725], in Nr. 5 des § 184 über die sog. öffentliche Werbung von pornographischen Schriften geregelt. Vom Tatbestand ausgenommen ist die Werbung im Geschäftsverkehr mit dem gewerblich einschlägigen Handel[726]. Der Tatbestand

---

720 Laubenthal, Sexualstraftaten, S. 231 f.

721 d.h. im gewerbsmäßigen Vertrieb von Waren an einzelne Endabnehmer, wenn dieser außerhalb von Geschäftsräumen stattfindet, in denen der Kunde persönlich kauft oder wenigstens bestellt. Es kommt darauf an, wo sich die konkrete auf den Umsatz gerichtete Tätigkeit des Einzelhändlers vollzieht, Fischer, StGB Kommentar, § 184 Rn. 12 b.

722 Beispielweise an offenen Verkaufsständen, aber nicht Bücherwagen oder andere ortsveränderliche Räumlichkeiten, die vom Kunden betreten werden.

723 Fischer, StGB Kommentar, § 184 Rn. 12 c.

724 Das sind auf Gewinnerzielung angelegte Unternehmen, die Schriften gegen Entgelt vermieten. Erfasst sind auch gewerbliche Leserzirkel, die gegen Entgelt Schriften in der Weise vermieten, dass diese i.d.R. in Mappen bei einer Reihe von Kunden mit bestimmten Lesefristen umlaufen. Unerheblich ist, ob die Vermietung auf Erwachsene beschränkt ist, Fischer, StGB Kommentar, §184 Rn. 12 d.

725 Über BGH 27, 52 da die Vermietung von Pornofilmen vom BGH als nicht unter Nr. 3 erfassbar erklärt worden war (womit der BGH über die Anforderungen des BVerfG an den Grundsatz nulla poena sine lege hinausging) hat das Gesetz zur Neuregelung des Jugendschutzes in der Öffentlichkeit vom 25.2.1985 eine diesbezügliche Nr. 3 a eingefügt.

726 Fischer, StGB Kommentar, § 184 Rn. 16.

enthält ein beschränktes Werbeverbot. Weiterhin beinhaltet das deutsche StGB das sog. Verbot der öffentlichen Filmvorführungen gegen Entgelt § 184 Abs.1 Nr.7. Letztendlich zählt man hierzu das Verbot des Verbreitens durch Rundfunk, das die Live-Sendungen erfassen soll (§ 184 c StGB). Der deutsche Gesetzgeber ist noch weiter gegangen und hat die Vorbereitungshandlungen mit dem Ziel einer illegalen Verbreitung pornographischer Darstellungen unter Strafe gestellt (§ 184 Nr. 8 StGB)[727].

Eine Besonderheit des deutschen Rechts stellt das Ausführen pornographischer Schriften im Ausland unter Verstoß gegen die dort geltenden Vorschriften (§ 184 Abs. 1 Nr. 9 StGB) dar. Im Gegensatz zum polnischen Strafkodex sieht das deutsche StGB Privilegierungen vor: Erzieherprivileg und gewerblicher Entleiher vor (§ 184 Abs. 2 StGB). Die erste schließt eine gröbliche Verletzung der Erziehungspflicht aus. Bei der zweiten ist der Geschäftsverkehr mit gewerblichen Entleihern von der Strafbarkeit nach § 184 Abs. 1 Nr. 3a StGB ausgenommen, mit solchen Personen, die Pornographie namentlich Pornofilme zu gewerblichen Zwecken, insbesondere zur Vorführung anmieten[728]. Im deutschen StGB fehlt es an einer ausdrücklichen Aufnahme, dass die Strafbarkeit bei Erfüllung dienstlicher oder beruflicher Pflichten entfällt. Das könnte zu der Annahme verleiten, dass Taten auch bei „rechtsmäßiger Erfüllung dienstlicher oder beruflicher Pflichten" strafbar sind. Nach h.M. ist dies natürlich nicht der Fall, wenn die Pflichterfüllung rechtmäßig ist[729].

---

727 § 184 Abs. 1 Nr. 8 StGB erfasst mit dem Herstellen, Beziehen, Liefern, Vorrätig halten oder Unternehmen der Einfuhr zum Zwecke der Verwendung der Schriften oder aus ihnen gewonnener Stücke nach Nr. 1-7 oder deren Ermöglichung bloße Vorbereitungshandlungen - die Vorschrift dient vornehmlich der Möglichkeit frühzeitiger Beschlagnahme (BTD VI/3521 S.61).

728 Fischer, StGB Kommentar, § 184 Rn. 40.

729 Fischer, StGB Kommentar, § 184 Rn. 41.

Tabelle Nr.7

	§ 184 StGB Verbreitung pornographischer Schriften, § 184 d StGB Verbreitung pornographischer Darbietungen durch Rundfunk, Medien- oder Teledienste	**Art. 202 § 1 und § 2 kk Verbreitung einfacher Pornographie**
Grundtatbestand	**§ 184 Verbreitung pornographischer Schriften** (1) Wer pornographische Schriften (§ 11 Abs. 3) 1. einer Person unter achtzehn Jahren anbietet, überlässt oder zugänglich macht, 2. an einem Ort, der Personen unter achtzehn Jahren zugänglich ist oder von ihnen eingesehen werden kann, ausstellt, anschlägt, vorführt oder sonst zugänglich macht, 3. im Einzelhandel außerhalb von Geschäftsräumen, in Kiosken oder anderen Verkaufsstellen, die der Kunde nicht zu betreten pflegt, im Versandhandel oder in gewerblichen Leihbüchereien oder Lesezirkeln einem anderen anbietet oder überlässt, 3a. im Wege gewerblicher Vermietung oder vergleichbarer gewerblicher Gewährung des Gebrauchs, ausgenommen in Ladengeschäften, die Personen unter achtzehn Jahren nicht zugänglich sind und von ihnen nicht eingesehen werden können, einem anderen anbietet oder überlässt, 4. im Wege des Versandhandels einzuführen unternimmt, 5. öffentlich an einem Ort, der Personen unter achtzehn Jahren zugänglich ist oder von ihnen eingesehen werden kann, oder durch Verbreiten von Schriften außerhalb des Geschäftsverkehrs mit dem einschlägigen Handel anbietet, ankündigt oder anpreist, 6. an einen anderen gelangen lässt, ohne von diesem hierzu aufgefordert zu sein, 7. in einer öffentlichen Filmvorführung gegen ein Entgelt zeigt, das ganz oder überwiegend für diese Vorführung verlangt wird, 8. herstellt, bezieht, liefert, vorrätig hält oder einzuführen unternimmt, um sie oder aus ihnen gewonnene Stücke im Sinne der Nummern 1 bis 7 zu verwenden oder einem anderen eine solche	**Art. 202** kk **§ 1** Wer öffentlich pornographische Inhalte in einer Art und Weise präsentiert, durch die einer Person, die dies nicht wünscht, deren Wahrnehmung aufgedrängt wird, wird mit Geldstrafe, mit Freiheitsbeschränkung oder mit Freiheitsstrafe bis zu einem Jahr bestraft. **§ 2** Wer einem Minderjährigen unter fünfzehn Jahren pornographische Inhalte präsentiert oder Gegenstände solchen Charakters zugänglich macht oder in einer derartigen Weise verbreitet, die der minderjährigen Person unter fünfzehn Jahren die Möglichkeit gibt, sich mit ihnen vertraut zu machen, wird mit einer Geldstrafe, mit Freiheitsbeschränkung oder mit Freiheitsstrafe bis zu zwei Jahren bestraft.

	Verwendung zu ermöglichen, oder 9. auszuführen unternimmt, um sie oder aus ihnen gewonnene Stücke im Ausland unter Verstoß gegen die dort geltenden Strafvorschriften zu verbreiten oder öffentlich zugänglich zu machen oder eine solche Verwendung zu ermöglichen, wird mit Freiheitsstrafe bis zu einem Jahr oder mit Geldstrafe bestraft. (2) Absatz 1 Nr. 1 ist nicht anzuwenden, wenn der zur Sorge für die Person Berechtigte handelt; dies gilt nicht, wenn der Sorgeberechtigte durch das Anbieten, Überlassen oder Zugänglichmachen seine Erziehungspflicht gröblich verletzt. Absatz 1 Nr. 3a gilt nicht, wenn die Handlung im Geschäftsverkehr mit gewerblichen Entleihern erfolgt. **§ 184 d Verbreitung pornographischer Darbietungen durch Rundfunk, Medien- oder Teledienste** Nach den §§ 184 bis 184 c wird auch bestraft, wer eine pornographische Darbietung durch Rundfunk, Medien- oder Teledienste verbreitet. In den Fällen des § 184 Abs. 1 ist Satz 1 bei einer Verbreitung durch Medien- oder Teledienste nicht anzuwenden, wenn durch technische oder sonstige Vorkehrungen sichergestellt ist, dass die pornographische Darbietung Personen unter achtzehn Jahren nicht zugänglich ist.	
Qualifikationstatbestand Zu § 184 Abs. 1	§§ 184 a Abs. 1, 184 b Abs. 1 soweit entsprechende Tathandlungen in Bezug auf einfach-pornographische Schriften dort unter Strafe gestellt sind	Keine

A. DIE VERBREITUNG HARTER PORNOGRAPHIE (§ 184 a, 184 b Abs. 1 und § 184 c Abs. 1 StGB und Art. 202 § 3 kk)

1. Verbreitung gewalt-, tier- oder kinder- und jugendpornographischer Schriften § 184 a StGB, 184 b Abs. 1 und § 184 c Abs. 2 StGB

1.1. Gewalt und Tierpornographische Schriften

Das deutsche StGB beinhaltet die Verbreitung, das öffentliche Zugänglichmachen und sich darauf gerichtete Vorbereitungshandlungen, sowie auch Unternehmensdelikte der Ein- und Ausfuhr von pornographischen Schriften, die Gewalttätigkeiten oder sexuelle Handlungen von Menschen mit Tieren zum Gegenstand haben (§ 184 a StGB).

Das deutsche Gesetz verwendet die Wendung „die sexuelle Handlungen von Menschen mit Tieren". Es handelt sich hier um eine Abbildung oder eine Beschreibung eines körperlichen Kontakts zwischen dem Menschen und dem Tier. Der deutschen herrschenden Lehre nach werden hier auch die sexuellen Handlungen mit toten Tieren erfasst[730].

„Gewalttätigkeiten" wird enger interpretiert als Gewalt. Hier reicht ein bloßes Bedrohen nicht aus. Es muss unmittelbare gegen eine Person gerichtete Entfaltung physischer Kraft vorliegen[731]. Es ist egal ob, es sich um tatsächliche oder nur gespielte Darstellungen handelt. Sogar verharmloste Darstellungen bleiben Gewalttätigkeiten. Das Einstellen ins Internet ist ein Verbreiten und ein öffentliches Zugänglichmachen eines Datenspeichers, genauer gespeicherter Daten[732].

1.2. Kinderpornographische Schriften

Als Kinderpornographie bezeichnet man dem deutschen Gesetz nach diejenigen pornographischen Schriften, die sexuelle Handlungen von, an oder vor Kindern zum Gegenstand haben. Solche Schriften dürfen weder verbreitet noch öffentlich zugänglich gemacht werden. Dazu werden noch deren Vorbereitungshandlungen erfasst.

---

730 Laubenthal, Sexualstraftaten, S. 265.
731 Laubenthal, Sexualstraftaten, S. 262.
732 BGH 47, 58.

Es genügt vielmehr jede sexuelle Handlung in Bezug auf das Kind. Dennoch kommen in erster Linie Fälle sexuellen Missbrauchs in Betracht. Nach der Neufassung des § 176 Abs. 4 Nr. 2 StGB liegt ein sexueller Missbrauch auch vor, wenn der Täter das Kind vor dem Fotografieren aufgefordert hatte, sich zu entblößen und Stellungen einzunehmen, die seine Genitalien zeigen, selbst wenn es dabei keine sexuellen Handlungen *an* sich vornimmt[733]. Dagegen erfüllt etwa die Abbildung eines nackten Kindes, das in natürlicher, normaler Pose auf dem Bett liegt mangels sexueller Handlung weiterhin nicht die Voraussetzungen einer kinderpornographischen Schrift. Das gilt auch, soweit der Täter dem Kind beim Ausziehen geholfen und es sich auf seine Bitte hin unbekleidet in natürlicher Pose auf das Bett gelegt hat, zumindest handelt es sich dabei nicht um Pornographie[734].

1.3. Jugendpornographische Schriften

Im Sinne des Gesetzes sind jugendpornographische Schriften pornographische Schriften (§ 11 Abs. 3), die sexuelle Handlungen von, an oder vor Personen von vierzehn bis achtzehn Jahren zum Gegenstand haben.

Die Schriften müssen keinen sexuellen Missbrauch zum Gegenstand haben. Es genügt vielmehr jede sexuelle Handlung von oder in Bezug auf den Jugendlichen. Wenn der Jugendliche seine primären oder sekundären Geschlechtsmerkmale – gemessen an seinem Alter – in unnatürlicher, ungewöhnlich schambesetzter Weise vorzeigt, liegt darin eine *sexuelle Handlung* i.S.d. Abs. 1, wobei es nicht darauf ankommt, ob der Jugendliche die Sexualbezogenheit erkennt oder erkennen kann[735]. Dagegen erfüllt etwa die Abbildung eines nackten Jugendlichen, der in natürlicher, normaler Pose auf dem Bett liegt mangels sexueller Handlung nicht die Voraussetzungen einer jugendpornographischen Schrift. Das gilt auch, wenn diese Pose auf die Initiative des Täters eingenommen wurde[736], zumindest handelt es sich dabei nicht um Pornographie.

2. Verbreitung von Gewalt-, Tier- oder Kinderpornographie, Art. 202 § 3 kk

Nach polnischem Recht wird bestraft, wer pornographische Inhalte, in denen Minderjährige oder solche, die Gewaltanwendung zum Gegenstand haben oder

---

733 anders noch zur alten Rechtslage BGH NStZ 2006, 394.

734 BGHSt 43, 366, 367 f = NJW 1998, 1503.

735 vgl. BGHSt 29, 336 = NJW 1981, 134.

736 vgl. BGHSt 43, 366, 367 f = NJW 1998, 1503.

in denen Tiere verwendet werden, in der Absicht sie zu verbreiten herstellt, aufzeichnet, anschafft, aufbewahrt oder besitzt oder sie verbreitet oder öffentlich präsentiert.

Herstellen ist weiter gefasst als Aufzeichnen und erfasst jeden, der wesentlich an den technischen und organisatorischen Vorbereitungshandlungen, die zur Herstellung notwendig sind, engagiert ist, wie den Produzenten, Drehbuchautoren, Regisseuren, Schauspieler, den Buchautor und dessen Herausgeber und andere Personen, die für den Druck verantwortlich sind[737]. Aufzeichnen ist jede Speicherung auf dem jeweiligen Datenträger, so dass ein Wiederspielen möglich ist, auf Fotos, einer Videokassette, auf DVD und CD-ROM und sogar auch das Zeichnen und die Holografie[738]. Als Aufzeichnender wird beispielsweise ein Regisseur, ein Kameramann oder ein Toningenieur angesehen[739]. Rodzynkiewicz meint sogar, dass der Sexualpartner des Minderjährigen auch als Aufzeichnender angesehen werden kann, da ohne ihn diese nicht durchgeführt werden kann. Ich bin anderer Auffassung, da ein Darsteller nicht zeitgleich Aufzeichnender und Darsteller sein kann. In Betracht kommt hier nur Beihilfe. Verantwortlich ist derjenige, der bei den technischen Vorbereitungen und bei den organisatorischen Handlungen, die für die Entstehung nötig sind, mitgewirkt hat, z.B. der Produzent, der Regisseur, der Drehbuchautor, die Schauspieler, der Schriftsteller, der Herausgeber, usw.[740].

Erforderlich ist, dass die Herstellung, die Aufzeichnung und die Anschaffung von harter Pornographie in der Absicht vorgenommen werden, sie zu verbreiten.

In der polnischen Lehre ist umstritten, welche Verantwortlichkeit der Verwalrter-C trägt, auf dessen Seiten die pornographischen Inhalte zugänglich waren[741]. Einig ist die polnische Lehre bei Telefondienstleistern, dass sie keine

---

737 Rodzynkiewicz, Komentarz, S. 679.

738 Warylewski, Przestępstwa przeciwko wolności seksualnej i obyczajności in: Wąsek (hrg.), Kodeks karny, Część Szczególna, Komentarz Tom I, Warszawa 2004, S. 967.

739 Rodzynkiewicz, Komentarz, S. 680.

740 Mozgawa/Kozłowska, Prawnokarne aspekty rozpowszechniania pornografii, Prok. i Pr. 3/2002, S. 21; auch Mozgawa, Kodeks karny, Praktyczny Komentarz , S. 391.

741 Jakubski, Rozpowszechnianie pornografii w sieci komputerowej Internet, Prok. i Pr. 7-8/1997; Jakubski meint, nur wenn er mit Absicht seine Seiten zu diesem Zweck zugänglich macht. Anderseits darf von ihm aber nicht gefordert werden, dass er die außergewöhnliche Maßnahmen aufnimmt, um solche Inhalte zu lösen, so Warylewski in: Warylewski, Przestępstwa przeciwko wolności seksualnej i obyczajności in: Wąsek (hrg.), Kodeks karny, Część Szczególna, Komentarz Tom I, Warszawa 2004, S. 971.

Verantwortung wegen des Wesens der Leistungen haben[742]. Die Sex-Online Telefongespräche werden nicht als Verbreitung im Sinne dieses Artikels angesehen. Hier geht es um eine Leistung, die darin besteht, ein Gespräch mit einem Abonnenten zu führen, der mit diesem Zweck eine bestimmte Telefonnummer wählte. Anders sieht es aus, wenn dem Kunden die ehemals auf einer Kassette oder auf einem anderen Datenaufzeichnungsmedium gespeicherten, pornographischen Inhalte zugänglich gemacht werden (sog. Pornographie per Telefon)[743].

"Senden" und "Verbreiten" sind verschiedene Tathandlungen, die sich im Netzwerk auf verschiedene Telekommunikationsdienste stützen - Email senden und mittels www verbreiten. Wird die Kinderpornographie mittels Email an einen bestimmten Personenkreis versendet, so ist das kein Verbreiten. Nach dem polnischen Recht setzt „Verbreiten" voraus, dass der Empfängerkreis unbestimmt ist. Email-Versendung unter Pädophilen ist kein Verbreiten[744].

2.1. Gewalt-, Tierpornographie

Der polnische Tatbestand setzt die Verbreitung, das öffentliches Präsentieren und die sonstigen Vorbereitungshandlungen von pornographischen Inhalten vor die Handlungen, die die Gewaltanwendung zum Gegenstand haben oder in denen Tiere verwendet werden (Art. 202 § 3).

Die im polnischen Strafkodex beinhaltete gesetzliche Formulierung „pornographische Inhalte mit der Verwendung von Tieren" findet die polnische Lehre unglücklich formuliert, weil der grammatikalischen Auslegung zufolge schon die bloße Anwesenheit von Tieren bei der Vollendung von sexuellen Handlungen zwischen den Menschen hier ausreiche. Deswegen behauptet sie in ihrem Streben nach vernünftiger Auslegung, dass es sich hier um die Teilnahme von Tieren an sexuellen Handlungen mit Menschen handelt. Jedoch bleiben noch Zweifel, ob eine Präsentation, in der jemand eine sexuelle Befriedigung dadurch erreicht, dass er den Rücken einer Katze streichelt, von dem Straftatbestand erfasst wird[745]. Es wird darauf hingewiesen, dass diese Regelung missglückt sein könnte, wenn man sich bewusst macht, dass das Pantoffeltierchen und die

---

742 Warylewski, Przestępstwa przeciwko wolności seksualnej i obyczajności in: Wąsek (hrg.), Kodeks karny, Część Szczególna, Komentarz Tom I, Warszawa 2004, S. 972.

743 Warylewski, Przestępstwa przeciwko wolności seksualnej i obyczajności in: Wąsek (hrg.), Kodeks karny, Część Szczególna, Komentarz Tom I, Warszawa 2004, S. 968.

744 Adamski, Cyberprzestępczość, St. Prawn. 4/2005, S. 51.

745 Warylewski, Przestępstwa przeciwko wolności seksualnej i obyczajności in: Wąsek (hrg.), Kodeks karny, Część Szczególna, Komentarz Tom I, Warszawa 2004, S. 971, so auch Mozgawa, Marek, Kodeks karny, Praktyczny Komentarz, Zakamycze 2004, S. 392.

Schnecke auch zu den Tieren zu zählen sind[746]. Die polnische Lehre besagt, dass es sich hier um lebende Tiere handelt und die Benutzung von toten Tieren oder deren Leichen bei der Herstellung der Pornographie straflos sei[747]. De lege ferenda weist die polnische herrschende Lehre darauf hin, dass die Sodomie als solche in Polen nicht verboten sei und finde, dass die Art der Pornographie, in der Tiere verwendet werden zu Unrecht als harte Pornographie anerkannt worden sei und fordert deren Entkriminalisierung[748].

Bei der Formulierung „ die Gewalt darstellen"[749] bleibt immer noch die Frage offen, ob Art. 202 § 3 kk sadomasochistische Praktiken und die „vorgespielte" Szenen der Vergewaltigung erfasst. Für einen Teil der Lehre kann dort keine Rede über die Darstellung der Gewalt sein, wo die Einwilligung des Sadomasochisten vorhanden ist[750]. Er behauptet, dass das Tatbestandsmerkmal „die Gewalt darstellen" nur die tatsächlich geschehenen Vorgänge widerspiegelt[751].

Der neue Tatbestand erfasst jedoch nicht die Darstellung von in einer gefährlichen und perversen Weise dargestellten pornographischen Inhalten wie fisting oder pissing. Solche Handlungen, die für Leib und Leben gefährlich sind, sollen pönalisiert werden[752].

---

746 Warylewski, Przestępstwa przeciwko wolności seksualnej i obyczajności in: Wąsek (hrg.), Kodeks karny, Część Szczególna, Komentarz Tom I, Warszawa 2004, S. 959.

747 Warylewski, Przestępstwa przeciwko wolności seksualnej i obyczajności in: Wąsek (hrg.), Kodeks karny, Część Szczególna, Komentarz Tom I, Warszawa 2004, S. 971; Kozłowska/Kucharska, Prawnokarne aspekty pornografii, Prok. i Pr. 4/1999.

748 Gardocki, Pornografia. Próba nowego uregulowania, Pal. 11/1993, S. 66.

749 Warylewski, Przestępstwa przeciwko wolności seksualnej i obyczajności in: Wąsek (hrg.), Kodeks karny, Część Szczególna, Komentarz Tom I, Warszawa 2004, S. 970; Mozgawa/ Kozłowska, Prawnokarne aspekty rozpowszechniania pornografii, Prok. i Pr. 3/2002, S. 21: Die Formulierung „die Gewaltanwendung zum Gegenstand hat" war irreführend, weil sie die Herstellung von solchen Präsentationen, die nur einen Beweis der Begehung anderer Straftaten darstellen sollen, in der Absicht sie zu verbreiten, kriminalisiert. Unter die Formulierung fiel keine inszenierte Gewalt unter - das hatten die Illustrierten oft ausgenutzt. De lege ferenda sollte man diese Vorschrift neu formulieren

750 Rodzynkiewicz, Komentarz, S. 677; anders Warylewski, Przestępstwa przeciwko wolności seksualnej i obyczajności in: Wąsek (hrg.), Kodeks karny, Część Szczególna, Komentarz Tom I, Warszawa 2004, S. 970.

751 Rodzynkiewicz, Komentarz, S. 677; anders Kunicka-Michalska/Wojciechowska, Przestępstwa przeciwko wolności, wolności sumienia i wyznania, wolności seksualnej i obyczajności oraz czci i nietykalności cielesnej, S. 100. Sie meint „Gewalt darstellen", hat breitere Bedeutung als Gewaltanwendung zum Gegenstand haben, d.h. die sadomasochistischen Praktiken sind in Art. 202 § 3 kk erfasst.

752 Warylewski, Przestępstwa przeciwko wolności seksualnej i obyczajności in: Wąsek (hrg.), Kodeks karny, Część Szczególna, Komentarz Tom I, Warszawa 2006, S. 970.

Das Einstellen von pornographischen Inhalten ins Internet im Sinne des Art. 202 § 3 kk ist der Verbreitung gleich. Dies ist auch dann der Fall, wenn der Zugang zu solchen Inhalten gegen Entgelt ermöglicht wird[753].

2.2. Kinderpornographische Schriften

Als Kinderpornographie nach dem polnischen Gesetz sind diejenigen pornographischen Inhalte gemeint, in denen Minderjährige verwendet werden sowie auch pornographische Inhalte, die ein erzeugtes oder verarbeitetes Bild des Minderjährigen zum Gegenstand haben, der an einer sexuellen Handlung teilnimmt. Verboten ist das Herstellen, das Verbreiten, das Präsentieren, das Aufbewahren oder das Besitzen[754]. Damit erfasst das polnische Gesetz die sog. Real und Scheinkinderpornographie.

3. Ergebnisse

Sowohl im polnischen Recht als auch im deutschen erfasst der Begriff „harte Pornographie" die Verbreitung der pornographischen Schriften, die sexuelle Handlungen von Personen von 14 bis 18 Jahren zum Gegenstand haben. Nach dem deutschen Recht ist die Verbreitung von pornographischen Schriften, die sexuellen Handlungen mit toten Tieren zum Gegenstand haben, strafbar. Dagegen werden solche Schriften im polnischen Recht nicht erfasst, da hier pornographische Inhalte nur mit lebenden Tieren möglich sind.

Das Verbreiten wird in der deutschen und polnischen Rechtsprechung gleich verstanden, demnach ist das Zugänglichmachen für einen größeren Personenkreis (BGH 13, 257 und Urteil des polnischen Obersten Gerichtes vom 16.02.1987) [755] und auch die Weitergabe an eine Einzelperson mit der Inkauf-

---

753 Filar, Rozdział XXV „Przestępstwa przeciwko wolności seksualnej i obyczajności" in: Górniok (hrg.), Komentarz kodeksu karnego, S. 662.

754 Es war umstritten, ob die alte Fassung von Art. 202 § 3 kk die Herstellung von pornographischen Inhalten erfasste, die sog. simulierte, pseudo-kindliche Pornographie darstellen. Nach einem Teil der Lehre war die sog. virtuelle Kinderpornographie im StGB nicht erfasst, Warylewski, Przestępstwa przeciwko wolności seksualnej i obyczajności in: Wąsek (hrg.), Kodeks karny, Część Szczególna, Komentarz Tom I, Warszawa 2006, S. 970.

755 Unter „Verbreitung" der Pornographie versteht man, dass sie für einen unbestimmten Personenkreis zugänglich gemacht wird, z.B. durch den Versand, die Vervielfältigung, das Kopieren und das Verschaffen des Zugangs auf andere Art. Es liegt keine Verbreitung vor, wenn der Täter einen Film mit Hilfe eines Videogerätes in einem kleinen und eng bestimmten Personenkreis darstellt oder vorführt in: OSNKW 1987/9-10/85.

nahme, dass die Darstellung weiteren Personen zugänglich gemacht wird (BGH 19,71)[756], erfasst.

756 Ähnlich Warylewski, Przestępstwa przeciwko wolności seksualnej i obyczajności in: Wąsek (hrg.), Kodeks karny, Część Szczególna, Komentarz Tom I, Warszawa 2004, S. 967.

Tabelle Nr.8.

	§ 184 a StGB -Verbreitung gewalt- oder tierpornographischer Schriften, § 184 b Abs. 1 StGB –Verbreitung kinderpornographischer Schriften, § 184 c Abs. 1 StGB -Verbreitung jugendpornographischer Schriften	**Art. 202 § 3, § 4 b kk- Verbreitung von Gewalt-, Tier- oder Kinderpornographie**
Grundtatbestand	**§ 184 a StGB Verbreitung gewalt- oder tierpornographischer Schriften** Wer pornographische Schriften (§ 11 Abs. 3 StGB), die Gewalttätigkeiten oder sexuelle Handlungen von Menschen mit Tieren zum Gegenstand haben, 1. verbreitet, 2. öffentlich ausstellt, anschlägt, vorführt oder sonst zugänglich macht oder 3. herstellt, bezieht, liefert, vorrätig hält, anbietet, ankündigt, anpreist, ein- oder auszuführt, um sie oder aus ihnen gewonnene Stücke im Sinne der Nummer 1 oder Nummer 2 zu verwenden oder einem anderen eine solche Verwendung zu ermöglichen, wird mit Freiheitsstrafe bis zu drei Jahren oder mit Geldstrafe bestraft. **§ 184 b StGB Verbreitung, Erwerb und Besitz kinderpornographischer Schriften** (1) Wer pornographische Schriften (§ 11 Abs. 3 StGB), die sexuelle Handlungen von, an oder vor Kindern (§ 176 Abs. 1 StGB) zum Gegenstand haben (kinderpornographische Schriften), 1. verbreitet, 2. öffentlich ausstellt, anschlägt, vorführt oder sonst zugänglich macht oder 3. herstellt, bezieht, liefert, vorrätig hält, anbietet, ankündigt, anpreist, einzuführen oder auszuführen unternimmt, um sie oder aus ihnen gewonnene Stücke im Sinne der Nummer 1 oder Nummer 2 zu verwenden oder einem anderen eine solche Verwendung zu ermöglichen, wird mit Freiheitsstrafe von drei Monaten bis zu fünf Jahren bestraft. **§ 184 c StGB Verbreitung, Erwerb und Besitz jugendpornographischer Schriften** (1) Wer pornographische Schriften (§ 11 Abs. 3 StGB), die sexuelle Handlungen von, an oder vor Personen von vierzehn bis achtzehn Jahren zum Gegenstand	**§ 3** Wer pornographische Inhalte, in denen Minderjährige oder solche, die Gewaltanwendung zum Gegenstand haben oder in denen Tiere verwendet werden, in der Absicht sie zu verbreiten, herstellt, aufzeichnet, anschafft, aufbewahrt oder besitzt, oder sie verbreitet oder öffentlich präsentiert, wird mit einer Freiheitsstrafe von sechs bis zu acht Jahren bestraft. **§ 4 b.** Wer pornographische Inhalte, die ein erzeugtes oder verarbeitetes Bild des Minderjährigen zum Gegenstand haben, der an einer sexuellen Handlung teilnimmt, herstellt, verbreitet, präsentiert, aufbewahrt oder besitzt, wird mit Geldstrafe, Freiheitsbeschränkung oder mit Freiheitsstrafe bis zu zwei Jahren bestraft.

	haben (jugendpornographische Schriften), 1. verbreitet, 2. öffentlich ausstellt, anschlägt, vorführt oder sonst zugänglich macht oder 3. herstellt, bezieht, liefert, vorrätig hält, anbietet, ankündigt, anpreist, ein- oder ausführt, um sie oder aus ihnen gewonnene Stücke im Sinne der Nummer 1 oder Nummer 2 zu verwenden oder einem anderen eine solche Verwendung zu ermöglichen, wird mit Freiheitsstrafe bis zu drei Jahren oder mit Geldstrafe bestraft.	
Qualifikationstatbestand **Zu § 184 b Abs. 1** **Zu § 184 c Abs. 1**	§ 184 b Abs. 3 § 184 c Abs. 3	Keine

C. ERWERB- UND BESITZVERBOT VON KINDER- UND JUGENDPORNOGRAPHIE (§§ 184 b, 184 c StGB und Art. 202 § 4-4 b kk)

Damit wollte man die Weitergabe in geschlossenen Benutzergruppen im Internet oder zwischen einzelenen Personen erfassen[757].

1. Erwerb und Besitz kinder- und jugendpornographischer Schriften § 184 b, § 184 c StGB

1.1. Kinderpornografische Schriften

Nach deutschem Recht ist das Sich-Verschaffen des Besitzes, einem anderen den Besitz zu verschaffen, die versuchte Besitzverschaffung und der Besitz selbst von kinderpornographischen Schriften strafbar. Es geht hier aber nur um die pornographischen Schriften, die sexuelle Handlungen von, an oder vor Kindern zum Gegenstand haben und gleich ein tatsächliches oder wirklichkeitsnahes Geschehen wiedergeben (§ 184 b Abs. 2-6 StGB).

Eine sexuelle Handlung von, an oder vor Kindern hat die Schrift stets zum Gegenstand, wenn die Person tatsächlich noch ein Kind unter 14 Jahren ist. Dies gilt selbst dann, wenn der Täter davon ausgeht, der Betrachter werde die Person nicht mehr als Kind ansehen oder ihn hierüber zu täuschen versucht[758]. Ist die

757 Fischer, StGB Kommentar, § 184b Rn. 20.
758 BGHSt 47, 55, 61 f. = NJW 2001, 3558.

Person, die Gegenstand der Schrift ist, tatsächlich älter, ist darauf abzustellen, ob sie auf einen objektiven Betrachter noch wie ein Kind wirkt[759].

Auch fiktive Darstellungen sexueller Handlungen von, an oder vor Kindern genügen, vorausgesetzt sie sind wirklichkeitsnah[760]. Dies ist der Fall, wenn sie sich einem durchschnittlichen Betrachter anhand des äußeren Erscheinungsbildes als tatsächlich geschehen darstellen. Dagegen stellen erkennbar künstliche Produkte wie Zeichnungen, Zeichentrickfilme und Comics, aber auch rein wörtliche Darstellungen kein wirklichkeitsnahes Geschehen dar. Ein tatsächliches Geschehen liegt nach dem Willen des Gesetzgebers nur bei Filmen, Videos und Fotos vor, nicht jedoch bei Zeichnungen und wörtlichen Darstellungen[761].

a) Unternehmen, einer anderen Person den Besitz an der Schrift zu verschaffen (§ 184 b Abs. 2 StGB)

Darauf, ob der andere die Besitzverschaffung verlangt hat, kommt es nicht an. Die Tat muss jedoch darauf gerichtet sein, dass er willentlich Besitz erlangt. Die bloße unverlangte Zusendung unterfällt hier nur dann, wenn der Täter dies zumindest billigend in Kauf nimmt. Eine ausschließliche Besitzverschaffung an Dritte ohne vorheriges Sich-Verschaffen oder besitzen ist bei Internet-Übertragungen kaum denkbar und könnte allenfalls für Access-Provider und Durchleitung von Dateien als „instant messages“ in Betracht kommen - hier fehlen aber regelmäßig Garantenstellung und Vorsatz[762].

b) Unternehmen, sich selbst Besitz an solchen Schriften zu verschaffen (§ 184 b Abs. 4 StGB)

Ein Sich-Verschaffen kinderpornographischer Schriften liegt schon dann vor, wenn der Täter entsprechende Seiten im Internet betrachtet und dabei ein Download in den Arbeits- oder Cache-Speicher erfolgt[763]. Das Sich-Verschaffen von Besitz i.S.v. § 184 b Abs. 4 S. 1 StGB ist bereits mit der automatischen Speicherung im Cache-Speicher vollendet. Für die damit gegebene objektive Strafbarkeit nach dieser Vorschrift ist es somit ohne Belang, ob die Speicherung – wie vorliegend – durch spätere manuelle oder systembedingt automatisch erfolgende

---

759 BGHSt 47, 55 = NJW 2001, 3558.

760 Wirklichkeitsnahe Darstellungen wurden einbezogen, da oft nicht auszuschließen ist, dass die Darstellungen mittels eines Computers hergestellt sind und man dem Kind entsprechende Feststellungen ersparen müsse (BT-Drucks. 13/7934 S. 14),

761 Maurach/Schroeder/Maiwald, Strafrecht BT, S. 256

762 Fischer, StGB Kommentar, § 184b Rn. 15.

763 LG Karlsruhe 3. Große Strafkammer, 29.07.2004, 3 Qs 24/04.

Löschung des Cache-Speichers wieder rückgängig gemacht wird[764]. Zumindest das gezielte Suchen im Internet nach Informationen mit kinderpornografischen Inhalt, das Aufrufen entsprechender Seiten und das sogenannte „bloße" Betrachten dieser Seiten am Bildschirm des Computers ist als Besitzverschaffung im Sinne des *§ 184 b Abs. 4 S. 1 StGB* strafbar[765].

Die Abspeicherung in der EDV-Anlage ist eine Besitzverschaffung am Datenspeicher. Darüber hinaus ist auch der Besitz selbst strafbar. Diese Alternative beschränkt sich wegen der vorverlagerten Besitzverschaffung auf den Fall, dass das Material ohne eigene vorsätzliche Tätigkeit des Besitzers in seinen Besitz gelangt oder ihm dies nicht nachzuweisen ist. Der Rechtsgrund ist die Unterlassung der Vernichtung oder Ablieferung[766].

c) Besitz (§ 184 b Abs. 4 StGB)

Besitz von kinderpornografischen Schriften setzt eine vom Herrschaftswillen getragene Sachherrschaft voraus. Der Besitz- oder Herrschaftswille in Bezug auf elektronisch gespeicherte digitale Bilder ist gesondert festzustellen. Das Laden einer Website mit Vorschaubildern (Thumbnails) lässt nur auf den Besitzwillen schließen, wenn der Täter vor dem Herunterladen Kenntnis vom Inhalt der Website hatte und gezielt nach kinderpornografischem Material suchte, durch Anklicken eines Vorschaubildes ein Vollbild geladen hat oder seinen Herrschaftswillen sonst manifestierte[767]. Beim Herunterladen mehrerer Bild- und/oder Videodateien währen einer Internetsitzung handelt es sich sowohl im materiellrechtlichen wie auch im prozessualen Sinn um eine Tat (natürliche Handlungseinheit)[768].

1.2. Jugendpornographische Schriften

Nach deutschem Recht ist Sich-Verschaffen des Besitzes, einem anderen den Besitz zu verschaffen, die versuchte Besitzverschaffung und der Besitz selbst von jugendpornographischen Schriften strafbar. Es geht hier um pornographische Schriften, die sexuelle Handlungen von, an oder vor Personen von 14 bis 18 Jahren zum Gegenstand haben und gleich ein tatsächliches oder wirklichkeitsnahes Geschehen wiedergeben (§ 184 b Abs. 2-6 StGB).

---

764 Hanseatisches Oberlandesgericht Hamburg 1. Strafsenat, 11.11.2008, 1 - 53/08 (REV), 1 - 53/08 (REV) - 1 Ss 180/08.

765 Schleswig-Holsteinisches Oberlandesgericht 2. Strafsenat, 15.09.2005, 2 Ws 305/05 (222/05).

766 Bay OLG NJW 00, 2912, OLG Hamburg JR 00, 125.

767 AG Saarbrücken, 29.07.2009, 115 Ds 87/09, Urteil.

768 OLG Rostock 1. Strafsenat, 18.11.2009, 1 Ss 229/09 I 88/09, Beschluss.

Eine sexuelle Handlung betreffend einen Jugendlichen hat die Schrift stets zum Gegenstand, wenn die Person tatsächlich zwischen 14 und 18 Jahren alt ist. Dies gilt selbst dann, wenn der Täter davon ausgeht, der Betrachter werde die Person nicht mehr als minderjährigen Jugendlichen ansehen oder ihn hierüber zu täuschen versucht[769]. Ist die Person, die Gegenstand der Schrift ist, tatsächlich älter, ist darauf abzustellen, ob sie auf einen objektiven Betrachter noch wie ein Minderjähriger wirkt[770]. Auch fiktive Darstellungen sexueller Handlungen genügen, vorausgesetzt sie sind wirklichkeitsnah. Dies ist der Fall, wenn sie sich einem durchschnittlichen Betrachter anhand des äußeren Erscheinungsbildes als tatsächlich geschehen darstellen. Dagegen stellen erkennbar künstliche Produkte wie Zeichnungen, Zeichentrickfilme und Comics, aber auch rein wörtliche Darstellungen kein wirklichkeitsnahes Geschehen dar. Solche Schriften unterfallen ausschließlich Abs 1; Tatgegenstand der Absätze 2, 3 und 4 können sie nicht sein. Hinsichtlich des Alters der missbrauchten Person kommt es auch bei fiktiven Darstellungen auf die Einschätzung eines verständigen Beobachters an[771].

2. Erwerb, Besitz von Kinderpornographie 202 § 4-4 b kk

Ratio legis ist der absolute Schutz der Minderjährigen vor Pornographie. Diese Regelung bezieht sich auch auf die nicht kommerzielle Aufzeichnung, Anschaffung und Aufbewahrung der oben genannten Inhalte. Der Hintergrund dieser Regelung war es, ein erfolgreiches Mittel gegen die pädophile Pornographie im Internet zu schaffen[772]. Diese ermöglicht es, die passive Pädophilie, die Herstellung und die Kolportage der solchen, erfolgreich zu bekämpfen[773].

Nach dem polnischen Recht ist die Aufzeichnung, die Anschaffung, die Aufbewahrung, der Besitz und die Herstellung von pornographischen Inhalten, bei denen eine minderjährige Person unter 15 Jahren mitwirkt oder sie ein erzeugtes oder verarbeitetes Bild des Minderjährigen zum Gegenstand haben strafbar.

---

769 Vgl. BGHSt 47, 55, 61 f = NJW 2001, 3558.

770 BGHSt 47, 55 = NJW 2001, 3558.

771 BGHSt 47, 55, 62 = NJW 2001.

772 Filar, Nowelizacja kodeksu karnego w zakresie tzw. przestępstw seksualnych, Prok. i Pr. 11-12/2004, S.28

773 Podufalski, Pornografia w sieci, Prok. i Pr. 1/2005, S. 164.

a) Aufzeichnung, Herstellung

In Art. 202 § 4 kk wird das Aufzeichnen von pornographischen Inhalten, bei denen eine minderjährige Person unter fünfzehn Jahren mitwirkt, bestraft. Unter „Aufzeichnung von pornographischen Inhalten" ist die Aufnahme solcher Handlungen zu verstehen, die der Speicherung der pornographischen Inhalte in beliebiger Form dient, z.B. auf einem Foto, auf Kassette, CD oder auch die Anfertigung von Zeichnungen, Darstellungen und die stimmigen Aufnahmen. Täter kann sowohl der Filmautor, der Regisseur, der Kameramann, als auch der Schauspieler sein[774]. Eine Aufzeichnung ist eine Speicherung von pornographischen Inhalten in irgendeiner Form, z.B. auf Fotos, auf einer Kassette oder auf einer Diskette. Das Wesen der Aufzeichnung ist, dass man den aufgezeichneten Inhalt wieder vorspielen kann[775]. Verantwortlich ist der Urheber des Bildes, der Regisseur, der Kameramann und der sexuelle Partner der minderjährigen Person[776].

Es ist fraglich, ob diese Vorschrift zu Recht so formuliert wurde. Filar betont, dass die Aufzeichnung der oben genannten Pornographie, ohne Absicht sie zu verbreiten, praktisch auch die Aufzeichnung zum eigenen Gebrauch bedeutet. Die polnische Lehre weist darauf hin, dass diese Regelung dem Grundsatz der Straflosigkeit des freiwilligen Konsums widerspricht und einen Eingriff in die Privatsphäre darstellt[777]. Die polnische Lehre versucht, die richtige Begründung für eine so weite Regelung zu finden, und weist darauf hin, dass Kinder nicht zur Realisierung solcher pädophiler Vorstellungen engagiert werden sollen; er empfindet diese Regelung als zu weit gehend[778]. Andererseits hatte früher "der nicht-zu-bestrafende Besitzer solcher Inhalte ohne entsprechende Regelung keinen Grund, auf die Quellen solcher Inhalte zu verweisen[779].

774 Kunicka-Michalska/Wojciechowska, Przestępstwa przeciwko wolności, wolności sumienia i wyznania, wolności seksualnej i obyczajności oraz czci i nietykalności cielesnej, S. 112.

775 Mozgawa, Kodeks karny, Praktyczny Komentarz, S. 392.

776 Mozgawa/Kozłowska, Prawnokarne aspekty rozpowszechniania pornografii, Prok. i Pr 3/2002, S. 22.

777 Besonders gegen dem Art. 47 der polnischen Verfassung, Marek, Prawo karne, Auflage 7, S. 502; ders. Komentarz, S. 464.

778 Filar, Rozdział XXV „Przestępstwa przeciwko wolności seksualnej i obyczajności" in: Górniok (hrg.), Komentarz kodeksu karnego, Warszawa 2006, S. 610.

779 Podufalski, Pornografia w sieci, Prok. i Pr. 1/2005, S. 164.

b) Anschaffung

Bei der Anschaffung[780] handelt es sich auch um den Verkehr im Inland und dem Herunterladen aus dem Internet[781]. Letztendlich handelt es sich hierbei um das Aufbewahren und den Besitz, die jeden Datenträger betreffen. Die Anschaffung hat das polnische Oberste Gericht wie folgt ausgelegt: nicht nur die formelle Bestellung der bestimmten Verlagsposten, sondern auch der ständige Austausch der Verlagsneuigkeiten sowie andere Formen der Initiative, einen Verlagsposten zu bekommen[782]. Da in der polnischen Sprache der Begriff „Anschaffung" auch die Einfuhr erfasst und ein Synonym für dieses Wort ist, ist es streitig, wie dieses ausgelegt werden soll. Die herrschende Lehre meint, dass es auch um die Anschaffung von anderen Orten im Inland oder bedenklich auch um die Anschaffung aus dem Internet geht[783].

c) Besitz, Aufbewahrung

In Art. 202 § 4 a beinhaltet die Anschaffung, die Aufbewahrung und den Besitz von pornographischen Inhalten, bei denen eine minderjährige Person unter fünfzehn Jahren mitwirkt. Das absolute Besitzverbot (Art. 202 § 4 kk): wegen des Verbotes macht sich auch derjenige strafbar, der die Anzeige mittels Email an die Polizei erbringt und dabei noch solche Schriften beifügt. Deswegen ist es sicher nur die Adresse anzugeben, ohne solche Schriften beizufügen[784]. Das Besitzverbot der Kinderpornographie gilt seit dem 1. Mai 2004. Werden auf dem PC des Täters gelöschte Dateien mit solchen Inhalten gefunden, muss man dann den genauen Zeitpunkt des Löschens feststellen[785].

Aufbewahren bedeutet auch kurzzeitiges und augenblickliches Aufbewahren, sofern es der Person bewusst ist, dass es um pornographische Inhalte geht[786]. Nach diesem Paragraphen ist schon derjenige verantwortlich, der aus dem Internet vorsätzlich Material mit pornographischem Inhalt, das in Verbindung mit einer minderjährigen Person steht, herunterlädt[787]. Die polnische Lehre

---

780 Ab 1. Mai 2004 in der Absicht sie zu verbreiten.

781 Rodzynkiewicz, Komentarz, S. 679.

782 Uchwała SN z 14.3.1986, III AZP 7/85, OSNC 1987, Nr. 1, pos.1 in: Warylewski, Przestępstwa przeciwko wolności seksualnej i obyczajności in: Wąsek (hrg.), Kodeks karny, Część Szczególna, Komentarz Tom I, Warszawa 2006, S. 968.

783 Mozgawa, Kodeks karny, Praktyczny Komentarz, S. 392.

784 Gienas, Czyszczenie Internetu z dziecięcej pornografii, Rzeczpospolita 2005.1.22.

785 Lach, Karnoprocesowe instrumenty zwalczania pedofilii i pornografii dziecięcej w Internecie, Prok. i Pr. 10/2005, S. 52 und ff.

786 Mozgawa, Kodeks karny, Praktyczny Komentarz, S. 392.

787 Podufalski, Pornografia w sieci, Prok. i Pr. 1/2005, S. 163.

meint, dass die Vorschrift terminologisch nicht klar ist, da es unmöglich ist, den Inhalt zu besitzen. Die Intention des Gesetzgebers war der absolute Schutz von Minderjährigen unter 15 Jahren. Jedoch ist dieser so weit formuliert, dass man diesen bezweifeln kann, da sie die Freiheitsrechte verletzt - er greift in die Privatsphäre ein[788].

3. Ergebnisse

Besitz- und Verschaffungsverbot von Kinderpornographie beschränkt sich im deutschen Recht nur auf tatsächliche oder wirklichkeitsnahe Kinderpornographie. Dagegen ist im polnischen Recht nicht nur Besitz von tatsächlichen, sondern auch von pornographischen Inhalten, die ein erzeugtes oder verarbeitetes Bild des Minderjährigen zum Gegenstand haben, strafbar. Damit ist nach polnischem Recht der Besitz von Zeichnungen strafbar. Zu bedenken ist, ob dieses so breit formulierte Besitzverbot auch verfassungskonform ist.

Das in Art. 202 § 4 kk formulierte Besitzverschaffungsverbot ist absolut. Der polnische Gesetzgeber sieht davon keine Ausnahmen vor. Es wurde hier keine Formulierung wie „ohne Erlaubnis“ in der Straftatbestimmung benutzt (anders wie bei der Waffenbesitzung - Art. 263 § 2 kk). Es gibt im polnischen Recht keine Regelungen (Contratypen), die dies erlauben würden. Demzufolge ist die Besitzverschaffung auch dann strafbar, wenn sie wegen Strafverfolgung bei der Polizei, dem Staatsanwalt oder Richter, sowie Sachverständigen aufbewahrt wird[789]. Der polnische Strafkodex sieht keine Ausnahme vom Besitzverbot für dienstlichen Besitz und Konsum kinderpornografischer Schriften vor.

Im Gegensatz zum deutschen Recht gilt das absolute Verbreitungsverbot im polnischen Recht für jugendpornographische Pornographie nicht, trotz der Verpflichtung zur Bestrafung solcher Handlungen, die sich aus dem Rahmenbeschluss vom Rat 22. Dezember 2003 über Bekämpfung von sexuellem Missbrauch der Kinder ergibt. Wie schon erwähnt hat der polnische Gesetzgeber den oben genannten Rahmenbeschluss nur teilweise umgesetzt.

---

788 Filar, Rozdział XXV „Przestępstwa przeciwko wolności seksualnej i obyczajności” in: Górniok (hrg.), Komentarz kodeksu karnego, S. 662.

789 Adamski, Zakaz dla ścigających i ściganych, Rzeczpospolita vom 3.7.2004.

Tabelle Nr. 9

	§ 184 b Abs. 2-6 StGB Erwerb und Besitz kinderpornographischer Schriften, § 184 c Abs. 2-5 StGB Erwerb und Besitz jugendpornographischer Schriften	**Art. 202 § 4-4b kk- Erwerb, Besitz von Kinderpornographie**
Grundtatbestände	**§ 184 b Abs. 2-6 StGB Erwerb und Besitz kinderpornographischer Schriften,** (2) Ebenso wird bestraft, wer es unternimmt, einem anderen den Besitz von kinderpornographischen Schriften zu verschaffen, die ein tatsächliches oder wirklichkeitsnahes Geschehen wiedergeben. (4) Wer es unternimmt, sich den Besitz von kinderpornographischen Schriften zu verschaffen, die ein tatsächliches oder wirklichkeitsnahes Geschehen wiedergeben, wird mit Freiheitsstrafe bis zu zwei Jahren oder mit Geldstrafe bestraft. Ebenso wird bestraft, wer die in Satz 1 bezeichneten Schriften besitzt. (5) Die Absätze 2 und 4 gelten nicht für Handlungen, die ausschließlich der Erfüllung rechtmäßiger dienstlicher oder beruflicher Pflichten dienen. (6) In den Fällen des Absatzes 3 ist § 73 d anzuwenden. Gegenstände, auf die sich eine Straftat nach Absatz 2 oder Absatz 4 bezieht, werden eingezogen. § 74 a ist anzuwenden, **§ 184 c Abs. 2-5 StGB Erwerb und Besitz jugendpornographischer Schriften** (2) Ebenso wird bestraft, wer es unternimmt, einem anderen den Besitz von jugendpornographischen Schriften zu verschaffen, die ein tatsächliches oder wirklichkeitsnahes Geschehen wiedergeben. (4) Wer es unternimmt, sich den Besitz von jugendpornographischen Schriften zu verschaffen, die ein tatsächliches Geschehen wiedergeben, oder wer solche Schriften besitzt, wird mit Freiheitsstrafe bis zu einem Jahr oder mit Geldstrafe bestraft. Satz 1 ist nicht anzuwenden auf Handlungen von Personen in Bezug auf solche jugendpornographischen Schriften, die sie im Alter von unter achtzehn Jahren mit Einwilligung der dargestellten Personen hergestellt	**§ 4** Wer pornographische Inhalte, bei denen eine minderjährige Person unter fünfzehn Jahren mitwirkt, aufzeichnet, wird mit einer Freiheitsstrafe von einem Jahr bis zu zehn Jahren bestraft. **§ 4 a** Wer pornographische Inhalte, bei denen eine minderjährige Person unter fünfzehn Jahren mitwirkt, anschafft, aufbewahrt oder besitzt, wird mit einer Freiheitsstrafe von drei Monaten bis zu fünf Jahren bestraft. **§ 4 b**. Wer die pornographischen Inhalte, die ein erzeugtes oder verarbeitetes Bild des Minderjährigen zum Gegenstand haben, der an eine sexuellen Handlung teilnimmt, herstellt, verbreitet, präsentiert, aufbewahrt oder besitzt, wird mit Geldstrafe, Freiheits-beschränkung oder mit Freiheitsstrafe bis zum zwei Jahren bestraft.

	haben. (5) § 184 b Abs. 5 und 6 gelten entsprechend.	
	- In den Fällen des Absatzes 1 oder des Absatzes 2 ist auf Freiheitsstrafe von sechs Monaten bis zu zehn Jahren zu erkennen, wenn der Täter gewerbsmäßig oder als Mitglied einer Bande handelt, die sich zur fortgesetzten Begehung solcher Taten verbunden hat, und die kinderpornographischen Schriften ein tatsächliches oder wirklichkeitsnahes Geschehen wiedergeben (§ 184 b Abs. 3) - In den Fällen des Absatzes 1 oder des Absatzes 2 ist auf Freiheitsstrafe von drei Monaten bis zu fünf Jahren zu erkennen, wenn der Täter gewerbsmäßig oder als Mitglied einer Bande handelt, die sich zur fortgesetzten Begehung solcher Taten verbunden hat, und die jugendpornographischen Schriften ein tatsächliches oder wirklichkeitsnahes Geschehen wiedergeben (§ 184 c Abs. 3)	

Kapitel 4
Prostitution

1. Überblick und Systematik

Das deutsche StGB reglementiert die Prostitutionsdelikte in § 180 a StGB: Ausbeutung von Prostituierten (Abs. 1: Leiten prostitutionsfördernder Betriebe, Abs. 2: Wohnungsgewährung zur Prostitution), in § 181 a StGB: Zuhälterei (ausbeuterische Zuhälterei Abs. 1 Nr. 1, dirigierende Zuhälterei Abs. 1 Nr. 2, Gewerbsmäßige fördernde Zuhälterei Abs.2, Ehegattenzuhälterei: Abs. 3), in § 232 StGB: Menschenhandel zum Zweck der sexuellen Ausbeutung und in § 233 a StGB Förderung des Menschenhandels, wobei sich die zwei letzteren nicht im Abschnitt gegen die sexuelle Selbstbestimmung, sondern im Abschnitt über Straftaten gegen die persönliche Freiheit befinden.

Der polnische Strafkodex regelt die Prostitutionsdelikte in Art. 203 kk: Nötigung zur Prostitution, in Art. 204 § 1 Satz 1 kk: Bestimmen zur Prostitutionsausübung, Art. 204 § 1 Satz 2 kk: Kuppelei, Art. 204 §2 kk: Zuhälterei und Art. 204 §4 kk: Anwerbung und Entführung zur Prostitutionsausübung ins Ausland.

Auf den ersten Blick lässt sich § 181 a StGB Zuhälterei mit Art. 204 § 2 kk Zuhälterei, § 232 StGB Menschenhandel zum Zweck der sexuellen Ausbeutung und § 233 a StGB Förderung des Menschenhandels mit Art. 203 kk Nötigung zur Prostitution und mit Art. 204 § 4 kk Anwerbung und Entführung zur Prostitutionsausübung ins Ausland gegenüberstellen. Dann werden die übrigen Straftatbestimmungen (Ausbeutung von Prostituierten § 180a StGB und Art. 204 §1 Satz 1 kk Bestimmen zur Prostitutionsausübung und Art. 204 §1 Satz 2 kk Kuppelei) weiter analysiert.

A. Prostitutionsbegriff

1. Nach deutschem Recht

Nach der herrschenden Lehre versteht man unter Prostitution die geschlechtliche Preisgabe gegen Entgelt an einen individuell nicht bestimmten Personenkreis. Indessen muss die „Edelprostitution“ mit festem Kundenstamm genügen[790]. Nach Ansicht der Lehre soll hier auch der Fall umfasst werden, bei dem das Entgelt einem anderen zufließt. Es gibt keine Beschränkungen – gemeint ist so-

---

790 Maurach/Schroeder/Maiwald, Strafrecht BT, § 21 II Rn. 7.

wohl weibliche als auch männliche Prostitution. Es genügt eine einmalige Hingabe gegen Entgelt. Prostitution ist eine zu Erwerbszwecken (nicht notwendig im Sinn beruflicher Tätigkeiten) ausgeübte, wiederholte, entgeltliche Vornahme sexueller Handlungen an, mit oder vor (zumeist) wechselnden Partnern. Es handelt sich hier um eine Dienstleistungsbeziehung, in welcher sexuelle Handlungen der sich prostituierenden Person als entgeltliche Leistung angeboten werden (§1 ProstG). Erforderlich ist ein direkter Kontakt zwischen der Prostituierten und dem Kunden, deswegen stellt der Striptease keine Prostitution dar[791].

2. Nach polnischem Recht

Unter Prostitution versteht man ein Gewerbe, das in sexuellen Leistungen besteht, die nicht einmalig oder gelegentlich gegen Vermögensvorteile geleistet werden und sich an einen individuell nicht bestimmten Personenkreis richten[792]. Hier geht es um die geschlechtliche Preisgabe gegen Entgelt und ohne Gefühl[793]. Wobei das Wort „ohne Gefühl" hier keine relevante Rolle spielt[794]. Unter sexuellen Leistungen versteht man nicht nur Geschlechtsverkehr, sondern auch sexuelle Handlungen im Sinne von Art.197[795].

2. Die Straftaten im Einzelnen

A. § 181 a StGB Zuhälterei und art. 204 § 2 kk Zuhälterei

1. Zuhälterei § 181a StGB

§ 181a StGB unterscheidet verschiedene Formen der Zuhälterei. In Abs. 1 Nr. 1 regelt er Ausbeutung einer der Prostitution Nachgehenden sog. ausbeuterische Zuhälterei, in Abs. 1 Nr. 2 die Überwachung bei der Prostitutionsausübung und deren Bestimmung oder Treffen von Maßnahmen, die den anderen von der Auf-

---

791 Fischer, StGB Kommentar, § 180a Rn. 3.

792 Marek, Prawo karne, Auflage 7, S. 503.

793 Kunicka-Michalska/Wojciechowska, Przestępstwa przeciwko wolności, wolności sumienia i wyznania, wolności seksualnej i obyczajności oraz czci i nietykalności cielesnej, S. 129.

794 Warylewski, Przestępstwa przeciwko wolności seksualnej i obyczajności in: Wąsek (hrg.), Kodeks karny, Część Szczególna, Komentarz Tom I, Warszawa 2004, S. 988.

795 Warylewski, Przestępstwa przeciwko wolności seksualnej i obyczajności in: Wąsek (hrg.), Kodeks karny, Część Szczególna, Komentarz Tom I, Warszawa 2004, S. 988.

gabe der Prostitutionsausübung abhalten sollen sog. dirigierende Zuhälterei, in Abs. 2 die sog. gewerbsmäßige fördernde Zuhälterei und in Abs. 3 die zuhälterischen Handlungen unter Ehegatten.

1.1. Ausbeuterische Zuhälterei

Die ausbeuterische Zuhälterei (§ 181 a Abs. 1 Nr. 1 StGB) besteht darin, dass der Täter eine der Prostitution nachgehende Person innerhalb eines Abhängigkeitsverhältnisses als Einnahmequelle ausbeutet. Es geht hier um Ausbeuten einer anderen Person, die der Prostitution nachgeht. Im Hinblick hierauf muss der Täter über den Einzelfall hinausgehende Beziehungen zu dem Opfer unterhalten

Ausbeutung einer der Prostitution Nachgehenden ist mehr als „Ausnutzung" und Ausgehaltenwerden. Sie verlangt ein Abhängigkeitsverhältnis zur Erlangung übermäßiger Vermögensvorteile[796]. Voraussetzung der Feststellung einer Ausbeutung ist der Eintritt einer spürbaren Verschlechterung der wirtschaftlichen Lage des Opfers als Folge planmäßig hierauf gerichteter Handlungen des Täters[797]. Ein beherrschendes Liebesverhältnis erfüllt den Tatbestand nur dann, wenn der Zweck der Aushaltung nicht von ganz nebensächlicher Bedeutung war[798]. In objektiver Hinsicht ist es für das Ausbeuten erforderlich, dass der Abzug eines erheblichen Teils der Einnahmen des Opfers zu einer gravierenden Beschränkung ihrer persönlichen oder wirtschaftlichen Entscheidungsfreiheit führt. Dadurch wird dem Opfer eine Befreiung aus der Prostitutionstätigkeit erschwert. In subjektiver Hinsicht ist es erforderlich, dass der Täter das Opfer in eigensüchtiger Weise ohne Rücksicht auf dessen wohlverstandenes Interesse und planmäßig als Einnahmequelle für sich missbraucht. Die herrschende Meinung verlangt hier das Bestehen eines Herrschafts- oder Abhängigkeitsverhältnisses, das der Täter ausnutzt[799].

Unerheblich ist, ob die Prostitutionsausübung freiwillig oder auf Grund von Zwang, auf Veranlassung des Täters oder eines Dritten stattfindet[800]. Einzelne und unverbundene Handlungen reichen hier nicht aus[801].

---

796 Maurach/Schroeder/Maiwald, Strafrecht BT, Teilband 1: Straftaten gegen Persönlichkeits- und Vermögenswerte, § 21 III Rn. 16.

797 Fischer, StGB Kommentar, § 181a Rn. 6 und ff.

798 Maurach/Schroeder/Maiwald, Strafrecht BT, Teilband 1: Straftaten gegen Persönlichkeits- und Vermögenswerte, §21 III Rn. 16.

799 Fischer, StGB Kommentar, § 181a Rn. 8.

800 Fischer, StGB Kommentar, § 181a Rn. 5.

801 Fischer, StGB Kommentar, § 181a Rn. 10.

1.2. Dirigierende Zuhälterei

Die dirigierende Zuhälterei setzt voraus, dass der Täter, der aus Erwerbsinteresse und im Rahmen über den Einzelfall hinausgehender Beziehungen zu dem Opfer handelt, die unmittelbare Beeinflussung der Prostitutionsausübung im Hinblick auf deren Durchführung, Intensivierung oder Fortsetzung bezweckt(§ 181 a Abs. 1 Nr. 2 StGB).

Die erste Variante setzt voraus, dass der Täter das Opfer bei der Ausübung der Prostitution überwacht. Nach herrschender Meinung reicht es auch, wenn der Täter eine kontrollierende Überwachung des Geschäftsablaufs durchführt, die geeignet ist, die Entscheidungsfreiheit des Opfers über die Ausübung der Prostitution zu beeinträchtigen. Die Tathandlung muss in ihrer Wirkung auf Dauer angelegt und geeignet sein, die Prostituierte in Abhängigkeit zu halten[802]. Nach der Rechtsprechung sind das nur solche Kontrollen der sexuellen Dienstleistungen, welche die Prostituierte in ihrer jeweiligen Entscheidung, sexuelle Handlungen überhaupt oder in bestimmter Form gegen Entgelt vorzunehmen, beschränkt, so dass sie nicht mehr frei ist oder wenn sie an einer Aufgabe oder wesentlichen Veränderung der Prostitutionstätigkeit allgemein gehindert wird[803]. Hier ist eine bestimmte Einflussnahme erforderlich. Als Überwachung genügt Kontrolle der Einnahmen[804]. Schützende Bewachung sowie Fernhaltung anderer Prostituierten fallen nicht hierunter[805].

Die zweite Variante setzt voraus, dass der Täter die Prostitutionstätigkeit des Opfers dadurch regelt, dass er Ort, Zeit, Ausmaß oder andere Umstände der Prostitutionsausübung bestimmt.

Erforderlich für das Bestimmen ist eine einseitige Festsetzung dieser Umstände durch den Täter[806]. Für Bestimmungen durch den Inhaber eines Prostitutionsbetriebs i.S. § 1 S. 2 ProstG gelten die Einschränkungen. Arbeitsverträge können allgemeine Bestimmungen über Ort, Zeit und Umfang enthalten, jedoch nicht solche Weisungen, die Prostituierte in ihrer Entscheidungsfreiheit beschränken, die Prostitution auszuüben oder einzelne Kunden abzulehnen (zum Beispiel vollständige Verrechnung vom Verdienst mit Aufwendungen, Einbehalten von Personalpapieren, Beschränkungen bei Verlassen des Bordells in der

---

802 Fischer, StGB Kommentar, § 181a Rn. 13.
803 BGH 48, 314.
804 BGH NStZ 82,379; 86,358;BGH 48, 317; BGH 48,314,317.
805 Maurach/Schroeder/Maiwald, Strafrecht BT, § 21 III Rn. 18.
806 Fischer, StGB Kommentar, § 181a Rn. 14.

Freizeit)[807]. Das ProstG verlangt eine einschränkende Auslegung des Bestimmens. Die dirigierende Zuhälterei ist auch aus der Haft heraus möglich[808].

Die dritte Variante setzt voraus, dass der Täter Maßnahmen, Vorkehrungen irgendwelcher Art trifft, die das Opfer von der Aufgabe der Prostitution abhalten sollen. Dies kann durch Gewalt, Drohungen, Zerstörung familiärer Kontakte oder Halten in finanzieller Abhängigkeit[809] erfolgen. Hier reichen die bloßen Bitten nicht aus[810]. Unterhalten von Beziehungen über den Einzelfall hinaus setzt voraus, dass der Täter zu dem Opfer im Hinblick auf seine Förderungstätigkeit Beziehungen unterhält, die auf Dauer angelegt sind, über den Einzelfall hinausgehen[811]. Damit werden hier die gelegentlichen Dienstleistungen zu überhöhten Preisen (§ 181 a Abs. 1 Nr.1 StGB) nicht erfasst, auch nicht die einzelnen Vermittlungshandlungen eines gewerbsmäßigen Vermittlers nach § 181 a Abs. 2 StGB[812].

1.3. Gewerbsmäßige fördernde Zuhälterei

Hier fördert der Täter die Prostitution einer anderen Person durch Vermittlung sexuellen Verkehrs gewerbsmäßig, indem er durch aktive Tätigkeit den entgeltlichen sexuellen Verkehr vermittelt und auf diese Weise die Prostitutionsausübung erfolgreich unterstützt – sog. kupplerische Förderung der Prostitution (§ 181a Abs. 2 StGB)[813]. Es muss also zum entgeltlichen sexuellen Verkehr kommen. Eine Vermittlung setzt die Förderung konkreter entgeltlicher Sexualkontakte voraus (z.B. Betreiben von klassischen Bordellen oder von Telefon-Agenturen)[814]. Durch die Vermittlungstätigkeit muss eine konkrete Beeinträchtigung der persönlichen oder wirtschaftlichen Unabhängigkeit der anderen Person eintreten. Solch eine Beeinträchtigung ist anzunehmen, wenn die Entscheidungsfreiheit der anderen Person in gravierendem Ausmaß eingeschränkt ist, d.h. wenn sie durch die vom Täter bestimmten Bedingungen der Vermittlung unter den konkreten Umständen objektiv und subjektiv gehindert ist, über die Ausübung der Prostitution frei zu entscheiden[815]. Vermittlung ist die Herstellung

807 Fischer, StGB Kommentar, § 181a Rn. 14.

808 Maurach/Schroeder/Maiwald, Strafrecht BT, Teilband 1: Straftaten gegen Persönlichkeits- und Vermögenswerte, §21 III Rn. 18.

809 Fischer, StGB Kommentar, § 181a Rn. 15.

810 Maurach/Schroeder/Maiwald, Strafrecht BT, § 21 III Rn. 18.

811 Fischer, StGB Kommentar, § 181a Rn. 21.

812 Fischer, StGB Kommentar, § 181a Rn. 21.

813 Fischer, StGB Kommentar, § 181a Rn. 17.

814 Fischer, StGB Kommentar, § 181a Rn. 17.

815 Fischer, StGB Kommentar, § 181a Rn. 19.

bisher nicht bestehender Kontakte, auch unter Einschaltung weiterer Zwischenglieder, nicht jedoch die bloße Ermöglichung eigener Kontaktaufnahme durch die Interessenten. Davon umfasst ist der Fall, dass der Täter die Prostituierte einem anderen zuführt oder umgekehrt. Hingegen reicht die Unterhaltung eines bordellartigen Betriebes auch bei Werbung hierfür in Annoncen nicht aus, wie sich aus §§ 180 a StGB ergibt.

Hier muss das Fördern speziell dadurch geschehen, dass der Täter sexuellen Verkehr vermittelt und auf Grund der Vermittlung des sexuellen Verkehrs muss die persönliche und wirtschaftliche Abhängigkeit der anderen Person beeinträchtigt werden.

Unterhalten von Beziehungen über den Einzelfall hinaus setzt voraus, dass der Täter zu dem Opfer im Hinblick auf seine Förderungstätigkeit Beziehungen unterhält, die auf Dauer angelegt sind, d.h. über den Einzelfall hinausgehen[816]. Damit werden hier die einzelnen Vermittlungshandlungen eines gewerbsmäßigen Vermittlers nach § 181 a Abs. 2 StGB nicht erfasst[817]. Damit sollten Einzelfälle oder nur gelegentliche Wiederholungen der unter § 181 a Abs. 2 StGB aufgeführten Handlungsweisen, insbesondere die Gelegenheitsvermittlung durch Taxifahrer und Hotelportiers und anderseits die Ausbeutung ohne Bezug gerade auf die Prostitution, durch überhöhte Preise für Dienstleistungen des täglichen Lebens ausgeschlossen werden[818].

1.4. Ehegattenzuhälterei

Der Täter des §181 a Abs. 1 und 2 StGB ist auch strafbar, wenn er die dort genannten Tathandlungen gegenüber seinem Ehegatten begeht (§ 181 a Abs. 3 StGB). Die Abgrenzung zu nicht tatbestandsmäßigen Vereinbarungen eines gemeinsamen Lebensplans ist im Einzelfall schwierig, im Fall von § 181 a Abs. 2 StGB kaum möglich[819].

---

816 Fischer, StGB Kommentar, § 181a Rn. 21.

817 Fischer, StGB Kommentar, § 181a Rn. 21.

818 Maurach/Schroeder/Maiwald, Strafrecht BT, Teilband 1: Straftaten gegen Persönlichkeits- und Vermögenswerte, § 21 IV Rn. 20.

819 Fischer, StGB Kommentar, § 181a Rn. 22.

2. Die Erzielung von Vermögensvorteilen aus der Prostitutionsausübung einer anderen Person (Art. 204 § 2 kk) sog. Zuhälterei

Die Straftat der Ausbeutung der Prostitution stellt die sog. Zuhälterei *poln. Sutenerstwo* (Art. 204 § 2 kk) dar. Sie besteht aus der Erzielung von Vermögensvorteilen aus der Prostitutionsausübung einer anderen Person. Die Zuhälterei setzt eine dauerhafte Handlung voraus, die sich in zeitlichem Zusammenhang wiederholt[820]. Dass hier „Vermögensvorteile" im Plural genannt werden, suggeriert ein mehrmaliges Verhalten des Täters.[821] Grundsätzlich ist der Täter im Sinne dieses Art. 202 § 2 kk eine Person, die einen parasitären Lebenswandel führt und sich diesen mit dem Gehalt der Prostituierten finanziert[822].

Im Gegensatz zur Kuppelei, bei der Vermögensvorteile durch eine äquivalente Leistung erzielt werden, z.B. Vermietung der Räume, werden bei der sog. Zuhälterei (Art. 204 § 2 kk) die Vermögensvorteile ohne Gegenleistung erzielt[823]. Der Täter im Sinne des Art. 204 § 2 kk erzielt den Vermögensvorteil ohne etwas zu leisten. Auch schützende Bewachung von Prostituierten wird hier umfasst, sog. „Mädchenschutz"[824].

Bei der Erzielung von Vermögensvorteilen aus der Prostitutionsausübung einer anderen Person für sich selbst oder jemanden geht es nur um den Vorteil, der in Zusammenhang mit der Prostitutionsausübung steht. Der Täter muss sich bewusst auf diesen Zusammenhang beziehen und muss sie bewusst absichtlich ausnutzen[825]. Die polnische Rechtsprechung betont, dass es sich hier auch um mehrmalige Gewinnerzielung handeln kann[826].

3. Ergebnisse

Die Zuhälterei wird im polnischen Strafkodex sehr allgemein formuliert. Im Gegensatz dazu unterscheidet das deutsche StGB vier Arten von Zuhälterei: ausbeuterische, dirigierende, gewerbsmäßige und fördernde Zuhälterei sowie Ehe-

---

820 Filar, Rozdział XXV „Przestępstwa przeciwko wolności seksualnej i obyczajności" in: Górniok (hrg.) Komentarz kodeksu karnego S. 613.

821 Gardocki, Prawo karne, Warszawa 2004, S.255.

822 Warylewski, Przestępstwa przeciwko wolności seksualnej i obyczajności in: Wąsek (hrg.), Kodeks karny, Część Szczególna, Komentarz Tom I, Warszawa 2004, S. 932.

823 Surkont, Prawo karne, S. 215.

824 Surkont, Prawo karne, S. 215.

825 Warylewski, Przestępstwa przeciwko wolności seksualnej i obyczajności in: Wąsek (hrg.), Kodeks karny, Część Szczególna, Komentarz Tom I, Warszawa 2004, S. 996.

826 Urteil des Obersten Gerichtes vom 5.02.2009 r. II KK 251/08, LEX Nr. 486551.

gattenzuhälterei. Dazu enthält das deutsche StGB noch eine bedeutsame Tatbestandsbeschränkung. Der Täter muss mit dem Opfer eine Beziehung über den Einzelfall hinaus unterhalten. Der Täter unterhält zu dem Opfer im Hinblick auf seine Ausbeutungs-, Bestimmungs- oder Förderungstätigkeit Beziehungen, die auf Dauer angelegt sind, d.h. über den Einzelfall hinausgehen[827]. Damit werden hier die gelegentliche Dienstleistungen zu überhöhten Preisen (§ 181 a Abs. 1 Nr.1 StGB) nicht erfasst, auch nicht die einzelnen Vermittlungshandlungen eines gewerbsmäßigen Vermittlers nach § 181 a Abs. 2 StGB[828]. Im Gegensatz dazu beinhaltet der polnische Strafkodex keine solche ausdrückliche Tatbestandsbeschränkung und es ist möglich, dass solche Handlungen nach dem polnischen Recht bestraft werden. Bemerkenswert ist, dass im Gegensatz zum deutschen Recht nach polnischem Recht die schützende Bewachung von Prostituierten strafbar ist.

827 Fischer, StGB Kommentar, § 181a Rn. 21.
828 Fischer, StGB Kommentar, § 181a Rn. 21.

Tabelle Nr. 10

	§ 181a StGB Zuhälterei	**Art. 204 kk- Zuhälterei**
Grundtatbestand	*(ausbeuterische Zuhälterei)* - der Täter eine andere Person, die der Prostitution nachgeht, ausbeutet und im Hinblick darauf Beziehungen zu ihr unterhält, die über den Einzelfall hinausgehen (§ 181a Abs.1 Nr. 1 StGB), *(dirigierende Zuhälterei)* - der Täter seines Vermögensvorteils wegen eine andere Person bei der Ausübung der Prostitution überwacht, Ort, Zeit, Ausmaß oder andere Umstände der Prostitutionsausübung bestimmt oder Maßnahmen trifft, die sie davon abhalten sollen, die Prostitution aufzugeben und im Hinblick darauf Beziehungen zu ihr unterhält, die über den Einzelfall hinausgehen (§ 181a Abs.1 Nr. 2 StGB), *(gewerbsmäßige fördernde Zuhälterei)* - der Täter die persönliche oder wirtschaftliche Unabhängigkeit einer anderen Person dadurch beeinträchtigt, dass er gewerbsmäßig die Prostitutionsausübung der anderen Person durch Vermittlung sexuellen Verkehrs fördert und im Hinblick darauf Beziehungen zu ihr unterhält, die über den Einzelfall hinausgehen (§ 181a Abs.2 StGB), *(Ehegattenzuhälterei)* - wer die in Absatz 1 Nr. 1 und 2 genannten Handlungen oder die in Absatz 2 bezeichnete Förderung gegenüber seinem Ehegatten vornimmt (§ 181 a Abs. 3 StGB).	*(Zuhälterei)* - aus der Prostitutionsausübung einer anderen Person Vermögensvorteile zu erzielen (Art. 204 § 2 kk),
QTB	Keine	§ 3. Ist die in §§ 1 oder 2 bezeichnete Person minderjährig, wird der Täter mit Freiheitsstrafe von einem Jahr bis zu 10 Jahren bestraft

B. § 232 StGB Menschenhandel zum Zweck der sexuellen Ausbeutung, § 233 a Förderung des Menschenhandels und ART. 203 Nötigung zur Prostitution, Art. 204 § 4 kk Anwerbung und Entführung zur Prostitutionsausübung ins Ausland

1. Menschenhandel zum Zweck der sexuellen Ausbeutung und Förderung des Menschenhandel §§ 232, 233 a StGB

1.1. Bringen zur Prostitution (§ 232 Abs. 1-3 StGB)

Der Täter bringt eine andere Person unter Ausnutzung einer Zwangslage oder der Hilflosigkeit, die mit ihrem Aufenthalt in einem fremden Land verbunden ist, zur Aufnahme oder Fortsetzung der Prostitution. Ebenso wird bestraft, wer eine Person unter einundzwanzig Jahren zur Aufnahme oder Fortsetzung der Prostitution bringt (§ 232 Abs. 1 StGB).

Tatbestandsmäßiger Erfolg ist hier das Bringen zur Prostitution oder das Bringen zur Fortsetzung der Prostitution. Damit soll auch das Festhalten an der Prostitution erfasst werden[829]. Das „bringen zu" bedeutet jede tatsächliche Herbeiführung, auch durch psychische Veranlassung[830]. Der Rechtsprechung nach soll sogar die mittelbare, von dem Betroffenen nicht bemerkte suggestive Steuerung, z. B. die Schaffung von bestimmten Lebensumständen genügen[831]. Die deutsche Lehre definiert die Zwangslage als ein ernstes persönliches oder wirtschaftliches Bedrängnis, es kann auch als Furcht vor Abschiebung verstanden werden[832]. Bei der Hilflosigkeit geht es vor allem um eine Hilflosigkeit aus finanziellen Gründen oder wegen Sprachunkenntnis. Der Täter muss die Zwangslage oder die Hilflosigkeit des Opfers ausnutzen, d. h. zum eigenen Vorteil benutzen[833].

---

829 Maurach/Schroeder/Maiwald, Strafrecht BT, Teilband 1: Straftaten gegen Persönlichkeits- und Vermögenswerte, §21 IV Rn. 25.

830 Schroeder, NJW 05, 1395.

831 BGH 45,161.

832 Maurach/Schroeder/Maiwald, Strafrecht BT, Teilband 1: Straftaten gegen Persönlichkeits- und Vermögenswerte, § 21 IV Rn. 27.

833 Maurach/Schroeder/Maiwald, Strafrecht BT, Teilband 1: Straftaten gegen Persönlichkeits- und Vermögenswerte, § 21 IV Rn. 27.

1.2. Förderung der Prostitution (§ 233 a StGB)

Der Täter leistet einem Menschenhandel nach § 232 StGB oder § 233 StGB Vorschub, indem er eine andere Person anwirbt, befördert, weitergibt, beherbergt oder aufnimmt (§ 233 a Abs. 1 StGB). Hier wird das Vorschubleisten, wie bei § 180 Beihilfehandlungen, ohne Erfolg erfasst. Erforderlich ist immerhin eine nach Zeit, Ort und Beteiligung konkretisierte Zieltat[834].

2. Nötigung zur Prostitution und Anwerbung und Entführung zur Prostitution im Ausland Art. 203 und Art. 204 § 4 kk

2.1. Die Nötigung zur Prostitution (Art. 203 kk)

Art.203 kk sieht das Tatbestandsmerkmal der Nötigung zur Prostitution vor. Es werden vier Nötigungsmittel genannt: Gewalt, rechtswidrige Drohung, Arglist, Missbrauch eines Abhängigkeitsverhältnisses und Missbrauch einer kritischen Lage. Die Veranlassungsmittel werden wie bei der Vergewaltigung (Art. 197 kk) und wie beim Missbrauch eines Abhängigkeitsverhältnisses (Art. 199 kk) ausgelegt.

Die Rechtsprechung bestätigt, dass die kritische Lage nicht vom Täter verursacht werden darf. Dies ist ein tatsächlicher Zustand in dem sich das Opfer befindet[835].

Abhängigkeitsverhältnis erfasst sogar auch tatsächliche und vorübergehende Verhältnisse, wie z.B. Kind-Betreuer, Arbeitsnehmer-Arbeitgeber, Schüler-Lehrer, Chef in der Firma veranlasst die Sekretärin zum Geschlechtsverkehr mit Handelspartnern[836]. Es ist erforderlich, dass der Täter mit den oben genannten Nötigungsmitteln auf den Willen des Opfers so einwirkt (den Willen bricht), dass es die Prostitutionsausübung anfängt oder fortsetzt[837]. Hier wird auch die Nötigung zur Prostitutionsausübungsfortsetzung erfasst, wie Gewalt, Drohungen oder Pass-Entzug[838]. Dies ist nicht der Fall, falls der Täter ein Opfer zur einma-

---

834 Maurach/Schroeder/Maiwald, Strafrecht BT, Teilband 1: Straftaten gegen Persönlichkeits- und Vermögenswerte, § 21 IV Rn. 32.

835 Urteil des Appellationsgerichtes in Lublin vom 6.V.2003, II Aka 109/03, Prok. i Pr. 2004 Nr. 11/12, pos. 25.

836 Warylewski, Przestępstwa przeciwko wolności seksualnej i obyczajności in: Wąsek (hrg.), Kodeks karny, Część Szczególna, Komentarz Tom I, Warszawa 2004, S. 958.

837 Filar, Rozdział XXV „Przestępstwa przeciwko wolności seksualnej i obyczajności" in: Górniok (hrg.), Komentarz kodeksu karnego, S. 611.

838 Marek, Komentarz, S. 389.

ligen geschlechtlichen Preisgabe gegen Entgelt veranlasst hat, weil es den Vorsatz des Täters zur Veranlassung zur Prostitutionsausübung erfordert[839]. Dies ist ein Erfolgsdelikt (Opfer fängt mit der Prostitutionsausübung an). Solange der Täter die genannten Nötigungsmittel erfolglos anwendet, handelt es sich um einen Versuch[840].

2.2. Anwerbung und Entführung zur Prostitution im Ausland Art. 204 § 4 kk

Anwerbung bedeutet, auf Wunsch einer anderen Person an einem anderen Ort ins Ausland zu ziehen und diese dadurch auszunutzen, dass bei ihr ein Irrtum hervorgerufen wird, durch die Zusage einer Arbeitsstelle als Kellnerin[841]. Keine Anwerbung liegt vor, wenn beim Opfer ein Irrtum über die Umstände der Prostitution hervorgerufen wird (das Opfer weiß Bescheid und will im Ausland der Prostitution nachgehen) - hier kommt dann Art. 204 § 1 kk in Betracht[842]. Das ist die hinterhältige Veranlassung zur Ausreise ins Ausland.

Entführung ist das gewaltsame Verschleppen einer anderen Person - gegen deren Willen - an einen anderen Ort[843]. Im Ausland kann dies auch die ausländische Prostituierte in Polen erfassen[844].

Die Freiwillige Reise ins Ausland, um dort die Prostitution auszuüben, wird durch den Tatbestand nicht erfasst. Ist die Reise im Rahmen des Menschenhandels finanziert, dann ist dies nach Art. 253 § 1 strafbar (die Einwilligung des Opfers bleibt unberücksichtigt)[845]. Im Zusammenhang mit der Erfüllung der Verpflichtungen der oben genannten Konvention wurden unter Art. 204 kk die folgenden Handlungen gefasst: das Organisieren des Menschenhandels mit der Ab-

---

839 Filar, Rozdział XXV „Przestępstwa przeciwko wolności seksualnej i obyczajności" in: Górniok (hrg.), Komentarz kodeksu karnego, S. 611.

840 Marek, Komentarz, S. 465.

841 Filar, Rozdział XXV „Przestępstwa przeciwko wolności seksualnej i obyczajności" in: Górniok (hrg.), Komentarz kodeksu karnego, S. 666.

842 Filar, Rozdział XXV „Przestępstwa przeciwko wolności seksualnej i obyczajności" in: Górniok (hrg.), Komentarz kodeksu karnego, S. 614.

843 Filar, Rozdział XXV „Przestępstwa przeciwko wolności seksualnej i obyczajności" in: Górniok (hrg.), Komentarz kodeksu karnego, S. 614.

844 Filar, Rozdział XXV „Przestępstwa przeciwko wolności seksualnej i obyczajności" in: Górniok (hrg.), Komentarz kodeksu karnego, S. 606.

845 Warylewski, Przestępstwa przeciwko wolności seksualnej i obyczajności in: Wąsek (hrg.), Kodeks karny, Część Szczególna, Komentarz Tom I, Warszawa 2004, S. 959; Urteil des Obersten Gerichtes vom 7.06.2001, V KKN 109/99, OSNKW 2001, 9/10 pos. 79.

sicht, dass im Ausland der Prostitution nachgegangen werden soll (Art. 204 § 4 kk), Veranlassung zur Ausübung der Prostitution (Art. 204 § 1 Satz 1 kk), Kuppelei (Art. 204 § 1 Satz 2 kk) und jede der Handlungen, die im Zusammenhang mit Jugendlichen geschehen, die einen qualifizierten Tatbestand darstellen (Art. 204 § 3 kk)[846]. In diesem Artikel wurde aber nicht das Einschleusen der anderen Person (auch mit deren Einverständnis) zum Zweck der Prostitutionsausübung berücksichtigt.

In dieser Angelegenheit ist die polnische Lehre bemüht eine Lösung zu finden. Die herrschende Lehre ist der Meinung, dass man diesen Fall im Rahmen des Art. 253 § 1 kk (Menschenhandel) lösen könnte. Nach der Rechtsprechung wurde in diesem Artikel nicht auf die Absicht, Menschenhandel zu betreiben hingewiesen. Dies ist auch dann der Fall, wenn der Täter den Menschenhandel gegenüber einem anderen umwirbt, in der Absicht, dass die zuvor „ausgewählten" Personen der Prostitution nachgehen werden[847].

Falls es sich um eine Person handelt, die im Ausland der Prostitution nachgehen will, wird der Tatbestand des Art. 204 § 4 kk nicht erfüllt[848]. Wenn eine Person zu dem Zwecke angelockt oder entführt wird, dass sie im Ausland die Prostitution ausüben soll und diese Person dadurch einen Gegenstand des Menschenhandels darstellt, liegt Art. 253 § 1 kk (Menschenhandel) vor[849]. Zu betonen ist, dass Menschenhandel schon dann vorliegt, wenn die Person ins Ausland gebracht wurde und der Täter keinen Vermögensvorteil bzw. einen Verlust erzielt hat[850]. Eine ganz einsame Ansicht im Schrifttum vertritt Filar, der meint, dass die Konvention vor den Gesetzen Vorrang hat (nach Art. 91 Abs. 2 der polnischen Verfassung) und man deswegen anerkennen muss, dass in Art. 204 § 4 kk Anwerbung und Entführung auch bei Einverständnis des Opfers vorliegen[851].

3. Ergebnisse

Anwerbung und Entführung zur Prostitution im Ausland Art. 204 § 4 kk, sowie Nötigung zur Prostitution (Art. 203 kk) wurde in dem polnischen Strafkodex

---

846 Postanowienie SN 17.03.2000, I KZP 1/00 in: Wokanda 2000/8/19.

847 Urteil des Obersten Gerichtes vom 7.6. 2001, V KKN 109/1999, OSNKW 2001, WR 9-10, pos. 79.

848 Urteil des Obersten Gerichtes vom 19.04.2002, V KKN 353/00, LEX nr 56863.

849 Urteil des Obersten Gerichtes vom 19.04.2002, V KKN 353/00, LEX nr 56863.

850 Warylewski, Przestępstwa przeciwko wolności seksualnej i obyczajności in: Wąsek (hrg.), Kodeks karny, Część Szczególna, Komentarz Tom I, Warszawa 2004, S. 936.

851 Filar, Rozdział XXV „Przestępstwa przeciwko wolności seksualnej i obyczajności" in: Górniok (hrg.), Komentarz kodeksu karnego, S. 615.

sehr allgemein formuliert. Dadurch werden alle Verhaltensweisen, die unter den deutschen Straftatbestimmungen fallen, auch nach dem polnischen Recht bestraft werden.

Tabelle Nr. 11

	§ 232 StGB Menschenhandel zum Zweck der sexuellen Ausbeutung, § 233a StGB Förderung des Menschenhandels	**Anwerbung und Entführung zur Prostitution im Ausland Art. 204 § 4 kk, Nötigung zur Prostitution Art. 203 kk**
Grundtatbestand	-wer eine andere Person unter Ausnutzung einer Zwangslage oder der Hilflosigkeit, die mit ihrem Aufenthalt in einem fremden Land verbunden ist, zur Aufnahme oder Fortsetzung der Prostitution oder dazu bringt, sexuelle Handlungen, durch die sie ausgebeutet wird, an oder vor dem Täter oder einem Dritten vorzunehmen oder von dem Täter oder einem Dritten an sich vornehmen zu lassen (§ 232 Abs. 1 Satz 1 StGB), - wer eine Person unter einundzwanzig Jahren zur Aufnahme oder Fortsetzung der Prostitution oder zu den sonst in Satz 1 bezeichneten sexuellen Handlungen bringt (§232 Abs. 1 Satz 2 StGB), - eine andere Person mit Gewalt, durch Drohung mit einem empfindlichen Übel oder durch List zur Aufnahme oder Fortsetzung der Prostitution oder zu den sonst in Absatz 1 Satz 1 bezeichneten sexuellen Handlungen bringt (§ 232 Abs. 4 Nr. 1 StGB), -wer sich einer anderen Person mit Gewalt, durch Drohung mit einem empfindlichen Übel oder durch List bemächtigt, um sie zur Aufnahme oder Fortsetzung der Prostitution oder zu den sonst in Absatz 1 Satz 1 bezeichneten sexuellen Handlungen zu bringen (§232 Abs. 4 Nr. 2 StGB), -wer einem Menschenhandel nach § 232 oder § 233 Vorschub leistet, indem er eine andere Person anwirbt, befördert, weitergibt, beherbergt oder aufnimmt (§ 233a Abs. 1 StGB)	- wer eine andere Person zu dem Zweck anlockt oder entführt, dass sie im Ausland der Prostitution nachgeht (Art. 204 Abs. 4 kk) - wer eine andere Person mit Gewalt, durch rechtswidrige Drohung oder Arglist oder unter Missbrauch eines Abhängigkeitsverhältnisses oder einer kritischen Lage zur Ausübung der Prostitution veranlasst (Art. 203 kk)
QTB	**zu Abs. 1 Satz 2-** das Opfer der Tat ein Kind (§ 176 Abs. 1) ist (Abs. 3 Nr. 1 StGB), **zu Abs. 1** - der Täter das Opfer bei der Tat körperlich schwer misshandelt oder durch die Tat in die Gefahr des Todes bringt (Abs. 3 Nr. 2 StGB), -der Täter die Tat gewerbsmäßig oder als Mitglied einer Bande, die sich zur fortgesetzten Begehung solcher Taten verbunden hat, begeht. Abs. 3 Nr. 2 StGB), **zu § 233a Abs.1 StGB-**	Keine

	1. das Opfer der Tat ein Kind (§ 176 Abs. 1) ist, 2. der Täter das Opfer bei der Tat körperlich schwer misshandelt oder durch die Tat in die Gefahr des Todes bringt oder 3. der Täter die Tat mit Gewalt oder durch Drohung mit einem empfindlichen Übel oder gewerbsmäßig oder als Mitglied einer Bande, die sich zur fortgesetzten Begehung solcher Taten verbunden hat, begeht. (§ 233a Abs.2 StGB)	

C. DEUTSCHE BESONDERHEIT-AUSBEUTUNG VON PROSTITUIERTEN (§ 180A StGB)

In § 180a Abs. 1 StGB werden gewerbliches Unterhalten und Leiten von Betrieben, in denen Prostituierte in persönlicher oder wirtschaftlicher Abhängigkeit gehalten werden unter Strafe gestellt. In Abs. 2 wird die Förderung von Prostitution im Zusammenhang mit dem Gewähren von Wohnungen zur Prostitutionsausübung geregelt.

1.1. Unterhaltung oder Leitung von Bordellen

§ 180a Abs.1 erfasst gewerbsmäßiges Unterhalten und Leiten von Bordellen oder bordellartigen Betrieben, wenn dies aus Erwerbsinteresse geschieht und die Prostitutionsausübung innerhalb des Betriebes durch den Täter in einer Form organisiert ist, durch welche die Prostituierte an ihrer freien Selbstbestimmung über das Ob und Wie der Tätigkeit gehindert wird[852].

Es wird nur die Prostitutionsausübung im Betrieb erfasst. Es geht hier um Prostitutionsausübung in den Räumlichkeiten des Betriebes[853]. Unter Betrieb versteht man ein Unternehmen, in dem Prostituierte (mindestens 2) organisatorisch und räumlich eingeordnet sind[854]. Deswegen wird hier das Vermieten von Wohnungen an selbstständig arbeitende Prostituierte gegen Beteiligung am Verdienst nicht erfasst. Es reicht, dass die Prostituierten im Betrieb angeboten werden[855], sie brauchen aber keine eigenständige Einrichtung zu haben. Deswegen wird hier der sog. Betrieb, im Betrieb z.B. im Großhotel, erfasst. Hier müssen

852 Fischer, StGB Kommentar, § 180a Rn. 6.

853 Maurach/Schroeder/Maiwald, Strafrecht BT, § 21 II Rn. 11.

854 Maurach/Schroeder/Maiwald, Strafrecht BT, §2 II Rn. 11.

855 Lenckner/Perron/Eisle, § 180a Rn. 4.

die Prostituierten in einem Abhängigkeitsverhältnis gehalten werden, wobei das persönliche und wirtschaftliche Abhängigkeitsverhältnis im Lichte des ProstG ausgelegt werden muss[856]. Gehalten bedeutet, wenn der Zustand durch Druck oder sonstige gezielt fortdauernde Einwirkung einseitig (gegen den freien Willen der Prostituierten) herbeigeführt wird. Das bedeutet, dass dies nicht der Fall ist, wenn die Prostituierte freiwillig in einem solchen Betrieb arbeitet und jederzeitig die Prostitutionsausübung beenden kann[857]. Entgegen der Überschrift des § 180 a StGB ist es nicht erforderlich (außer in Abs.2 Nr.2.), dass die Prostituierte tatsächlich ausgebeutet wird[858].

D. POLNISCHE BESONDERHEIT - BESTIMMEN ZUR PROSTITUTIONSAUSUBUNG (Art. 204 § 1 S. 1 KK) UND KUPPELEI (Art. 204 § 1 S. 2 KK)

1.1. Bestimmen zur Prostitution

Art. 204 §1 Satz 1 kk bestimmt, dass derjenige bestraft wird, der eine andere Person, in der Absicht, einen Vermögensvorteil zu erzielen, zur Ausübung der Prostitution bestimmt (sog. streczycielstwo). Im Strafkodex von 1969 wurde Zuhälterei als bloße Veranlassung bezeichnet, ohne dass sie in dieser bestimmten Absicht begangen zu werden brauchte.[859] Man muss betonen, dass diese Straftat ein delictum sui generis der Anstiftung darstellt.

Als Veranlassung zur Ausübung der Prostitution wird im Sinne des Art. 204 § 1 Satz 1 kk jedes intellektuelle Mittel der Zurede, zum Beispiel Vorschlag, Bitte oder Zusage gesehen. Der Täter strebt danach, den Willen des Opfers in dieser Weise zu beeinflussen, dass das Opfer anfängt die Prostitution auszuüben[860].

Der Begriff „Prostitutionsausübung“ verlangt die mehrmalige geschlechtliche Preisgabe gegen Entgelt. Deshalb reicht es nicht aus, wenn eine andere Per-

---

856 Lenckner/Perron/Eisle, § 180 a Rn 5.

857 Lenckner/Perron/Eisle, § 180a Rn 6.

858 Maurach/Schroeder/Maiwald, Strafrecht BT, § 21 II Rn. 12.

859 Marek, Prawo karne, Auflage 7, S. 505.

860 Filar, Rozdział XXV „Przestępstwa przeciwko wolności seksualnej i obyczajności” in: Górniok (hrg.), Komentarz kodeksu karnego, S. 612; so auch Kunicka-Michalska/Wojciechowska, Przestępstwa przeciwko wolności, wolności sumienia i wyznania, wolności seksualnej i obyczajności oraz czci i nietykalności cielesnej, S. 930.

son zur einmaligen Hingabe veranlasst wurde.[861] Das Veranlassen zur Prostitutionsausübung ist sowohl der Fall, wenn die andere Person mit der Ausübung beginnt, als auch eine solche fortsetzen soll.[862] Bestimmen im Sinne von Art. 204 § 1 S.1 kk ist nur durch verbale Maßnahmen (wegen Art. 203 kk) möglich, wie z.B. Bitte und wie die Anstiftung ausgelegt werden soll[863].

Bestimmung zur Prostitutionsausübung soll auf Dauer ausgelegt sein, sie aber muss keinen gewerblichen Charakter haben[864]. Dies muss an eine bestimmte Person gerichtet werden.

1.2. Die Kuppelei (Art. 204 § 1 Satz 2 kk)

Die Kuppelei (Art. 204 § 1 Satz 2 kk), *poln. Kuplerstwo*, setzt die vorsätzliche Erleichterung der Ausübung der Prostitution, in der Absicht einen Vermögensvorteil zu erzielen voraus. Sie ist ein delictum sui generis der Beihilfe. Die vorsätzliche Erleichterung muss dauerhaft sein. Es reicht nicht aus, wenn jemand nur einmal die Ausübung der Prostitution erleichtert hat[865]. Beispielweise zählen zur Kuppelei die Wohnungsvermittlung zur Prostitutionsausübung, die Leitung von Bordellen und andere Leistungen, die besonders den Kontakt mit den Kunden erleichtern. Der Tatbestand wird nicht erfüllt, wenn eine Person die Prostitutionsausübung ohne einen Vermögensvorteil zu erzielen, erleichtert.[866] Eine besondere Form der Erleichterung der Prostitutionsausübung gegen Entgelt ist „die gesellige Agentur", die in Wahrheit ein getarntes Bordell ist[867]. Es liegt keine Kuppelei vor, wenn es um Leistungen geht, die nicht direkt mit der Absicht, einen Vermögensvorteil zu erzielen, verbunden sind, zum Beispiel die Taxi-Leistungen oder der Friseur[868]. Kuppelei bedeutet auch alle Maßnahmen zu treffen, um objektiv sehr gute Arbeitsbedingungen zur Prostitutionsausübung zu

---

861 Andrejew, Polskie prawo karne, Warszawa 1976, S. 394.

862 Kunicka-Michalska/Wojciechowska, Przestępstwa przeciwko wolności, wolności sumienia i wyznania, wolności seksualnej i obyczajności oraz czci i nietykalności cielesnej, S. 132.

863 Filar, Rozdział XXV „Przestępstwa przeciwko wolności seksualnej i obyczajności" in: Górniok (hrg.), Komentarz kodeksu karnego, S. 664.

864 Warylewski, Przestępstwa przeciwko wolności seksualnej i obyczajności in: Wąsek (hrg.), Kodeks karny, Część Szczególna, Komentarz Tom I, Warszawa 2004, S. 995.

865 Filar, Rozdział XXV „Przestępstwa przeciwko wolności seksualnej i obyczajności" in: Górniok (hrg.), Komentarz kodeksu karnego, S. 613.

866 Gardocki, Prawo karne, Warszawa 2004, S. 256.

867 Marek, Prawo karne, Auflage 7, S. 506.

868 Marek, Prawo karne, Auflage 7, S. 505.

schaffen[869]. Beispielweise kommt hier die Wohnungsgewährung oder Vermittlung in Betracht[870]. Eine einmalige Erleichterung einer Fremden zur Prostitutionsausübung (zum Beispiel dadurch, dass das Opfer ans Ziel mit dem Auto gebracht wurde) ist nicht als Kuppelei im Sinne des Art. 204 § 1 in fine kk, anzusehen. Kuppelei benötigt mehrmaliges Handeln und Dauerhaftigkeit[871].

---

869 Filar, Rozdział XXV „Przestępstwa przeciwko wolności seksualnej i obyczajności" in: Górniok (hrg.), Komentarz kodeksu karnego, S. 664.

870 Marek, Komentarz, S. 390.

871 Urteil des Obersten Gerichtes vom 5.02.2009, II KK 251/08, LEX Nr. 486551.

Kapitel 5
Inzest

1. Überblick und Systematik

Der Inzest, der nach polnischem Strafkodex im Kapitel über die Straftaten gegen die sexuelle Freiheit und die Sittlichkeit aufgezählt wird (Art. 201 kk), lässt sich in keine von den oben ausgegliederten Gruppen der Sexualstraftaten einordnen. Das deutsche StGB beinhaltet einen vergleichbaren Straftatbestand - Beischlaf zwischen Verwandten (§ 173 StGB), der aber nicht unter den Straftaten gegen die sexuelle Selbstbestimmung zu finden ist, sondern in den 12. Abschnitt - Straftaten gegen den Personenstand, die Ehe und die Familie - eingeordnet wurde.

2. Die Straftaten im Einzelnen

A. BEISCHLAF ZWISCHEN VERWANDTEN § 173 STGB

Nach deutschem Recht erfasst die Straftat den Beischlaf zwischen blutsmäßigen Verwandten auf- und absteigender Linie, ferner zwischen leiblichen Geschwistern[872].

Strafbar ist also nur der Beischlaf zwischen Blutsverwandten, nicht zwischen Adoptiveltern und Adoptivkind oder zwischen Adoptivgeschwistern. Ferner nicht der Beischlaf zwischen dem Ehemann und dem außerehelich empfangenen Kind seiner Frau[873].

Der Schutzzweck der Vorschrift ist zweifelhaft und wurde noch vor kurzem Gegenstand einer Entscheidung des Bundesverfassungsgerichts. Das Bundesverfassungsgericht hat in seiner Entscheidung von 26.2.2008 bezogen auf den Geschwisterinzest die Verfassungsmäßigkeit der mit diesen Schutzzwecken begründeten Strafvorschrift bestätigt[874]. Nach der herrschenden Meinung ist das Rechtsgut des §173 StGB das Freisein der engsten Familie von damit für unvereinbar gehaltenen sexuellen Beziehungen. Daneben werden als Strafgrund auch Gefahren für die sexuelle Selbstbestimmung und psychische Entwicklung des

---

872 Schönke/ Schröder, § 173 Rn. 2.
873 Schönke/ Schröder, § 173 Rn. 4.
874 Schönke/ Schröder, § 173 Rn. 1.

Partners sowie die Gefahr eugenischer und genetischer Schäden genannt[875]. Die deutsche Lehre kritisiert die Beibehaltung des Verbotes und führt weiter fort, dass mit § 173 StGB überlieferte Moralvorstellungen strafrechtlich sanktioniert werden. Zur Begründung weist sie darauf hin, dass es erstens fraglich ist, ob das Verbot dem Schutz des familiären Zusammenlebens dienen kann, wenn der Beischlaf und auch dieser unter leiblichen Verwandten und für Geschwister erst ab 18 Jahren strafbar ist. Zweitens wird hier auch die sexuelle Selbstbestimmung in den §§ 174 ff StGB nicht geschützt, weil es sich hier um sexuelle Kontakte zwischen selbstverantwortlichen Erwachsenen handelt[876].

B. INZEST ART. 201 KK

Die polnische Lehre bemüht sich, eine überzeugende Antwort auf die Frage nach dem Sinn und Zweck der Norm herauszuarbeiten. Dasselbe Problem hatte der Gesetzgeber, der in der Begründung zum Entwurf des StGB den Hintergrund des Inzestverbots nicht erklärt hat.[877]

Die Vorschrift setzt nur voraus, dass bestimmte Verwandte, Aszendenten, Deszendenten, Geschwister und die Personen, zu denen ein Adoptionsverhältnis besteht, untereinander den Geschlechtsverkehr vollziehen. Unter Geschlechtsverkehr fallen auch andere beischlafähnliche Handlungen wie Oral- und Analverkehr, aber keine sonstigen sexuellen Handlungen.[878] Im wissenschaftlichen Schrifttum werden folgende Rechtsgüter diskutiert: die richtige Funktion der Familie und die sexuelle Sittlichkeit.[879] Andere sind der Meinung, dass der Hintergrund des Inzestverbots zweifelhaft ist. Sie weisen auf die emotionalen Gründe der Bestrafung hin.[880] Sie meinen, dass das Inzestverbot niemanden schützt und diese Vorschrift nur ein Schaustück ist. Für Ihre Begründung geben sie folgende Gründe: ersten verstärkt diese Vorschrift den Schutz der Jugendlichen unter 15 Jahren nicht (es gibt Art.200 § 1 kk), zweitens schützt sie auch die Gesundheit der Abkömmlinge nicht, weil das Inzestverbot folgende Fälle umfasst:

---

875 Kühl, § 173 Rn. 1.

876 Schönke/ Schröder, § 173 Rn. 1.

877 Begründung zum Regierungsentwurf in: Warylewski, Zakaz kazirodztwa, Przegląd Sądowy 5, S. 80.

878 Marek, Komentarz, S. 460.

879 Marek, Prawo karne, Auflage 7, S. 497; Kunicka-Michalska/Wojciechowska, Przestępstwa przeciwko wolności, wolności sumienia i wyznania, wolności seksualnej i obyczajności oraz czci i nietykalności cielesnej, S. 110 und ff.

880 Surkont, Prawo karne, S. 215 und ff.; Warylewski, Przestępstwa przeciwko wolności seksualnej i obyczajności in: Wąsek (hrg.), Kodeks karny, Część Szczególna, Komentarz Tom I, Warszawa 2004, S. 878.

den Beischlaf zwischen Personen, bei denen ein Adoptionsverhältnis besteht und auch solchen Geschlechtsverkehr, der nicht zur Empfängnis führen kann. Drittens schützt es die richtige Funktion der Familie nicht, weil es nicht verboten ist, zwischen bestimmten Familienangehörigen andere sexuelle Handlungen vorzunehmen (außer Geschlechtsverkehr)[881].

Es geht, der Mindermeinung zufolge, um ein scheinbares Rechtsgut, weil diese Vorschrift Rechtsgüter schützt, die schon durch andere Vorschriften geschützt werden. In den Bereichen, in denen diese Vorschrift keine Wiederholung von den anderen ist, verstößt sie gegen die sexuelle Freiheit, weil sie den Erwachsenen das Recht auf freie Gestaltung ihrer sexuellen Betätigungen wegnimmt. Sie sieht diese Norm als verfassungswidrig an (da sie gegen Art. 47 „das Recht auf Privatsphäre" der polnischen Verfassung verstößt). Die Bestrafung des freiwilligen Geschlechtsverkehrs zwischen leiblichen und nicht leiblichen Erwachsenen Verwandten wird als unnötig angesehen.[882] Diese Regelung ist ein Beispiel für den unbegründeten Eingriff des Strafrechts in Rechte der Bürger und wird von der polnischen Lehre als „Gesetzespaternalismus" bezeichnet. Damit begründet sie die Feststellung, dass das Inzestverbot abgeschafft werden soll.[883]

C. ERGEBNISSE

Sowohl in der deutschen als auch in der polnischen Lehre wird die Beibehaltung des Inzests kritisiert. Im Vergleich zum deutschen Recht, wird Inzest (Art. 201 kk) im polnischen Strafrecht immer noch als ein sexuelles Delikt angesehen und stellt ein Beispiel der Straftat gegen die Sittlichkeit dar. Die Vorschrift setzt voraus, dass bestimmte Verwandte, Aszendenten, Deszendenten, Geschwister und die Personen, zu denen ein Adoptionsverhältnis besteht, untereinander den Geschlechtsakt vollziehen. Im Gegensatz dazu setzt das deutsche StGB nur die Blutsverwandtschaft voraus. Die Tat kann nur von leiblichen Verwandten aufsteigender oder absteigender Linie oder von leiblichen Geschwistern begangen werden (§ 173 StGB).

---

881 Warylewski, Przestępstwa przeciwko wolności seksualnej i obyczajności in: Wąsek (hrg.), Kodeks karny, Część Szczególna, Komentarz Tom I, Warszawa 2004, S. 879 und ff.

882 Warylewski, Zakaz kazirodztwa, Przegląd Sądowy 5, S. 96.

883 Warylewski, Przestępstwa przeciwko wolności seksualnej i obyczajności in: Wąsek (hrg.), Kodeks karny, Część Szczególna, Komentarz Tom I, Warszawa 2004, S. 880.

Tabelle Nr. 12

§ 173 StGB **Beischlaf zwischen Verwandten**	**Inzest Art. 201 kk**
(1) Wer mit einem leiblichen Abkömmling den Beischlaf vollzieht, wird mit Freiheitsstrafe bis zu drei Jahren oder mit Geldstrafe bestraft. (2) Wer mit einem leiblichen Verwandten aufsteigender Linie den Beischlaf vollzieht, wird mit Freiheitsstrafe bis zu zwei Jahren oder mit Geldstrafe bestraft; dies gilt auch dann, wenn das Verwandtschaftsverhältnis erloschen ist. Ebenso werden leibliche Geschwister bestraft, die miteinander den Beischlaf vollziehen. (3) Abkömmlinge und Geschwister werden nicht nach dieser Vorschrift bestraft, wenn sie zur Zeit der Tat noch nicht achtzehn Jahre alt waren.	§ 1. Wer mit einem Aszendenten, einem Deszendenten, einer Person, zu der ein Adoptionsverhältnis besteht, oder einem Bruder oder einer Schwester geschlechtlich verkehrt, wird mit Freiheitsstrafe von drei Monaten bis zu 5 Jahren bestraft.

Kapitel 6
Unvergleichbare Tatbestände

Nach der Zusammenstellung der polnischen und deutschen Straftaten, bleiben neben dem Inzest noch zwei Straftatbestände übrig, die sich in die oben bestimmten Gruppen nicht einordnen lassen. Das sind die exhibitionistischen Handlungen (§183 StGB) und die Erregung öffentlichen Ärgernisses (§ 183a StGB). Diesen kann man keine entsprechenden Regelungen im polnischen Strafkodex gegenüberstellen.

1. Exhibitionistische Handlungen §183 StGB

Die Straftat besteht in einer Belästigung eines anderen (Mann oder Frau) durch exhibitionistische Handlungen. Exhibitionistisch ist das Entblößen des Geschlechtsteils zur ungewollten Wahrnehmung durch einen anderen, um sich hierdurch oder durch die Beobachtung der Reaktion des anderen geschlechtlich zu befriedigen, zu erregen oder eine Erregung zu intensivieren. Das Opfer wird belästigt, wenn es in seinem psychischen Wohlbefinden nicht nur unerheblich beeinträchtigt wird. Reaktionen können Schrecken, Abscheu, Schock oder Verletzung des Schamgefühls sein[884]. Keine exhibitionistischen Handlungen sind Entblößungen zur Provokation, zur Vorbereitung sexueller Handlungen an dem anderen und bei engen Beziehungen zwischen den Beteiligten[885].

2. Erregung öffentlichen Ärgernisses § 183a StGB

Die Straftat besteht in einer öffentlichen Vornahme einer sexuellen Handlung. Ein Ärgernis ist erregt, wenn wenigstens eine Person durch unmittelbares und ungewolltes Wahrnehmen der Handlung in seinen Gefühlen verletzt ist[886]. Keine Öffentlichkeit liegt vor, wenn die Wahrnehmung besonderer Bemühungen bedarf oder ein Betrachter für andere die Sicht verdeckt[887].

---

884 Kindhäuser, LPK-StGB § 183 Rn. 2.

885 Maurach/Schroeder/Maiwald, Strafrecht BT, Teilband 1: Straftaten gegen Persönlichkeits- und Vermögenswerte, § 22 II Rn. 6.

886 Kindhäuser, LPK-StGB § 183a Rn. 2.

887 Maurach/Schroeder/Maiwald, Strafrecht BT, Teilband 1: Straftaten gegen Persönlichkeits- und Vermögenswerte, § 22 III Rn. 9.

3. Ergebnisse

Im polnischen StGB gibt es keine den exhibitionistischen Handlungen (§§ 183,183 a StGB) entsprechende Straftat. Die Erregung öffentlichen Ärgernisses, bei der der Täter durch die öffentliche Vornahme sexueller Handlungen ein Ärgernis erregt, das Schamgefühl mindestens eines anderen verletzt ist nicht mehr im polnischen Strafkodex geregelt,[888] sondern wurde ins Ordnungswidrigkeitenrecht eingeschoben[889].

888 Es gab im StGB von 1969 den Art. 177, nach dem die öffentliche Vornahme einer unzüchtigen Handlung strafbar war.

889 Der Art. 51 „die Erregung öffentlichen Ärgernisses" befindet sich im Kapitel VIII „die Ordnungswidrigkeiten gegen die öffentliche Ordnung" des Ordnungswidrigkeitsgesetzbuches von 1971.

Schlussfolgerungen

Für die Entwicklung des polnischen Sexualstrafrechts ist kennzeichnend, dass sich alle Sexualstrafrechtsreformen im Rahmen der jeweiligen allgemeinen Strafrechtsreformen verwirklicht haben, die wiederum mit dem Wandel des Systems des Staates verbunden waren. Die erste Sexualstrafrechtsreform 1932 wurde ein Teil des gesamten Kodifikationsprozesses eines ersten polnischen Strafkodexes, der im Rahmen eines neu entstehenden Rechtssystems Polens geschaffen wurde. Die zweite vom 1969 stellt einen Teil des Kodifikationsprozesses des Strafrechts im Rahmen einer Umstrukturierung des Rechtssystems auf dem kommunistischen Muster dar, und die dritte von 1997 wurde im Rahmen einer Umstrukturierung des Rechtssystems in das Rechtsstaatmodel durchgeführt.

Im Gegensatz dazu hat sich die deutsche Strafrechtsreform im Bereich Sexualdelikte stufig und durch Einzelgesetze verwirklicht, die durch soziale oder politische Ereignisse bedingt waren. Die Reform in Raten fing mit dem Ersten Gesetz zur Reform des Strafrechts (1. StrRG) vom 25.06.1969[890] an und wurde durch das Zweite Gesetz zur Reform des Strafrechts (2. StrRG) bis 4. StrRG fortgeführt. In der Vergangenheit waren die Reformen in Deutschland daran gescheitert, dass die Beratungen des Sonderausschusses nicht innerhalb einer Legislaturperiode abgeschlossen werden konnten und Streitigkeiten in Einzelfragen die Gesamtreform blockierten (siehe Kap.2).

Trotz des Systemwechsels in Polen und den damit verbundenen Strafrechtsreformen weist die Entwicklung der Vorschriften über die sexuellen Straftaten in den drei nacheinander folgenden Strafkodexen (1932, 1969, 1997) auf eine gewisse Stabilität hin. Die sexuellen Straftaten des jeweils neuen Strafkodexes wurden in der Regel von dem alten Strafgesetzbuch in der terminologischen Bearbeitung rezitiert. Der erste Strafkodex von 1932 sammelte alle Sexualstraftaten unter dem Begriff Unzucht. Der zweite Strafkodex übernahm den Katalog der Sexualstraftaten von seinem Vorgänger ordnete sie aber alle in zwei Abschnitten unter den Begriffen Sittlichkeit und Freiheit. Der dritte Strafkodex übernahm im Grunde genommen den Katalog von dem Strafkodex von 1969, ordnete aber alle Sexualstraftaten in einen Abschnitt mit der Überschrift „Die Straftaten gegen die sexuelle Freiheit und die Sittlichkeit“.

Das allgemeine Rechtsgut des polnischen Sexualstrafrechts änderte sich mit der Zeit von „Unzucht“ durch „Sittlichkeit“ bis „Sittlichkeit mit sexueller Freiheit“, wobei der Katalog von Straftaten im Grunde genommen immer der gleiche von 1932 geblieben ist. Die Rezeption folgte daraus, dass der Strafkodex

---

890 BGBl. 1969 I, S. 645 (Nr. 52).

von 1932 als Werk ein sehr großes Ansehen besaß. Die Mitglieder der kommunistischen Kommission, die den neuen Strafkodex von 1969 bearbeitet hatten, wiesen darauf hin, dass der Strafkodex von 1932 einen international guten Ruf hatte und obwohl er in einer anderen politischen und wirtschaftlichen Ordnung entstand, hat er auch seine Anwendung in der kommunistischen Ordnung gefunden[891]. Einen großen und entscheidenden Einfluss auf die endgültige Gestalt von Unzuchtsdelikten für den ersten polnischen Strafkodex übte neben Prof. Makowski[892], der den Fragebogen und die einleitenden Referate vorbereitet hat, Prof. Makarewicz aus. Prof. Makarewicz zählte man schon damals zu den besten polnischen Strafrechtslehrern, der Befürworter der damals modernen soziologischen Schule[893]. Die damalige gesellschaftlich-politische Lage und die fehlende polnische Rechtstradition sowie bedeutete Mangel an Vorurteilen[894] haben es ermöglicht, neue Gedanken ins Strafrecht einzuführen und den Strafkodex mit den neuen Gedanken ins Leben zu rufen.

Der geschichtliche Überblick über die Vorschriften des deutschen Sexualstrafrechts zeigt den stufigen Wandel, der sich in folgenden Etappen durchgesetzt hatte. Bis zur großen Reform in den 70er Jahren blieb das deutsche Sexualstrafrecht fast unberührt. Die damaligen Straftaten waren unter dem Titel „die Straftaten gegen die Sittlichkeit“ zusammengefasst. Nach der großen Reform, die schließlich in zwei Etappen erfolgte (zuerst durch das 1. StrRG von 1969 und dann das 4. StrRG) erhielt der Abschnitt einen neuen Titel „Straftaten gegen die sexuelle Selbstbestimmung“. Mit der Titeländerung kamen auch inhaltliche Änderungen. Infolgedessen wurden die Tatbestände wie Ehebruch, einfache Homosexualität, Unzucht mit Tieren und Erschleichung des außerehelichen Beischlafs beseitigt. Trotz des so modern formulierten Rechtsgutes, war die Vergewaltigung innerhalb der Ehe immer noch nicht strafbar. Erst die Reform der

891 Andrejew/Świda/Wolter, KK z Komentarzem, S. 2.

892 Prof. Makowski war Vize-Präsident der Kodifikationskommission und hat auch sehr aktiv an deren Arbeiten teilgenommen. Er war Anwalt und ab 1918 Professor an der Warschauer Universität. Er hatte großes organisatorisches Talent und auch Erfahrung in diesem Bereich. Von Anfang an war er im Aufbauprozess des neu erstehenden Staates aktiv engagiert. Als dreimaliger Justizminister schuf er die ersten Strukturen der polnischen Gerichtsbarkeit. Politisch hat er sich anfangs für PPS erklärt, danach in BBWR und als leitender Theoretiker der Sanacja. mehr in: Lityński, Wydział Karny Komisji Kodyfikacyjnej II Rzeczypospolitej, S. 46; Kulesza, Wacław Makowski, O państwie społecznym, S. 9, 13, 15, 19.

893 Seine berühmten Werke: Das Wesen des Verbrechens 1896, Einführung in die Philosophie des Strafrechts 1906.

894 Busch, ZStW 55/1935, S. 621 ff.

Gewaltdelikte im Jahr 1997[895] brachte den erwarteten Wandel und damit wurde dem Rechtsgut „sexuelle Selbstbestimmung“ Rechnung getragen.

Das allgemeine Rechtsgut des deutschen Sexualstrafrechts entwickelte sich von „Sittlichkeit“ bis „sexuelle Selbstbestimmung“, wobei mit der Änderung des Rechtsgutes auch die Änderung des Kataloges von Straftaten erfolgte. Meiner Meinung nach waren die Änderungen in Deutschland durch die öffentliche Meinung erzwungen. Die Gesetzesänderungen erfolgten zumeist nach Meinungsänderungen der Bevölkerung und sich änderndem gesellschaftlichem Wandel. Es war auch meist in der deutschen Begründung von Gesetzesänderungen zu lesen, dass das geltende Recht überholt war. So das Recht funktionierte solange bis die Öffentlichkeit etwas sagte.

Seit dem Eintritt Polens in die EU wurden die Straftaten gegen die sexuelle Freiheit und die Sittlichkeit mit den Änderungsgesetzen modifiziert, um internationalen Verpflichtungen gerecht zu werden, insbesondere um europarechtliche Verpflichtungen zu erfüllen, die sich auf das Bedürfnis der Verbesserung des Minderjährigenschutzes berufen (Siehe Kapitel 3, Teil I). Das gleiche gilt für die neuesten Änderungsgesetze zum deutschen StGB. Mit dem Hinweis auf die internationalen Verpflichtungen berufen sich die deutschen Änderungsgesetze nicht nur auf das Bedürfnis der Verbesserung des Minderjährigenschutzes, sondern auch auf den Schutz von Frauen. Insbesondere mit dem Schutz ausländischer Frauen und Mädchen vor sexueller Ausbeutung durch international und arbeitsteilig agierende Täter begründete der deutsche Gesetzgeber das 26. StÄG vom 14. Juli 1992[896]. Weiterhin brachte das 33. Strafrechtsänderungsgesetz[897] vom 5. Juli 1997 bedeutende Verstärkung des Frauenschutzes im deutschen Sexualstrafrecht mit sich. Es ist zu betonen, dass das Prostitutionsgesetz vom 20. Dezember 2001[898] mit sich die Diskriminierung von Prostituierten beseitigt hatte[899].

Das geltende polnische und deutsche Recht im Bereich der Sexualdelikte unterscheidet sich erheblich. Im polnischen Strafkodex wurden die sexuellen Straftaten im fünfundzwanzigsten Kapitel unter „die Straftaten gegen die sexuelle Freiheit und die Sittlichkeit“ eingeordnet. In der polnischen Lehre weist man darauf hin, dass dieses XXV. Kapitel einen Kompromiss zwischen der Freiheits-

---

895 BGBl. I 1997, S.1607.
896 BGBL I 1992, S.1255, kritisch Schroeder, JZ 5/1995, S. 231.
897 BGBL I 1997, S.1607.
898 BGBl. 2001 I Nr. 74, S. 3983.
899 BT-Drucks. 14/5958; Heger, StV 2003, S. 350.

und Sittlichkeitstheorie darstellt[900]. Die Straftaten lassen sich in zwei Gruppen einordnen: diejenigen, die gegen die sexuelle Freiheit gerichtet sind und eine Variation der Straftaten gegen die Freiheit darstellen (Art.197, Art. 198, Art. 199, Art. 200, Art. 202, Art. 203, Art. 204 §4) und diejenigen, die gegen die Sittlichkeit (Art. 201, und Art. 204 § 1 und 2) verstoßen[901]. Im Gegensatz dazu dient das deutsche Strafrecht nicht mehr dem Schutz einer bestimmten sittlichen Sexualordnung. Unter der Bezeichnung „die Straftaten gegen die sexuelle Selbstbestimmung“ (Dreizehnter Abschnitt) wurden die fünfundzwanzig Paragraphen bezüglich der sexuellen Delikte zusammengefasst und lassen sich in sechs Gruppen aufteilen: die Straftaten gegen die sexuelle Freiheit, den Missbrauch von Abhängigkeitsverhältnissen, die Straftaten gegen die Entwicklung des Sexuallebens (Jugendschutz), die Ausbeutung der und Anwerbung zur Prostitution, die sexuelle Belästigung und die Verbreitung pornographischer Darstellungen.

Trotz der polnischen herrschenden Meinung, die die polnischen Sexualstraftaten in zwei Gruppen einordnet (die gegen die sexuelle Freiheit und die gegen die Sittlichkeit) lassen sich die sexuellen Delikte im polnischen Strafrecht ähnlich wie im deutschen einteilen, nur mit dem Unterschied, dass die sexuelle Belästigung, die im deutschen StGB exhibitionistischen Handlungen, die Erregung öffentlichen Ärgernisses und verbotene Prostitution umfasst, keine entsprechenden Regelungen im polnischen StGB findet.

In der Gruppe von Straftaten gegen die sexuelle Freiheit und den Missbrauch abhängiger Personen lässt sich feststellen, dass die meisten deutschen Straftaten ein Gegenüber im polnischen Strafkodex haben, die sich mehr oder weniger in der Straftatbestimmung unterscheiden. Der größte Unterschied liegt zwischen den deutschen Tatbeständen des Missbrauchs institutionellen (§§ 174 a Abs. 1, 174 b StGB) und psychotherapeutischen (§ 174c StGB) Abhängigkeitsverhältnisses und dem polnischen Tatbestand des sexuellen Missbrauchs unter Ausnutzung eines Abhängigkeitsverhältnisses (Art. 199 kk) vor. Innerhalb dieser Gruppe ließ sich infolge des Rechtsvergleichs folgende deutsche Besonderheit festzustellen. Dies ist der sexuelle Missbrauch von Kranken und Hilfsbedürftigen in Einrichtungen (§ 174 a Abs. 2 StGB), der keinen entsprechenden Tatbestand im polnischen Strafkodex hat. Weiterhin ließ sich auch die folgende polnische Besonderheit feststellen: die Ausnutzung einer kritischen Lage

---

900 Filar, Rozdział XXV „Przestępstwa przeciwko wolności seksualnej i obyczajności” in: Górniok (hrg.), Komentarz kodeksu karnego, S. 593.

901 Filar, Rozdział XXV „Przestępstwa przeciwko wolności seksualnej i obyczajności” in: Górniok (hrg.), Komentarz kodeksu karnego, S. 593.

(Art. 199 Alt. 2 kk), zu der es keinen entsprechenden Tatbestand in dem deutschen StGB gibt (siehe Kap.1).

Im Bereich von sexuellen Straftaten gegen Kinder und Jugendliche lassen sich folgende Unterschiede feststellen. Für das deutsche StGB ist es charakteristisch, dass es einen dreistufigen Schutz vorgesehen hat und damit zwischen dem absoluten Schutz von Kindern unter 14 Jahren (§§ 176, 176 a, 176 b StGB) und dem beschränkten Schutz von Jugendlichen unter 16 Jahren (§§ 182 Abs. 3, 174 Abs. 1 Nr. 1, § 180 Abs. 1 StGB) und unter 18 Jahren (§§ 174 Abs. 1 Nr. 3 und Abs. 1 Nr. 2, 180 Abs. 3, 180 Abs.1 und 2, 180a Abs. 2 Nr. 1. und 184 c StGB) unterschieden wird. Im polnischen Gesetz lassen sich die sexuellen Straftaten auch nach dem Schutzalter gruppieren. Der polnische Strafkodex sieht den absoluten Schutz von Minderjährigen unter 15 Jahren (Art. 200 §§ 1 und 2 kk, 200 a kk, Propagieren von Pädophilie, 200b kk) und einen beschränkten Schutz von Minderjährigen (Art. 199 §3 kk) vor. Im Bereich des Kindesschutzes sind die Straftatbestimmungen der beiden Strafgesetzbücher ähnlich und es lassen sich hier nur folgende Besonderheiten feststellen. Zur deutschen Besonderheit zählt man die Einwirkung auf das Kind durch Vorzeigen pornographischer Abbildungen oder Darstellungen, durch Abspielen von Tonträgern pornographischen Inhalts oder entsprechendes Reden (§ 176 Abs. 4 Nr. 4 StGB), weil sie keine entsprechende Regelung im polnischen Strafkodex haben. Zur polnischen Besonderheit zählt man hier die Pädophilenlobung (Art. 200b kk). Zu bemerken ist noch, dass das polnische Gesetz keinen Qualifikationstatbestand zum sexuellen Missbrauch von Kindern vorsieht. Im Bereich des Jugendschutzes zeigen die beiden Strafgesetzbücher ganz verschiedene Lösungen. Während das deutsche StGB, mittels verschiedener Straftatbestände (§§ 174, 180, 180 a, 182, 184 e StGB), den Jugendschutz unter 16 und 18-jährigen differenziert, regelt der polnische Strafkodex zwei Straftatbestände in einem Artikel (Art. 199 § 3 kk). Nach polnischem Recht werden die Jugendlichen vor sexuellem Missbrauch unter Ausnutzung eines Vertrauensverhältnisses (Art. 199 § 3 Alt.1 kk) und vor sexuellen Handlungen gegen Entgelt geschützt (Art. 199 § 3 Alt. 2 kk) (siehe Kap. 2).

Der Rechtsvergleich von Pornographie-Straftaten zeigt, dass sich die polnischen und deutschen Straftatbestände über das beschränkte Verbreitungsverbot einfacher (§ 184, 184 d und Art. 202 §§ 1,2 kk) und das absolute Verbreitungsverbot harter (§ 184 a, 184 b Abs. 1, und Art. 202 § 3 kk) Pornographie nicht so viel voneinander unterscheiden. Im Gegensatz zum polnischen Recht gilt das absolute Verbreitungsverbot im deutschen Recht auch für jugendpornographische Pornographie (184c Abs. 1 StGB). Der polnische Strafkodex beinhaltet noch die Sonderstraftatbestimmung „ Aufzeichnung der pornographischen Inhalte mit Kindern“. Ein weiterer Unterschied ergibt sich im Bereich des Besitzverbotes von Pornographie bestimmter Art. Erstens umfasst das Besitzverbot im deutschen Recht auch jugendpornographische Schriften und zweitens beschränkt sich das deutsche Verbot nur auf tatsächliche oder wirklichkeitsnahe Kinder- oder Jugendpornographie (siehe Kap. 3).

Die wichtigsten Unterschiede im Bereich von Prostitutionsdelikten sind bei den Straftatbestimmungen der Zuhälterei zu bemerken. Im polnischen Strafkodex ist die Zuhälterei sehr abstrakt und allgemein formuliert. Im Gegensatz dazu unterscheidet das deutsche StGB vier Arten von Zuhälterei: ausbeuterische, dirigierende, gewerbsmäßige fördernde Zuhälterei sowie Ehegattenzuhälterei. Bemerkenswert ist, dass im Gegensatz zum deutschen Recht nach polnischem Recht die schützende Bewachung von Prostituierten strafbar ist. Es ist zu betonen, dass angesichts der Aufhebung durch das Prostitutionsgesetz der allgemeinen Kuppeleistrafbarkeit im deutschen Strafrecht sich die Ansicht auf sog. Kuppler änderte. Anders als im polnischen Recht kann im deutschen Recht eine wirtschaftliche Betätigung mit dem Ziel, aus fremder Prostitutionsausübung Gewinn zu erzielen (§1 S. 2. ProstG), nicht schon an sich als illegal angesehen werden[902].

Der fragwürdige „Inzest", der im deutschen StGB in den Abschnitt „die Straftaten gegen den Personenstand, die Ehe und die Familie" eingegliedert wurde, stellt dagegen im polnischen Recht immer noch eine sexuelle Straftat dar.

Zu den deutschen Besonderheiten zählt man die exhibitionistischen Handlungen (§183 StGB). Der polnische Strafkodex beinhaltet keine solche entsprechende Straftatbestimmung.

---

902 Fischer, StGB Kommentar, § 181a Rn. 8.

Literaturverzeichnis

Adamski, Andrzej, Cyberprzestępczość - aspekty prawne i kryminologiczne, St. Prawn. 4/2005, S.51,

Adamski, Andrzej, Zakaz dla ścigających i ściganych, Rzeczpospolita vom 3.7.2004,

Andrejew, Igor, Polskie prawo karne, Warszawa 1976,

Andrejew, Igor, Systematyka projektu kodeksu karnego, PiP 11/1968, S. 743,

Andrejew, Igor, Świda Witold, Wolter, Władysław, KK z Komentarzem, Warszawa 1973,

Bafia, Jerzy, Polskie prawo karne, Warszawa 1989,

Becker, Walter, Die Einführung in das neue Sexualstrafrecht, Hamm, 1974,

Begründung zum A. E., 1927,

Begründung zum GE, 1911,

Bentowski, Aleksander, Bez politycznej rywalizacji, PiP 9-10/1998, S. 10,

Bojarski, Tadeusz (hrg.), Michalska-Warias, Aneta, Szwarczyk, Maciej, Piorkowska-Flieger,Joanna, Kodeks Karny. Komentarz, Wyd. 4, Warszawa 2010,

Buchała, Kazimierz, Palestra 11/1993, S.75,

Buchała, Kazimierz, Prace nad nowym kodeksem karnym- próba podsumowania, PiP 9-10/1998, S. 4,

Buchała, Kazimierz, Zoll, Andrzej, Polskie prawo karne, Warszawa 1997,

Busch, Richard, Kritische Bemerkungen zum polnischen Strafkodex, ZStW 55/1935, S.621.,

Busch, Tim, Die deutsche Strafrechtsreform, Ein Rückblick auf die sechs Reformen des Dt. Strafrechts (1969-1998), 1. Auflage 2005,

Czekaj, Mieczysław, Karnoprawna ochron adziecka przed wykorzystaniem seksualnym in: W kręgu teorii i praktyki prawa karnego, Ks. Poświęcona pamięci A.W., Lublin, 2005, S. 439 und ff.,

Daszkiewicz, Krystyna, Uwagi o przestępstwach przeciwko wolności i godności człowieka w projekcie kk, NP 6/1963, S.672,

Dreher, Eduard, Die Neuregelung des Sexualstrafrechts eine geglückte Reform? JR, 2/1974, S.45,

Duttge, Gunnar, Hörnle, Tatjana, Rezinkowski, Joachim, Das Gesetz zur Änderung der Vorschriften über die Straftaten gegen die sexuelle Selbstbestimmung, NJW 15/2004, S. 10676.,

E 1959 I, Niederschriften der Großer Kommission, Bd. 12, Anhang B, S.602.,

Eser, Albin, Hundert Jahre deutscher Strafgesetzgebung, Rückblick und Tendenzen, Originalbeitrag in: Jan van Dijk (Hrgb.) Criminal law in action; an overview of current issues in Western societes, Arnehm, Gouda Quint, 1986,

Filar, Marian, Nowelizacja kodeksu karnego w zakresie tzw. przestępstw seksualnych, Prokuratura i Prawo 11-12/2004, S. 21.

Filar, Marian, Ochrona jednostki w nowym kodeksie karnym, PiP 9-10/1998, S. 77,

Filar, Marian, Problemy reformy prawa karnego w Polsce w zakresie przestępczości seksualnej, Pal. 7-8/1995, S. 14,

Filar, Marian, Przestępstwa seksualne w nowym kodeksie karnym w: Nowa kodyfikacja karna. Kodeks karny. Krótkie komentarze, z. 2, Warszawa 1997, S. 7 - 64,

Filar, Marian, Przestępstwa w dziedzinie stosunków seksualnych, in: hrg. Andrejew, I., Kubicki, I., Waszczyński, J., System prawa karnego, O przestępstwach w szczególności, Wrocław-Warszawa-Kraków-Gdańsk-Łódź 1989, S. 149,

Filar, Marian, Rozdział XXV „Przestępstwa przeciwko wolności seksualnej i obyczajności" in: Komentarz kodeksu karnego (hrg.) Oktawii Górniok, Warszawa 2006,

Filar, Marian, W sprawie reformy przepisów dotyczących tzw. przestępstw seksualnych, PiP 7/1991, S.81.,

Finger, A., Das Gesetz zur Bekämpfung des Geschlechtskrankheiten, JW 14/1927, S.883 und ff.,

Fischer, Thomas, Strafgesetzbuch und Nebengesetze, Auflage 57., München 2010,

Gardocki, Lech, Pornografia. Próba nowego uregulowania, Pal. 11/1993, S. 66,

Gardocki, Lech, Prawo karne, Warszawa 2004,

Gardocki, Lech, Uszanować tradycję, Palestra 3-4/1993, S.34,

Geilke, Georg, Der polnische Strafkodex, Berlin 1970,

Geilke, Georg, Die polnische Strafgesetzgebung seit 1944, Berlin 1955,

Gienas, Krzysztof, Czyszczenie Internetu z dziecięcej pornografii. Rzeczpospolita 2005.1.22,

Giza, Jerzy, Stanisław, Uwagi do rozdziału XXIV projektu k.k., Nowe Prawo 7-8/1963, S. 799.,

Glaser, Stefan, Neue Richtungen im Strafrecht und die polnische Strafrechtsreform, MSchKrim 20/1929, S.13 und ff.,

Glaser, Stefan, Über das neue polnische Strafkodex, MSchKrim 24/1933, S.6 ff.,

Golla, Joachim, Das geltende polnische Strafrecht, Übernahme sowjetischen Rechts oder Weiterführung der eigenen Strafrechtstradition?, Bonn, Dt. Bundes-Verl., 1984,

Gössel, Karl Heinz, Das neue Sexualstrafrecht, Eine systematische Darstellung für die Praxis, Berlin 2005,

Góral, Roman, Kodeks karny, Praktyczny komentarz z orzecznictwem, Warszawa 2005 r.,

Haft, Fritjof, Eisele, Jörg, Einführung in die Rechtsfragen des Datenverkehrs im Internet, Juristische Schulung, JuS 2001, S. 112-120,

Hanack, Ernst-Walter, Brennpunkte einer Reform des Sexualstrafrechts, in: Hrg. Geise, Hans, Zur Strafrechtsreform, Symposion der Deutschen Gesellschaft für Sexualforschung von 13. bis 14. November 1967 in Bonn, 1968,

Hanack, Ernst-Walter, Die Straftaten gegen die Sittlichkeit im Entwurf 1962 (§§ 204-231 E 1962), ZStW 77/1965, S.399.,

Hanack, Ernst-Walter, Zur Revision des Sexualstrafrechts in der Bundesrepublik, Ein Rechtsgutachten unter Mitarbeit von E. Wahle und J.v. Gerlach, Hamburg 1969,

Hartl, Benedikt, Das nationalsozialistische Willensstrafrecht, Berlin 2000,

Hartmann, Ilya, Prostitution, Kuppelei, Zuhälterei, Reformdiskussion und Gesetzgebung seit 1870, Juristische Zeitgeschichte, Abteilung 3: Beiträge zur modernen deutschen Strafgesetzgebung- Materialien zu einem historischen Kommentar, Berlin 2006,

Heger, Martin, Zum Einfluss des Prostitutionsgesetzes auf das Strafrecht, StV 2003, S. 350.,

Herz, Heinz, Bekämpfung der Geschlechtskrankheiten und Aufgaben des Arztes nach dem Reichsgesetz vom 18.02.1927, Der Arzt in Recht und Gesellschaft, Leipzig 1930,

Hoensch, Jörg, Konrad, Geschichte Polens, Stuttgart, Ulmer, 1998,

Hohler, Richard, Die Strafrechtsreform-Beginn einer Erneuerung, NJW, 29/1969, S.1225.,

Horstkotte, Hartmuth, Kuppelei, Verführung und Exhibitionismus nach dem Vierten Gesetz zur Reform des Strafrechts, JZ 3/1974, S. 84.,

http://www.bpb.de/themen/QQSEUT,0,0,Bundestagswahlen_19492005.html,

Jakubski, Jan, Krzysztof, Rozpowszechnianie pornografii w sieci komputerowej Internet, Prok. i Pr. 7-8/1997, S.44 und ff.,

Jamontt, Janusz, Rappaport, Emil, Stanisław, Kodeks Karny 1932, Część Szczególna,

Jescheck, Hans-Heinrich, Strafrechtsreform in Deutschland Allgemeiner Teil, SZfStr 91,1975, S. 6.,

Kieseritzky, Wolther, bearb., Brandt, Willy, Mehr Demokratie wagen Innen- und Gesellschaftspolitik 1966-1974, Berliner Ausgabe Bd. 7,

Kindhäuser, LPK-StGB § 183

Kochanowski, Janusz, Redukcja odpowiedzialności karnej, (Analiza i ocena założeń kodeksu karnego z 1997 na tle innych polskich kodyfikacji karnych), Instytut Prawa Karnego Uniwersytu Warszawskiego, Warszawa 2000, www.kochanowski.pl/rdukacja-wresja1.3.2000.doc,

Kühl, Kristian, Strafgesetzbuch Kommentar, Auflage 27, München 2011,

Leszczyński, L., Skrętowicz, E., Hołda, Z., (hrg.), W kręgu teorii i praktyki prawa karnego. Księga poświęcona pamięci Profesora Andrzeja Wąska, Lublin 2005, S.252.,

Komisja do spraw reformy prawa karnego, zespół prawa karnego materialnego i wojskowego (Redakcja z listopada 1990 r.), S.87.,

Komisja ds reformy Prawa karnego, Projekt kodeksu karnego, wkładka do zeszytu 2/1994 PiP,

Komisja ds Reformy Prawa Karnego, Zespół Prawa Karnego materialnego i wojskowego, Projekt kodeksu karnego przeznaczony do dyskusji środowiskowej, red. Z dnia 5 marca 1990 r.,

Komisja Kodyfikacyjna przy Ministrze Sprawiedliwości, Projekt Kodeksu Karnego, Warszawa 1963,

Komisja Kodyfikacyjna RP, Sekcja Prawa Karnego, Tom V, Zeszyt 5, Projekt KK w redakcji przyjętej w trzeciem czytaniu przez sekcje prawa karnego Komisji Kodyfikacyjnej R.P., Warszawa 1931,

Komisja Kodyfikacyjna Rzeczypospolitej Polskiej, Sekcja Prawa Karnego, Tom II, S. 139.,Tom II, Sitzung vom 28 05 1923., Tom IV, Zeszyt 1, S. 3., Tom IV, Zeszyt 1, S.32., Tom IV, Zeszyt 1, S.32., Tom V, Zeszyt 5, S. 37.,

Kozłowska, P., Kucharska, M., - Prawo karne aspekty pornografii, Prok. i Pr. 4/1999,

Kulesza, Władysław, Wacław Makowski, O państwie społecznym, Warszawa 1998,

Kunicka-Michalska, Barbara, Niektóre problemy noweli z 18 marca 2004 r. do kodeksu karnego i (w) W kręgu teorii i praktyki prawa kar-nego. Księga poświęcona pamięci Profesora Andrzeja Wąska, Lublin 2005,

Kunicka-Michalska, Barbara, Wojciechowska, J., Przestępstwa przeciwko wolności, wolności sumienia i wyznania, wolności seksualnej i obyczajności oraz czci i nietykalności cielesnej, Rozdział XXIII, XXIV, XXV, XXVII KK, Beck Warszawa 2001,

Kunicka-Michalska, Barbara, Zmiany prawa karnego związane z pornografią dziecięcą, Zmiany w polskim prawie karnym po wejściu w życie kk z 1997 roku, materiały z konferencji naukowej Lublin- Kazimierz Dolny 20-22.09.2005,

Kurzępa, Bolesław, „Inna czynność seksualna" jako znamię przestępstw, Prokuratura i Prawo 5/2005, S. 65,

Lach, Arkadiusz, Karnoprocesowe instrumenty zwalczania pedofilii i pornografii dziecięcej w Internecie, Prok. i Pr. 10/2005, S. 52 und ff.,

Lange, Richard, Das dritte Strafrechtsänderungsgesetz, NJW 31/1953, S. 1161.,

Laubenthal, Klaus, Sexualstraftaten, Die Delikte gegen die sexuelle Selbstbestimmung, Berlin, 2000,

Leipziger Kommentar StGB, Auflage 12,

Lenz, H., Verbrechen und Vergehen wider die Sittlichkeit, Ein kritischer Beitrag zur Strafrechtsreform, Trier 1928,

Lernell, Leszek, Z problematyki prawa karnego w okresie Planu Sześcioletniego, DPP 1050/5/17.,

Leszczyński, J., O projektach reformy przepisów dotyczących przestępstw seksualnych, PiP 2/1992, S.81 und ff.,

Lityński, Adam, Wydział Karny Komisji Kodyfikacyjnej II Rzeczypospolitej - dzieje prac nad częścią ogólną kodeksu karnego- Pr. Nauk. UŚl., nr 1172 - Katowice: "Uniwersytet Śląski" 1991,

Laufhütte, H.W., Rissing-van Saan, R., Tiedemann, K., (hrg.), Strafgesetzbuch, Leipziger Kommentar, Großkommentar Auflage 12., Berlin,

Makarewicz, Juliusz, Kodeks karny z komentarzem, Wyd. 5, Lwów 1938, S.497.,

Marek, Andrzej, Komentarz do kodeksu karnego, Warszawa 2006,

Marek, Andrzej, Prawo karne, Wyd. 7, Warszawa 2006,

Maurach, Reinhart, Deutsches Strafrecht, BT, Nachtrag zur 5. Auflage (1969) durch Einarbeitung des Ersten Gesetzes zur Reform des Strafrechts vom 25.06.1969 (BGBl. I S.645) in der vom 1.4.1970 an geltenden Fassung, Karslruhe,1970,

Maurach/Schroeder/Maiwald, Strafrecht BT, Teilband 1: Straftaten gegen Persönlichkeits- und Vermögenswerte, 10. Auflage,

Mittermaier, W., Verbrechen und Vergehen wider die Sittlichkeit. Beleidigung. Personenstanddelikte. In: Vergleichende Darstellung des deutschen und ausländischen Strafrechts. Besonderer Teil IV Band. Berlin 1909,

Morawski, S., Sztuka i pornografia, Studia socjologiczne 4/1965, S. 222 und ff.,

Motywy Komisji Kodyfikacyjnej, t. V z.4, S. 137.,

Mozgawa, Marek, Kodeks karny, Praktyczny Komentarz, Zakamycze 2006,

Mozgawa, Marek, Kozłowska, Patrycja, Prawnokarne aspekty rozpowszechniania pornografii (analiza dogmatyczna i praktyka ścigania) Prok. i Pr 3/2002, S.7 und ff.,

Müller-Emmert, Adolf, Die kriminalpolitischen Grundzüge des neuen Strafrechts nach den Beschlüssen des Sonderausschusses für die Strafrechtsreform, JZ 8/1969, S.245.,

Nalewajko, Kubiak, Sztuka jako okoliczność wyłączająca bezprawność, Palestra 9/2000,

Obywatelskie inicjatywy ustawodawcze Solidarności 1980-1990, Wa-wa 2001,

Ostendorf, Heribert, Dokumentation des NS-Strafrechts, Nomos Verlagsgesellschaft Baden-Baden, 1. Aufgabe 2000,

Otto, Harro, Grundkurs Strafrecht, Die einzelnen Delikte, Walter de Gruyer-Berlin- NY 2002,

Peiper, Leon, Komentarz do Kodeksu Karnego, 1933,

Podufalski, Dariusz, Pornografia z sieci, Prok. i Pr. 1/2005, S. 161 und ff.,

Polnisches Strafrecht, (Strafgesetzbuch und Verordnung betr. Übertretungen) mit Einführungsbestimmungen (Dz. U. R. P. Nr. 60 vom 15. 7. 1932, Pos. 571/72/73) in deutscher Übersetzung, Poznań, 1932 ca.,

Popławski, Henryk, Podstawy prawa karnego, Gdańsk 1980,

Prawo i Życie 7.07.1963,

Projekt kk PRL i przepisy wprowadzające, Warszawa 1956,

Projekt kk PRL, Warszawa 1963,

Projekt kk PRL, Warszawa 1963, S.III- XII.,

Projekt kodeksu karnego oraz przepisów wprowadzających kodeks karny, Warszawa 1968,

Przemówienie Zenona Kliszki na plenarnym posiedzeniu Sejmu w dniu 18 kwietnia 1969 r, PiP 6/1969,

Ratajczak, Aleksander, Rozwój i kodyfikacja prawa karnego, RPE 1/1975,

Roxin, Claus, Strafrecht, Allgemeiner Teil, Grundlagen. Der Aufbau der Verbrechenslehre, 2006,

Schäfer, Christian, Widernatürliche Unzucht (§§ 175, 175a, 175b, 182 a. F. StGB), Reformdiskussion und Gesetzgebung seit 1945, S. 41.,

Schäfer, Karl, Das Gesetz zur Änderung des Strafgesetzbuchs vom 28. Juni 1935, JW 1935, S.2323.,

Schöch, Heinz, Das Gesetz zur Bekämpfung von Sexualdelikten und anderen gefährlichen Straftaten vom 26.1.1998, NJW 18/1998, S. 1257 und ff.

Schönke, A., Schröder, H., StGB-Kommentar, Auflage 28, München 2010,

Schroeder, Friedrich- Christian, Gesetztechnische Mängel im Gesetz zur Umsetzung des EU-Rahmenbeschlusses zur Bekämpfung der sexuellen Ausbeutung von Kindern und der Kinderpornographie, GA 2009,

Schroeder, Friedrich- Christian, Das 27. Strafrechtsänderungsgesetz- Kinderpornographie, NJW 40/1993, S. 2581.,

Schroeder, Friedrich- Christian, Die Revolution des Sexualstrafrechts 1992-1998, JZ 17/1999, S. 827.,

Schroeder, Friedrich- Christian, Die Straftaten gegen die sexuelle Selbstbestimmung nach dem Entwurf eines 4. StrRG, ZRP 71, S.14.,

Schroeder, Friedrich- Christian, Die Überlassung pornographischer Darstellungen in gewerblichen Leihbüchereien, JR 6/1977, S. 231 und ff.,

Schroeder, Friedrich- Christian, Irrwege aktionischer Gesetzgebung- das 26. StÄG (Menschenhandel), JZ 5/1995, 231.,

Schroeder, Friedrich- Christian, Neue Änderung des Sexualstrafrechts durch das Prostitutionsgesetz, JR 10/2002, S. 400 und ff.,

Schroeder, Friedrich- Christian, Pornographie, Jugendschutz und Kunstfreiheit, Heidelberg 1922,

Schroeder, Friedrich- Christian, Reform des Sexualstrafrechts, Aktuelle Dokumente, Walter de Gruyter- Berlin- NY 1971,

Skupinski, Jan, Przestepstwa „wewnarzkrajowej" eksploatacji prostytucji (naklanianie do uprawiania prostytucji, kuplerstwo i sutenerstwo) w polskim kodeksie karnym, Studia Prawnicze, 3/1976,

Skupiński, Jan, O zamiarze szybkiego uchwalenia nowego kodeksu karnego-krytycznie, PiP 8/1990, S. 81.,

Skupiński, Jan, Problematyka kodyfikacji przestępstw „nierządu", Palestra 10/1960, S. 50.,

Sprawozdania podkomisji nadzwyczajnej 10.03. 2005 DS 2696, 14.04.2005 DS 3912, 1.06.2005, DS 3912-a, DS 4254, DS 4265,

Stępień, Krzysztof, Zgwałcenie wspólnie z inną osobą (art. 197 § 3 k.k.)- współsprawstwo konieczne, Prok. i Pr. 10/1999, S. 60 und ff.,

Sturm, Richard, Das Vierte Gesetz zur Reform des Strafrechts, JZ, 1/1974, S.6.,

Surkont, Marek, Prawo karne, Bydgoszcz 2001,

Szyrmer, Sławomir, Nowelizacja prawa karnego w świetle ustawy z dnia 27 lipca 2005 r. O zmianie ustawy-kodeks karny, ustawy-kodeks postępowania karnego i ustawy- kodeks karny wykonawczy (Dz.U. NR 163, pos.1363), CPKiNP, 1/2006, S.54.,

Śliwiński, Stanisław, Prawo karne materialne. Część ogólna, 1946,

Śliwowski, Jerzy, Prawo karne, Warszawa 1975,

Thomas, Fischer, Strafgesetzbuch und Nebengesetze, Beck‘ ische Kurz Kommentare, München 2010, Auflage 57.

Uzasadnienie do projektu marzec 1990, Projekt kodeksu karnego, Komisja do spraw reformy prawa karnego, zespól prawa karnego materialnego i wojskowego (Redakcja z listopada 1990 r.), S.88.,

Uzasadnienie do projektu, Projekt kodeksu karnego oraz przepisów wprowadzających kodeks karny, Warszawa 1968, S. 140.,

Uzasadnienie projektu 1931, Komisja Kodyfikacyjna, Tom V, Z. 2, S. 136.,

Uzupełnienie uzasadnienia do projektu z 1931, Komisja Kodyfikacyjna, Tom V, Z. 6 , S. 25.,

Vorentwurf zu einem Deutschen StGB. Begründung. Teil 2. Berlin 1909,

Vormbaum, Thomas, Rentrop, Kathrin, Reform des StGBs, Sammlung der Reformentwürfe, Band 1: 1909 bis 1919, Hagen, 2008,

Vormbaum, Thomas, Welp, Jürgen (Hrgb.) Das Strafgesetzbuch, Sammlung der Änderungsgesetze und Neubekanntmachungen, B. 1 1870-1953, Nomos Verlagsgesellschaft Baden-Baden,

Warylewski, Jarosław, Karnoprawna ochrona małoletniego przed wykorzystaniem seksualnym w orzecznictwie Sądu Najwyższego, Prok. I Pr. 9/1999, S. 92 und ff,

Warylewski, Jarosław, Karnoprawna ochrona małoletniego przed wykorzystaniem seksualnym w orzecznictwie Sądu najwyższego, Prok. i Pr. 9/1999, S.92.,

Warylewski, Jarosław, Nowelizacje kodeksu karnego z 1997 roku w zakresie przestępstw seksualnych oraz ich konsekwencje, Zmiany w polskim prawie karnym po wejściu w życie kk z 1997 roku, materiały z konferencji naukowej Lublin- kazimierz Dolny 20-22.09.2005, S.238.,

Warylewski, Jarosław, Pornografia w Internecie- wybrane zagadnienia karnoprawne, Prok. i Pr. 4/2002, S. 52 und ff.,

Warylewski, Jarosław, Przestępstwa przeciwko wolności seksualnej i obyczajności in: Wąsek, Andrzej (hrg.), Kodeks karny, Część Szczególna, Komentarz Tom I, Warszawa 2006,

Warylewski, Jarosław, Przestępstwa przeciwko wolności seksualnej i obyczajności in: Wąsek, Andrzej (hrg.), Kodeks karny, Część Szczególna, Komentarz Tom I, Warszawa 2004,

Warylewski, Jarosław, Przestępstwa seksualne, Gdańsk 2001,

Weigend, Ewa, Das polnische Strafgesetzbuch vom 6. Juni 1997, in Kraft getreten am 1. September 1998, Übersetzung, Freiburg im Breisgau, Ed. iuscrim, Max-Planck-Inst. für Ausländisches und Internat. Strafrecht, 1998,

Werle, Gerhard, Justiz- Strafrecht und polizeiliche Verbrechensbekämpfung im Dritten Reich, Berlin, New York: de Gruyter, 1989,

Wirschubski, Gregor, Das polnische Strafgesetzbuch vom 11.7.1932 und die kriminalpolitischen Forderungen der Gegenwart, 1933,

Wirschubski, Gregor, Das polnische Strafkodex vom 11 Juli 1932 und kriminalpolitischen Forderungen der Gegenwart, MSchKrim 24/1993,

Zoll, Andrzej (hrg.), G. Bogdan, K. Buchała, Z. Ćwiąkalski, M. Dąbrowska-Kardas, P. Kardas, J. Majewski, M. Rodzynkiewicz, M. Szewczyk, W. Wróbel, A. Zoll, Kraków 1999, Kodeks karny. Część szczególna. Komentarz. T. 2: art. 117-277; T. 3: art. 278-363.,

Anhang Nr. 1

Auszug aus Makowski's Entwurf von 1926, XVII. Abschnitt „Die Straftaten gegen die geschlechtliche Sittlichkeit“

Auszug aus Makarewicz'sches Entwurf, XIII Abschnitt „Unzuchtsstraftaten“

Auszug aus dem Kommissionsentwurf von 1931, XXXII. Abschnitt „Unzucht“

Auszug aus dem Strafkodex von 1932, XXXII. Abschnitt „Unzucht“[903]

903 Polnisches Strafrecht, (Strafgesetzbuch und Verordnung betr. Übertretungen) mit Einführungsbestimmungen (Dz. U. R. P. Nr. 60 vom 15. 7. 1932, Pos. 571/72/73) in deutscher Übersetzung, Poznań, 1932.

Makowski's Enwurf vom 1926	Makarewicz'sche Entwurf	Kommissionsentwurf vom 1931	StGB 1932 (polnisches Strafrecht mit Einführungsbestimmungen in deutscher Übersetzung)
XVII Abschnitt „Die Straftaten gegen die geschlechtliche Sittlichkeit“ Von Art. 99 bis 110 ME	**XIII Abschnitt „Unzuchtsstraftaten“ Von Art. 153 bis 162 E**	**XXXII Abschnitt „Unzucht“ Von Art. 199 bis 212 KE**	**XXXII Abschnitt „Unzucht“ Von Art. 203 bis 214 poln. StGB von 1932**
Unzucht gegen Wille Art. 99. § 1 Wer eine unzüchtige Handlung mit einer Person gegen ihren Willen oder ohne ihre ausdrückliche oder mutmaßliche Zustimmung vornimmt, wird mit Gefängnis bis zu einem Jahr bestraft. § 2 Wer mit Gewalt, mittels widerrechtlicher Drohung oder Arglist eine andere Person nötigt, sich einer unzüchtigen Handlung hinzugeben oder eine solche Handlung auszuüben, wird mit Gefängnis von einem Jahr bis zu 5 Jahren bestraft. §3. Wer eine unzüchtige Handlung mit einer bewußtlosen oder psychisch behinderten Person vornimmt, wird mit Gefängnis von einem Jahr bis zu 5 Jahren bestraft. § 4. Wenn der Täter beim Opfer die Defloration oder eine andere Körperverletzung verursacht hat, wird mit Gefängnis von 5 bis zu 10 Jahren bestraft.	**Art. 153**. § 1 Wer eine unzüchtige Handlung mit einer Person gegen ihren Willen oder ohne ihre ausdrückliche oder mutmaßliche Zustimmung vornimmt, wird mit Gefängnis bis zu 2 Jahre bestraft. § 2 Wer eine unzüchtige Handlung mit einer Person, die mildernde Fähigkeit, die Bedeutung ihrer Handlung zu erkennen oder ihr Verhalten zu steuern, besitzt ,oder mit einer Person, bei der solche Fähigkeit fehlt oder mit einer Person unter 17 Jahre vornimmt, wird mit Gefängnis bis zu 5 Jahre. § 3 Wer, in der Absicht eine unzüchtige Handlung mit einer anderen Person vorzunehmen, gegen solche Person Vergewaltigung, gefährliche Drohung oder List benutzt, wird mit Gefängnis bis zu 10 Jahren bestraft.	**Art. 199** § 1 Wer eine unzüchtige Handlung mit einer Person, ohne ihre ausdrückliche oder mutmaßliche Zustimmung vornimmt, wird mit Gefängnis bis zu 2 Jahren oder Haft bis zu 2 Jahren. § 2. Die Verfolgung tritt auf Antrag des Verletzten ein. **Art. 200** Wer unzüchtige Handlung gegenüber dem Kind unter 13 Jahren oder einer Person, welche ganz oder teilweise der Fähigkeit, die Bedeutung der Handlung, zu erkennen oder Herr ihres Tuns zu sein, ermangelt, vornimmt, wird mit Gefängnis bis zu 10 Jahren bestraft. **Art. 201** Wer unzüchtige Handlung gegenüber dem Minderjährigen unter 17 Jahren vornimmt, wird mit Gefängnis bis zu 5 Jahren bestraft. **Art.202** § 1 Wer mit Gewalt, mittels widerrechtlicher Drohung oder Arglist eine andere Person veranlaßt, sich einer unzüchtigen Handlung hinzugeben oder eine solche Handlung auszuüben, wird mit Gefängnis bis zu 10 Jahren bestraft. §2. Die Verfolgung tritt auf Antrag des Verletzten ein.	**Art. 203**. Wer eine unzüchtige Handlung mit einer Person unter 15 Jahren oder mit einer Person vornimmt, welche ganz oder teilweise der Fähigkeit, die Bedeutung der Handlung zu erkennen oder Herr ihres Tuns zu sein, ermangelt, wird mit Gefängnis bis zu 10 Jahren bestraft. **Art. 204** § 1. Wer mit Gewalt, mittels widerrechtlicher Drohung oder Arglist eine andere Person nötigt, sich einer unzüchtigen Handlung hinzugeben oder eine solche Handlung vorzunehmen, wird mit Gefängnis bis zu 10 Jahren bestraft. § 2. Die Verfolgung tritt auf Antrag des Verletzten ein.

Unzucht mit einem Minderjährigen Art.100 Wer unzüchtige Handlung mit einer minderjährigen Person unter 17 Jahren vornimmt, wird mit Gefängnis von 5 bis zu 10 Jahren bestraft.	Siehe § 2 Art. 153		
Missbrauch eines Abhängigkeitsverhältnisses für die Unzucht Art.101 Wer durch Missbrauch eines Abhängigkeitsverhältnisses eine andere Person dazu bestimmt, sich einer unzüchtigen Handlung hinzugeben oder eine solche Handlung auszuüben, wird mit Gefängnis von 5 bis zu 10 Jahren bestraft.	**Art. 155** §1 Wer durch Missbrauch eines Abhängigkeitsverhältnisses eine andere Person dazu bringt, sich einer unzüchtigen Handlung hinzugeben oder eine solche Handlung vorzunehmen, wird mit Gefängnis bis zu einem Jahr bestraft. § 2 Begehen die Tat ein Lehrer oder Betreuer, die mit einem ihrer Erziehung oder ihrem Unterricht anvertrauten Person, werden die Schuldige mit Gefängnis bis zu 5 Jahre bestraft.	**Art. 203** §1 Wer durch Missbrauch eines Abhängigkeitsverhältnisses oder Ausnutzung einer kritischen Lage eine andere Person dazu veranlasst, sich einer unzüchtigen Handlung hinzugeben oder eine solche Handlung auszuüben, wird mit Gefängnis bis zu 5 Jahren bestraft. §2. Die Verfolgung tritt auf Antrag des Verletzten ein.	**Art. 205** §1. Wer durch Missbrauch eines Abhängigkeitsverhältnisses oder Ausnutzung einer kritischen Lage eine andere Person dazu bringt, sich einer unzüchtigen Handlung hinzugeben oder eine solche Handlung vorzunehmen, wird mit Gefängnis bis zu 5 Jahren bestraft. §2. Die Verfolgung tritt auf Antrag des Verletzten ein.
Verderbung von Minderjährigen Art.102 Wer unzüchtige Handlung gegenüber einer minderjährigen Person, die noch nicht 17 Jahren vollendet haben, vornimmt oder die Rede über unzüchtige Inhalte hält, oder Werke, Abbildungen solcher Art oder Gegenstände, die zum unzüchtigen Gebrauche bestimmt ist, verbreitet, wird mit Gefängnis bis zu 5 Jahren bestraft.	**Art.162** §1. Wer öffentlich einen Ärgernis dadurch erregt, dass er die unzüchtige Handlungen vornimmt, besonders Rede hält, Schriften oder Gegenstände verbreitet, die dazu dienen einen Geschlechtsdrang zu erregen, wird mit Haft bis zu zwei Jahren bestraft. § 2 Ebenso wird bestraft, wer eine unzüchtige Handlung gegenüber in Anwesenheit des Minderjährigen unter 17 vornimmt.	**Art. 212** Wer eine unzüchtige Handlung oder eine Handlung, die die Erregung eines Geschlechtsdranges anstrebt, in Gegenwart eines Jugendlichen unter 17 Jahren vornimmt, wird mit Haft bis zu einem Jahr bestraft. **Art.211** Wer öffentlich eine unzüchtige Handlung oder eine Handlung vornimmt, die die Erregung eines Geschlechtsdranges anstrebt, wird mit Haft bis zu einem Jahr bestraft.	**Art. 213.** Wer eine unzüchtige Handlung öffentlich oder in Gegenwart eines Jugendlichen unter 15 Jahren begeht, wird mit haft bis zu 1 Jahre bestraft.

Inzest Art. 103 Wer mit einem Verwandten in grader Linie, oder in Seitenlinie bis zweitem Grad Beischlaf vollzieht, wird mit Gefängnis von 5 bis zu 10 Jahren bestraft.	**Art. 156** Wer einen Beischlaf mit dem Verwandten grader Linie oder mit der Geschwister vollzieht, wird mit Gefängnis bis zu 5 Jahren bestraft.	**Art. 204** Wer mit einem Verwandten in grader Linie, einem Bruder oder einer Schwester einen Beischlaf vollzieht, wird mit Gefängnis bis zu 5 Jahren bestraft.	**Art.206** Wer mit einem Verwandten in grader Linie, einem Bruder oder einer Schwester geschlechtlich verkehrt, wird mit Gefängnis bis zu 5 Jahren bestraft.
Unzucht zwischen Männern Art.104 §1 Ein Mann der sich einem anderen Manne zu einer unzüchtigen Handlung anbietet, sowie derjenige, der solch Unzucht erleichtert, wird mit Gefängnis bis zu 3 Jahren bestraft. § 2 Wer die im §1 bezeichneten Taten gewerbsmäßig begeht, wird mit Gefängnis von einem Jahr bis zu 5 Jahren bestraft.	**Art. 158** §1 Ein Mann, der sich aus Gewinnsucht einem anderen Mann zu einer unzüchtigen Handlung anbietet, oder solch Unzucht gewerbsmäßig treibt, wird mit Gefängnis bis zu 5 Jahren bestraft. § 2. Ebenso wird bestraft, wer eine Unzucht zwischen Männern erleichtert.	**Art. 205** Wer sich aus Gewinnsucht einer Person desselben Geschlechts zu einer unzüchtigen Handlung anbietet, wird mit Gefängnis bis zu 3 Jahren bestraft.	**Art. 207**. Wer sich aus Gewinnsucht einer Person desselben Geschlechts zu einer unzüchtigen Handlung anbietet, wird mit Gefängnis bis zu 3 Jahren bestraft.
Verführung unter dem Versprechen der Ehe Art. 105 Wer eine Frau zur Gestattung des Beischlafs durch Versprechen einer Eheschließung bestimmt, wird mit Gefängnis bis zu 3 Jahren bestraft.	**Art. 154** Wer eine Frau zur Gestattung des Beischlafs dadurch verleitet, dass er eine Trauung vorspiegelt, wird mit Gefängnis bis zu 5 Jahre bestraft.		
Kuppelei Art. 106 §1. Wer aus Gewinnsucht fremder Unzucht förderlich ist, wird mit Gefängnis bis zu einem Jahr bestraft. § 2. Handelt er dabei gewerbsmäßig, wird mit Gefängnis von einem Jahr bis zu 5 Jahren bestraft.	**Art. 159** § 1. Wer aus Gewinnsucht fremder Unzucht förderlich ist, wird mit Haft bis zu einem Jahr oder mit Geldstrafe bestraft. § 2. Begeht der Täter die Kuppelei an seine Ehefrau, sein Kind, Stiefkind, Enkel, an eine seiner Aufsicht, seiner Pflege oder seiner Erziehung anvertrauten Person, die unter 17 Jahre ist, wird mit Gefängnis bis zu 10 Jahren bestraft.	**Art. 206** Wer aus Gewinnsucht fremder Unzucht förderlich ist, wird mit Gefängnis bis zu 5 Jahren bestraft.	**Art. 208**. Wer aus Gewinnsucht fremder Unzucht förderlich ist, wird mit Gefängnis bis zu 5 Jahren bestraft.

Zuhälterei Art. 107 § 1. Wer aus fremder Unzucht Gewinn zieht, der keine Zahlung für erlaubte Leistungen darstellt, wird mit Gefängnis bis zu 3 Jahren bestraft. § 2. Handelt er dabei gewerbsmäßig, wird mit Gefängnis von einem Jahr bis zu 5 Jahren bestraft.	**Art. 160** Wer aus fremder Unzucht Gewinn, der keine Zahlung für erlaubte Leistungen darstellt zieht, wird mit Gefängnis bis zu einem Jahr bestraft.	**Art. 207** Wer aus fremder Unzucht Gewinn, das keine Zahlung für erlaubte Leistungen darstellt, zieht, wird mit Gefängnis bis zu 5 Jahren bestraft.	**Art. 209**. Wer aus fremder Unzucht Gewinn zieht, wird mit Gefängnis bis zu 5 Jahren bestraft.
Kuppelei Art. 108 § 1. Wer eine andere Person dazu veranlasst, sich gewerbsmäßig der Unzucht hinzugeben, wird mit Gefängnis bis zu 3 Jahren bestraft. § 2. Handelt er dabei gewerbsmäßig, wird mit Gefängnis von einem Jahr bis zu 5 Jahren bestraft. **Kuppelei zur Unzucht im Ausland** Art. 109 § 1. Wer eine andere Person zwecks Ausübung der gewerbsmäßigen Unzucht aus dem Land ausführt, wird mit Gefängnis bis zu 3 Jahren bestraft. § 2. Handelt er dabei gewerbsmäßig, wird mit Gefängnis von einem Jahr bis zu 5 Jahren bestraft.	**Art.161** § 1 Wer eine andere Person dazu bestimmt, sich gewerbsmäßig der Unzucht hinzugeben, wird mit Gefängnis bis zu 2 Jahren bestraft. § 2. Wer eine andere Person zwecks Ausübung der gewerbsmäßigen Unzucht ins Ausland bringt, wird mit Gefängnis bis zu 5 Jahren bestraft. Siehe § 2 Art. 161	**Art. 208** Wer eine andere Person dazu bestimmt, sich gewerbsmäßig der Unzucht hinzugeben, wird mit Gefängnis bis zu 5 Jahren oder mit Geldstrafe bestraft. **Art. 209** Wer eine andere Person zwecks Ausübung der gewerbsmäßigen Unzucht ins Ausland bringt, wird mit Gefängnis bis zu 10 Jahren und Geldstrafe bestraft.	**Art. 210.** Wer eine andere Person dazu veranlasst, sich gewerbsmäßig der Unzucht hinzugeben, wird mit Gefängnis bis zu 5 Jahren und mit Geldstrafe bestraft. **Art.211.** Wer eine andere Person zwecks Ausübung der gewerbsmäßigen Unzucht ins Ausland bringt, wird mit Gefängnis bis zu 10 Jahren und mit Geldstrafe bestraft.

Qualifikationen zu den Straftaten von Art. 106-109 Art.110 Wer eine von in Art. 106-109 bezeichneten Straftaten gegenüber dem Minderjährige unter 17 Jahre begeht, wird mit Gefängnis von 5 bis zu 10 Jahren bestraft. * Doppelehe Art.111, Erschleichung der Ehe Art. 112 in XVIII Straftaten gegen familiäre Beziehungen	**Art. 157** Verursacht die unzüchtige Handlung (art. 153-156) Defloration (Verlust der Jungfräulichkeit) oder eine Körperverletzung, kann das Gericht eine um die Hälfte höhere Strafe, von der vom Gesetz vorgesehenen höchsten Strafandrohung ermessen.	**Art.210** Wer eine nach Art. 206-209 strafbare Handlung gegenüber der eigenen Ehefrau, einem Kinde, Stiefkinde, Enkel, einer Person, welche unter seiner Aufsicht, Vormundschaft oder Erziehung steht, oder gegenüber einem Jugendlichen unter 17 Jahren begeht, wird mit Gefängnis nicht unter 3 Jahren und mit Geldstrafe bestraft.	**Art. 212** Wer eine nach Art. 208-211 strafbare Handlung gegenüber der eigenen Ehefrau, einem Kinde, Stiefkinde, Enkel, einer Person, welche unter seiner Aufsicht, Vormundschaft oder Ausbildung steht, oder gegenüber einem Jugendlichen unter 21 Jahren begeht, wird mit Gefängnis nicht unter 3 Jahren und mit Geldstrafe bestraft. **Art. 214.** §1. Wer Schriften, Drucksachen, Abbildungen oder andere Gegenstände pornographischen Charakters verbreitet, wird mit Haft bis zu 2 Jahren bestraft. § 2. Mit derselben Strafe wird bestraft, wer solche Schriften, Drucksachen, Abbildungen oder Gegenstände zum Zwecke der Verbreitung herstellt, verwahrt oder weitergibt.

Anhang Nr. 2

Auszug aus dem Entwurf 1956, Abschnitt XVI. „Die Straftaten gegen den Bürger und seinen Rechten“ 2. Straftaten gegen die Freiheit und Menschenwürde und 4. Die Straftaten gegen Jugendliche

Auszug aus dem Entwurf von 1963, Abschnitt XXIV. „Die Straftaten gegen die Freiheit und Menschenwürde“ und Abschnitt XXV. „Die Straftaten gegen die Familie und Jugendlichen“

Auszug aus dem Entwurf 1968, XXIII. Abschnitt „Straftaten gegen die Freiheit“ und XXIV. Abschnitt „Straftaten gegen die Sittlichkeit“

Auszug aus dem Strafkodex von 1969, XXII. Abschnitt „Straftaten gegen die Freiheit“ und XXIII. Abschnitt „Straftaten gegen die Sittlichkeit“[904]

---

904 Geilke, Georg, Der polnische Strafkodex, Berlin 1970.

E 1956	E 1963	E 1968	Strafkodex von 1969
Abschnitt XVI „Die Straftaten gegen Bürger und seinen Rechten“ **2. Straftaten gegen Freiheit und Menschenwürde (Art. 140 bis 151 E)** **4. Die Straftaten gegen Jugendliche(Art. 157- Art. 161)**	**Abschnitt XXIV „Die Straftaten gegen Freiheit und Menschenwürde“ (Art. 258-280E)** **Abschnitt XXV „Die Straftaten gegen die Familie und Jugendlichen“ (Art. 281-293)**	**23. Abschnitt „Straftaten gegen die Freiheit“ (Art. 171-178E)** **24. Abschnitt „Straftaten gegen die Sittlichkeit“ (Art. 179-183E)**	**22. Abschnitt „Straftaten gegen die Freiheit“ Art. 165-172** **23. Abschnitt „Straftaten gegen die Sittlichkeit“ Art. 173-177**
Art. 144 § 1 Wer mit Gewalt, mittels Drohung oder Arglist eine andere Person zur Befriedigung eigenes Geschlechtstriebes bestrickt, wird mit Freiheitsstrafe von 2 Jahren bis zu 10 Jahren bestraft. **§ 2** Ebenso bestraft wird, wer eigenes Geschlechtstrieb mit einer Person befriedigt, die auf Grund ihrer geistigen Unterentwicklung, einer psychischen Krankheit oder einer anderen kränklichen psychischen Störung unfähig war, die Bedeutung ihrer Handlung zu erkennen oder ihr Verhalten zu steuern. **§ 3** Handeln nach dem gemeinsamen Tatplan bei der Begehung der Straftat § 1 oder § 2 zwei oder mehreren Personen oder handelt der Täter besonders grausam, wird er mit Freiheitsstrafe von mindestens 5 Jahren bestraft.	**Art.274 § 1** Wer mit Gewalt, mittels Drohung eine andere Person zur Befriedigung eigenes oder fremdes Geschlechtstriebes zwingt, oder mittels Arglist dazu veranlasst, wird mit Freiheitsstrafe von einem Jahr bis zu 10 Jahren bestraft. **§ 2** Handelt der Täter zusammen mit anderer Person oder besonders grausam, wird er mit Freiheitsstrafe von mindestens 3 Jahre bestraft. **§ 3** Die Straftat in § 1 und § 2 wird auf Antrag des Verletzten verfolgt. **Art. 273 § 1** Wer seinen Geschlechtstrieb mit einer Person unter 15 Jahren befriedigt, wird mit Freiheitsstrafe von einem Jahr bis zu 10 Jahren bestraft. **§ 2** Ebenso bestraft wird, wer seinen Geschlechtstrieb mit einer Person befriedigt, die völlig oder überwiegend unfähig ist, die Bedeutung ihrer Handlung zu erkennen oder ihr Verhalten zu steuern. **§ 3** Es liegt keine Straftat in § 2 vor, wenn die Tat Ehepartner begeht.	**Art. 174 E 1968** § 1. Wer mit Gewalt, mittels rechtswidriger Drohung oder Arglist eine andere Person zur Geschlechtsverkehr bestimmt, wird mit Freiheitsstrafe von einem Jahr bis zu 10 Jahren bestraft. § 2. Handelt der Täter mit besonderer Grausamkeit oder die Vergewaltigung gemeinsam mit einem anderen begeht, wird mit Freiheitsstrafe nicht unter 3 Jahren bestraft. § 3. Die Tat wird auf Antrag des Verletzten verfolgt. **Art. 175 E 1968** Wer mit einer Person, die total oder in überwiegendem Masse unfähig ist, die Bedeutung ihrer Handlung zu erkennen oder ihr Verhalten zu steuern, geschlechtlich verkehrt, wird mit Freiheitsstrafe von einem Jahr bis zu 10 Jahren bestraft.	**Art. 168** § 1. Wer mit Gewalt, mittels rechtswidriger Drohung oder Arglist eine andere Person dazu bestimmt, unzüchtige Handlung zu erdulden oder eine solche auszuführen, wird mit Freiheitsstrafe von einem Jahr bis zu 10 Jahren bestraft. § 2. Handelt der Täter mit besonderer Grausamkeit oder begeht er die Vergewaltigung gemeinsam mit einem anderen, wird er mit Freiheitsstrafe von mindestens 3 Jahren bestraft. § 3. Die Tat wird auf Antrag des Verletzten verfolgt. **Art. 169** Wer eine unzüchtige Handlung mit einer Person begeht, die völlig oder in erheblichem Maße unfähig ist, die Bedeutung dieser Handlung einzusehen und dieser Einsicht gemäß ihr verhalten zu bestimmen, wird mit Freiheitsstrafe von einem Jahr bis zu 10 Jahren bestraft.

Art. 145 Wer unter Missbrauch eines Abhängigkeitsverhältnisses eine andere Person zur Befriedigung eigenen Geschlechtstriebes bestimmt, wird mit Freiheitsstrafe von 3 Jahren bestraft.	**Art. 275 § 1** Wer unter Missbrauch eines Abhängigkeitsverhältnisses oder einer kritischen Lage einer anderen Person zur Befriedigung eigenes oder fremdes Geschlechtstriebes veranlasst, wird mit Freiheitsstrafe bis zu 5 Jahren bestraft. **§ 2** Die Straftat wird auf Antrag des Verletzten verfolgt.	**Art. 176 E 1968** § 1. Wer unter Missbrauch eines Abhängigkeitsverhältnisses oder einer kritischer Lage eine andere Person zum Geschlechtsverkehr bestimmt, wird mit Freiheitsstrafe von 6 Monaten bis zu 5 Jahren bestraft. § 2. Die Tat wird auf Antrag des Verletzten verfolgt.	**Art. 170** § 1. Wer unter Missbrauch eines Abhängigkeitsverhältnisses oder unter Ausnutzung einer kritischen Lage eine andere Person dazu bestimmt, eine unzüchtige Handlung zu erdulden oder eine solche auszuführen, wird mit Freiheitsstrafe von 6 Monaten bis zu 5 Jahren bestraft. § 2. Die Tat wird auf Antrag des Verletzten verfolgt.
Art. 146 §1 Wer materielle Vermögensvorteile aus Prostitutionsausübung einer anderen Person zieht oder wer zum Zwecke der Erlangung von materiellen Vermögensvorteilen einer andren Person die Prostitutionsausübung erleichtert, wird mit Freiheitsstrafe von einem Jahr bis zu 5 Jahren bestraft. **§ 2** Ebenso bestraft wird, wer eine andere Peson zur Prostitutionsausübung bestimmt.	**Art.276 § 1** Wer eine andere Person zur Prostitutionsausübung bestimmt, wird mit Freiheitsstrafe bis zu 3 Jahren bestraft. **§ 2** Wer zum Zwecke der Erlangung von Vermögensvorteilen eine andere Person zur Prostitutionsausübung bestimmt oder sie ihr erleichtert oder materielle Vermögensvorteile aus Prostitutionsausübung einer anderen Person zieht, wird mit Freiheitsstrafe von einem Jahr bis zu 5 Jahren bestraft.	**Art. 180 E 1968** § 1. Wer eine andere Person zur Unzuchtsausübung bestimmt, wird mit Freiheitsstrafe von einem Jahr bis zu 10 Jahren bestraft. **§2** Ebenso wird bestraft, wer Vermögensvorteile aus Unzucht einer anderen zieht oder zum Zwecke der Erlangung von Vermögensvorteilen Unzucht einer anderen erleichtert.	**Art. 174** § 1. Wer eine andere Person zur Unzucht bestimmt, wird mit Freiheitsstrafe von einem Jahr bis zu 10 Jahren bestraft. **§2** Ebenso wird bestraft, wer Vermögensvorteile aus fremder Unzucht zieht oder wer zum Zwecke der Erlangung von Vermögensvorteilen fremde Unzucht erleichtert.

Art. 147 § 1 Wer Schriften, Drucke, Photographien oder andere Gegenstände pornographischer Charakter/Art verbreitet oder sie zum Zweck der Verbreitung sie herstellt, verwahrt oder transportiert, wird mit Freiheitsstrafe bis zu 2 Jahren oder mit der zugewiesenen Arbeit bestraft. **§ 2** Handelt der Täter zum Zwecke der Erlangung von materiellen Vermögensvorteilen, wird mit Freiheitsstrafe von einem Jahr bis zu 5 Jahren bestraft. **§ 3** Das Gericht ordnet den Verfall von Sachen pornographischer Charakter/Art auch dann an, wenn sie kein Eigentum des Täters bilden.	**Art. 280** Wer Schriften, Drucke, Abbildungen, Photographen oder andere Gegenstände, die zur Erweckung von geschlechtlichen Erregung abzielen, verbreitet oder sie zum Zwecke der Verbreitung sie herstellt, verwahrt, transportiert oder überträgt, wird mit Freiheitsstrafe bis zu 3 Jahren oder Geldstrafe bestraft.	**Art. 179 E 1968** § 1. Wer Schriften, Drucke, Photographien oder andere Gegenstände pornographischer Art verbreitet, wird mit Geldstrafe, Freiheitsbeschränkenden Strafe oder Freiheitsstrafe bis zu 2 Jahren bestraft. § 2. Ebenso wird bestraft, wer zum Zweck der Verbreitung solche Schriften, Drucke, Photographien oder Gegenstände anfertigt, aufbewahrt, verträgt, verschickt oder transportiert.	**Art. 173** § 1. Wer Schriften, Drucke, Photographien oder andere Gegenstände pornographischer Art verbreitet, wird mit Freiheitsstrafe bis zu 2 Jahren, Freiheitsbeschränkung oder Geldstrafe bestraft. § 2. Ebenso wird bestraft, wer zum Zweck der Verbreitung solche Schriften, Drucke, Photographien oder Gegenstände herstellt, verwahrt, überträgt, versendet oder transportiert.
Art.161 Wer eine wollüstige Handlung gegenüber einer Person unter 15 Jahren begeht, wird mit Freiheitsstrafe von 2 Jahren bis zu 10 Jahren bestraft.	**Art. 278** Wer eine nach Art. 276 oder Art.277 § 1 Handlung gegenüber Minderjährigen, Nahestehenden, einer Person, welche unter seiner Vormundschaft oder Aufsicht steht, oder einer Person, die zu ihm im Abhängigkeitsverhältnis steht, begeht, wird mit Freiheitsstrafe von mindestens 3 Jahren bestraft.	**Art. 182 E 1968** Wer wollüstige Handlung gegenüber einer Person unter 15 Jahren begeht, wird mit Freiheitsstrafe von einem Jahr bis zu 10 Jahren bestraft. **Art. 183 E 1968** Wer in Anwesenheit von einer Person unter 15 oder öffentlich geschlechtlich verkehrt, wird mit Geldstrafe, Freiheitsbeschränkenden Strafe, Freiheitsstrafe bis zu einem Jahr bestraft.	**Art. 176** Wer eine wollüstige Handlung gegenüber einer Person unter 15 Jahren begeht, wird mit Freiheitsstrafe von einem Jahr bis zu 10 Jahren bestraft. **Art. 177** Wer eine unzüchtige Handlung in Gegenwart einer Person unter 15 oder öffentlich begeht, wird mit Freiheitsstrafe bis zu einem Jahr, Freiheitsbeschränkung oder Geldstrafe bestraft.

	Art. 277 § 1 Wer eine andere Person zum Zwecke der Prostitutionsausübung ins Ausland ausführt, wird mit Freiheitsstrafe von 2 Jahren bis zu 10 Jahren bestraft. **§ 2** Wer die Vorbereitungshandlungen zu der Straftat in §1 vornimmt, wird mit Freiheitsstrafe bis zu 5 Jahren bestraft.		
	Art. 279 Wer im öffentlichen Platz eigenen Geschlechtstriebes befriedigt, so dass es Ärgernis erregen könnte, wird mit Freiheitsstrafe bis zu einem Jahr oder Geldstrafe bestraft.	Siehe **Art. 183 E 1968**	Siehe **Art.177 StGB von 1969**
	Art. 285 § 1 Wer mit dem Verwandte grader Linie oder mit dem Bruder, mit der Schwester, obwohl Halbgeschwister wäre, oder mit Adoptierenden oder mit Adoptierten den Beischlaf vollzieht, wird mit Freiheitsstrafe bis zu 3 Jahren bestraft. § 2 Für die in §1 bestimmte Tat ist der Minderjährige nicht verantwortlich, der mit Aszendenten oder mit Adoptierten den Beischlaf vollzieht.	**Art. 181 E 1968** § 1. Wer mit einem Verwandten der graden Linie, Brüder, Schwester oder mit einer Person, die zu ihm in Adoptionsverhältnis steht, geschlechtlich verkehrt, wird mit Freiheitsstrafe von 6 Monaten bis zu 5 Jahren bestraft.	**Art. 175** § 1. Wer mit einem Verwandten der graden Linie, einem Brüder, einer Schwester oder mit einer Person, die zu ihm in einem Adoptionsverhältnis besteht, geschlechtlich verkehrt, wird mit Freiheitsstrafe von einem Jahr bis zu 10 Jahren bestraft.

Anhang Nr. 3

Auszug aus dem Entwurf vom 5 März 1990, Abschnitt XXV. „Die Straftaten gegen die sexuelle Freiheit und Sittlichkeit"

Auszug aus dem Entwurf vom November 1990, XXV. Abschnitt „Straftaten gegen die sexuelle Freiheit und Sittlichkeit"

Auszug aus dem Entwurf 1994, XXV. Abschnitt „Straftaten gegen die sexuelle Freiheit und Sittlichkeit"

Auszug aus dem Strafkodex von 1997, XXV. Abschnitt „Straftaten gegen die sexuelle Freiheit und Sittlichkeit"[905]

---

905 Weigend, Ewa, Das polnische Strafgesetzbuch vom 6. Juni 1997, in Kraft getreten am 1. September 1998, Übersetzung, Freiburg im Breisgau, Ed. iuscrim, Max-Planck-Inst. für Ausländisches und Internat. Strafrecht, 1998.

Entwurf vom 5 März 1990	Entwurf 1990 November	Entwurf 1994	Strafkodex von 1997
Abschnitt XXV „Die Straftaten gegen die sexuelle Freiheit und Sittlichkeit” Art. 185-191	**XXV Abschnitt „Straftaten gegen die sexuelle Freiheit und Sittlichkeit“ Art. 196-204**	**XXV Abschnitt „Straftaten gegen die sexuelle Freiheit und Sittlichkeit“ Art. 200-208**	**XXV Abschnitt „Straftaten gegen die sexuelle Freiheit und Sittlichkeit“ Art. 197-205**
Art. 185 § 1. Wer mit Gewalt, durch rechtswidrige Drohung oder Arglist eine andere Person zum Geschlechtsverkehr veranlasst, wird mit Freiheitsstrafe von einem Jahr bis zu 10 Jahren bestraft. § 2. Veranlasst der Täter in der in § 1 bezeichneten Art und Weise eine Person sich anderen sexuellen Handlungen zu unterwerfen oder solche Handlungen auszuüben, wird er mit Freiheitsstrafe von 3 Monaten bis zu 5 Jahren bestraft. § 3. Handelt der Täter bei der Begehung einer in § 1 oder 2 bezeichneten Tat mit besonderer Grausamkeit oder handelt er bei der Begehung der in § 1 bezeichneten Tat gemeinsam mit einer anderen Person, wird er mit Freiheitsstrafe von 2 bis zu 12 Jahren bestraft. § 4. Die Verfolgung wird auf Antrag des Verletzten stattfinden.	**Art. 196** § 1. Wer mit Gewalt, durch rechtswidrige Drohung, Arglist oder unter Ausnutzung einer Hilflosigkeit eine andere Person zum Geschlechtsverkehr veranlasst, wird mit Freiheitsstrafe von einem Jahr bis zu 10 Jahren bestraft. § 2. Veranlasst der Täter in der in § 1 bezeichneten Art und Weise eine Person, eine andere sexuelle Handlung zu erdulden oder eine solche Handlung auszuführen, wird er mit Freiheitsstrafe von drei Monaten bis zu fünf Jahren bestraft. § 3. Handelt der Täter bei der Begehung einer in §§ 1 oder 2 bezeichneten Vergewaltigung mit besonderer Grausamkeit oder gemeinsam mit einer anderen Person, wird er mit Freiheitsstrafe von 2 bis zu 12 Jahren bestraft.	**Art. 200** § 1. Wer eine andere Person mit Gewalt, durch rechtswidrige Drohung, Arglist oder unter Ausnutzung einer Hilflosigkeit zum Geschlechtsverkehr veranlasst, wird mit Freiheitsstrafe von einem Jahr bis zu 10 Jahren bestraft. § 2. Veranlasst der Täter in der in § 1 bezeichneten Art und Weise eine Person, eine andere sexuelle Handlung zu erdulden oder eine solche Handlung auszuführen, wird er mit Freiheitsstrafe von 3 Monaten bis zu 5 Jahren bestraft. § 3. Handelt der Täter bei der Begehung einer in §§ 1 oder 2 bezeichneten Vergewaltigung mit besonderer Grausamkeit oder gemeinsam mit einer anderen Person, wird er mit Freiheitsstrafe von 2 bis zu 12 Jahren bestraft.	**Art. 197** § 1. Wer mit Gewalt, durch rechtswidrige Drohung oder Arglist eine andere Person zum Geschlechtsverkehr veranlasst, wird mit Freiheitsstrafe von einem Jahr bis zu 10 Jahren bestraft. § 2. Veranlasst der Täter in der in § 1 bezeichneten Art und Weise eine Person, eine anderen sexuellen Handlung zu erdulden oder eine solche Handlung auszuführen, wird er mit Freiheitsstrafe von drei Monaten bis zu fünf Jahren bestraft. § 3. Handelt der Täter bei der Begehung einer in §§ 1 oder 2 bezeichneten Vergewaltigung mit besonderer Grausamkeit oder gemeinsam mit einer anderen Person, wird er mit Freiheitsstrafe von 2 bis zu 12 Jahren bestraft.

Art. 186 Wer mit einer anderen Person unter Ausnutzung ihrer Unfähigkeit, die Bedeutung ihrer Handlung zu erkennen oder ihr Verhalten zu steuern Geschlechtsverkehr vornimmt, wird mit Freiheitsstrafe von 3 Monaten bis zu 5 Jahren bestraft.	**Art. 197** Wer mit einer anderen Person unter Ausnutzung ihrer Unfähigkeit, die Bedeutung ihrer Handlung zu erkennen oder ihr Verhalten zu steuern, geschlechtlich verkehrt oder mit ihr eine andere sexuelle Handlung vollzieht, wird mit Freiheitsstrafe von 3 Monaten bis zu 5 Jahren bestraft.	**Art. 201** Wer mit einer anderen Person unter Ausnutzung ihrer auf einer geistigen Behinderung oder psychischen Krankheit beruhenden Unfähigkeit, die Bedeutung ihrer Handlung zu erkennen oder ihr Verhalten zu steuern, geschlechtlich verkehrt oder mit ihr eine andere sexuelle Handlung vollzieht, wird mit Freiheitsstrafe von 3 Monaten bis zu 5 Jahren bestraft.	**Art. 198** Wer eine andere Person unter Ausnutzung ihrer Hilflosigkeit oder ihrer auf einer geistigen Behinderung oder psychischen Krankheit beruhenden Unfähigkeit, die Bedeutung ihrer Handlung zu erkennen oder ihr verhalten zu steuern, zum Geschlechtsverkehr veranlaßt oder dazu verleitet, eine anderen sexuellen Handlung zu erdulden oder eine solche Handlung auszuführen, wird mit Freiheitsstrafe von 6 Monaten bis zu acht Jahren bestraft.
Art. 187 § 1. Wer unter Missbrauch eines Abhängigkeitsverhältnisses oder unter Ausnutzung einer kritischen Lage eine andere Person zum Geschlechtsverkehr veranlasst, wird mit Freiheitsstrafe bis zu 3 Jahren bestraft. § 2. Veranlasst der Täter in der in § 1 bezeichneten Art und Weise eine andere Person sich anderen sexuellen Handlungen zu unterwerfen oder solche Handlungen auszuüben, wird er mit Geldstrafe, Freiheitsbeschränkung oder Freiheitsstrafe bis zu einem Jahr bestraft. § 3.Begeht der Täter eine in § 1 bezeichnete Tat gegenüber zu seinem Deszendenten, Adoptierten, dem Bruder oder der Schwester, wird mit Freiheitsstrafe von 3 Monaten bis zu 5 Jahren bestraft. § 4. Veranlasst der Täter die im § 3 bezeichnete Personen sich anderen	**Art. 198** § 1. Wer eine andere Person unter Missbrauch eines Abhängigkeitsverhältnisses oder unter Ausnutzung einer kritischen Lage zum Geschlechtsverkehr veranlasst oder dazu verleitet, eine anderen sexuellen Handlung zu erdulden oder eine solche Handlung auszuführen, wird mit Freiheitsstrafe bis zu 3 Jahren bestraft. **Art. 199** 1. Wer mit einem Aszendenten, einem Deszendentem, einem Adoptierten oder einem Brüder oder einer Schwester geschlechtlich verkehrt, wird mit Freiheitsstrafe bis zu 3 Jahren bestraft.	**Art. 202** § 1. Wer eine andere Person unter Missbrauch eines Abhängigkeitsverhältnisses oder unter Ausnutzung einer kritischen Lage zum Geschlechtsverkehr veranlasst oder dazu verleitet, eine anderen sexuellen Handlung zu erdulden oder eine solche Handlung auszuführen, wird mit Freiheitsstrafe bis zu 3 Jahren bestraft. **Art. 204** Wer mit einem Aszendenten, einem Deszendentem, einem Adoptierten, einem Adoptierenden oder einem Brüder oder einer Schwester geschlechtlich verkehrt, wird mit Freiheitsstrafe bis zu 3 Jahren bestraft.	**Art. 199** § 1. Wer eine andere Person unter Missbrauch eines Abhängigkeitsverhältnisses oder unter Ausnutzung einer kritischen Lage zum Geschlechtsverkehr veranlasst oder dazu verleitet, eine anderen sexuellen Handlung zu erdulden oder eine solche Handlung auszuführen, wird mit Freiheitsstrafe bis zu 3 Jahren bestraft. **Art.201** § 1. Wer mit einem Aszendenten, einem Deszendentem, einer Person, zu der ein Adoptionsverhältnis besteht, oder einem Brüder oder einer Schwester geschlechtlich verkehrt, wird mit Freiheitsstrafe von drei Monaten bis zu 5 Jahren bestraft.

sexuellen Handlungen zu unterwerfen oder solche Handlungen auszuüben, wird er mit Geldstrafe, Freiheitsbeschränkung oder Freiheitsstrafe bis zu 2 Jahren bestraft.			
Art. 188 § 1. Wer öffentlich pornographische Inhalte in einer Art und Weise präsentiert, durch die Personen, die dies nicht wünschen, deren Wahrnehmung aufgedrängt wird oder in dieser Art und Weise die Wahrnehmung solcher Inhalte den Minderjährigen unter 15 Jahren ermöglicht, wird mit Geldstrafe, Freiheitsbeschränkung oder Freiheitsstrafe bis zu einem Jahr bestraft. § 2. Ebenso wird bestraft, wer die Gegenstände pornographischer Art verbreitend sie den Minderjährigen unter 15 Jahren zugänglich macht.	§ **Art. 200** § 1. Wer öffentlich pornographische Inhalte in einer Art und Weise präsentiert, durch die einer Person, die dies nicht wünscht, deren Wahrnehmung aufgedrängt wird, wird mit Geldstrafe, mit Freiheitsbeschränkungsstrafe oder mit Freiheitsstrafe bis zu einem Jahr bestraft. § 2. Wer Gegenstände pornographischen Charakters verbreitet, sie einer Person unter 16 Jahren zugänglich macht oder pornographische Inhalte mit ihr aufzeichnet, wird mit Geldstrafe, mit Freiheitsbeschränkungsstrafe oder mit Freiheitsstrafe bis zu zwei Jahren bestraft. § 3. Wer pornographische Inhalte, die Gewaltanwendung zum Gegenstand haben oder in denen Tiere verwendet werden, herstellt, in der Absicht, sie zu verbreiten, anschafft oder verbreitet, wird mit Geldstrafe, Freiheitsbeschränkungsstrafe oder Freiheitsstrafe bis zu 2 Jahren bestraft. § 4. Der Versuch der im § 1,2 oder 3 bezeichneten Tat ist strafbar.	§ **Art. 205** § 1. Wer öffentlich pornographische Inhalte in einer Art und Weise präsentiert, durch die einer Person, die dies nicht wünscht, deren Wahrnehmung aufgedrängt wird, wird mit Geldstrafe, mit Freiheitsbeschränkungsstrafe oder mit Freiheitsstrafe bis zu einem Jahr bestraft. § 2. Wer einem Minderjährigen unter 15 Jahren pornographische Inhalte präsentiert oder Gegenstände solcher Charakters zugänglich macht, wird mit Geldstrafe, mit Freiheitsbeschränkungsstrafe oder mit Freiheitsstrafe bis zu zwei Jahren bestraft. § 3. Wer pornographische Inhalte, in denen Minderjährige unter 15 Jahren auftreten, oder solche, die Gewaltanwendung haben oder in denen Tiere verwendet werden, herstellt, in der Absicht, sie zu verbreiten, oder anschafft oder verbreitet, wird mit Freiheitsstrafe bis zu 3 Jahren bestraft. § 4. Der Versuch der im §1 oder 2 bezeichneten Tat ist strafbar.	**Art. 202** § 1. Wer öffentlich pornographische Inhalte in einer Art und Weise präsentiert, durch die einer Person, die dies nicht wünscht, deren Wahrnehmung aufgedrängt wird, wird mit Geldstrafe, mit Freiheitsbeschränkungsstrafe oder mit Freiheitsstrafe bis zu einem Jahr bestraft. § 2. Wer einem Minderjährigen unter 15 Jahren pornographische Inhalte präsentiert oder Gegenstände solchen Charakters zugänglich macht, wird mit Geldstrafe, mit Freiheitsbeschränkungsstrafe oder mit Freiheitsstrafe bis zu zwei Jahren bestraft. § 3. Wer pornographische Inhalte, in denen Minderjährige unter 15 Jahren auftreten, oder solche, die Gewaltanwendung haben oder in denen Tiere verwendet werden, herstellt, in der Absicht, sie zu verbreiten, oder anschafft oder verbreitet, wird mit Freiheitsstrafe von 3 Monaten bis zu 5 Jahren bestraft.

Art. 189 § 1. Wer mit Gewalt, rechtswidriger Drohung, Arglist oder unter Ausnutzung einer kritischen Lage oder eines Abhängigkeitsverhältnisses eine andere Person zur Prostitutionsausübung veranlasst, wird mit Freiheitsstrafe von 3 Monaten bis zu 5 Jahren bestraft. § 2. Wer eine Person dadurch ausnutzt, dass er aus ihrer Prostitutionsausübung Vermögensvorteile erzielt, wird mit Freiheitsstrafe bis zu 3 Jahren bestraft. § 3. Wer einen Minderjährigen zur Prostitutionsausübung bestimmt, oder davon Vermögensvorteile erzielt oder in der Absicht , Vermögensvorteile zu erzielen, ihm die Prostitutionsausübung erleichtert, wird mit Freiheitsstrafe von 3 Monaten bis zu 5 Jahren bestraft.	**Art. 201** Wer eine andere Person mit Gewalt, durch rechtswidrige Drohung, Arglist oder unter Missbrauch eines Abhängigkeitsverhältnisses zur Ausübung der Prostitution veranlasst, wird mit Freiheitsstrafe von 3 Monaten bis zu 5 Jahren bestraft. **Art. 202** § 1. Wer in der Absicht, einen Vermögensvorteil zu erzielen, eine andere Person zur Ausübung der Prostitution bestimmt oder ihr dies erleichtert, wird mit Freiheitsstrafe bis zu 3 Jahren bestraft. § 2. Wer aus der Prostitutionsausübung einer anderen Person Vermögensvorteile erzielt, wird mit Freiheitsstrafe bis zu 3 Jahren bestraft. §3. Ist die in §§1 oder 2 bezeichnete Person minderjährig, wird der Täter mit Freiheitsstrafe von 3 Monaten bis zu 5 Jahren bestraft. § 4. Wer eine andere Person in der Absicht, dass sie der Prostitution nachgeht, zuführt, anlockt oder entführt, auch mit ihrer Einwilligung, wird mit Freiheitsstrafe von 6 Monaten bis zu 5 Jahren bestraft.	**Art. 206** Wer eine andere Person mit Gewalt, durch rechtswidrige Drohung, Arglist oder unter Ausnutzung eines Abhängigkeitsverhältnisses oder einer kritischen Lage zur Ausübung der Prostitution veranlasst, wird mit Freiheitsstrafe von 3 Monaten bis zu 5 Jahren bestraft. **Art. 207** § 1. Wer in der Absicht, einen Vermögensvorteil zu erzielen, eine andere Person zur Ausübung der Prostitution bestimmt oder ihr dies erleichtert, wird mit Freiheitsstrafe bis zu 3 Jahren bestraft. § 2. Wer aus der Prostitutionsausübung einer anderen Person Vermögensvorteile erzielt, wird mit Freiheitsstrafe bis zu 3 Jahren bestraft. §3. Ist die in §§1 oder 2 bezeichnete Person minderjährig, wird der Täter mit Freiheitsstrafe von 3 Monaten bis zu 5 Jahren bestraft. § 4. Wer eine andere Person in der Absicht, dass sie der Prostitution nachgeht, auch mit bei ihrer Einwilligung, zuführt oder sie zu dem Zweck anlockt oder entführt, wird mit Freiheitsstrafe von 6 Monaten bis zu 8 Jahren bestraft.	**Art. 203** Wer eine andere Person mit Gewalt, durch rechtswidrige Drohung oder Arglist oder unter Missbrauch eines Abhängigkeitsverhältnisses oder einer kritischen Lage zur Ausübung der Prostitution veranlasst, wird mit Freiheitsstrafe von einem Jahr bis zu 10 Jahren bestraft. **Art. 204** § 1. Wer in der Absicht, einen Vermögensvorteil zu erzielen, eine andere Person zur Ausübung der Prostitution veranlasst oder ihr diese erleichtert, wird mit Freiheitsstrafe bis zu 3 Jahren bestraft. § 2. Der Strafe im Sinne des §1 unterliegt, wer aus der Prostitutionsausübung einer anderen Person Vermögensvorteile erzielt. §3. Ist die in §§1 oder 2 bezeichnete Person minderjährig, wird der Täter mit Freiheitsstrafe von einem Jahr bis zu 10 Jahren bestraft. § 4. Der Strafe im Sinne des §3 unterliegt, wer eine andere Person zu dem Zweck anlockt oder entführt, dass sie im Ausland der Prostitution nachgeht.

Art. 190. Wer gegenüber dem Minderjährigen unter 15 Jahren das Geschlechtsverkehr oder eine andere sexuelle Handlung vornimmt, wird mit Freiheitsstrafe von 3 Monaten bis zu 5 Jahren bestraft.	**Art. 203** Wer gegenüber einer Person unter 16 Jahren Geschlechtsverkehr oder eine andere sexuelle Handlung begeht, wird mit Freiheitsstrafe von 3 Monaten bis zu 5 Jahren bestraft.	**Art.203** § 1. Wer gegenüber einer Person unter 15 Jahren Geschlechtsverkehr oder eine andere sexuelle Handlung begeht, wird mit Freiheitsstrafe von 3 Monaten bis zu 5 Jahren bestraft. § 2. Wer pornographische Inhalte aufzeichnet, bei denen eine solche Person mitwirkt, wird mit Freiheitsstrafe bis zu 3 Jahren bestraft.	**Art. 200** § 1. Wer einen Minderjährigen unter 15 Jahren zum Geschlechtsverkehr veranlasst oder ihn dazu verleitet, eine andere sexuelle Handlung zu erdulden oder eine solche Handlung auszuführen, wird mit Freiheitsstrafe von einem Jahr bis zu zehn Jahren bestraft. § 2. Ebenso wird bestraft, wer pornographische Inhalte aufzeichnet, bei denen eine solche Person mitwirkt.
Art. 191. Die Strafverfolgung von den Straftaten art. 185, 187, 189 § 1 und 2, sowie art. 186, wenn Stand des Opfers kein Erfolg von dauerhaften psychischen Störungen darstellt, findet auf Antrag des Verletzten statt.	**Art.204** In den Fällen, in denen der in der jeweiligen gesetzlichen Vorschrift bezeichnete Zustand des Opfers nicht auf einer dauerhaften psychischen Störung beruht, werden die Straftaten im Sinne der Art. 196 oder 198 sowie Art. 197 auf Antrag des Verletzten verfolgt.	**Art. 208** In den Fällen, in denen der in der jeweiligen gesetzlichen Vorschrift bezeichnete Zustand des Opfers nicht auf einer dauerhaften psychischen Störung beruht, werden die Straftaten im Sinne der Art. 200, 202 sowie Art. 201 auf Antrag des Verletzten verfolgt.	**Art.205** In den Fällen, in denen der in der jeweiligen gesetzlichen Vorschrift bezeichnete Zustand des Opfers nicht auf einer dauerhaften psychischen Störung beruht, werden die Straftaten im Sinne der Art. 197 oder 199 sowie Art. 198 auf Antrag des Verletzten verfolgt.

Anhang Nr. 4

Auszug aus dem geltenden Strafkodex von 1997 mit Änderungen, XXV. Abschnitt „Straftaten gegen die sexuelle Freiheit und Sittlichkeit“ [906]

906 Der Abschnitt berücksichtigt die Änderungen, die mit den Gesetzesnovellen vom 18.03.2004, vom 27.07.2005, vom 24.10.2008 und vom 9.11.2009 eingeführt worden sind.

Art. 197

§ 1. Wer mit Gewalt, durch rechtswidrige Drohung oder Arglist, eine Person zum Geschlechtsverkehr veranlasst, wird mit einer Freiheitsstrafe von zwei bis zwölf Jahren bestraft.

§ 2. Veranlasst ein Täter in der in § 1 bezeichneten Art und Weise eine Person, sich einer anderen sexuellen Handlung zu unterwerfen oder eine solche Handlung auszuüben, wird er mit Freiheitsstrafe von sechs Monaten bis zu acht Jahren bestraft.

§ 3. Begeht der Täter die Vergewaltigung

1) gemeinsam mit einer anderen Person,
2) an einem Minderjährigen unter 15 Jahren,
3) an einem Aszendenten, einem Deszendenten, Adoptierten, Adoptierenden, einem Bruder oder einer Schwester,

wird er mit einer Freiheitsstrafe von mindestens drei Jahren bestraft.

§ 4. Handelt der Täter bei der Begehung einer der in §§ 1-3 bezeichneten Taten mit besonderer Grausamkeit, wird er mit einer Freiheitsstrafe von mindestens fünf Jahren bestraft.

Art. 198

Wer eine andere Person unter Ausnutzung ihrer Hilflosigkeit oder ihrer auf einer geistigen Behinderung oder psychischen Krankheit beruhenden Unfähigkeit, die Bedeutung ihrer Handlung zu erkennen oder ihr verhalten zu steuern, zum Geschlechtsverkehr veranlasst oder dazu verleitet, eine andere sexuelle Handlung zu erdulden oder eine solche Handlung auszuführen, wird mit Freiheitsstrafe von sechs Monaten bis zu acht Jahren bestraft.

Art. 199

§ 1. Wer eine andere Person unter Missbrauch eines Abhängigkeitsverhältnisses oder unter Ausnutzung einer kritischen Lage zum Geschlechtsverkehr veranlasst oder dazu verleitet, sich einer anderen sexuellen Handlung zu unterwerfen oder eine solche Handlung auszuüben, wird mit einer Freiheitsstrafe bis zu drei Jahren bestraft.

§ 2. Wurde die in § 1 bezeichnete Tat zum Nachteil des Minderjährigen begangen, wird der Täter mit einer Freiheitsstrafe von drei Monaten bis zu fünf Jahren bestraft.

§ 3. Der Strafe im Sinne des § 2 unterliegt, wer unter Missbrauch des Vertrauens oder unter der Erzielung eines Vermögens- oder Persönlichkeitsvorteils oder dessen Zusage, den Minderjährigen zum Geschlechtsverkehr oder zur Duldung einer anderen sexuellen Handlung veranlasst, oder ihn dazu verleitet, dass er eine solche Handlung ausübt.

Art. 200

§ 1. Wer mit einem Minderjährigen unter fünfzehn Jahren geschlechtlich verkehrt oder mit einer solchen Person eine andere sexuelle Handlung vollzieht oder diese dazu verleitet, sich einer anderen sexuellen Handlungen zu unterwerfen oder eine solche Handlung auszuüben, wird mit einer Freiheitsstrafe von zwei bis zu zwölf Jahren bestraft.

§ 2. Derselben Strafe unterliegt, wer, in der Absicht die sexuelle Erregung zu befriedigen, dem Minderjährigen unter fünfzehn Jahren die Ausübung der sexuellen Handlung präsentiert.

Art. 200a

§ 1. Wer, in der Absicht eine in Art. 197 § 3 Pkt. 2 oder Art. 200 bezeichnete Straftat zu begehen, sowie in der Absicht die pornographischen Inhalte herzustellen oder sie aufzunehmen, mittels Telekommunikationsnetzwerk und Rechnernetzwerken mit dem Minderjährigen unter 15 Jahren den Kontakt aufnimmt, und bei dem Opfer einen Irrtum herbeiführt und unter Ausnutzung des Irrtums des Opfers oder von seiner Unfähigkeit, die Situation und das Verhalten zu erkennen, oder durch rechtswidrige Drohung ein Treffen mit ihm anstrebt, wird mit Freiheitsstrafe bis zu drei Jahren bestraft.

§ 2. Wer mittels Telekommunikationsnetzwerk und Rechnernetzwerken dem Minderjährigen unter 15 Jahren ein Angebot zum Geschlechtsverkehr, zur Duldung oder zur Ausübung einer anderen sexuellen Handlung oder der Teilnahme an der Herstellung und Aufnahme von pornographischen Inhalten anbietet und deren Durchführung anstrebt, wird mit Geldstrafe, mit Freiheitsbeschränkung oder mit Freiheitsstrafe bis zu zwei Jahren bestraft.

Art. 200 b

Wer öffentlich Verhalten pädophiler Art propagiert oder lobt, wird mit Geldstrafe, mit Freiheitsbeschränkung oder mit Freiheitsstrafe bis zu zwei Jahren bestraft.

Art. 201

§ 1. Wer mit einem Aszendenten, einem Deszendenten, einer Person, zu der ein Adoptionsverhältnis besteht, oder einem Brüder oder einer Schwester geschlechtlich verkehrt, wird mit Freiheitsstrafe von drei Monaten bis zu fünf Jahren bestraft.

Art. 202

§ 1. Wer öffentlich pornographische Inhalte in einer Art und Weise präsentiert, durch die einer Person, die dies nicht wünscht, deren Wahrnehmung aufgedrängt wird, wird mit Geldstrafe, mit Freiheitsbeschränkung oder mit Freiheitsstrafe bis zu einem Jahr bestraft.

§ 2. Wer einem Minderjährigen unter fünfzehn Jahren pornographische Inhalte präsentiert oder Gegenstände solchen Charakters zugänglich macht oder in derartiger Weise verbreitet, die der minderjährigen Person unter fünfzehn Jahren die Möglichkeit gibt, sich mit ihnen vertraut zu machen, wird mit einer Geldstrafe, mit Freiheitsbeschränkung oder mit Freiheitsstrafe bis zu zwei Jahren bestraft.

§ 3. Wer pornographische Inhalte, in denen Minderjährige oder solche, die Gewaltanwendung zum Gegenstand haben oder in denen Tiere verwendet werden, in der Absicht sie zu verbreiten, herstellt, aufzeichnet, anschafft, aufbewahrt oder besitzt, oder sie verbreitet oder öffentlich präsentiert, wird mit einer Freiheitsstrafe von sechs bis zu acht Jahren bestraft.

§ 4. Wer pornographische Inhalte, bei denen eine minderjährige Person unter fünfzehn Jahren mitwirkt, aufzeichnet, wird mit einer Freiheitsstrafe von einem Jahr bis zu zehn Jahren bestraft.

§ 4 a Wer pornographische Inhalte, bei denen eine minderjährige Person unter fünfzehn Jahren mitwirkt, anschafft, aufbewahrt oder besitzt, wird mit einer Freiheitsstrafe von drei Monaten bis zu fünf Jahren bestraft.

§ 4 b Wer die pornographischen Inhalte, die ein erzeugtes oder verarbeitetes Bild des Minderjährigen zum Gegenstand haben, der an einer sexuellen Handlung teilnimmt, herstellt, verbreitet, präsentiert, aufbewahrt oder besitzt, wird mit Geldstrafe, Freiheitsbeschränkung oder mit Freiheitsstrafe bis zu zwei Jahren bestraft.

§ 5. Das Gericht kann den Verfall (die Vernichtung) von Werken oder anderen Gegenständen, die zur Begehung der Straftaten in §§ 1-4 b dienten oder bestimmt waren, anordnen, auch wenn sie dem Täter nicht gehören.

Art. 203

Wer eine andere Person mit Gewalt, durch rechtswidrige Drohung oder Arglist oder unter Missbrauch eines Abhängigkeitsverhältnisses oder einer kritischen Lage zur Ausübung der Prostitution veranlasst, wird mit Freiheitsstrafe von einem Jahr bis zu zehn Jahren bestraft.

Art. 204

§ 1. Wer in der Absicht, einen Vermögensvorteil zu erzielen, eine andere Person zur Ausübung der Prostitution veranlasst oder ihr diese erleichtert, wird mit Freiheitsstrafe bis zu drei Jahren bestraft.

§ 2. Der Strafe im Sinne des § 1 unterliegt, wer aus der Prostitutionsausübung einer anderen Person Vermögensvorteile erzielt.

§ 3. Ist die in §§ 1 oder 2 bezeichnete Person minderjährig, wird der Täter mit Freiheitsstrafe von einem Jahr bis zu zehn Jahren bestraft.

§ 4. Der Strafe im Sinne des § 3 unterliegt, wer eine andere Person zu dem Zweck anlockt oder entführt, damit sie im Ausland der Prostitution nachgeht.

Art. 205

In den Fällen, in denen der in der jeweiligen gesetzlichen Vorschrift bezeichnete Zustand des Opfers nicht auf einer dauerhaften psychischen Störung beruht, werden die Straftaten im Sinne der Art. 197 oder 199 § 1 sowie Art. 198 auf Antrag des Verletzten verfolgt.

Studien des Instituts für Ostrecht München

Begründet von Professor Dr. Reinhart Maurach
Herausgegeben von Professor Dr. Friedrich-Christian Schroeder, Dr. h.c. (Breslau), Regensburg

Band 41 Manfred Gratzl: Die Reform der tschechischen Strafprozeßordnung nach 1989. Im Spannungsfeld von Rechtsstaatlichkeit, Verfahrensökonomie und Effizienz. 2002.

Band 42 Thomas Paintner: Die Insolvenz des Unternehmers in Polen. 2003.

Band 43 Niels von Redecker (Hrsg.): Deutsch-Estnische Rechtsfragen. 2003.

Band 44 Niels von Redecker: Die polnischen Vertreibungsdekrete und die offenen Vermögensfragen zwischen Deutschland und Polen. 2003. 2., durchgesehene Auflage 2004.

Band 45 Niels von Redecker: Das polnische Beamtenrecht. Entwicklung und Stand beim Beitritt Polens zur Europäischen Gemeinschaft. 2003.

Band 46 Cornelia Stefanie Wölk: Das Deliktsrecht Rußlands nach dem neuen Zivilgesetzbuch. 2003.

Band 47 Petr Bohata: Untersuchungshaft im deutschen und tschechischen Recht. 2003.

Band 48 Attila Széchényi: Das neue ungarische Strafprozessrecht im Spannungsverhältnis zwischen Rechtsstaatsprinzip, Verfahrensökonomie und Effizienz. 2003.

Band 49 Agnes Balawejder: Das polnische Telekommunikationsrecht. Umsetzungsbemühungen und -stand des telekommunikationsrechtlichen acquis communautaire im polnischen TK-Recht vor dem Unionsbeitritt Polens. 2004.

Band 50 Sven I. Oksaar / Niels von Redecker (Hrsg.): Deutsch-Estnische Rechtsvergleichung und Europa. 2004.

Band 51 Friedrich-Christian Schroeder (Hrsg.): Justizreform in Osteuropa. 2004.

Band 52 Herbert Küpper: Kollektive Rechte in der Wiedergutmachung von Systemunrecht. Teil I und Teil II. 2004.

Band 53 Sören Langner: Der GmbH-Geschäftsführer im tschechischen Recht. Organstellung und Anstellung im Rechtsvergleich. 2005.

Band 54 Herbert Küpper: Einführung in die Rechtsgeschichte Osteuropas. 2005.

Band 55 Anja Spitzweg: Das russische föderale Gesetz „Über Investmentfonds“. 2007.

Band 56 Herbert Küpper: Die ungarische Verfassung nach zwei Jahrzehnten des Übergangs. Einführung mit Textübersetzung. 2007.

Band 57 Axel Boës: Die Gesellschaft mit beschränkter Haftung im russischen und deutschen Recht. 2007.

Band 58 Katrin Heinritz: „Defekte Demokratisierung“ – ein Weg zur Diktatur? Turkmenistan und die Republik Sacha (Jakutien) in der Russischen Förderation nach dem Ende der Sowjetunion. 2007.

Band 59 Stefan Hülshörster: Recht im Umbruch. Die Transformation des Rechtssystems in der Ukraine unter ausländischer Beratung. 2008.

Band 60 Carsten Dewald-Werner: Versicherungsmarkt und Versicherungsaufsicht in der Russischen Föderation. 2008.

Band 61 Oleksiy Feliv: Die Hypothek im deutschen und ukrainischen Recht. Der systematische Vergleich des Hypothekenrechts in Deutschland und der Ukraine einschließlich der rechtstheoretischen Grundlagen und der Ausblicke für das gemeinsame Hypothekenrecht. 2009.

Band 62 Christoph Kurzböck: Die Abwicklung deutsch-tschechischer Erbfälle. 2010.

Band 63 Friedrich-Christian Schroeder / Herbert Küpper (Hrsg.): Die rechtliche Aufarbeitung der kommunistischen Vergangenheit in Osteuropa. 2010.

Band 64 Herbert Küpper / Wolfgang Brenn (Hrsg.): Rechtstransfer und internationale rechtliche Zusammenarbeit. Deutsche und japanische Erfahrungen bei der Kooperation mit Osteuropa und Zentralasien. 2010.

Band 65 Daniela Horner / Dragan Bataveljić: Grundeigentum und Registrierung von Liegenschaften in Serbien. Eigentumsschutz in der Praxis. 2010.

Band 66 Nail Mammadov: Die Straffreistellungsgründe im russischen und aserbaidschanischen Strafrecht im Vergleich zur deutschen Strafrechtsdogmatik. 2010.

Band 67 Matthias Farian: Dingliche Nutzungsrechte an fremden Grundstücken im russischen Recht. 2010.

Band 68 Manuchehr Kudratov: Die Straftatausschließungsgründe nach tadschikischem Strafrecht. Eine Analyse aus deutscher Perspektive. 2011.

Band 69 Michael Holland: Die Staatsanwaltschaft im russischen Strafprozess. 2012.

Band 70 Herbert Küpper: Ungarns Verfassung vom 25. April 2011. Einführung – Übersetzung – Materialien. 2012.

Band 71 Friedrich-Christian Schroeder / Manuchehr Kudratov (Hrsg.): Das strafprozessuale Vorverfahren in Zentralasien zwischen inquisitorischem und adversatorischem Modell. 2012.

Band 72 Tina de Vries (Hrsg.): Mediation als Verfahren konsensualer Streitbeilegung. Die deutsche, polnische und ukrainische Perspektive. 2012.

Band 73 Monika Lipińska: Die Sexualstraftaten im polnischen Strafkodex im Vergleich zum deutschen Strafgesetzbuch. 2013.

www.peterlang.de

www.ingramcontent.com/pod-product-compliance
Ingram Content Group UK Ltd.
Pitfield, Milton Keynes, MK11 3LW, UK
UKHW021403101026
15623UKWH00013B/645

9 783631 625439